清华国学丛书

邹东廓年谱

张卫红 著

图书在版编目(CIP)数据

邹东廓年谱/张卫红著. —北京：北京大学出版社,2013.10
(清华国学丛书)
ISBN 978-7-301-23264-4

Ⅰ.①邹… Ⅱ.①张… Ⅲ.①邹东郭(1491—1562)-年谱
Ⅳ.①B248.99

中国版本图书馆 CIP 数据核字(2013)第 228585 号

书　　　名：	邹东廓年谱
著作责任者：	张卫红　著
责　任　编　辑：	吴　敏
标　准　书　号：	ISBN 978-7-301-23264-4/B·1156
出　版　发　行：	北京大学出版社
地　　　址：	北京市海淀区成府路 205 号　100871
网　　　址：	http://www.pup.cn　新浪官方微博:@北京大学出版社
电　子　信　箱：	pkuwsz@126.com
电　　　话：	邮购部 62752015　发行部 62750672　出版部 62754962
	编辑部 62752025
印　刷　者：	北京大学印刷厂
经　销　者：	新华书店
	880mm×1230mm　A5　16.5 印张　390 千字
	2013 年 10 月第 1 版　2013 年 10 月第 1 次印刷
定　　　价：	55.00 元

未经许可，不得以任何方式复制或抄袭本书之部分或全部内容。
版权所有，侵权必究
举报电话：010-62752024　电子信箱：fd@pup.pku.edu.cn

本书为2011年度教育部人文社会科学研究规划基金项目"思想、讲学与乡族实践——邹东廓与江右王学的开展"(11YJA720038)课题的部分成果,并得到清华大学国学研究院的出版资助,特致谢忱!

"清华国学丛书"总序

在现代中国,"国学研究"就其内容而言即国人对于中国文化之研究。中国文化有几千年连续发展的历史,中国文化的体系博大精深。经过百年来与外来文明的融汇,中国文化不断实现着新的发展与更新。在中国现代化进程不断发展、全球化浪潮冲击世界的今天,更全面、更深入地认识中华文明及其历史发展,发扬优秀的中国传统文化,已经成为新时代的重要使命。清华大学国学研究院的恢复建立,就是要为中华文明的伟大复兴,为中国文化走向世界,为中国学术的卓越发展,为重振清华大学中国文化研究的雄风而尽其努力。

在清华的历史上,1925 年曾成立清华研究院国学门,当时亦通称清华国学研究院,后因各种原因,在 1929 年停办。在短短的四年当中,毕业学生近七十名,其中后来成为我国人文学界著名学者的近五十人。清华国学研究院指导学生的教授王国维、梁启超、陈寅恪、赵元任四位先生,后被称为四大导师,清华国学研究院的研究在当时代表了我国国学研究的最高水平,其教育人才的成就也成为我国近代教育史的一段佳话。

关于老清华国学研究院的宗旨和精神,吴宓在《清华开办研究院之宗旨及经过》中明确地指出:"惟兹所谓国学者,乃指中国学术文化之全体而言。而研究之道,尤注重正确精密之方法,并取材于欧美学者研究东方语言及中国文化之成绩,此又本校研究院之异于国内之研究国学者也。"近代以来,"国学"概念的使用有不同的用法,吴宓的提法代表了当时多数学者的用法。后来清华国学研究院的教研实践也显示出,清华国学研究院对"国学"和国学研究的理解,始终是把国学作为一种学术、教育的概念,明确国学研究的对象即中国传统学术文化,以国学研究作为一种学术研究的体系。在研究方法上,则特别注重吸取当时世界上欧美等国研究中国文化的成果和方法。这表明,老清华国学研究院以研究中国传统文化为本色,但从一开始就不是守旧的,而是追求创新和卓越的,清华国学研究院的学术追求所指向不是限于传统的学术形态与方法,而是通向新的、近代的、世界性的学术发展。

所以,这种求新的世界眼光,是清华国学研究院得以取得如此成就和如此影响的根本原因之一。事实上,在20世纪20年代,在大学里成立国学研究的院所,清华并不是第一家,前有北京大学研究所国学门(1922)、东南大学国学院(1924),后有厦门大学国学研究院(1926)、燕京大学国学研究所(1928),尤其是北京大学国学研究所成立早,人员多,在当时影响广泛,但最终还是清华国学研究院后来居上,声望和成就超出于其他国学院所,成为现代中国学术史的标志。究其原因,除了王国维等人本身是当时我国国学研究冠绝一世的大师外,主要有二:一是清华国学研究院以中西文化融合的文化观作为基础,在中国文化的研究方面,沉潜坚定,不受激进主义的文化观念所影响;二是把国人的国学研究和世界汉学、东方学的研究连成一体,以追求创新和卓越的精神,置身在世界性的中国文化研究前沿,具有世界的学术眼光。

老清华国学研究院是不可复制的,但它的精神和宗旨在今天仍然有其不可磨灭的价值。今天的清华大学国学院,依然承续老清华国学研究院对国学概念的理解和使用,我们也将以"中国主体、世界眼光"为宗旨传承老清华国学研究院的学术精神。"国学研究"是中国学者对自己的历史文化的研究,必须突出中国文化的主体性;但这种文化主体性的挺立,不是闭关自守、自说自话,而是在世界文化和世界性的中国文化研究中确立起自己的地位。

清华大学国学研究院力图秉承老清华研究院国学门的精神,接续20世纪三四十年代清华人文研究的传统,参与新时期以来清华文科的恢复振兴,力求把"清华国学研究院"办成具有世界影响的中国文化研究中心,为中国文化研究提供一个一流的国际化的平台。研究院将依托清华大学现有人文学的多学科条件,关注世界范围内中国研究的进展,内外沟通、交叉并进,既关注传统学术的总体与特色,又着重围绕中国哲学、中国史学、中国美学与文学、世界汉学进行多维度的深入研究,以高端成果、高端讲座、高端刊物、高端丛书为特色,为发展国际化的中国文化研究做出贡献。

"清华国学丛书"是清华大学国学研究院主办的几种高端丛书之一,丛书主要收入本院教授、访问学人的研究成果,及本院策划立项的研究项目成果。这些成果在完成之后,经过遴选而收入本丛书,由北京大学出版社出版。

清华大学国学研究院
2011年1月

《邹东廓年谱》序

邹守益,字谦之,号东廓,王阳明先生门下高弟。阳明死后,门人弟子继续发扬师教,推广良知之学,其中以江右的邹东廓、浙中的钱德洪、王龙溪最为著名。钱德洪、王龙溪嘉靖初随阳明讲学山阴,又曾参与四句教的讨论;阳明逝去后在传扬阳明学的方面,二人皆四处讲学,随地结合,不遗余力。故后人论及阳明学往往以钱王二人为代表,这也是有其理由的。其实,在阳明生时,在徐爱死后,门人中独对邹守益另眼相看,如《明儒学案》叙:"又见文成于越,留月余,既别而文成念之曰'以能问于不能,谦之近之矣'。"而阳明死后,海内也皆以邹东廓为王门的首领,此见于湛甘泉之说可证。而且,邹东廓为学"一尊师说",力遏玄虚之论,不仅在王门的领袖地位甚高,其学术之正,在王门中也非他人可以相比。嘉靖时代,王门内外都认为邹东廓代表了王学的正传,明末学者也依然如此,如黄宗羲说:"阳明之没,不失其传者,不得不以先生为宗子也。"所以邹东廓在王门中享有特别重要的地位。

自上世纪90年代中期以来,我国学术界加强了对王门后学的研究,在十余年中,有关王畿、罗汝芳、罗念庵、聂双江的专门研究,都有了较好的成果,其他人物、专书的研究也在蓬勃开展,惟独邹东廓的研究一直未见出现有深度的成果。有见于此,我力主卫红承担此项研究,以弥补王学研究的一大不足。卫红的博士论文研究罗念庵,她对念庵的研究可谓深造有得。2006年夏,完成博士论文之后,她即来北大,从事于博士后研究。因其博士论文完成较好,体贴较深,又能专心学问,所以我就建议她的博士后研究以邹东廓为主题。盖东廓、念庵皆是江右阳明学者,思想关注和论学话语颇多重合,尽管主张并不相同,故而此项研究对卫红而言,既是其江右王学研究的扩大延伸,又是一个关乎王学研究全局的新挑战。当然,在某种程度上,我的建议不啻是鼓动卫红在博后期间完成另一篇博士论文,难度是相当大的。但卫红欣然接受,在两年博士后期间,专注沉潜,顺利完成了邹东廓研究的出站报告,她到中山大学任教之后又细心撰写东廓年谱,相关研究日益深入。此时我从北大转到清华,便邀她到清华国学研究院做访问学者,以完成东廓年谱的结撰。今其全稿已经完成,列入清华国学研究丛书即将出版。

　　其实,在阳明学传统之中,年谱之作,也是受到重视的。王阳明去世后,同门即谋划修撰其年谱,其分工方法是由同门各分年分地搜集资料撰写成稿,而"总裁于邹守益",从这一点也可看出邹东廓在王门的领袖地位。但阳明死后将近三十年,其年谱仍未见编成,此即所谓"三纪未就"。于是邹东廓乃遗书钱德洪而督促之。且东廓晚年因见阳明年谱迟迟不能编就,便亲自主导编绘《王阳明先生图谱》并刻石于吉安,其中文字多为东廓所作。东廓编此图谱的意旨可见于王宗沐为图谱所作序:"阳明先生,天挺间出,……当时及门之士,相与依据,尊信不啻三千之徒。今没才三十年,学亦稍稍失指趣。高弟安成东廓邹公辈,相与绘图勒石,取先生平生经历之所及与功用之大,谱而载焉。……以余之尤有待于是,则后世可知,而邹公之意远矣。"这说明,针对阳明死后,王门弟子"各执所闻以立教","未及一传而淆言乱众"的乱象,邹东廓欲通过年谱图谱之作,宣明师门本旨,以统一认识,这也是邹东廓身任"王门正脉"的自觉的体现。

邹东廓对王学的贡献不仅在于坚守阳明的正传,而且在于由他推动的吉安地区的王学讲会、乡会成为嘉靖时代最大规模的地区讲会网络,成为嘉靖时代王学会讲的中心和典范,对推动阳明学的民间化和跨地区交流起了重要的领率作用。又由于东廓居乡时间甚久,长期参与乡里教化和乡土社会的建设,与地方政治互动密切。基于此种原因,卫红此书注重梳理邹东廓的思想与社会实践的一体性,以此为主线,在对其思想发展加以叙述外,对邹东廓推行讲会、致力乡族建设和化乡实践的活动作了全面整理,颇为细致地展现了江右王学与地方家族、地方政治的互动关系,也体现出她在研究方法上注重思想与社会文化的交互关联。这对以往阳明学研究集中关注思想家的思想、而较忽略阳明学者的社会历史活动,有明显的补益作用。

此书在史料整理方面收获亦颇丰,书中按语的人物小传与简介中,有百余位不见于《明儒学案》的记载,这些人物多为功名不高或布衣出身,是地方上活动的草根学者或年高望重的乡老,而他们正是阳明学在地开展的主力参与者。为收集资料,作者曾多次到吉安地区进行调查,从东廓后人家族中收集到邹氏家谱六种,其中有传世文献稀见的大量邹氏家族人物的传记,具有珍贵的史料价值。由于史料收集甚详,故使得本书对谱主生平行事的梳理,对人物、地名、书院的简介,对相关文献的征引,其系统与丰富,都大大超过了以往的邹氏年谱之作,成为一部具有较高学术价值的著作。

总之,本书不仅具有较高的学术价值,对深入理解阳明学,尤其是阳明学及阳明学者的儒学思想与社会文化实践的密切关联,对促进哲学史与社会史、文化史的视野的融合,都有其特别的贡献。特向读者推荐。

陈　来
2013年7月于清华大学

邹东廓学行简述

邹守益,字谦之,号东廓,明孝宗弘治四年二月初一(1491年3月10日)生于江西吉安府安福县北乡澈源里。父邹贤擅治《春秋》,至东廓孙辈皆以《春秋》经取得科举功名,澈源邹氏遂以此成为当地望族。东廓少而颖敏,年十七中乡举,始授徒讲学;年二十一中会试第一、廷试第三,授翰林院编修。同年以父病乞归养,兼之丁忧,至嘉靖二年始北上复职。时大礼议起,先后三次上疏指摘桂萼、张璁等人,忤世宗,下锦衣卫狱,寻降为广德州判官。三至六年谪官广德期间,重教兴学,广行善政,建复初书院聚讲。七至九年,转任南京礼部主客司郎中。南京期间,与湛若水、吕柟等名士主盟讲席,并与王门同道聚讲,一时讲学之风大盛。十年,以病不待报而归里,遭内阁首辅张璁作梗,十三年被革职,十七年始起任南京吏部考功郎中。十八年,以多人举荐,召为司经局洗马兼翰林院侍读,同时召为东宫讲官的尚有徐阶、罗洪先等阳明学者。在京一年间,与王门同道聚士子讲学,兴起甚众,招致反感阳明学的内阁首辅夏言之不满。十九年三月,升太常寺少卿兼翰林院侍读学士,掌南京院事,以升职名义使其远离权力核心。数月后改任南京国子监祭酒。任职期间,不顾夏言反对,讲学不辍。二十年夏,世宗以九庙灾事件诏百官自陈,东廓疏陈上下交修之义,再忤世宗,夏言趁机构罪,遭落职闲住,此后再无出仕。嘉靖四十一年十一月十日，于家中端坐而逝，年七十二。隆庆元年追赠礼部右侍郎，谥文庄。

观东廓一生仕途，可谓"三十年中，三仕三已，禄食之日，不满一纪"①，且遭一次贬官、两次革职；每一任职"未尝三年淹"，其自嘲"真所谓山林局也"②。其成就不在朝野之中，而在庙堂之外推动王学的思想与实践，以此推为王学宗子、江右王学之首。

东廓于正德十四年至江西赣州谒见阳明，初为父求墓表，无意拜师。时值王学在江西初成气候，阳明公务之余与士子聚讲不辍，门徒日进。论学间，东廓提出困扰多年的《大学》《中庸》宗旨不一的问题，阳明以其浑一性思路将格物、致知、戒惧、慎独全都收归于"致吾心之良知于事事物物"的致良知教中，从而学庸宗旨合一，戒惧即是通达良知圣境的工夫方法。东廓豁然相契，为学宗旨从此确立，为最早拜入阳明门下的江右弟子之一。此后至阳明逝世的九年间，东廓有较多亲炙机会，不仅有师生共赴义军、平定宸濠忠泰之变的患难经历，而且见证了其师在平濠之变、王学遭禁、谤议不断的百死千难险境中冶炼良知学的全过程，耳濡目染"只此良知无不具足"③的高明阔大境界，无论是圣贤人格的感染力还是对阳明思想的准确把握，都有莫大裨益。阳明对东廓亦十分器重，曾以孔门颜子"以能问于不能，以多问于寡，有若无，实若虚，犯而不较"比之；同门更赞其"一惟

---

① 邹德涵:《文庄府君传》，董平编校:《邹守益集》(南京:凤凰出版社，2007年)卷二七，1365页。
② 以上引文均见《简欧约庵司空》，《邹守益集》卷一二，602页。
③ 按此是正德十六年阳明致书邹东廓之语，见吴光等编校:《王阳明全集》(上海:上海古籍出版社，1992年)，卷三四《年谱二》，1278页。

师说之守"①,有"师门已共推曾子,函下谁当像伯淳"②之喻。

在学术主张上,东廓提揭戒惧说。其思想脉络本诸阳明学庸合一的思路,上溯周濂溪《通书》"无欲"、程明道《定性书》"定性"、"大公顺应"说会通其戒惧说,以取得学脉上的合法性,下依自得,将《中庸》"戒惧以致中和"转化为"戒惧以致良知"的义理构架,学术宗旨总归为戒惧说。就工夫路径而言,有"戒惧于事、戒惧于念、戒惧于本体"的三层次论说。东廓早年在形下念虑上用功,嘉靖七年,他在王门同道的论学启发下醒悟戒惧于良知本体方为究竟工夫,方能"念虑事为,一以贯之"③。然与王畿之"觌体承当"④、"一了百当"⑤的顿悟顿修路径不同的是,东廓和多数江右诸子则强调,著力于本体的同时仍须重视扫荡私欲的工夫历程以"复本体",故常以"瑟僴之学"⑥申明其顿悟渐修的工夫特色。戒惧说之义理证成,可从戒惧之本体、戒惧之工夫内容、本体与工夫之关系三方面来陈述。与阳明(晚年)及王畿等不同的是,东廓对良知本体的界定绝无"无善无恶"、"不学不虑"、"虚寂"等具有佛老色彩、偏于"无滞"境界的字眼,而是在认肯良知发用具有无执无滞之自由境界的同时,偏重规定良知之为"至善无恶",以凸显其道德价值之实存义;为"上帝降衷"、"帝规帝矩",以凸显其为先天道德准则的规范义和超越义;为"精明"而非"虚明"、"虚寂",以凸显其明察万物的觉照义和警惕义,从

---

① 王畿:《邹东廓先生续摘稿序》,《邹守益集》卷二七,1348页。
② 邹德涵:《文庄府君行略》,《邹守益集》卷二七,1366页。
③ 《录诸友聚讲语答两城郡公问学》,《邹守益集》卷一五,734页。
④ 《答谭二华》,《龙溪王先生全集》(《四库全书存目丛书·集部》98册)卷一〇,453页。
⑤ 《三山丽泽录》,《龙溪王先生全集》卷一,257页。
⑥ 《复濮致昭冬卿》,《邹守益集》卷一一,537页。

而更偏重言良知之"有"与超越性,彰显良知之为道德实践最高目标所具有的内在严格和践履工夫之必要性。与阳明、王畿等范围三教的态度相比,具有更为严格的儒家立场。相应地,致良知工夫便是严肃谨慎的戒惧之功:由形上本体直贯形下日用,于内在心体戒慎恐惧,贯通于外,即是爱亲敬长、礼仪三百、威仪三千的外在仪节,体用内外兼该,正面充拓良知与负面防范气禀私欲并行不悖。其工夫之体用观也与阳明本体与工夫合一的思路一致,主张工夫形式与本体的作用形式一致,以良知是寂感动静合一之本体,戒惧工夫即无分于寂感动静。更进一步,本体内容亦与工夫内容一致:以良知具有精明、警惕、规矩的本质内容,相应的工夫便是主敬、戒惧、不逾矩。东廓常以"戒惧真体"①、"工夫本体通一无二"②来强调惺惺警惕的工夫实践为良知学的首出意义。以上诸义在阳明那里大都有来源依据,其为学风格、个人气象、学术地位都堪比孔门曾子。③ 尤其在阳明后学分化变异时,他对主张"良知自然现成"的泰州王学、以聂豹为代表的归寂说、以王畿为代表的"四无论"等各家主张可能出现的偏离之弊均有纠正。其学理之正统性以及救弊补偏之功,是备受称道的基本原因。此外,东廓为首的江右诸子大都走收摄心体、笃实用功一路,其超越性、笃实性进路到刘宗周那里达到了高峰,归显于密,建立了精密完整的理论体系和工夫方法。尤其东廓的戒惧说与刘宗周的诚意慎独之学联结更密,这是刘宗周赞其得"师门本旨"④、黄宗

---

① 《答东山诸友》,《邹守益集》卷一六,758页。
② 《答詹复卿》,《邹守益集》卷一三,650页。
③ 唐君毅云东廓之学"与孔门曾子之学最近"。见《中国哲学原论·原教篇》,《唐君毅先生全集》(台北:台湾学生书局,1984年)卷一九,384页。
④ 黄宗羲:《明儒学案》(北京:中华书局,1985年),《师说》,8页。

羲誉其为王学"宗子"①的又一学理因素。

邹东廓之于阳明学的另一贡献,在于他以阳明学为核心的讲学活动和乡族实践,此于学术之传播居功至伟,也是他冠为江右诸子之首的另一原因。阳明学以非官方的讲学形式在地方开展,除须有著名学者倡导以吸引思想受众外,还须官府和地方势力的支持。东廓虽去位在乡,然以其学术地位、仕途背景而在士林和地方社会拥有崇高誉望;且"性慈质重,蔼然春温",②人缘甚好,交游广泛。笔者曾统计与东廓交往的江西省、府、县级官员多达115人,参与讲会或有学术往来者占84人。这个数量是其他江右学者所无法相比的,也从一个侧面说明他对官方的学术辐射力之广。就地域文化而言,吉安府自宋以来一直是簪缨之族累世聚集的地区,故学术的传播也与宗法世族社会结合程度最深:阳明学通过宗族内部交流及宗族间的联姻、往来等关系,得以在地方传播。邹东廓家族即是一典型:其讲学场地如东廓山房、东阳行窝、连山书院、九峰庵等都距其家族居住地不远,以便利在家族弟子中传播学术;当地以教化百姓为目的的乡会也为东廓所重视,他曾三次奔赴南乡的舟湖会,"诸乡老携子姓咸集,室隘不能容旋,结棚为讲所……遂成一段奇事"③。其子义、美、善,孙德涵、德溥、德泳(义、美为举人,其余均为进士)均缵承家学,祖孙三代主盟青原、复古、复真、东山等大型讲会前后六十余年。邹氏家族与其他安福阳明学者家族联姻的情况更是数量极众。总之,东廓具备了诸方面的资源和人望,堪任学术领袖。

---

① 《明儒学案》卷一六,《邹东廓本传》,334页。
② 邹德涵:《文庄府君传》,《邹守益集》卷二七,1364页。
③ 《简诸乡老及同游四首》,《邹守益集》卷二六,1265—1266页。

东廓虽久居乡里,然"一岁之中,家居者鲜",①"无一日众不与聚"②的讲学活动是其日常生活。据本书附录《邹东廓讲会、游学活动一览表》所作统计,东廓召集或参加的跨地域、人数众多的大型讲会有:青原会(常会)、崇福寺会(1535)、复古书院会(常会)、南昌贡院会(1538)、白鹭洲书院会(1557)、龙华寺会(1548)、冲玄会(1549)、闻讲书院会(1560)、宜春台会(1550)、斗山书院会(1550)、水西会(1550),计11个,一般地区性的讲会计71个(含非常规的小型聚会数十个),合计参与讲会82个,这一数字与《东廓邹先生传》所载"常会七十会,聚以百计,大会凡十会,聚以千"③大体一致。讲学地点以安福、吉安地区最多,兼及江西阳明学活跃的九府十几地,仅南康、南安、建昌三个偏远地区及临江府未见其活动;兼之南京、湖广、浙江、福建一带的讲学活动,影响辐射东南数省,"及门之徒盖数千人"。④ 王畿论当时讲学之风莫盛于江右,"而尤盛于吉之安成,盖因东廓诸君子以身为教,人之信从者众"。⑤ 王时槐谓东廓的学术贡献:"盖阳明王公之学盛于东南,实赖先生之力也。"⑥相比于吉安阳明学者之欧阳德、聂豹、罗洪先等人,惟东廓居乡时日最久,主持、奔走于各讲会最勤,吉安府成为王学讲会的极盛之地,东廓可谓功莫大焉。因此,他抵制虚谈、笃实用功的学风也塑造了江右讲会的整体风气。

---

① 《简复董生平甫》,《邹守益集》卷一一,573页。
② 耿定向:《邹文庄公年谱序》,《邹守益集》卷二七,1356页。
③ 耿定向:《东廓邹先生传》,《邹守益集》卷二七,1391页。
④ 邹德涵:《文庄府君传》,《邹守益集》卷二七,1365页。
⑤ 《漫语赠韩天叙分教安成》,《龙溪王先生全集》卷一六,592页。
⑥ 王时槐:《东廓邹先生守益传》,焦竑:《国朝献征录》卷七四,《续修四库全书·史部》529册,117页。

在中晚明社会,地方精英在建立运作保甲、乡约、宗族等民间基层组织以及维持地方公共事务等方面均发挥着关键性作用。邹东廓等吉安阳明学者参与地方建设的活动,亦与此背景有关。罗洪先述东廓归田后之所为曰:"知教之不可不豫也,则立书院、建祠宇、广乡约以浚其源;知弊之不可不革也,则举清量、明户役以正其始。其他赈贷周族、睦邻施义、缮道桥、广陂堰,又若恫瘝在身,不容但已,恐去害之不速,不知永利之垂也。"① 概括了他对地方事务的全面参与。与一般地方精英不同的是,东廓等吉安学者参与地方事务是以自觉实践、传播良知学为基本思想背景的,乡族建设是致良知工夫的具体落实方式:通过推广乡约,发扬"绝恶于未萌,起教于微眇"②的道德教化功能;通过撰写大量地方宗族谱序,阐发由同族一体推至天下万物一体的思想,"此联属天下、联属宗族之附子汤也"。③ 尤其就吉安府虚粮多、赋役重的头等民生问题,东廓联合罗洪先、聂豹等王门同道奔走申诉多年,协助政府重新丈田造册,部分赋役得减轻。其背后的关怀动机则是阳明所倡的"万物一体之学","见诸行事乃见实学",④自觉将乡族实践作为致良知之功的落实之地、提升之机。相应地,学政一体的理念也往往体现在讲学活动中:虚粮、丈田可成为学者议论的讲会话题;嘉靖四十一年编成的《复古书院志》备载当地丈田情况及各项税粮、赋役,"是惟乡父老所图回,而諏俗询政所稽察也"⑤。同时,东廓也将学政一体、万物一体等思想不断向亲近王

---

① 《明故南京国子监祭酒致仕东廓邹公墓志铭》,《念庵文集》(《文渊阁四库全书·集部》1275 册)卷一五,330 页。
② 《叙永丰乡约》,《邹守益集》卷二,58 页。
③ 《油田隆堂彭氏族谱序》,《邹守益集》卷二,573 页。
④ 《简钱绪山王龙溪》,《邹守益集》卷一二,617 页。
⑤ 《复古书院志序》,《邹守益集》卷二,89 页。

学的各级官员宣扬,对部分官员的执政理念、个人操守等产生一定影响,并为这样的官员(如吉安府推官危岳、安福县丞王鸣凤)撰文,①大力表彰其政绩与操守。凡此种种,足见东廓等吉安学者的学术活动与地方社会具有多方面的深刻关联。有学者总结阳明学在各地域的开展特点,浙中王门相比于江右、泰州王门与地方社会结合最少,故衰落最早;江右王门侧重于王学的家族化、乡村化,泰州王门侧重于王学的平民化、通俗化,②此论甚精当。泰州学者多布衣出身,故其学术开展对象和教化影响多在平民层面。而邹东廓等江右学者多出身望族,且有仕宦背景,掌握着地方社会的重要资源,故能在官府与地方社会之间上下导达,学术对地方政治、文化生态均有深入辐射,在此基础上形成深厚的学脉和人脉,也易获得官府与地方的双层支持与保护。故江右王学在此地传播的时间最久,影响程度也最深。

邹东廓并非著述宏富、体系博大的思想家,其一生学行可用"笃实而富于实践性"来概括。闪光点不在理论创发,而在实践之功:其戒惧说不同于浙中王畿等发挥阳明学说向上一机、"无工夫"的高明精微一路,也不同于泰州王艮所主"百姓日用即道"、"良知现成自在"的形下平凡进路,而是在立根于心体的基础上贯彻上下内外,强调工夫实践的严肃性和必要性,既不失阳明思想之精义,又是对阳明思想笃实一面的继承。故同门"谨守家法"、③"未尝少变师说以自立门户"之评语,在古典学术传统中意味着"良知之传得赖以不坠者"。④东廓前后居乡四十余年,参与讲会、乡族实践之活动最多,对

---

① 《遗爱集序》《毁誉篇》,分别见《邹守益集》卷二,65—66页,67—68页。
② 钱明:《谈中晚明王阳明在江西吉安的讲学》,《教育文化论坛》2012年第3期,4页。
③ 王畿:《邹东廓先生续摘稿序》,《邹守益集》卷二七,1349页。
④ 宋仪望:《寿大司成东廓邹公七十序》,《邹守益集》卷二七,1411页。

学术的推动、传播之力最巨,可谓"阳明一生精神俱在江右"①的继承与注脚。此外就个人气象而言,其人"宽弘博厚",②为世仪表,孙奇逢谓"文成门人,品行议论醇乎不杂者,必以公为第一"。③ 凡此皆合古儒品题人物之准则,王学宗子之谓,可当之矣。

---

① 《明儒学案》卷一六,《江右王门学案·序》,333 页。
② 按此是阳明评价东廓之语,见陈九川:《寿大司成东廓邹公七十序》,《邹守益集》卷二七,1410 页。
③ 沈佳:《明儒言行录》卷八,《文渊阁四库全书·史部》458 册,893 页。

凡 例

一、本谱包括卷前、年谱正文、附录三部分。年谱正文为主体,首谱文,次注文,次按语。若当年有与谱主关系紧密或为其历史背景之朝野大事,则附于该年谱文之后。

二、本谱以系年纪事,以年号加干支,并注公元纪年及谱主岁数。

三、谱主每年行事,时间可考者,则以季、月、日顺序编列;具体时间不可考而确定在某两条之间者,则插入其中;具体时间不可考而与某条内容相关者,则置于该条后;年次可考而具体时间难定者,则置于该年行事可考者后;年次大致可知为当年或下年者,则视情况置于该年或下年条,并加"是年或明年"、"是年或稍后"等说明之。后三者在该年如有多条,则排序不分先后。

四、本谱人物称谓,一般称全名,唯王阳明及谱主邹东廓称其号。

五、谱文之事均有注文,为谱文之征引、补充材料。主要依据谱主文集及相关史、志、谱牒,个别标点、文字与征引史料有异,均加说明。

六、注文材料详略不同,或录全文,或节要点,以说明谱主哲学思想及社会历史活动为取舍原则,其余则精简之。

七、按语部分是对注文相关内容的说明或考证,包括相关事件背景补充、人物及地名介绍、相关事件考证等,以"按"字领起。人物介绍,基本系于其首次出现处。无法考证的人名或地名,则标以"待考"。

八、需要在注文文献及其他征引文献中解释的人名或地名,以"按"字领起,并加括号标明。

目 录

"清华国学丛书"总序 …………………………………… (1)
《邹东廓年谱》序 ………………………………… 陈 来(1)
邹东廓学行简述 ………………………………………… (1)
凡 例 …………………………………………………… (1)

家族世系 ………………………………………………… (1)
 一、澈源邹氏源流 ………………………………… (1)
 二、澈源邹氏世系略表 …………………………… (4)
邹东廓年谱 ……………………………………………… (6)
 弘治四年辛亥(1491),一岁 ……………………… (6)
 弘治十一年戊午(1498),八岁 …………………… (9)
 弘治十二年己未(1499)至武宗正德元年
  庚寅(1506),九至十六岁 …………………… (10)
 正德二年丁卯(1507),十七岁 …………………… (13)
 正德五年庚午(1510),二十岁 …………………… (14)
 正德六年辛未(1511),二十一岁 ………………… (20)
 正德七年壬申(1512),二十二岁 ………………… (22)
 正德九年甲戌(1514),二十四岁 ………………… (23)
 正德十年乙亥(1515),二十五岁 ………………… (23)

正德十一年丙子(1516),二十六岁 …………………………… (24)

正德十四年己卯(1519),二十九岁 …………………………… (26)

正德十五年庚辰(1520),三十岁 ……………………………… (36)

正德十六年辛巳(1521),三十一岁 …………………………… (43)

嘉靖元年壬午(1522),三十二岁 ……………………………… (47)

嘉靖二年癸未(1523),三十三岁 ……………………………… (47)

嘉靖三年甲申(1524),三十四岁 ……………………………… (53)

嘉靖四年乙酉(1525),三十五岁 ……………………………… (69)

嘉靖五年丙戌(1526),三十六岁 ……………………………… (81)

嘉靖六年丁亥(1527),三十七岁 ……………………………… (93)

嘉靖七年戊子(1528),三十八岁 ……………………………… (100)

嘉靖八年己丑(1529),三十九岁 ……………………………… (111)

嘉靖九年庚寅(1530),四十岁 ………………………………… (113)

嘉靖十年辛卯(1531),四十一岁 ……………………………… (123)

嘉靖十一年壬辰(1532),四十二岁 …………………………… (128)

嘉靖十二年癸巳(1533),四十三岁 …………………………… (144)

嘉靖十三年甲午(1534),四十四岁 …………………………… (155)

嘉靖十四年乙未(1535),四十五岁 …………………………… (169)

嘉靖十五年丙申(1536),四十六岁 …………………………… (176)

嘉靖十六年丁酉(1537),四十七岁 …………………………… (190)

嘉靖十七年戊戌(1538),四十八岁 …………………………… (195)

嘉靖十八年己亥(1539),四十九岁 …………………………… (203)

嘉靖十九年庚子(1540),五十岁 ……………………………… (216)

嘉靖二十年辛丑(1541),五十一岁 …………………………… (227)

嘉靖二十一年壬寅(1542),五十二岁 ………………………… (242)

嘉靖二十二年癸卯(1543),五十三岁 …………………… (249)

嘉靖二十三年甲辰(1544),五十四岁 …………………… (258)

嘉靖二十四年乙巳(1545),五十五岁 …………………… (273)

嘉靖二十五年丙午(1546),五十六岁 …………………… (283)

嘉靖二十六年丁未(1547),五十七岁 …………………… (284)

嘉靖二十七年戊申(1548),五十八岁 …………………… (294)

嘉靖二十八年己酉(1549),五十九岁 …………………… (304)

嘉靖二十九年庚戌(1550),六十岁 ……………………… (327)

嘉靖三十年辛亥(1551),六十一岁 ……………………… (351)

嘉靖三十一年壬子(1552),六十二岁 …………………… (358)

嘉靖三十二年癸丑(1553),六十三岁 …………………… (362)

嘉靖三十三年甲寅(1554),六十四岁 …………………… (370)

嘉靖三十四年乙卯(1555),六十五岁 …………………… (378)

嘉靖三十五年丙辰(1556),六十六岁 …………………… (384)

嘉靖三十六年丁巳(1557),六十七岁 …………………… (396)

嘉靖三十七年戊午(1558),六十八岁 …………………… (404)

嘉靖三十八年己未(1559),六十九岁 …………………… (410)

嘉靖三十九年庚申(1560),七十岁 ……………………… (419)

嘉靖四十年辛酉(1561),七十一岁 ……………………… (432)

嘉靖四十一年壬戌(1562),七十二岁 …………………… (433)

嘉靖四十三年甲子(1564) ………………………………… (438)

嘉靖四十五年丙寅(1566) ………………………………… (438)

隆庆元年丁卯(1567) ……………………………………… (439)

万历至清 ……………………………………………………… (439)

附　录 ····································· (441)

一、邹东廓讲会、游学活动一览表 ············· (441)
二、邹氏家族人物小传 ······················· (453)

邹贤 ····································· (453)

邹义 ····································· (455)

邹美 ····································· (456)

邹善 ····································· (457)

邹德涵 ··································· (459)

邹德溥 ··································· (462)

邹德泳 ··································· (466)

三、邹氏家族婚配状况表 ····················· (469)

邹东廓子嗣及婚配状况表 ··················· (469)

邹义一支及婚配状况表 ····················· (470)

邹美一支及婚配状况表 ····················· (471)

邹善一支及婚配状况表 ····················· (474)

参考文献 ··································· (477)

（一）相关传记 ··························· (477)

（二）文集、史书 ························· (477)

（三）地方志、书院志、家谱 ··············· (480)

（四）著作 ······························· (484)

后　记 ····································· (486)
人名索引 ··································· (490)

家族世系

一、澉源邹氏源流

邹氏受姓于春秋宋闵公裔孙正考父,因其受封于邹,子孙遂以封地名为姓。① 澉源邹氏源自唐将军邹阿蛮。武德三年(620),邹阿蛮镇守幽州范阳,遂居于此,故邹氏以范阳为郡望。其后,阿蛮四子(名不详,官承务郎)于贞观元年(627)统兵数万知建昌军,遂居江西南丰。宋徽宗三年(1103),阿蛮四子嗣孙"十五大监(鉴)"②之七子邹仁迁徙崇仁,③宋绍兴二年(1132),仁迁之孙邹望龙始居乐安炎坪,为炎坪邹氏始迁祖。宋元丰元年(1078),五世祖邹极翁自炎坪迁居永丰县兴平乡十四都城上,传四世,邹华宗又迁至永丰县城北门太平坊崇玄宫前。南宋末,邹望龙之十一世孙邹天成因族父邹沨④

---

① 吉安邹氏姓源一般均以此说为准,如邹浩《邹氏宗谱序》:"余邹氏其受姓本正考父,因采食邹邑,子孙因氏之。"邹元标《雩都邹氏谱序》:"(邹氏)发源于宋闵公之后,正考父食邑于邹,因以为氏。"均见邹贤敏主编:《中华邹氏族谱》(武汉:崇文书局,2006年)第一卷,321、334页。
② "十五大监(鉴)",不详,待考。
③ 结合诸文来看,邹氏一支当是崇仁之后又徙宜黄,由宜黄再徙乐安,然诸文献中宜黄始迁祖不详。
④ 邹沨,字凤叔,传见《宋史》卷四五四。

从文天祥起兵兵败,于是自永丰避居安福成冈(今山庄乡巷口村)。①邹天成生邹伟伯,邹伟伯生四子,长子即六世祖邹思贞(字靖斋),正当元末红巾军之乱,思贞以智勇保障乡里。邹思贞生二子,长子即五世祖邹克修(号乐山),始居安福㵮源里(今安福县山庄乡新背村老屋里),即㵮源邹氏始祖,至此,子孙渐以儒术起家。邹克修生四子,三子仕鲁(号竹坡),即邹东廓曾祖。东廓祖父邹沛(1428—1506),字思杰,以字行,号毅轩,妻欧阳氏。邹思杰以子贵,封文林郎、南京大理寺左评事,欧阳氏封孺人。邹思杰生男四:邹贤、邹质、邹赟、邹贵;女二。邹贤生男四:守益、守明、守蒙、守壮;女三。邹质生男二:守丰、守豫;邹赟生男二:守泰、守中;邹贵生男四:守谦、守临、守同、守有;女一。②

《㵮源邹氏七修族谱》卷一二,邹德溥《炎坪重修旧谱序》:吾宗之姓,始于山东莱州东鲁县,出自末周春秋时宋愍公子。至唐高祖武德三年,阿蛮统兵数万,居幽州范阳县,以食邑于邹为姓,③有子四承务于唐贞观元年仍统兵数万,渡江来守建昌军,遂为家焉。宋徽宗三年,四承务子名曰十五大监,大监之子七人俱仕于各处,惟第五子名曰仁遇,任临江府通判,幼子曰仁迁,任新建县县丞,复任提刑。提刑

---

① 安福邹氏迁居的古今地名对照,参姚义兴:《泸潇人家——安福姓氏探源》(政协安福县委员会、安福县志编纂委员会编,2005年),㵮源邹氏之外,吉水邹氏标家族,吉安县庙背、丰城白塔、崇仁碱溪邹氏均出于邹望龙。参见《泸潇人家——安福姓氏探源》,665—666页。
② 邹思杰子嗣状况参见:杨廉《封南京大理寺左评事邹公墓志铭》(《杨文恪公集》,《续修四库全书·集部》1333册,卷五四,169页)、湛若水《明故奉政大夫福建兵备金事易斋邹公墓志铭》、邹守临《先考艮山府君妣张氏孺人合葬墓志铭》(分别见《㵮源邹氏族谱》卷八,11—15页,16—17页)、邹守益《叔父重斋居士墓志》(《邹守益集》卷二一,970页),文献碎裂,不具引。
③ 此文有错简,"以食邑于邹为姓"当在"出自末周春秋时宋愍公子"之后。

之子①因往临江探伯仁遇,回至崇仁七十七都铁炉坪,观其山水之秀,五龙聚会之所,遂曰:"若得此处而居焉,后世子孙必有累世历任公卿。"就置产室。居之三代,至宋绍兴二年,创乐安县乐安乡廿三都沔川里炎坪,龙公居之,则龙公是为炎坪始祖也。(91—92页)

《潋源邹氏七修族谱》卷一二,邹球《源流序》:宋徽宗三年,四丞务子名曰十五大监,大监之子七仁,俱历任外郡,惟幼子仁迁任新建县县丞,后任提刑。提刑之子三:伯良、叔良、仲良。仲良生祥云。祥云生望龙,宋赠银青光禄大夫殿前检校国子祭酒,始居炎平,是为炎平之始祖也。生子三:曰义甫、行甫、奇甫。义甫生安卿。卿生伯建、伯达、伯元。元生德高。高生仕清、仕珪。珪生天麟。麟生子三:曰安寿、安国、安和……安国生子三:思忠、思敬、思问。思忠生子四:极翁、端翁、德翁、和翁。极翁自宋元丰元年迁居永丰兴平乡十四都城上,至四世孙华宗迁邑北门太平坊崇玄宫前。(94页)

杨廉:《杨文恪公集》卷五四《封南京大理寺左评事邹公墓志铭》:宋御使望龙之裔,始由抚之炎坪迁吉永丰,再繇永丰迁安福……世以诗礼相承。(《续修四库全书·集部》1333册,169页)

《潋源邹氏七修族谱》卷一二,邹世任《安成湘东合谱序》:安谱由望龙绵至十一世,至天成公始迁安成。生子伟伯,伟伯公生子四人,长思贞,余具未载。思贞公生子二,长克修,字靖斋。次克忠。克修公生仕鲁,字竹坡,兄弟四人。竹坡公生思杰,字毅轩,即先文庄公祖也。(97页)

邹德溥:《邹泗山先生文集》卷七《先考大常卿颖泉府君行状》:

---

① 按,略去文字为"孟一大学至唐宣宗大冲二年己巳",己巳为大中三年(848),与前后内容不符,疑为错简,故略去。

家系故出幽州范阳,后家宜黄,徙乐安,已又徙永丰,乃家安成,则自天成公始。然犹宅成冈。及乐山公,乃始家瀓源。乐山公有子四,其叔曰竹坡公,讳仕鲁,有醇行……配谢氏,与姒李、娣邓并少寡,矢志抚孤,《志》所称三节者也。时毅轩府君力贫以养,然犹缩食廪饿者。辛,以易斋公贵,封大理评事,而配欧阳氏封孺人。府君讳思杰,于先考(按,邹善)为曾祖父。(28页)

《邹守益集》卷二七,宋仪望《邹东廓先生行状》:其先系出幽州范阳,后家宜黄,徙永丰。八世祖天成因族父渢从文丞相起兵,寻败于元,乃自永丰徙居安福成冈。传二世,而当元季红巾之乱,讳思贞,以智勇为乡里所推,有保障功。入国朝,讳克修,始居瀓源里,子孙渐以儒术起家。曾祖竹坡府君讳仕鲁,祖毅轩府君讳思杰,俱隐德弗仕。毅轩公以子贵,封大理寺左评事。(1367页)

二、瀓源邹氏世系略表[①]

远祖宋闵公裔孙正考父
唐武德年间邹阿蛮
阿蛮四子(名不详,官承务郎)于贞观元年居江西南丰

[①] 参见杨廉:《封南京大理寺左评事邹公墓志铭》(《杨文恪公集》卷五四,《续修四库全书·集部》1333册,169页)、宋仪望:《邹东廓先生行状》(《邹守益集》卷二七,1367页)、湛若水:《明故奉政大夫福建兵备佥事易斋邹公墓志铭》(《瀓源邹氏族谱》卷八,11—15页)、何子寿:《明故承直郎顺天别驾里泉邹先生墓志铭》(《瀓源邹氏族谱》卷八,44页)、邹德溥:《先考艮大常卿颖泉府君行状》(《瀓源邹氏族谱》卷八,57页)、邹守临:《先考艮山府君妣张氏孺人合葬墓志铭》(《瀓源邹氏族谱》卷八,16—17页)、邹守益:《叔父重斋居士墓志》(《邹守益集》卷二一,970页)

续 表

宋徽宗三年(1103)邹仁迁徙崇仁												
宋绍兴二年(1132)邹仁迁之孙邹望龙居乐安炎坪,为炎坪邹氏始迁祖												
宋元丰元年(1078)五世祖邹极翁迁永丰县兴平乡十四都城上												
八世祖邹华宗迁永丰县城北门太平坊崇玄宫前												
元末,十一世祖邹天成(东廓八世祖)由永丰徙安福成冈												
邹伟伯(东廓七世祖),邹天成子												
邹思贞(东廓六世祖),邹伟伯长子												
入明,邹克修(东廓五世祖),邹思贞长子,号乐山,始居安福澈源里												
曾祖邹仕鲁,邹克修三子,号竹坡,配谢氏,侧室李氏、邓氏												
祖邹思杰(1428—1506)名沛,字思杰,号毅轩,配欧阳氏												
长子邹贤(1454—1516),字恢才,号易斋				次子邹质	三子邹赟(1461—1533),字恢弘,号重斋			四子邹贵(1465—1554),字恢和,号艮山				
邹守益	邹守明	邹守蒙	邹守壮	女三	邹守丰	邹守豫	邹守泰	邹守中	邹守谦	邹守临	邹守同	邹守有	女一

邹东廓年谱

弘治四年辛亥(1491),一岁

二月一日生于江西吉安府安福县澈源里。

宋仪望《邹东廓先生行状》:先是,易斋公梦先圣孔子立于门之石桥,母夫人亦梦日堕于怀,寻以弘治辛亥二月一日生先生于澈源之第。(1367页)

按:邹守益,字谦之,号东廓。名、字之来历,据东廓《赠云东龙君道亨之任南都序》云:"初,先易斋大夫之名不肖也,命之以风雷之象,曰见善则迁,有过则改,守之以谦,其益无方。"①其《谦斋说》解释《易经》之《谦》、《益》卦云:"世之论谦者,率倚于卑逊退让以自名,而所谓益者,类以富贵福泽当之,是浅之为谦而陋之为益也。在《易》之《谦》,曰'裒多益寡,称物平施',故可以'卑以自牧',而可以'利用侵伐',可以'行师而征邑国',非倚于退逊也。其《益》之《象》曰'见善则迁,有过则改',迁善改过以诚其身,故饱乎仁义,不愿乎膏粱;令闻广誉,不愿乎文绣。天下之益,其孰能尚之!是以益之以

---

① 《邹守益集》卷四,175页。

十朋之龟而吉,益之用,凶事而无咎。处约处乐,无入而不自得,非以外物为加损。九五之占曰'有孚惠心',则忠信者也,故'勿问'而'元吉'矣。其上九曰'立心勿恒',则骄泰者也,故'莫益之'而凶矣。嘻,其严乎! 予之始生也,先易斋大夫命之曰'益';其冠也,字之曰'谦'。及长,取善于四方而始得其义,夙夜兢兢,思以服膺父师之教而未能也。"① 东廓之号的来历,则以其讲学于东廓山中而名之,见正德十五年"东廓山房"条。

吉安历史沿革与人文传统:吉安地处江西省中西部赣江中游的山地、丘陵间,其范围、名称虽然在不同朝代有所变迁,但一般而言,指包括赣江中上游及其周围支流之范围,即今吉安市所有县、区,及今抚州、赣州、萍乡三市的部分地方。吉安地区古称庐陵,设立郡县之历史悠久。秦始皇二十六年(前221),置庐陵县,隶九江郡,为庐陵置县之始。② "庐陵"得名,一般认为是因流经境内的庐水而来,如唐李吉甫《元和郡县志》中就说庐陵县"因庐水为名"。③ 东汉末,庐陵县升为庐陵郡。隋开皇十年(590),改庐陵郡为吉州。隋唐时期,吉州、庐陵郡二名交替使用。隋时吉州一带政区已相对稳定,与今吉安市所辖范围大体一致。宋时设吉州庐陵郡。元皇庆元年(1312),更名为吉安路,取三国吴吉阳县、安成县头一字命名,寄寓"吉泰平安"之义,"吉安"之名从此而来并延续至今。明洪武元年(1368),废吉安路,置吉安府,领庐陵、泰和、吉水、永丰、安福、龙泉、万安、永新、永宁九县。清初沿明制。乾隆八年(1743),析永新、安福部分地区

---

① 《邹守益集》卷八,440页。
② 见平观澜等修,黄有恒等纂:《庐陵县志》(清乾隆四十六年刊本,台北:成文出版社,1989年)卷二《地舆志·沿革》,2页。
③ 李吉甫:《元和郡县志》(《文渊阁四库全书·史部》468册)卷二九,469页。

置莲花厅,吉安府辖九县一厅,直至清末。① 江右自宋明以来人文荟萃、教育发达,吉安地区可为其注脚,其中又以位于吉泰盆地的安福、吉水、泰和、庐陵以及地处河谷平原的永丰县科举鼎盛、人文传统深厚,地处山区的永新、万安、龙泉、永宁等县则较弱。② 而以"文章节义"著称的吉安文化其实主要指上述科举人数众多的前五县为中心所辐射的地域文化。

安福历史沿革:秦以前,安福先后隶属吴、越、楚。秦始皇二十五年(前222),在安福境内置安平、安成二县,分别隶属九江郡、长沙郡。东汉和帝永元八年(96),置平都侯国,改安平县为平都县。献帝初平二年(191),重置平都、安成二县,分别隶属庐陵郡、长沙郡。三国吴宝鼎二年(267),置安成郡,辖宜春、萍乡、新余、平都、安成、永新六县,隶扬州。晋武帝太康元年(280),改安成郡,隶荆州,改安成县为安复县,盖县境初由"安成"和"安平"两县合成,故名"安复"。隋开皇年间废安成郡,置吉州,安成郡大部领地归属吉州,即今吉安地区雏型,安复县隶属吉州。唐武德七年(624)改安复为安福,仍隶属吉州,"安福"之名从此而来。两宋,安福县隶属吉州军。元元贞元年(1295),安福改为州,隶属吉安路。明洪武元年(1368),安福废州改县,隶属吉安府。清初沿明制。乾隆八年安福部分地区

---

① 2000年5月11日,设立地级吉安市,同时撤销宁冈县并入井冈山市;吉安市辖吉州区、青原区、井冈山市和吉安、泰和、万安、遂川、永新、永丰、吉水、峡江、安福、新干10县,与明代吉安府的统辖面积基本相当。
② 以科举为例:终明一代,吉安府进士总数达820人,远高于位居第二的南昌府(640人),占江西进士总数的29.7%,居全省第一,并仅次于苏州府(894人)、绍兴府(836人)而居全国第三。各县进士总数目依次是:安福204人、泰和171人、吉水163人、庐陵103人、永丰59人、永新54人、万安52人、龙泉12人、永宁2人。以上参见吴宣德:《明代进士的地理分布》(香港:香港中文大学出版社,2009年)附录一《明代进士分布表》,257—264页。

划归莲花厅,迄清末,安福的行政区划未变。①

弘治十一年戊午(1498),八岁

邹贤在京,试工部,授大理寺评事。东廓随父北上。父授以朱熹《六先生画像赞》②及元儒吴澄《自警诗》。

《湛甘泉先生文集》卷三十一,湛若水《明故福建兵备副使易斋邹君墓志铭》:(邹贤)明年第进士,试工部,授大理寺评事……守益八岁侍先公北上,即日授濂溪关闽六君子赞,及吴草庐(按,吴澄)自警诗。(9页、13页)

《澈源邹氏七修族谱》卷八,邹守益《易斋府君事迹》:不肖八岁侍先公北上,即口授濂洛关闽六君子赞及吴草庐自警诗,曰:"此诗文正脉也。"出就外傅,归必考其所习,稍得,则喜谓母夫人曰:"吾造就人才众矣,天其报予乎!"每至经传天理人欲之辨,及诸史治乱兴亡之机,反复告诫曰:"必明于此,然后可以自立而达于用。"益夙夜不离侧者又八年。(8页)

从学翰林院编修蒋冕。

《邹守益集》卷三《存耕寿言》:益蚤从相国敬所公游,习闻全州清淑醇古之风。(141页)

按:"敬所公"即蒋冕(1463—1533),字敬之,一字敬所,号湘皋,

---

① 以上安福历史沿革参见姚浚昌修、周立瀛纂:《安福县志》(清同治十一年刻本,南京:江苏古籍出版社,1996年)卷二《舆地·沿革》,32—33页。
② 见朱熹:《晦庵集》卷八五,《文渊阁四库全书·集部》。六先生即周敦颐、程颐、程颢、邵雍、张载、司马光。

广西桂林府全州人,成化二十三年(1487)进士,历官翰林院编修、①礼部尚书、户部尚书、内阁首辅等,谥文定。著有《湘皋集》《琼台诗话》等,传见《明史》卷一九〇。

弘治十二年己未(1499)至武宗正德元年庚寅(1506),九至十六岁

孝宗弘治十二年至武宗正德二年间,邹贤任职南京,授大理寺左评事等,东廓随侍。东廓勤奋聪颖,巡抚应天都御史彭礼、南京国子监司业罗钦顺见而奇之。邹贤送其至著名学者胡琏门下读书,多所问难。时人称为"颜子"。

《濑源邹氏七修族谱》卷八,王思《明故奉政大夫福建兵备佥事易斋邹公行状》:己未,(邹贤)授南京大理寺左评事。(9页)

宋仪望《邹东廓先生行状》:稍长,即颖敏不群。已从易斋公游宦留都,读书至忘寝食。是时彭公礼巡抚南畿,一见大奇之,曰:"是儿出,必争锋天下!"易斋公遣从司寇胡南津公琏受学,多所问难。(1367页)

耿定向《东廓邹先生传》:九岁,从佥事公南大理官邸,罗整庵钦顺见而奇之。已游胡司寇琏之门,力学精思,德器日粹,棘寺寮寀相庆"署中有颜子"云。(1382页)

按:彭礼、罗钦顺官职及任职时间分别见《明孝宗实录》卷一三〇弘治十年十月条;《明孝宗实录》卷一八六弘治十五年四月条。

彭礼,字彦恭,吉安府安福人,成化八年(1472)进士,时任都察

---

① 见《明孝宗实录》卷九九弘治八年四月条,卷一六六弘治十三年九月条。

院左副都御史总督苏松粮储、巡抚应天等地,①传见过庭训《本朝分省人物考》卷六六。

罗钦顺(1465—1547),字允升,号整庵,吉安府泰和人,弘治六年进士。官南京吏部、礼部尚书等。赠太子太保,谥文庄。罗钦顺宗朱子学,著有《困知记》六卷、《整庵存稿》二十卷等。传见《明史》卷二八三、《国朝献征录》卷二五《吏部尚书致仕赠太子太保谥文庄罗公钦顺神道碑》。

胡琏(1469—1542),字重器,号南津,南京淮安府沭阳人,弘治十八年进士,历官南京刑部郎中、闽粤二省兵备、户部右侍郎等,卒赠太常寺少卿。胡琏精通经史,亦精兵备,著有《南津诗集》。

从学胡琏时,程文德同学。

姜宝编《松溪程先生年谱》:(弘治)十六年癸亥,先生(程文德)七岁,受业于举人胡琏……(胡琏)时卒业太学,有名。(《北京图书馆藏珍本年谱丛刊》,北京:北京图书馆出版社,1999年,46册,12页)

按:程文德(1497—1559),字舜敷,号松溪,浙江金华府永康人,嘉靖八年进士,初学于章懋(1436—1521,字德懋,号闇然子),后卒业于阳明,《明儒学案》列入《浙中王门学案》。历官翰林院编修、安福知县、南京国子监祭酒、吏部左侍郎兼翰林院学士等,后忤世宗而落职归乡,以讲学为任。卒赠礼部尚书,谥文恭。著有《松溪集》十卷、《程文恭遗稿》三二卷。传见《明史》卷二八三、罗洪先《吏部左侍郎兼翰林院学士掌詹事府事松溪程君文德墓志铭》(《石莲洞罗先生文集》卷二二)。《邹守益集》有《泮水别言》(卷二)、《简程松溪司

---

① 见雷礼:《国朝列卿记》卷一〇〇。

成二章》(卷一一)、《次松溪使君二首》、《再用前韵二首》(卷二六)等相关诗文,并有东廓为程文德父程銈(字仲申,号方岩、十峰,弘治十二年进士)诗集所作的《十峰诗集序》(卷四)。

《松溪程先生年谱》正德四年条载:"时安福邹公守益从父于宦邸,年相若,同学于胡公之门,并颖异。"①而正德四年正值邹贤丁忧在乡,东廓此时亦丁母忧,不可能在南京,疑此条时间不确。邹、程二人同学的时间可能如上文所引,在弘治十六年前后。

在南京时,从学同邑朱禄、朱祀。

《邹守益集》卷二二《大桥朱君西溪墓志铭》:益以童子时,侍方山、西溪于南雍。比自陈归,获与二君拥炉连榻,商往慨今,苍颜皓发相欢也。(1047页)

按:"方山"即朱禄,字克学,号方山,出安福南乡大桥朱氏,弘治十一年举人,官知县,致仕归乡后讲学乡里并与东廓等论学。朱禄父朱临,字时进,成化十四年进士,归乡后参与惜阴会,传见清同治《安福县志》卷一〇《人物·宦绩》。

"西溪"即朱禄弟朱祀(1477—1558),字克诚,号西溪。弘治十四年举人,官知县。归乡后参与讲会。传见《邹守益集》卷二二《大桥朱君西溪墓志铭》。

在南京时,邹贤复聘同邑李校于家使东廓师事之,凡十月有奇。

《邹守益集》卷二二《李大行先生墓志铭》:某从宦南大理时,易斋大夫延先生于家,使某师之……凡十月有奇而归。(1028页)

按:李校(?—1515),字彦甫,号复斋,安福西乡上田人,弘治十四年以《春秋》举乡试,正德六年进士。传见《邹守益集》卷二二《李

---

① 姜宝编:《松溪程先生年谱》,14页。

大行先生墓志铭》。

十五岁时即有志于学。

《邹守益集》卷二七,耿定向《邹文庄公年谱序》:"按谱,先生少具异禀,年几十五时,即殷殷有志斯学已。"(1356页)

正德二年丁卯(1507),十七岁

邹贤丁忧,东廓随父回乡。七月,与同邑刘泉等参加乡试,以《春秋》经中举,安福县令吴景谓之"当魁天下"。

《澈源邹氏族谱》卷八,王思《明故奉政大夫福建兵备佥事易斋邹公行状》:丁卯,(邹贤)继丁家艰。庚午,服阕。(10页)

耿定向《东廓邹先生传》:正德丁卯,先生年十七,以《春秋》中乡试。(1382页)

《邹守益集》卷二一《蒙庵刘君应占墓志铭》:(刘泉)与予偕试,邑令吴公景骇之,曰:"当魁天下,泉当魁于江西。"(978页)

按:刘泉(1491—1533),字应占,号蒙庵,出安福山头刘氏,正德五年乡试解元,正德六年进士,与东廓同年。官翰林院编修、湖广布政司参议等。传见《邹守益集》卷二一《蒙庵刘君应占墓志铭》。《邹守益集》录有东廓为其母所作的《祝寿解》(卷五)。

吴景,南直隶宁国府南陵人,弘治九年进士,弘治间知安福县。传见同治《安福县志》卷七《秩官·政绩》。

姊丈王珍欲偕东廓北上会试,为邹贤所阻,使其进学。

《澈源邹氏七修族谱》卷八,邹守益《易斋府君事迹》:归而举于乡,姐夫王珍欲挟偕北上,先公曰:"姑使积学。"逾月,母夫人殁。(8页)

按:王珍,号东溪,出安福嘉溪王氏,弘治五年举人。

娶王喜英。寻母周氏卒。其后,始传家学,授徒讲《春秋》。

宋仪望《邹东廓先生行状》丁卯条:是年娶夫人王氏。寻丁母夫人忧。少间,乃授徒讲《春秋》。(1367页)

耿定向《东廓邹先生传》丁卯条:其年婚娶王氏。寻母周宜人卒,治葬,庐墓侧。(1382页)

按:王氏名喜英(1488—1540),出安福世族嘉溪王氏,儒官王铠之仲女,王理(正统七年进士)之孙女。封宜人,赠淑人。生子三:长子邹义,次子邹美,三子邹善。传见罗洪先《明故封宜人赠淑人邹母王氏墓志铭》、周怡《明赠淑人邹母王氏墓表》。①

正德五年庚午(1510),二十岁

三月,阳明任庐陵知县。宋仪望《邹东廓先生行状》、耿定向《东廓邹先生传》载东廓谒见阳明,阳明极相称许。

《王阳明全集》卷三三《年谱》正德五年条:升庐陵县知县。先生三月至庐陵……在县七阅月。(1230页)

耿定向《东廓邹先生传》:文成王公移令庐陵,先生慕而谒之,一见期许。(1382页)

宋仪望《邹东廓先生行状》:阳明公移令庐陵,先生慕其名,见之,极相称许。(1367页)

按:耿定向《东廓邹先生传》及宋仪望《邹东廓先生行状》均载东廓初次谒见阳明于庐陵,得阳明称许。然此事不见东廓孙邹德涵

---

① 按,罗洪先《墓志铭》、周怡《墓表》均见《澈源邹氏七修族谱》卷八。罗洪先《墓志铭》未收入罗氏文集,周怡《墓表》见《周讷溪公全集》之《讷溪先生文录》卷六,名《东廓邹先生配王宜人墓表》。

《文庄府君传》、罗洪先《东廓邹公墓志铭》、徐阶《邹公神道碑铭》、《明史》本传等传记。阳明任吉安府庐陵县知县七个多月的时间里，是否见过东廓？此事关涉东廓与阳明交往的最初时间，须当考辨。先看此后东廓与阳明的交往：据耿定向、宋仪望、罗洪先、《明史》本传的相关记载，正德六年东廓进京参加会试，阳明为会试同考官，阅其卷而深器之（见下年条）。不过，邹德涵《文庄府君传》、徐阶《邹公神道碑铭》未载此事，检诸东廓文集，亦未载正德五年、六年与阳明有交往之事。而东廓文集中与阳明交往有确切记载的，即《阳明先生文录序》：

> 以益之不类，再见于虔，再别于南昌，三至于会稽，窃窥先师之道，愈简易，愈广大，愈切实，愈高明，望望然而莫知所止也。①

这段话自述了东廓与阳明两次在赣州（古称虔台）相见、两次在南昌告别、三次至阳明家乡越城（今浙江绍兴，古称会稽）的七次交往经历。耿加进据此认为：“对于第一次见王阳明这么重要的事，罗洪先、邹德涵不提也就罢了，东廓本人不可能只字不提。”故推断"《邹东廓先生行状》和《东廓邹先生传》所载东廓庐陵见阳明之说不可信"②。日本学者木村庆二也认为，东廓二十岁首见阳明的记载是耿天台等对东廓正面肯定所作的推测，应属虚构。③ 若此说成立，那么"再见于虔"的第一次虔台之会（正德十四年）便是东廓见阳明的

---

① 《邹守益集》卷二，39 页。按，"再见于虔"之"再"亦可能是"初"字之误，如是"初见于虔，再别于南昌，三至于会稽"记载的是东廓与阳明的主要交往经历而不涉及次数。然现有文献中均作"再"，故笔者仍依"再"来解读二人的交往经历及次数。

② 耿加进：《邹东廓先生年谱》，收入张新民主编：《阳明学刊》（成都：巴蜀书社，2011 年），第五辑，154—155 页。

③ 见木村庆二：《鄒東廓の思想形成に関する一考察》，《中国哲学论集》第 19 号（日本九州大学出版社，1993 年），20—21 页。该文未说明考证之依据。

最初时间,比正德五年的庐陵之会晚了九年。事实上,有些传记即是将二人的交往从虔台之会开始写起的。如邹德涵《文庄府君传》:"己卯,谒阳明王先生于虔"①,《明儒学案》之《邹东廓本传》亦载:"初见文成于虔台。"②那么,东廓初见阳明的时间究竟当在何时?如何看待诸种文献记载不一之差异?

一般而言,古人请人作传记的惯例是提供给作者一个类似行状的生平事迹材料,作者据以述其生平并加发挥。以上所列的几位传记作者中,宋仪望是东廓门人,耿定向则与邹善为同辈密友,又是邹善之子邹德涵、邹德溥的老师,罗洪先与东廓同因守丧、落职归田等原因而同居家乡的时间长达二十多年,往来颇多,徐阶也是东廓的王门同道,可以说,这几人与东廓或其子嗣均有深入往来,对其生平了解颇多。并且在东廓逝后,邹善嘱德涵、德溥仿《春秋》编年体例编有《邹文庄公年谱》,耿定向看过年谱并为之作序,③对东廓生平相当熟悉,所记当有所本。笔者认为可能的情形是,几位传记作者作传时依据了同一个材料,只是取舍有别。宋仪望、耿定向都择取了东廓于正德五年在庐陵初见阳明一事,同样,正德六年阳明为会试同考官而深器东廓一事,宋仪望、耿定向、罗洪先亦择取此事记入其传。如果这种推测是事实,那么该如何看待东廓与阳明交往"再见于虔"的自述?

笔者认为,仅据"再见于虔,再别于南昌,三至于会稽"三句话便

---

① 《邹守益集》卷二七,1362 页。
② 同上书,1393 页。
③ 耿定向《邹文庄公年谱序》:"《邹文庄公年谱》,乃其胤子太常某属孙宪金某、太史某综先生生平履,摭其绪言,大凡仿《春秋》编年例而述之者也。"(《邹守益集》卷二七,1355 页)

否定耿定向、宋仪望传记所载的庐陵之会为不可信,结论似有遽急偏颇之嫌。东廓自述是在何种语境脉络说的,是否能包含他与阳明交往的全部经历,其自述是否有所偏重和选择,这些问题都应考察清楚,方能判断其自述的真实指涉。首先,就具体语境而言,《阳明先生文录序》作于阳明逝世后的嘉靖十五年,是为钱德洪收集整理的《阳明先生文录》所作的序文,以论述良知学为主线,具有强烈的捍卫师门之意味,高度肯定了阳明的良知学为继承洙泗、濂洛道统的儒学正脉,故而,夹在行文当中的师徒交往叙述,并不是东廓的论述中心,笔墨简省而概括,东廓将师徒交往的核心紧紧围绕着师从阳明之良知学这一主题,故而,在"三至于会稽"的叙述之后,紧接着称赞先师之道具有愈简易、愈广大、愈切实、愈高明之特色。弄清楚这一背景后,再看其具体所指:所谓"再见于虔",第一次当指正德十四年六月朱宸濠叛乱之前,东廓至赣州虔台谒见阳明(时值阳明任都察院右副都御史巡抚南赣),正式执弟子礼;逾月,再至虔台请益。此事因出于东廓自述,又有相关传记为佐证,是东廓与阳明交往的有据可征的事实。然而,是否能以此断定这是二人交往的最早时间呢?容后论之。第二次虔台相会,当指正德十五年六月阳明至赣州、九月方返南昌的这一时期,东廓再至赣州虔台,与陈九川等人从学阳明,论学多日。至于"再别于南昌",第一次应当是平定朱宸濠叛乱后的正德十六年,阳明结束了主政江西的五年经历,六月北上赴召启程前,东廓至南昌与阳明告别。第二次当指嘉靖六年阳明起征广西思恩、田州,十月路经南昌时,邹东廓、欧阳德、刘邦采、黄弘纲、何廷仁、魏良器等江右门人二三百人候于南浦请益,这是东廓与阳明的最后一次相见。而"三至于会稽",有史料佐证的,第一次是嘉靖二年二月,东廓从江西北上京师的途中,先至阳明家乡越城谒见,请益问学,停留月余;第二次是嘉靖三年的大礼议事件后,东廓降职为广德州判官,在前往广德州途中取道越城,向阳明问政;第三次不详,有文献记载的便是嘉靖八年十一月,脱文阳明下葬于越城南三十里的洪溪,东廓前往参与葬礼之事(以上交往详情参该年条)。总体来看,东廓自述具有两个特点:一是叙述概括,忽略细节。比如"再别于南昌"的第一别应当涵盖了正德十四年至十六年东廓与阳明的诸多交往,其中如正德十四年东廓参加义军平朱宸濠叛乱、正德十五年六月东廓等陪阳明游青原山并和诗,都是重要的事件,若如前文耿定向、宋仪望所记,二人交往始于正德五年庐陵之会、明年东廓进京会试时试卷再得阳明认肯(可能有当面交往)是事实的话,那么,东廓起义军赞阳明、同游青原山等事,比之正德五年的庐陵之会不但意义重大,且交往的时间之久与程度之密,都有甚于前者,其间更有多次别事,然东廓均未论及,而以正德十六年阳明离开江西前东廓至南昌告别概括之。若再结合"再别于南昌,三至于会稽"的叙述,便可以看出,其自述是一种粗线条的概括性叙述,勾勒出他与阳明交往的重要经历和大的事件,而不大涉及具体事件和细节。因此,如果庐陵之会是事实,忽略不记是有可能的。而忽略不记的另一个可能的合理原因,也与东廓自述的第二个特点有关:"再见于虔,再别于南昌,三至于会稽"的师徒往来,是围绕着论学为政等儒家思想核心,也是良知学的核心宗旨而述之,故不大涉及世俗交往。而在正德五年、六年东廓与阳明的交涉过程中,尚未涉及论学内容,原因大抵在于,一则阳明此时虽已开始讲学授徒,但规模不大,尚未产生广泛影响,亦未引起东廓关注;二则正德五年东廓与阳明的庐陵之会只是一面之缘,次年东廓在京不到一年即回乡,二人交往不深;三则东廓年方二十,在学术思想上尚未形成明晰的问题意识,缺乏论学契机。因此,阳明固然欣赏东廓,但此时东廓尚未产生求学之意,故二人还只是一般交往,仅就俗情而论,也非密厚之交。直到正德十四年东廓至虔台谒见阳明,最初的目的也只是求阳明为其父作墓表,并无意问学,他受以往朱子学思路之影响,对阳明之学也未敢骤信。然而,通过反复论辩,特别是阳明解开他聚积已久的《大学》、《中庸》宗旨不一之惑后,才豁然醒悟,正式拜师,以为二十九年的人生经历中,今始梦醒。归后,他还特作《学说》与门人士子共勉。以此可见,正德十四年的虔台之会在东廓的为学生涯中曾掀起巨大的波澜,让他摆脱了以往朱子学的影响,从此投于阳明学。故而,虔台之会的时间虽比并无深交的庐陵初会晚了九年,但对于一个以成圣成贤为追求目标的儒家学者而言,但其意义是炯然不同的,后者是其精神慧命开展的起点。笔者认为,这也正是东廓在其师去世八年以后忆及师徒往来的经历时,落笔便从虔台之会开始而不提及庐陵之会的一个重要原因。另外,耿定向《邹文庄公年谱序》的叙述语境也可以说明这一点:"按谱,先生少具异禀,年几十五时,即殷殷有志斯学已。越己卯,受学文成,深契良知之旨。"[①]在此,耿定向的论说中心是东廓的志学经历,这与东廓自述的语境一致,故他将东廓与阳明的交往,直接从正德十四年从学阳明说起,与东廓自述"再见于虔"相发明,而不提庐陵之会。比之耿定向《东廓邹先生传》所记正德五年东廓与阳明初会于庐陵,是同一作者在不同语境脉络中的史料取舍差异而致,并不矛盾。因此笔者的结论是,东廓自述其与阳明"再见于虔,再别于南昌,三至于会稽"的七次交往经历,是一种概括性的叙述,以求道论学之主线概括了他与阳明交往的主要经历和大的事件,并未展示他与阳明交往的全部经

[①] 《邹守益集》卷二七,1356页。

历和细节,故不能据此断定正德五年的庐陵初会不可信。

邹贤服阕,授福建按察司佥事。

《濂源邹氏族谱》卷八,王思《明故奉政大夫福建兵备佥事易斋邹公行状》:庚午,服阕。授福建按察司佥事。(10页)

正德六年辛未(1511),二十一岁

二月二十七日会试,得第一,会试主考、内阁大学士刘忠目之为"国器"。王阳明为会试同考官,亦深器之。

《明武宗实录》卷七二,正德六年二月戊申条:戊申(按,二十七日),礼部会试,取中式举人邹守益等三百五十名。(1600页)

《王阳明全集》卷三三《年谱一》:六年辛未,先生四十岁,在京师。正月,调吏部验封清吏司主事……二月,为会试同考试官。(1232—1233页)

耿定向《东廓邹先生传》:越辛未,先生年二十一,会试第一……是岁,王公以吏部主事司分校,主试者知王公有精鉴,出诸隽卷取裁,王公阅及先生卷,曰:"此必安福邹某也。亡论文,其人品亦冠天下者。"遂冠南宫。(1382页)①

宋仪望《邹东廓先生行状》:方是时,先生年弱冠,丰格夐异,同榜中望之如玉暎山立,主考内阁野亭刘公深以国器待之。(1367页)

---

① 宋仪望、罗洪先所作传记及《明史》本传中均载此事。宋仪望《邹东廓先生行状》:"辛未,王公由吏部主事同考会试,时主考得先生卷,甚喜,谓王公曰:'子素善知文,此为谁者?'曰:'此必安福邹某。'"(1367页)罗洪先《东廓邹公墓志铭》:"辛未乡(按,当为"会")试,阳明公为同考官,赏识之,遂置第一。"(1375页)《明史》本传:"守益举正德六年会试第一,出王守仁门。"(1359页)

沈德符《万历野获编补遗》卷二《科场·士子谤讪》：六年辛未科，少傅大学士刘忠、吏部左侍郎学士靳贵为主考……是科，会元邹东郭、状元杨升庵，真无忝科名。（北京：中华书局1959年，862—863页）

《邹守益集》卷二《野亭少傅刘公摘稿序》：正德辛未，益试南省，受知于野亭刘公。逾月，公赐敕扫先茔，亟趋以别，公握手语曰："吾归不复来矣。子国器也，善自爱，宁直无媚，宁介无通，宁恬无竞。"益拜而服膺焉。（78—79页）

按："野亭刘公"即刘忠（1452—1523），字司直，号野亭，河南陈留（今开封）人，成化十四年（1478）进士。正德五年起任吏部尚书兼文渊阁大学士、太子太傅、武英殿大学士，正德六年致仕。卒赠太保，谥文肃。著有《野亭集》。传见刘忠《自撰墓铭》（黄宗羲编：《明文海》，卷四百五十二《墓文二十五·辅臣》）、《明史》卷一八一。

三月十五日，廷试第三名。

《邹守益集》卷一《制策》：正德六年辛未三月十五日，御批第一甲三名。（12页）

三月二十九日，授翰林院编修。

《明武宗实录》卷七三，正德六年三月己卯条：己卯（按，二十九日），授第一甲进士杨慎为翰林院修撰，余本、邹守益为编修。（1626页）

邹德涵《文庄府君传》：二十一，中会试第一。廷试及第三，授翰林编修。（1361页）

邹贤在福建任上得知东廓科考喜讯，遂无意仕途。六月，邹贤偶病风痹，十月再次发作，乞致仕，不待报而行，归安福。邹贤移书东廓令南归，东廓屡疏乞归养，得允。

宋仪望《邹东廓先生行状》辛未条下：时易斋公在漳南，得报，喜曰："吾志有托矣。"竟致其事去。（1367页）

邹守益《易斋府君事迹》：六月，（邹贤）偶病风痹，即欲致其事。而上官留之，复起视政。十月，病复作，遂委印券于杨副使璋，上疏乞归，不待报而行……病中书曰："不意遽有此疾，吾儿急南回，以遂一日天性之乐。"不肖得书，以泣上疏，乞归养，吏部以例格之，三书乃得以疾归。（6—9页）

正德七年壬申（1512），二十二岁

春，归安福，侍养其父。

宋仪望《邹东廓先生行状》辛未条下：先生在翰林逾年，念易斋大夫不置，遂抗疏养病归。（1368页）

《邹守益集》卷二四《兵科给事中刘君墓表》：壬申之春，守益归侍养易斋大夫疾。（1095页）

此后五年皆居家侍亲，直至邹贤去世。

邹守益《易斋府君事迹》：累疏乞养，优游天性之乐，邻姻仰之为神仙中人……侍汤药，则公病亦少瘳，惟以课子姓、肃先祠为事。春秋胜日，犹肩舆求山水之乐，凡五年而大变及矣。（7—9页）

按：此年至嘉靖二年的十一年间，东廓引疾侍养加守丧，一直在江西。

回乡不久，四方人士慕名前来受学。讲学中，东廓对《大学》、《中庸》宗旨不一产生疑问。

邹德涵《文庄府君传》壬申条下：四方士即山房受学。府君曰："前，而党知子思之学受于曾子乎？今朱氏解格物与慎独异，何也？"

诸生莫能解。(1361—1362 页)

宋仪望《邹东廓先生行状》:四方人士慕先生名,咸来受学。一日,与诸生论及《中庸》,慨然曰:"子思学于曾氏,今程朱补《大学》,必先格致;《中庸》乃首言戒惧慎独,而不及格致,何也?"时诸生辩难良久,先生终不释然。(1368 页)

按:此事在耿定向《东廓邹先生传》、罗洪先《东廓邹公墓志铭》中均有记载。

正德九年甲戌(1514),二十四岁

六月十二日,邹贤寿六十。八月二十八日,东廓长子、邹贤长孙邹义出生,又七日,邹贤第四子邹守壮出生。

湛若水《湛甘泉先生文集》卷三十一《明故福建兵备副使易斋邹君墓志铭》:寿登六十……逾二月,冢孙义生。又七日,而生幼子壮。(14 页)

《澈源邹氏七修族谱》卷八,何子寿《明故承直郎顺天别驾里泉邹先生墓志铭》:先生(按,邹义)生于正德甲戌八月二十八,卒于嘉靖丙寅八月二十九,享年五十有三。(46 页)

是年其他著作:

《周氏孺人七十寿序》(《邹守益集》卷五,以下各年之"是年其他著作"只列篇目及卷数,省略"《邹守益集》"书名)。

正德十年乙亥(1515),二十五岁

为安福士人姚鹏程六十寿作《寿姚君鹏程序》,论及君道、师道

关系。

《邹守益集》卷二《寿姚君鹏程序》：茨溪刘忠愍公擅《春秋》三传之学，其后栗庵先生懋弘，祖训以淑多士，于时家君易斋大夫及刘郡守持庆、伍少方伯朝信、姚君鹏程，咸卒业焉……正德乙亥，君寿周一甲子，珙等诣余来征言。闻之内传曰"人受天地之中以生"，故勤礼尽力，致敬而敦笃，所以迓天休而永之也。皇极之建，人无有比德淫朋，治之隆也。盛治辽阔而师道立，则易恶至中，而善人蕃衍，教之隆也。(33页)

按：姚鹏程，安福人，与邹贤同学于刘缜。

正德十一年丙子(1516)，二十六岁

正月，次子邹美出生。

《澈源邹氏七修族谱》卷八，王时槐《明乡进士今赠中宪大夫大常寺少卿昌泉府君墓志铭》：(邹美)生正德丙子正月四日，殁嘉靖乙丑九月二日，享年五十。(51页)

此前一年，东廓率永丰士子请于吉安官府，请以大理寺丞邹瑾、御史魏冕入乡贤祠，获准。是年，邹氏大节祠、泷冈书院于永丰县城东坊建成，作碑记《泷冈书院祠碑》。

《邹守益集》卷二〇《泷冈书院祠碑》：正德壬申，某归侍易斋大夫疾，三年而疾小间，大夫命之曰："永丰，吾宗国也。寺丞御史之烈，其可以后群公？"乃奉命以请于邑之士，皆欣欣相告。庠生裴康、陈本、刘斌、陈奇、李观可、刘希昭、萧旦合辞以呈，郡守伍君文定、督学政田君汝耔协议题之，亟下县立二公木主于乡贤。大夫复命曰："寺丞公，吾同谱也，其率族属祠祀之。"使从兄守泰入牒于郡，郡丞

朱君衮、分守陈君洪谟、巡按李君润,符县以入官故址曰东义仓空地为之祠。曰:"公之精爽,其尚乐故土乎!"族之长光绎率子姓元化、垂璁等建堂于中,前为邹氏大节祠,外为泷冈书院,缭之以周垣,岁以祭乡贤。之明日,洁牲俎而行事。立碑庑下,使国宁来征文,以告来者。(932—933 页)

万历《吉安府志》卷一五《学校志》:泷冈书院,在(永丰)县东坊,正统(按,有误,当为"正德")丙子提学田汝耘(按,有误,当为"耔")建,祀大理寺丞邹瑾、御史魏冕。(212 页)

按:以东廓归侍疾三年推算,东廓请于官府当为正德十年。

邹瑾、魏冕,俱永丰人,同官御史。燕王攻入南京称帝时,二人双双自杀,人称永丰二烈。邹瑾传见《邹守益集》卷一九《大理府君小传》;邹、魏传见《明史》卷一四三、《江西通志》卷七七《人物十二·吉安府三》。

澈源邹氏徙自永丰,故与邹瑾同宗。文中东廓称其父"易斋大夫"而非"先大夫",可推知《泷冈书院祠碑》作于邹贤卒前。

十一月二十八日,邹贤卒。

湛若水:《湛甘泉先生文集》卷三一《明故福建兵备副使易斋邹君墓志铭》:卒以正德丙子十一月二十八日,葬以丁丑闰十二月一日,地在双江口,公所自卜云。(14 页)

宋仪望《邹东廓先生行状》:丙子,丁外艰,悉力丧葬。待庶母弟三人,咸遵易斋公遗言,抚爱有加。(1368 页)

是年其他著作:

《赠于侯①考绩序》(卷四)。

正德十四年己卯(1519),二十九岁

见阳明于虔台。阳明时任都察院右副都御史巡抚南赣,讨伐之余,讲学授徒不辍。

《王阳明全集》卷三三《年谱一》:(正德十一年)九月,升都察院左佥都御史,巡抚南、赣、汀、漳等处……(十二年)正月,至赣……(十三年)六月,升都察院右副都御史,荫子锦衣卫,世袭百户……七月,刻古本《大学》。先生出入贼垒,未暇宁居,门人薛侃、欧阳德、梁焯、何廷仁、黄弘纲、薛俊、杨骥、郭治、周仲、周冲、周魁、郭持平、刘道、袁梦麟、王舜鹏、王学益、余光、黄槐密、黄鉴、吴伦、陈稷刘、鲁扶敝、吴鹤、薛侨、薛宗铨、欧阳昱,皆讲聚不散。至是回军休士,始得专意于朋友,日与发明《大学》本旨,指示入道之方……刻《朱子晚年定论》……八月,门人薛侃刻《传习录》。侃得徐爱所遗《传习录》一卷,序二篇,与陆澄各录一卷,刻于虔。(1238、1253、1254页)

按:正德十二年至正德十六年六月,阳明主政江西。此时正值阳明学在江西兴起之初,《朱子晚年定论》、《传习录》的刊刻,掀起思想界波澜,吸引了诸多江西士子前往就学。东廓初见阳明虽无意问学,却不会无视这一思想背景。

赣州古称虔台,又称虔州,弘治七年(1494)为平汀、漳等地盗寇而设巡抚都御史,治赣州。弘治十七年罢置。正德五年(1510)

---

① 于侯即于桂,字德芳,山东昌邑人,正德六年进士,七年至十年任安福县令。见清同治《安福县志》卷七《秩官·纪名》(92页)。

重设。①

东廓初见阳明,只为其父求墓表,并无意问学,且受以往朱学之影响,于阳明学未敢骤信。日夕谈学间,东廓问《大学》、《中庸》宗旨不一之疑,阳明以良知学论"《大学》、《中庸》之旨一也",遂豁然醒悟,执弟子礼。逾月,再至虔台请益。

《明儒学案·邹东廓传》:初见文成于虔台,求表父墓,殊无意于学也。文成顾日夕谈学,先生忽有省曰:"往吾疑程朱补《大学》先格物穷理,而《中庸》首慎独,两不相蒙,今释然,格致之即慎独也。"遂称弟子。(333—334页)

《邹守益集》卷一〇《复王东石时祯》:先师格致诚正之说,初闻于虔州。以旧习缠绕,未敢遽信。及质诸孔孟,渐觉有合处,然后敢信而绎之。(500页)

耿定向《东廓邹先生传》:己卯,先生年二十九,就质王公于虔台。王公曰:"致知者,致吾心之良知于事事物物也。致吾心之良知于事事物物,则事事物物皆得其理矣。独即所谓良知也。慎独者,所以致其良知也。戒慎恐惧,所以慎其独也。《大学》、《中庸》之旨,一也。"先生豁然顿悟,遂肃赞师事焉。逾月,再如虔台。(1382—1383页)

按:徐阶《邹公神道碑铭》亦载此事。

东廓拜师后,阳明有诗赠之。

《聂豹集》卷一三《大司成东廓邹公七十寿序》:闻阳明先生讲学虔南,牵舟往从之。一见相契,妙悟良知之秘……于是四面北拜,奉以终身,如蓍龟焉。先生赠之诗曰:"君今一日真千里,吾亦当年苦旧迷。"盖亦恨其相契之晚也。(519页)

---

① 见《四库全书总目提要》卷八〇《史部·三十六》"虔台志"条。

按：此试未见于阳明与东廓的赠诗或和答，见于《林汝桓以二诗寄次韵为别》的第二首(《王阳明全集》卷二〇)，为阳明居越以后所作。

归作《学说》，言"吾梦二十九年而今始醒"，发无欲、戒惧、希圣之旨，与门人士子共勉。

邹德涵《文庄府君传》己卯条下：归而与诸生言曰："吾梦二十九年矣，而今始醒。而觉其勿复梦也夫！"（1362页）

宋仪望《邹东廓先生行状》：先生既受徒山房，乃以闻于王公者精思力行，沛然有得。既又探之周程，以溯孔颜，考之濂洛诸书，以证六经，若同轨合辙，于是作《学说》以警同志。（1368页）

《邹守益集》卷八《学说》：钧人之形也，则钧人之性也，而至于为虎狼蜂蚁之罪人，何也？物欲累之也。学之道，所以闲其物欲，而反其天地之性，以求无忝于为人而已矣。昔者圣人之谕好学，曰不求安饱，敏事慎言，就正有道而已；其称颜子，亦曰"不迁怒，不贰过"而已，是圣人之学可考也。故曰"学而时习之"。学者，学此也；习者，习此也。习而曰时，不息之功也。学之病莫大乎息，息则物欲行而天理泯矣。天理与物欲，互为消长者也，无两立之势。故君子戒慎恐惧之志，由闻以至于不闻，由见以至于不见，由言以至于不言，由动以至于不动，一也，无须臾之离也。道不离人，人不离道。人与道凝，然后可以践形而无忝。夫是之谓善学。以训诂者专矣，以记诵者博矣，以词章者华矣，而于道顾背驰焉，则学之蠹也。况乎窃孝弟忠信之成说，以为利禄之媒，偃然播其恶于众，而号于世曰是学也，可乎哉？某之醉梦，二十有九年矣，日颠踬于荆棘泥淖而自以为康庄也。赖先觉者大呼而醒之，将改辙以追来者。而八九同志相与磨砻而夹持之，以图不枉此生，乃为推学之太宗以申告之，而时观之以自警焉……今之师友姻族,津津以追时好、攫世资交相劝诱,曲为恩厚,一闻讲学以希先王之道,则循墙若刺己者,其取舍界限亦异矣。诸生以是列诸座右,过而观之者,其且以吾为好生乎?其且以吾为贼生乎?(434—435页)

六月,**阳明奉命往福建平叛军。十五日至丰城,闻宁王朱宸濠叛,急趋吉安,向知府伍文定征调兵粮。十九日,阳明联合伍文定及吉安诸士民起兵讨宸濠。**

《王阳明全集》卷三四《年谱二》,正德十四年条:六月,奉敕勘处福建叛军,十五日丙子,至丰城,闻宸濠反,遂返吉安,起义兵。(1258页)

《明武宗实录》卷一七五,正德十四年六月庚辰条:庚辰(按,十九日),吉安知府伍文定及提督南赣汀漳军务都御史王守仁起兵讨宸濠。初,守仁奉命勘事福建,以宸濠生日将届,取道南昌贺之。会大风,舟不得前。至丰城,知县顾似以变告。守仁大骇,遂弃官舟,取小艇,潜迹还赣。时宸濠与其伪国师刘养正谋使人追之,不及。文定闻守仁还,急以卒三百迓于峡江,至吉安,进曰:"此贼暴虐无道,久失人心,其势必无所成。公素望重,且有兵权,愿留镇此城,号召各郡邑义勇为进取图贼,不难破也。"守仁初不许,既而深然其言,乃下令各郡邑,谕以大义,与文定日夜筹画军需器械粮草,旬日间皆具。时致仕都御史王懋中亦遣子敏贺濠生日,被留,伪授领军职事。懋中力赞守仁起兵,且曰:"吾已弃不才子,惟知杀贼效忠尔。"既而诸乡官副使罗循、罗钦德,郎中曾直,御史张鳌山、周鲁,评事罗侨,同知郭祥鹏,进士郭持平,谪降驿丞王思、李中,编修邹守益等皆来会。移檄远近,声宸濠之罪。是时变起仓卒,众心汹汹。及闻守仁举义,始有倚仗,亡不响应,由是军声大振。会两广清军御史谢源、刷卷御史伍希儒道经吉安,守仁以便宜留之军前。(3396—3397页)

《明史》卷一九五《王守仁传》：十四年六月，命勘福建叛军。行至丰城，而宁王宸濠反。知县顾佖以告。守仁急趋吉安，与伍文定征调兵食，治器械舟楫，传檄暴宸濠罪，俾守令各率吏士勤王。都御史王懋中，编修邹守益……咸赴守仁军。(5162页)

《邹守益集》卷二二《南溪伍君墓志铭》：时阳明王公起兵吉安，尽召列郡乡大夫同遏乱，略有至有不至。而及门之士，若益与王子宜学、李子子庸、张子汝立、郭子守衡，咸趋军门，适谢子士洁、伍子汝真，以柱史有事于广，遂署为监军，征兵列郡，正名讨贼。(1038页)

按：伍文定(1470—1530)，字时泰，号松月，湖广荆州府松滋人，弘治十二年进士，官至兵部尚书，谥忠襄。传见张璧《资政大夫兵部尚书兼都察院右都御史伍公文定墓志铭》(《国朝献征录》卷三十九)、《明史》卷二〇〇。平叛事遂，东廓为作《贺伍郡守时泰平贼序》(《邹守益集》卷二)。

"王子宜学"即王思(1481—1524)，字宜学，号改斋，吉安府泰和人。正德六年进士，官翰林院编修。大礼议，参与左顺门哭谏，被杖致死。《明史·王思传》载："王守仁讲学赣州，思从之游。及守仁讨宸濠，檄思赞军议。"[1]王思与东廓、李中友善，其婿刘教亦为阳明学者。传见《邹守益集》卷二一《改斋王君墓志铭》、《明史》卷一九二。《邹守益集》还收录有为其文集所作序《改斋文集序》(卷二)。

"李子子庸"即李谷平(1478—1542)，名中，字子庸，人称谷平先生，吉安府吉水人，正德九年进士，官至都察院右副都御史。李中为罗洪先早年的老师，平生宗周濂溪无欲之旨，"以求仁为主本，以闲

---

[1] 《明史》卷一九二,5085页。

邪为入手",①与阳明学有不合,《明儒学案》列入卷五三《诸儒学案下》。著有《谷平先生文集》五卷,传见邹守益《谷平李公墓志铭》,②罗洪先《谷平李先生行状》(《念庵文集》卷一三)。东廓在《南溪伍君墓志铭》中将李中视为阳明及门之士,未必合适。据罗洪先为其师所作《行状》载:"新建伯王公守仁镇赣州,檄先生与王公思议军事。己卯三月至赣,而宸濠方谋不轨,时论煽摇。王公问计,先生豫策其败,引古为证,力赞其决。变作,王公邀以助已。"③可知正德十四年阳明守赣州时,曾邀李中至赣商议应对宸濠之策,阳明起兵时,李中亦助其平乱,此与东廓在《墓志铭》中记载一致:"阳明王先生开府于虔,檄公与王君思参错戎行。己卯宸濠变,作力赞义师,预测其败。"④故李中于正德十四年至赣州时当是以平辈身份与阳明论学,且李中只小阳明六岁,不大可能师事阳明。

"张子汝立"即张鳌山,介绍见嘉靖二十五年条。

"郭子守衡"即郭持平(1483—1556),字守衡,号浅斋,吉安府万安人,正德十二年进士,从学阳明于赣州。官至南京刑部右侍郎。传见《邹守益集》卷二二《明故南京刑部右侍郎浅斋郭公墓志铭》。

"谢子士洁"即谢源,字士洁,福建福州府怀安人,正德六年进士,时任两广清军御史,与伍希儒赴京途中经吉安府,遂同赴义军。

"伍子汝真"即伍希儒(?—1545),字汝真,号南溪。出安福北乡荷溪伍氏,正德六年进士,时任两广刷卷御史。传见《邹守益集》卷二

---

① 罗洪先:《谷平李先生行状》,雍正本《念庵文集》卷一三,302页。
② 李中:《谷平先生文集》(《四库全书存目丛书·集部》71册),附录,647—649页,此文未收录至东廓文集中。
③ 罗洪先:《谷平李先生行状》,雍正本《念庵文集》卷一三,302页。
④ 《谷平先生文集》附录,647页。

二《南溪伍君墓志铭》、同治《安福县志》卷一〇《人物·宦绩》。阳明平宸濠乱后曾作诗《用韵答伍汝真》、《除夕伍汝真用待隐园韵即席次答五首》(均见《王阳明全集》卷二〇)。

阳明召东廓从军,东廓率堂兄邹守泰、族弟邹守讼等四人从义军。

《王阳明全集》卷三四《年谱二》,正德十四年六月条:先生在吉安,守益趋见曰:"闻濠诱叶芳兵夹攻吉安。"先生曰:"芳必不叛。诸贼旧以茅为屋,叛则焚之。我过其巢,许其伐巨木创屋万余。今其党各千余,不肯焚矣。"益曰:"彼从濠,望封拜,可以寻常计乎?"先生默然良久曰:"天下尽反,我辈固当如此做。"益惕然,一时胸中利害如洗。次早复见曰:"昨夜思之,濠若遣逮老父奈何?已遣报之,急避他所。"(1263页)

耿定向《东廓邹先生传》:未几,宸濠反,先生闻变,率昆季群从趋吉郡,从义起兵。王公喜曰:"君臣师友,义在此举矣!"(1383页)

《邹守益集》卷二一《叔父重斋居士墓志》:逆濠之变,阳明先师召益从军中,众咸蹙缩,叔父慨然遣泰兄同行。(970页)

《澈源邹氏七修族谱》卷八,邹德溥《族叔祖石桥居士偕叔祖母刘氏墓志铭》:文成夫子起义兵,征宸濠。盖族之从者四人,族叔祖石桥公其首也。(42页)

按:"族叔祖"即东廓族弟邹守讼(1496—1567),字畏之,号石桥。

时东廓闻知阳明夫人支持阳明之壮举,深为感佩,亦将夫人王氏接到吉安,同誓国难。

《王阳明全集》卷二六,《上海日翁书》钱德洪跋:尝闻幕士龙光云:"时师闻变,返风回舟。濠追兵将及,师欲易舟潜遁。顾夫人诸公子正宪在身。夫人手提剑别师曰：'公速去，毋为妾母子忧。脱有急，吾恃此以自卫尔！'及退还吉安，将发兵，命积薪围公署，戒守者曰：'傥前报不利，即举火爇公署。'时邹谦之在中军，闻之，亦取其夫人来吉城，同誓国难……"（985—986 页）

阳明起兵时，众议汹汹，谓宸濠大势已定，义军之举或为愚诈。东廓请于阳明，阳明答依良知而行，不计成败。东廓在军中，赞画居多。

《王阳明全集》卷四一，王畿《读先师再报海日翁吉安起兵书序》：夫宸濠逆谋已成，内外协应，虐焰之炽，熏灼上下，人皆谓其大事已定，无复敢撄其锋者。师之回舟吉安，倡义起兵也，人皆以为愚，或疑其诈。时邹谦之在军中，见人情汹汹，入请于师。师正色曰："此义无所逃于天地之间。使天下尽从宁王，我一人决亦如此做，人人有个良知，岂无一人相应而起者？若夫成败利钝，非所计也。"（1599 页）

《聂豹集》卷一三《大司成东廓邹公七十寿序》：先生（按，指阳明）起兵秦王，公响应倡义，周旋军旅，赞画居多。（519 页）

作诗《次介庵岳韵》。

《邹守益集》卷二六《次介庵岳韵（时从征宁藩）》：百年养士欲何求？六月王师未可休。舟向中流须共济，恩从箪食尚能酬；谁将尺棰答吴楚？天遣明堂栋禹周。回首泰陵清梦远，时凭东郭送双眸。（1301 页）

七月十日，吉安义军誓师。七月十三日，军发吉安。十五日，与江西临江、袁州、赣州等府县义军大会于樟树。十九日，誓师于市汊。二十日，攻克南昌。二十六日，擒宸濠，乱平。功成，东廓作《勤王飨功颂》。

《王阳明全集》卷三四《年谱二》，正德十四年条：甲辰（按，七月十三日），义兵发吉安。丙午（按，七月十五日），大会于樟树。己酉（按，七月十八日），誓师。庚戌（按，七月十九日），次市汊。辛亥（按，七月二十日），拔南昌。先生闻濠兵既出，乃促列郡兵剋期会于樟树，自督知府伍文定等及通判谈储、推官王暐，以十三日甲辰发吉安。于是临江知府戴德孺、袁州知府徐琏、赣州知府邢珣、瑞州通判胡尧元、童琦、南安推官徐文英、赣州都指挥余恩、新淦知县李美、泰和知县李楫、宁都知县王天与、万安知县黄冕，各以其兵来赴。己酉，誓师于樟树，次丰城。谍知贼设伏于新旧厂，以为省城之应，乃遣奉新知县刘守绪领兵从间道夜袭破之。庚戌，发市汊，分布既定，薄暮齐发。辛亥黎明，各至信地。先是城中为备甚严，及厂贼溃奔入城，一城皆惊。又见我师骤集，益夺其气。众乘之，呼谍梯絙而登，遂入城，擒拱条、万锐等千有余人，所遗宫眷纵火自焚。先生乃抚定居民，分释协从，封府库，收印信，人心始宁。于是胡濂、刘裴、许效廉、唐锦、赖凤、王玘等皆自投首。初，会兵樟树，众以安庆被围，急宜引兵赴之。先生曰："今南康、九江皆为贼据，我兵若越二城，直趋安庆，贼必回军死门，是我腹背受敌也。莫若先破南昌，贼失内据，势必归援。如此，则安庆之围自解，而贼成擒矣。"卒如计云。遂促兵追濠。甲寅，始接战。乙卯，战于黄家渡。丙辰，战于八字脑。丁巳（按，七月二十六日），获濠樵舍，江西平。（1264页）

《邹守益集》卷二《勤王缮功颂》：正德己卯岁六月丙子，宁王变起，南昌震惊！神䜣都御史阳明王公自赣将命入闽，脱险丰城，趋保吉安，大征义旅，以遏乱略。七月辛丑（按，十日），誓师以东。癸卯，驻樟树镇，列郡各以兵会。庚戌（按，十九日），申誓于市汊，诛伍斩将，有经罔赦。辛亥（按，二十日），克南昌。壬子，师进东湖，与贼遇,连战,大破之。丁丑,水陆伏,起火舰,并进,遂擒元凶以归。奏功天子。八月辛未(按,十日),犒诸军,大燕群僚……于戏!诛乱讨贼,繫万世大闲,章诸声诗,以昭风教,大史职也。乃作颂曰……(20页)

行前,东廓幼子迪病重。捷报传来,迪已卒。

《潎源邹氏七修族谱》卷八,周怡《明赠淑人邹母王氏墓表》:幼子迪病且剧,(王氏)不以慈夺忠,能相之决行,勉勿虑。捷至,迪竟夭。(34页)

七月三十日,阳明上《江西捷音疏》、《擒获宸濠捷音疏》,为东廓等四十余人请功。

《王阳明全集》卷一二《江西捷音疏》(十四年七月三十日):臣一面督率吉安府知府伍文定等调集军民兵快,召募四方报效义勇之士,会计一应解留钱粮,支给粮赏,造作军器战船,奏留公差回任监察御史谢源、伍希儒分职任事。一面约会该府乡官先任右副都御史致仕王懋中,养病痊可编修邹守益……等,相与激发忠义,譬谕祸福,移檄远近……(397页)

《王阳明全集》卷一二《擒获宸濠捷音疏》(十四年七月三十日):……乡官都御史王懋中,编修邹守益,御史张鳌山,郎中曾直,评事罗侨,金事刘蓝,进士郭持平,驿丞王思、李中,按察使刘逊,参政黄绣,知府刘昭等,仗义兴兵,协张威武,连筹赞画,夹辅折冲,以上各官功劳,虽在寻常征剿,亦已甚为难得,况当震恐摇惑,四方知勇莫敢一膺其锋,而各官激烈忠愤,捐身殉国,乃能若此。伏愿皇上论功朝锡之余,普加爵赏旌擢,以劝天下之忠义,以励将来之懦怯。(405—406页)

正德十五年庚辰(1520),三十岁

六月,武宗尚在南京,阳明前途叵测。六月十八日,阳明至吉安,东廓与按察使司佥事李素、参与平濠的巡按两广监察御史伍希儒、吉安府推官王暐等人陪阳明游青原山。王暐请碑刻,阳明作诗《青原山次黄山谷韵》,寓归隐志学之意,并嘱东廓日后在青原山举讲会。东廓和诗《侍阳明先生游青原次韵》,明追随之志。

《王阳明全集》卷三四《年谱二》,正德十五年六月条:十八日,至吉安,游青原山,和黄山谷诗,遂书碑。(1272页)

邹守益《王阳明先生图谱》:(阳明)六月按吉安,乡大夫趋而宴于文山祠。复与佥事李素及伍希儒、邹守益游青原。推官王暐具碑以请,和黄山谷诗,亲鉴于后,论抗许泰等及驭边兵颠末,曰:"这一段劳苦更胜起义师时。"(《四库未收辑刊》四辑十七册,482页)

《王阳明全集》卷一九《青原山次黄山谷韵》:……如何皇极化,反使吾人猜?剥阳幸未绝,生意存枯荄。伤心眼底事,莫负生前杯。烟霞有本性,山水乞归骸。崎岖羊肠坂,车轮几倾摧。萧散麋鹿伴,涧谷终追陪。恬愉返真澹,阒寂辞喧豗。至乐发天籁,丝竹谢淫哇。千古自同调,岂必时代偕!珍重二三子,兹游非偶来。且从山叟宿,勿受役夫催。东峰上烟月,夜景方徘徊。(780页)

《邹东廓先生诗集》卷一《侍阳明先生游青原次韵》:……翻思在军中,枭狼正相猜。祝融似幸祸,淫毒枯陈荄。今日胡不乐?胜境欻清杯。冲情齐宠辱,达观忘形骸。由来青虬驾,羊肠岂易摧?逝将精琼蘼,杖几终参陪。朝揽庐峰秀,夕泛海涛豗。夸以东山墩,不离歌舞哇。怀哉醒心亭,幸以文词偕。皇极平如砥,车马谁往来?迷复亦

已远,况乃岁月催?步趋追逸响,征轴敢迟徊!(4页)

《邹守益集》卷一〇《复石廉伯郡守》:青原之会,先师尝命之。乃今十有四年,始克一集。交砥互砺,同志甚觉奋发。(511页)

按:李素,字符白,南直隶镇江府丹徒人,举人。时任江西按察使司佥事。①

王暐,字克明,号克斋,南直隶应天府句容人,正德十二年进士。传见《明史》卷二〇二。《邹守益集》收录有东廓为其所作的《克斋箴并序》(卷一九)。

游青原山后,阳明至赣州,九月始返南昌,东廓至赣州从学之。阳明大阅士卒,教战法;令数百童子习诗礼;与东廓、陈九川等论学;赣州期间正式提出致良知宗旨。

《王阳明全集》卷三四《年谱二》,正德十五年六月条:先生至赣,大阅士卒,教战法。江彬遣人来观动静。相知者俱请回省,无蹈危疑。先生不从,作《啾啾吟》解之,有曰:"东家老翁防虎患,虎夜入室衔其头。西家小儿不识虎,持竿驱虎如驱牛。"且曰:"吾在此与童子歌诗习礼,有何可疑?"门人陈九川等亦以为言。先生曰:"公等何不讲学?吾昔在省城,处权竖,祸在目前,吾亦帖然;纵有大变,亦避不得。吾所以不轻动者,亦有深虑焉耳。"(1274页)

《邹守益集》卷二《谕俗礼要序》:予尝受学于阳明先生,获见虔州之教,聚童子数百而习以诗礼,洋洋乎雅颂威仪之隆也。(23页)

《邹守益集》卷二七,陈九川《寿大司成东廓邹公七十序》:正德庚辰,余与东廓子再见阳明先生于虔,进授良知之训,遁居通天岩中,久之,咸若有得。(1409页)

---

① 见《江西通志》卷四七《秩官》。

《王阳明全集》卷三《传习录》下：(陈九川)庚辰往虔州,再见先生,问："近来功夫虽若稍知头脑,然难寻个稳当快乐处。"先生曰："尔却去心上寻个天理,此正所谓理障。此间有个诀窍。"曰："请问如何？"曰："只是致知。"曰："如何致？"曰："尔那一点良知,是尔自家的准则。尔意念着处,他是便知是,非便知非,更瞒他一些不得。尔只不要欺他,实实落落依着他做去,善便存,恶便去。他这里何等稳当快乐。此便是格物的真诀,致知的实功。若不靠着这些真机,如何去格物？我亦近年体贴出来如此分明,初犹疑只依他恐有不足,精细看无些小欠阙。"(92页)

按：陈九川(1494—1562),字惟濬,号明水,抚州府临川人,正德九年进士,官至礼部郎中,师事阳明于虔台。《明儒学案》列入卷一九《江右王门学案四》,著有《明水文集》一四卷,传见罗洪先《明故礼部主客郎中致仕明水陈公墓志铭》(《念庵文集》卷一五)。东廓是年与陈九川相识于虔台,二人一见相契,后结姻亲,东廓三子邹善娶陈九川三女。《邹守益集》收录有《明水陈姻家寿言》(卷三)、《复陈明水惟濬》(卷一〇)、《简陈明水三章》(卷一二)、《明水姻家约冲玄出游遇雨》(卷二五)、《和明水楼居对雨之作》、《明水姻家别文殊寺》、《善山明水石屋师泉三峰诸君游二洞用明水韵》(均见卷二六)及为其妻所作的《潘孺人墓志铭》(卷二三)等诗文。

据陈来先生考证,阳明《年谱》谓致良知说始揭于正德十六年辛巳,是不够准确的。陈引《传习录》下陈九川至虔州向阳明请益的内容证明,致良知宗旨的正式提出,当是在正德十五年在虔州论学时反复指明的。①

---

① 见陈来：《有无之境——王阳明的哲学精神》(北京：人民出版社,1991年),163页。

在赣州,与同门论学,言吾性精明犹诸日月,无将无迎,大公顺应。

《邹守益集》卷二《赠王孔桥》:庚辰之秋,再见先师于虔州。与二三友坐虚堂以观月,而悟吾性焉。喟然叹曰:"吾性之精明也,其犹诸日月乎!月之行于天也,楼台亭榭照以楼台亭榭,而未尝有美也;粪壤污渠照以粪壤污渠,而未尝有厌也;是谓无将无迎,大公而顺应。吾侪顾以作好作恶之私,憧憧起伏,相寻于无穷,是嘘云播雾以自翳其明也。"二三友欢然有省。(42—43页)

在赣州,东廓、陈九川等门人陪阳明游郁孤台、通天岩、忘言岩、滩头岩,东廓作诗《通天岩谢阳明先生》等四篇,阳明有和诗《游通天岩次邹谦之韵》等四篇。

《江西通志》卷四二《古迹·赣州府》:郁孤台,《名胜志》:一名贺兰山,在府治。丽谯坤维,百步隆阜,郁然孤峙,故名。唐李勉为州刺史,登台北望,慨然曰:"余虽不及子牟,心在魏阙一也,郁孤岂令名乎!"乃易扁为望阙。《豫章书》:宋绍兴丁卯,郡守曹慥增创二台,南曰郁孤,北曰望阙。(《文渊阁四库全书》514册,386页)

《江西通志》卷一三《山川七·赣州府》:通天岩,在府城西二十里。空洞如屋,有穴透其巅,怪石环列如屏。宋秘书阳孝本隐此,人呼玉岩翁,有祠在焉。东坡诗镌石上。其半壁曰忘归岩。明王文成有诗。(《文渊阁四库全书》513册,443页)

《邹守益集》卷四《中丞秋崖朱公自虔之浙赠言》:阳明先师之莅虔也,益再趋受学焉,与四方同志切磋郁孤、通天之间。(193页)

《邹守益集》卷三《明水陈姻家寿言》:益再见先师于虔,与明水陈子切磋通天岩中。(108页)

《邹守益集》卷二六《通天岩谢阳明先生》(二首):一:小试深岩

玩化机,秋风瓜芋自堪肥。仙翁犹讶飞升晚,更聘青精入翠微。二:习静已空交战机,自将陶冶定癯肥。濂溪留得光风在,直待三生勒翠微。(1239页)

《王阳明全集》卷二〇《游通天岩次邹谦之韵》:天风吹我上丹梯,始信青霄亦可跻。俯视氛寰成独慨,却怜人世尚多迷。东南真境埋名久,闽楚诸峰入望低。莫道仙家全脱俗,三更日出亦闻鸡。(747页)

《邹守益集》卷二五《忘言岩遇雨》:披草坐岩石,岩石互离立。客至始知归,忽见岩草湿。(1165页)

《王阳明全集》卷二〇《忘言岩次谦之韵》:意到已忘言,兴剧复忘饭。坐我此岩中,是谁凿混沌?尼父欲无言,达者窥其本;此道何古今?斯人去则远。空岩不见人,真成面墙立。岩深雨不到,云归花亦湿。(748页)

《邹守益集》卷二五《潮头岩》:巨灵翻沧溟,涌此潮头雪。醉卧莲叶舟,长风棹明月。(1165页)

《王阳明全集》卷二〇《潮头岩次谦之韵》:潮头起平地,化作千丈雪。棹舟者何人?试问岩头月。(748页)

《邹守益集》卷二五《同陈惟浚及诸友游通天岩,小饮圆明洞》:探閟窥幽窦,跻险履崇脊。欢言众君子,共此山水癖。传杯忘尔汝,浩歌激金石。酣归问山英,何年见此客?(1120页)

《王阳明全集》卷二〇《圆明洞次谦之韵》:群山走波浪,出没龙蛇脊。岩栖寄盘涡,沉沦遂成癖。我来汲东溟,烂煮南山石。千年熟一炊,欲饷岩中客。(748页)

按:阳明《通天岩》一诗题刻今存于赣州通天岩摩崖题刻群,后附跋文:"正德庚辰八月八日,访邹、陈诸子于玉岩,题壁。阳明山人王守仁书。"

七月,武宗以大将军①钧帖令阳明重上平濠捷报。十七日,阳明重上江西捷音疏,将张忠、许泰写进疏内,再次为东廓等人请功。至此,武宗始拟北归。东廓以功得加俸一级。

《王阳明全集》卷三四《年谱二》,正德十五年条:七月,重上江西捷音。武宗留南都既久,群党欲自献俘袭功。张永曰:"不可。昔未出京,宸濠巳擒,献俘北上,过玉山,渡钱塘,经人耳目,不可袭也。"于是以大将军钧帖令重上捷音。先生乃节略前奏,入诸人名于疏内,再上之。始议北旋。(1274—1275页)

《重上江西捷音疏》(十五年七月十七日遵奉大将军钧帖):乡官都御史王懋中,编修邹守益,御史张鳌山,郎中曾直,评事罗侨,佥事刘蓝,进士郭持平,驿丞王思、李中,按察使刘逊,参政黄绣,知府刘昭等,仗义兴兵,协张威武。以上各官功劳,虽在寻常征剿,亦已难得……伏望皇上论功朝锡之余,普加爵赏旌擢,以劝天下之忠义,以励将来之懦怯。(405—406页)

宋仪望《邹东廓先生行状》:企江西功成,王公力荐先生,先生乃疏让同列。(1368页)

徐阶《邹公神道碑铭》:公以编修从阳明先生平宁庶人之乱,加俸一级。(1380页)

九月,阳明由赣州返南昌,致书东廓,云政务纷错,希来助一臂之力。

《王阳明全集》卷三四《年谱二》,正德十五年九月条:先生再至南昌。武宗驾尚未还宫,百姓嗷嗷,乃兴新府工役,檄各院道取濠废

---

① 按,武宗自封"总督军务威武大将军总兵官后军都督府太师镇国公"。

地逆产,改造贸易,以济饥代税,境内稍苏。尝遗守益书曰:"自到省城,政务纷错,不复有相讲习如虔中者。虽自己舵柄不敢放手,而滩流悍急,须仗有力如吾谦之者持篙而来,庶能相助更上一滩耳。"(1277页)

是年,东廓在家乡建山房为聚讲之所,阳明题书"东廓山房"。

《邹守益集》卷一八《山房纪会引》:"东廓山房",荷易斋先大夫文鸟之梦,而阳明先师大书之。始于庚辰(按,正德十五年),移于乙卯(按,嘉靖三十四年),时与四方同志暨姻邻子侄肄业其中。丁巳(按,嘉靖三十六年),工告完矣。(844页)

《四库全书总目·集部(一)》,《东廓集》条:东廓,山名,守益讲学处也。(《四库全书总目》四,集部(一),699—700页)

按:《邹守益集》中,"山房"、"行窝"时常出现,然所指不同。"山房"即指东廓山房,既与"姻邻子侄肄业其中",似离居所不远,为东廓在家乡持续四十余年的重要讲学场所。《邹守益集》早年至晚年的文字中经常出现"山房"之名:

《邹守益集》卷二《赠王孔桥》:(王孔桥)以庚辰(按,正德十五年),而卒业于山房。(43页)

《邹守益集》卷六《潜江县重修儒学记》:(县学)经始于庚戌秋某月,越辛亥(按,嘉靖三十年)冬某月落成……诣山房以请曰……(342页)

《邹守益集》卷三《平川郭郡侯寿言》:嘉靖甲寅(按,嘉靖三十三年)仲冬四日,泰和平川郭郡侯届六十之庆……族之庠生曰应贞、贞一、尚会走山房以请曰……(125页)

《邹守益集》卷一六《泰和万安会语》:丙辰之夏(按,嘉靖三十五年)……明年,张生景仁、吴生以仁聚于山房。(755页)

《邹守益集》卷二四《菱陂阡表》：戊午（按，嘉靖三十七年）……（周贤宣）趋山房，求以表于墓门。（1106页）

"行窝"则指东廓于嘉靖二十年归田后在东阳峰石屋所建的"东阳行窝"，参该年条。

正德十六年辛巳（1521），三十一岁

正月，阳明在南昌，致书东廓，云"致良知三字，真圣门正法眼藏"。

《王阳明全集》卷三四《年谱二》，正德十六年条：十有六年辛巳，先生五十岁，在江西。正月，居南昌。是年先生始揭致良知之教。先生闻前月十日武宗驾入宫，始舒忧念。自经宸濠、忠、泰之变，益信良知真足以忘患难，出生死，所谓考三王，建天地，质鬼神，俟后圣，无弗同者。乃遗书守益曰："近来信得致良知三字，真圣门正法眼藏。往年尚疑未尽，今自多事以来，只此良知无不具足。譬之操舟得舵，平澜浅濑，无不如意，虽遇颠风逆浪，舵柄在手，可免没溺之患矣。"（1278—1279页）

按：据陈来先生考证，阳明正式提揭致良知之教当在上年虔州论学时，参上年条。

五月，门人蔡宗兖为白鹿洞书院洞主，阳明集门人夏良胜、舒芬、万潮、陈九川等讲学于白鹿洞书院。此前三月十四日，武宗病死于豹房，世宗即位。阳明致书东廓，要其尽快北上以图新朝之用，自云"归遁有日"。

《王阳明全集》卷三四《年谱二》，正德十六年条：五月，集门人于白鹿洞。是月，先生有归志，欲同门久聚，共明此学。适南昌府知府

吴嘉聪欲成府志,时蔡宗兖为南康府教授,主白鹿洞事,遂使开局于洞中,集夏良胜、舒芬、万潮、陈九川同事焉。先生遗书促邹守益曰:"醉翁之意盖有在(后文见下书)……"(1280页)

《阳明全集》卷五《与邹谦之(辛巳)》:别后德闻日至,虽不相面,嘉慰殊深。近来此意见得益亲切,国裳亦已笃信,得谦之更一来,愈当沛然矣。适吴守欲以府志奉渎,同事者于中、国裳、汝信、惟浚,遂令开馆于白鹿。醉翁之意盖有在,不专以此烦劳也。区区归遁有日,圣天子新政英明,如谦之亦宜束装北上,此会宜急图之,不当徐徐而来也。蔡希渊近已主白鹿,诸同志须仆已到山,却来相讲,尤妙。此时却匆匆,不能尽意也。幸以语之。(178页)

按:蔡宗兖(1474—?),字希渊,号我斋,浙江绍兴府山阴人,正德二年进士,官至四川督学佥事。列入《明儒学案》卷一一《浙中王门学案一》。《邹守益集》收录有《赠蔡我斋督学四川》(卷二)、《雨花台别蔡我斋四首》(卷二五)等诗文。

六月十六日,世宗召阳明赴内廷。阳明于二十日启程。行前,东廓至南昌与之告别。阳明行至钱塘时,为阁臣所阻,于是上疏乞归省祖茔,得许可,并升南京兵部尚书,参赞机务。

《王阳明全集》卷三四《年谱二》,正德十六年条:六月十六日,奉世宗敕旨,以"尔昔能剿平乱贼,安静地方,朝廷新政之初,特兹召用。敕至,尔可驰驿来京,毋或稽迟"。先生即于是月二十日起程,道由钱塘。辅臣阻之,潜讽科道建言,以为"朝廷新政,武宗国丧,资费浩繁,不宜行宴赏之事"。先生至钱塘,上疏恳乞便道归省。朝廷准令归省,升南京兵部尚书,参赞机务。(1281页)

《邹守益集》卷二《阳明先生文录序》:以益之不类,再见于虔,再别于南昌,三至于会稽。(39页)

七月十九日,三子邹善出生。

邹德溥《先考大常卿颖泉府君行状》:(邹善)生正德辛巳七月十九日,享年方八十。(64 页)

安福县学重修成,作《安福重修儒学记》。

《邹守益集》卷六《安福重修儒学记》:正德辛巳,安福重修儒学成。御史中丞孙公燧程其令,郡守徐君冠、节推王君暐缉其谋,邑令俞君夔经营恢拓以定其绪,缙绅大夫及山林之逸俨然造焉……焕然改观,以为元丰、绍兴所未备也。司教事刘君勋、杨君绘、薛君骞喜相语曰:"兹文运更新之几乎!"相率征言,以纪成绩而昭示来学之士。(314 页)

是年或明年,为吉安知府徐冠作《贺徐郡侯士元序》。

《邹守益集》卷二《贺徐郡侯士元序》:竹冈徐士元,以儒起家,洁白自将,遂握宪节,以正齐鲁之郊。其守吾吉也,抚其兵荒赢屡而休息之,歁然若不足。唐柱史虞佐察其治,曰"俭以养廉,其素履慎矣;静以镇躁,其政体和矣"。具礼币以厉之。安成俞尹夔暨诸文学,乐侯之蛊有誉于上也,而求以赞之。(31 页)

按:徐冠,字士元,别号竹冈居士,南直隶宁国府泾县人,弘治五年举人,正德十六年至嘉靖三年任吉安知府,①上文当作于是年或明年东廓北上京师之前。《邹守益集》还收录有为徐冠父(徐旭)所作的《赠监察御史前训导徐君合葬墓志铭》(卷二一)。

是年大事:

大礼之议初起。

---

① 见余之桢修,王时槐纂:《吉安府志》(明万历十三年刊本,北京:书目文献出版社,1991 年),卷三《秩官表》,26 页。

按：武宗无子嗣，即位的世宗为孝宗之弟兴献王之子，即武宗堂弟。四月二十七日，世宗即位六天，即下诏令廷臣议"命礼部会官议兴献王（按，世宗生父）主祀及封号以闻"。① 大学士杨廷和、礼部尚书毛澄等议曰："皇上宜称孝宗为皇考，改称兴献王为皇叔父兴献大王，兴献王妃为皇叔母兴献王妃，凡祭告兴献王、妃，皇上俱自称侄。"②世宗不满其父母更易的做法，坚持尊其父为兴献皇帝，其母为兴献皇后，祖母为康寿皇太后。以此引发与群臣的冲突。七月，观政进士张璁迎合世宗，上疏请尊世宗生父兴献王为考："尊圣考以正其号，奉迎圣母以致其养。"③"大礼议"自此始。

杨廷和（1459—1529），字介夫，号石斋，四川成都府新都人。成化十四年（1478）进士，正德二年（1507）任文渊阁大学士，累官至太子太师、华盖殿大学士。大礼议起，杨廷和反对世宗，议不和，于嘉靖三年二月致仕。嘉靖七年削职为民。隆庆初复官，赠太保，谥文忠。著有《石斋集》等，传见杨志仁《特进光禄大夫左柱国少师兼太子太师吏部尚书华盖殿大学士赠太保谥文忠杨公廷和行状》（《国朝献征录》卷一五）、《明史》卷一九〇。

张璁（1475—1539），字秉用，嘉靖十年赐名孚敬，字茂恭，号罗峰、罗山，浙江温州府永嘉人，正德十六年进士。大礼议以迎合世宗擢南京刑部主事。嘉靖五年以礼部尚书兼文渊阁大学士参预机务，八年为首辅，十四年致仕。传见王世贞《张文忠公孚敬传》（《国朝献征录》卷一六）、《明史》卷一九六。

---

① 《明世宗实录》卷一，四月戊申条，47页。
② 《明世宗实录》卷二，正德十六年五月戊午条，80页。
③ 《明世宗实录》卷四，正德十六年七月壬子条，163页。

嘉靖元年壬午(1522),三十二岁

世宗登极,录旧臣。东廓北上复职前,为本族作《祠堂规》、立乡约、置义田,作《留别同志》,与诸学友、门人以作圣相砥砺。

宋仪望《邹东廓先生行状》:今上登极之明年,录用旧臣。先生将戒行北上,尤惓惓作《祠堂规》、立乡约、置义田、周乡族有差,作《别同志说》,语甚警切。(1368页)

《邹守益集》卷八《留别同志》:学者之病,在于界限之不明。称之以尧舜,则蹙然以惊;目之以桀跖,则艴然以怒;而其定计成算,以为上不敢为尧舜,下不至为桀跖,阘然处其中以安身立命,以为是亦足矣。而不知善(按,"善"当为"义"之讹)利之间,曾不容发,一舜一跖,悬若天渊……今自三尺童子至于垂白之老,孰不知盗贼之不当为哉?往往阴行其实而阳掩其名,自以为可以欺天下后世,而匹夫匹妇已如见其肺肝矣。吁,可畏哉!吾与诸君周旋久矣,每反复体认,以为孟氏善(按,"善"当为"義[义]"之讹)利之辨,尽发千古作圣之诀。今将别万里,念所以相长者无逾于此。诸君若不以为非,笃信而力行之,则虽别万里,犹同堂合席也。若诵于口而违于心,修于大廷而弃于屋漏,则虽日相周旋,已判若胡越矣。诸君其何以交警我乎?(435—436页)

嘉靖二年癸未(1523),三十三岁

永丰县令商大节向东廓问政。

《邹守益集》卷五《赠永丰凌侯考绩序》:往岁少峰商侯令永丰

而问政。时邑中连黜二令,方病俗之悍也。东廓子曰:"嘻!吾宗国也,吾知之。其俗负气好胜,而可激以义。"少峰秉义以轨俗,政成而民怀之……(238页)

按:"少峰商侯"即商大节(1489—1553),字孟坚,号少峰,湖广承天府钟祥人。嘉靖二年进士。二年至五年知永丰县,①有善政。官至都察院右佥都御史,赠兵部尚书,谥端愍。传见聂豹《都察院右副都御史少峰商公墓志铭》(《聂豹集》卷六)、《明史》卷二○四。因东廓此年以后任职于外地,故推断商大节问政的时间当在东廓离开吉安前。

北上途中,先至越城(今浙江绍兴)谒阳明,停留月余。

邹德涵《文庄府君传》:癸未,应世庙召,谒王公越中。(1362页)

宋仪望《邹东廓先生行状》:明年癸未,复谒王公于越中,参订月余。(1368页)

二月,礼部会试以心学为题,阴辟阳明,谤议日炽。在越城,东廓、薛侃、黄宗明、马明衡、王艮等门人侍坐,阳明以狂者自许,论乡愿狂者之辨。

《王阳明全集》卷三五《年谱三》,嘉靖二年二月条:癸未,先生五十二岁,在越。南宫策士以心学为问,阴以辟先生……邹守益、薛侃、黄宗明、马明衡、王艮等侍,因言谤议日炽。先生曰:"诸君且言其故。"有言先生势位隆盛,是以忌嫉谤;有言先生学日明,为宋儒争异同,则以学术谤;有言天下从游者众,与其进不保其往,又以身谤。先生曰:"三言者诚皆有之,特吾自知诸君论未及耳。"请问。曰:"吾自南京已前,尚有乡愿意思。在今只信良知真是真非处,更无掩藏回

---

① 见万历《吉安府志》卷三《秩官表》,33页。

护,才做得狂者。使天下尽说我行不掩言,吾亦只依良知行。"请问乡愿、狂者之辨。曰……"(1287页)

在绍兴,与同门郭善夫、魏良器、王钊等游阳明洞天、禹穴等胜迹。

《邹守益集》卷二三《王母甘孺人墓志铭》:予之北上也,钊(按,王钊)与同志泛鄱湖,探禹穴,别于钱塘之上。(1074页)

《邹守益集》卷二六《同郭善夫、魏师颜宿阳明洞》:蹑足青霄石万寻,谢墩何处更投簪?云穿草树春亭静,水点桃花洞口深。屋漏拂尘参秘诀,匡床剪烛动幽吟。千年射的(按,山名,在阳明洞天)中谁能中?莫遣桑蓬负壮心。(1308页)

按:王钊,字子懋,号柳川,南乡金田人,安福人,受学于阳明,卒业于东廓。传见同治《安福县志》卷一一《人物·儒林》。

郭善夫,待考。

"魏师颜"即魏良器(1502—1544),字师颜,号药湖,江西南昌府新建人,布衣出身。曾主教白鹿洞书院,学者多归之。与兄魏良弼(介绍见嘉靖三十四年条)、魏良政(字师伊,嘉靖四年举人)、弟魏良贵(1503—?,字师孟,嘉靖十四年进士)均于阳明在江右时师事之,良弼、良政、良器共列入《明儒学案》卷一九《江右王门学案四》。良政、良器、良贵传见《明史》卷二八三《儒林二》。

阳明洞天、禹穴等地是阳明居越后经常与门人论学之地。《传习录下》钱德洪按语:"癸未年已后,环先生而居者比屋……南镇、禹穴、阳明洞诸山远近寺刹,徙足所到,无非同志游寓所在。"①

阳明洞,即阳明洞天,位于绍兴东南十五里的宛委山中,为道教

---

① 吴光等编校:《王阳明全集》(上海:上海古籍出版社,1992年),卷三,118页。

三十六洞天之十一洞。

《王阳明全集》卷三三《年谱一》弘治十五年八月条：告病归越，筑室阳明洞中，行导引术。(1225页)

《会稽志》卷一一《洞·会稽县》"阳明洞天"条：在宛委山龙瑞宫。旧经云：三十六洞天之十一洞也，一名极玄太女之天。唐观察使元稹以春分日投金简于此，诗云："偶因投秘简，聊得泛平湖。穴为探符坼，潭因失箭刳。"白乐天和云："去为投金简，来因挈玉壶。洞外飞来石，下为禹穴传"云。禹藏书处，一云禹得玉匮金书于此。《史记》司马迁探禹穴注云："禹巡狩至会稽，因葬焉。"上有孔穴，民间云，禹入此穴。《水经》云："山东有硎，深不见底，东游者多探其穴。"（《文渊阁四库全书》486册，225页）

《浙江通志》卷一五《山川·绍兴府·会稽县》"宛委山"条：《名胜志》：在县东南十五里，上有石篑壁立干云，升者累梯而上。（《文渊阁四库全书》519册，443页）

禹穴，在阳明洞外，传说大禹在此穴中得黄帝水经之书，按而行之，治水成功，故名。

《浙江通志》卷二六二《艺文·四·记》，郑善夫《禹穴记》：禹穴在会稽山阴，昔黄帝藏书处也。禹治水至稽山，得黄帝水经于穴中，按而行之，而后水土平，故曰禹穴。（《文渊阁四库全书》526册，102页）

《浙江通志》卷一五《山川·绍兴府·会稽县》"阳明洞"条：阳明洞，《嘉泰会稽志》：在宛委山龙瑞宫，旧经三十六洞天之十一洞也……洞外飞来石下，为禹穴，传云禹藏书处。（《文

渊阁四库全书》519册，447页）

东廊北上，与阳明及同门蔡希渊、王世瑞等登浮峰作别，作诗《赠阳明先生》《侍阳明先生及蔡希渊、王世瑞登浮峰书别》等。阳明和诗《次谦之韵》《夜宿浮峰次谦之韵》等。别后，阳明称叹东廊。

《邹守益集》卷二六《赠阳明先生》：短棹三年冲盛暑，迷途万里睹重明。谶符沙井西山定，派接濂溪赣水清。传野初关霖雨梦，东人谁慰绣裳情？瞻依多少丹邱兴，惭愧经时炼未成。（1302页）

《王阳明全集》卷二〇《次谦之韵》：珍重江船冒暑行，一宵心话更分明。须从根本求生死，莫向支流辩浊清。久奈世儒横臆说，竞搜物理外人情。良知底用安排得？此物由来自浑成。（785页）

《邹守益集》卷二六《侍阳明先生及蔡希渊、王世瑞登浮峰书别》：远随谢屐出东皋，直访梅岩（子真常隐于此）未惮劳。杯酒百年几胜践，初晴千里见秋毫。沙光映日开平野，石势连云涌海涛。醉下长林生别思，烟汀回首越山高。（1309页）

《王阳明全集》卷二〇《夜宿浮峰次谦之韵》：日日春山不厌寻，野情原自懒朝簪。几家茅屋山村静，夹岸桃花溪水深。石路草香随鹿去，洞门萝月听猿吟。禅堂坐久发清磬，却笑山僧亦有心。（785页）

《王阳明全集》卷三《传习录》下：癸未春，邹谦之来越问学。居数日，先生送别于浮峰。是夕，与希渊诸友移舟宿延寿寺，秉烛夜坐。先生慨怅不已，曰："江涛烟柳，故人倏在百里外矣。"一友问曰："先生何念谦之之深也？"先生曰："曾子所谓'以能问

于不能,以多问于寡,有若无,实若虚,犯而不较',若谦之者,良近之矣。"(117页)

按:邹德涵、宋仪望、耿定向、罗洪先所作东廓传记中均载阳明称叹东廓之事。

进京。五月,复原职,任翰林院编修,与经筵,修国史,进阶文林郎。父邹贤封奉政大夫,母周氏封宜人,夫人王氏封孺人。

《明世宗实录》卷二七,嘉靖二年五月甲申条:复除翰林院编修邹守益原职。(759页)

宋仪望《邹东廓先生行状》:入京,复授馆职,与经筵,修国史,进阶文林郎。于是赠父易斋公奉政大夫,母进宜人,王夫人封孺人。(1368页)

时陈九川起废太常寺博士,转礼部仪制员外郎,亦在京师,与东廓相处数月。

罗洪先:《念庵文集》卷一五《明故礼部主客郎中致仕明水陈公墓志铭》:辛巳,今上即位,拔诸谏臣,仍补太常。癸未,进礼部仪制员外郎。(《文渊阁四库全书·集部》1275册,327页)

《邹守益集》卷二七,陈九川《寿大司成东廓邹公七十序》:上嗣极,邹子病痊,起翰林。余起废太常,转礼部,①相聚复数月。(1409页)

大礼议起,东廓与同僚上疏反对世宗之举,未得回复。

宋仪望《邹东廓先生行状》:会大礼议起,先生率同馆上疏,不报。(1368页)

---

① "礼"字原文缺,今据罗洪先所作《明水陈公墓志铭》补。

嘉靖三年甲申(1524),三十四岁

三月一日,世宗谕礼部,加昭其祖母为昭圣康惠慈寿皇太后,尊其生父为"本生皇考恭穆献皇帝",其生母为"本生母章圣皇太后",皇考立庙奉先殿侧。三月四日,翰林院修撰唐皋、编修邹守益等,礼科都给事中张翀等,御史郑本公等上疏反对。诏下,谓邹守益等出位妄言,姑置不问;责唐皋、张翀及郑本公等各夺俸三月。

《明世宗实录》卷三七,嘉靖三年三月丙寅条:嘉靖三年三月丙寅朔(按,初一),敕谕礼部:"圣母昭圣慈寿皇太后拥护朕躬缵承大统,仰荷慈训,恩德难名,兹特加上尊疏为昭圣康惠慈寿皇太后……"是日,又敕谕礼部:"朕恭膺天命,入继大宗,祇奉祖考孝养宫闱,专意正统,罔敢违越。顷岁仰承圣母昭圣慈寿皇太后懿旨,以所生至恩,亦欲兼尽,尊朕本生父为兴献帝,本生母为兴国太后。朕心犹未慊然,特命文武群臣集议,皆谓宜加称号,以极尊崇。今加称兴献帝为'本生皇考恭穆献皇帝',兴国太后为'本生母章圣皇太后',尔礼部其择日遣官祭告天地、宗庙、社稷,更上册宝,仍通行天下宗室及文武衙门知之。所有合行礼仪,开具以闻。"(917—918页)

《明世宗实录》卷三七,嘉靖三年三月己巳条:己巳(按,四日),翰林院修撰唐皋、编修邹守益等,礼科都给事中张翀等,御史郑本公等具上疏极论。守益等言:"礼者,所以正名定分、别嫌明微以治政安君也。君失礼则入于乱,臣失礼则入于刑,不可不慎也。今陛下受先帝遗诏、昭圣皇太后懿旨,入缵天统,此正

先儒程颐所谓继祖之宗绝亦当继祖,故虽长子为人后而不可辞也。夫所继之祖,乃百世不迁之祖,大宗之统也。我太祖高皇帝至于列圣相继之统,不可一日不续者也。特以武宗为兄,不可以分昭穆,故考孝庙、母昭圣以缵正统,此天经地义,质诸圣经而无不合者也。至于本生之恩,特加帝后之号,则于私亲不可谓不隆也,乃又加以皇考之称,去其始封之号,则于正统略无分别矣。夫天下无两重之理,尊无二上,是以我太祖高皇帝制《孝慈录》以教天下,其叙五服之制有曰:'为人后者为所后父母服三年,为所后祖父母承重为本生父母降服期年。'即丧服之隆降。则庙制祭法皆可类推矣。伏望陛下恪遵祖训,毋为异论所惑,于兴献帝遵称避皇考之嫌,存始封之号,庶于正统不致僭逾。"皋疏略如守益言:"请于本生备其尊称以伸隆孝之道,系其始封以远二统之嫌。"翀及本公等则谓:"今之天下,太祖高皇帝之天下,八传而至陛下,借曰孝宗未尝亲子,陛下其守此鸿业而传之,以及陛下子子孙孙万世相承者,果谁之德与?故陛下在藩之日,则可曰孝宗之侄、兴献王之子。今在御之日,则当曰孝宗之子、兴献帝之侄,可两言而决也,奚待于纷纷哉!至于立庙大内之说,实为不经。献帝之灵既不得以入太庙,又空去一国之祀而姑托享于大内焉。陛下之享太庙,其文必曰嗣皇帝,于献帝之庙则又当何称?爱敬精诚,两无所窃,恐献帝之袖且将戁然不安,是陛下之孝既不得专致于太庙,而于所以奉献帝者反为渎礼,而不足以尽其心矣。"上览奏不悦,以守益等出位妄言,姑置不问,而责皋阿意二说,翀及本公等朋言乱政,各夺俸三月。(920—922页)

按:此事背景是,南京刑部主事桂萼揣摩世宗之意,于是年正月二十一日上疏请改称孝宗为皇伯考、兴献帝为皇考,别立庙于大内,正兴国太后之礼,宜称圣母,并将席书、方献夫二疏同时奏陈(见《明世宗实录》卷三五,嘉靖三年春正月丙戌条),令世宗心动。二月十三日,世宗下诏命礼部主持廷臣商议。礼部尚书汪俊等集议奏报:前后章疏,惟张璁、霍韬、熊浃、桂萼相同,而两京诸臣共八十余疏、二百五十余人,皆如部议,桂萼等宜加惩处。世宗不从,下部再议,且召桂萼、席书、张璁、霍韬于南京(见《明世宗实录》卷三六,嘉靖三年二月戊申条)。三月初一日,世宗便下诏加封其亲生父母为皇帝、皇太后。世宗与群臣最激烈的冲突便是嘉靖三年七月十五日二百二十九名朝臣跪伏于左顺门集体抗议世宗,世宗大怒,当即下令将参加抗议活动的一百三十四位大臣逮捕下狱,八十六名官员姑且待罪,随后又将四品以上官员予以罚俸处置,五品以下官员一百八十余人受廷杖,有十七人被杖死(见《明世宗实录》卷四一,嘉靖三年七月戊寅条),不久,迎合世宗的张璁、桂萼等"议礼派"入主内阁。

四月二十七日,邹守益再次上疏请罢兴献帝称考立庙,世宗大怒,诏锦衣卫,逮下镇抚司拷讯。

《明世宗实录》卷三八,嘉靖三年四月辛酉(按,二十七日)条:编修邹守益疏言:"皇上欲隆本生之恩,屡下群臣会议,以求天下之公(按,此文即《大礼疏》,《明实录》稍略,详下文)……"疏入,上怒,以为出位渎慢,诏锦衣卫,逮下镇抚司拷讯。(981—982页)

《邹守益集》卷一《大礼疏》:翰林院编修臣邹守益谨奏:为守礼义以明国论事。伏蒙皇上欲隆本生之恩,屡下群臣会议,以求天下之公。而公卿至于台谏百执事交章论奏,推大宗小宗之议,辩正统私亲之等,惟恐误蹈前代覆辙,此皇上舍己从人,务以礼尊亲,而群臣献可替否,思以义事君,甚盛节也。继而一二奸人妄以强说欺君,上激圣怒,陛下不察而误信之。尊号之上,断自宸衷。大小臣工,莫敢匡救。近日建室之议,复劳圣谕诘责,以为"欺朕冲年,甚失纲常,败父子之情,伤君臣之义",而公卿至于台谏百执事畏惧天威,不敢复陈一言,以解陛下之疑。而所司以渐奉行,道路相传,且谓有孝长子之称,是陛下徇情以为孝,群臣顺令以为忠。若长此而不已,则陛下独断于上,而不顾天下万世之公论;群臣依阿于下,以苟一时之富贵,而忽宗社长久之计,弃礼害义,非国家之福也。昔曾元不忍父之寝疾,惮于易箦,盖爱之至也。而曾子责之曰:"君子之爱人也以德,细人之爱人也以姑息。"今之致隆献帝,非但一箦之失也。以献帝之明,念曾子之守礼,其不以陛下为姑息之爱乎?昔鲁公受天子之礼乐以祀周公,盖尊之至也,而孔子伤之曰:"鲁之郊禘,非礼也。周公其衰也!"万世之下,将有非礼其衰之叹!上累献帝,陛下其安之乎?大小臣工,引经援古,欲陛下专意正统,罔摇异说,于献帝尊称存始封之号,避皇考之嫌,而于陵庙岁时遣重臣代祭,俟皇嗣既蕃,立后安陆,以全百世不祧之尊。然后宗庙宫闱无僭越之嫌,而在本生得追崇之宜,播之宗藩而安,传之天下而服。此群臣忠爱恻怛之至情也。陛下不察而督过之,谓忤且慢,则睿智清明之心有所摇夺,而喜怒好恶,不无少失其平矣。夫陛下入继大统,以考孝宗,天下臣民爱戴孝宗之德,而思报之于陛下,谁敢有二心者!况圣德高明,视朝讲学,孳孳图治,在廷之臣,莫不感激!初诏思佐大平,大礼至重,孰敢为欺!欺之一字,非独不敢宣之于口,实不敢萌之于心。独一二奸人,变乱黑白,指忠为欺,离间上下之交,摧挫忠直之气,而求以投间抵隙,窃弄威福,此先王之所必诛而不以听也。陛下不加诛斥,而误信其言,臣恐奸谀渐进,共进邪谋,公论元气索然遂尽,天下之事有大可忧者矣!臣历观前史,论后所生之义者,昭昭可考也。冷褒、段犹之徒,当时所谓忠爱,后世所斥以为邪媚也;师丹、司马光之徒,当时所谓欺慢,后世所仰以为正直也。后之视今,犹今之视古也。臣愚以为大小臣工,宜披肝沥胆,仗节尽忠,守师丹、司马光之正,以开悟圣心,不可怵于威严,迁就回互,二三其德,以冒宠禄。而陛下屈己从善,不吝改过,察群臣忠爱之情,信而用之,其忤旨去国者,召而复之,使各展布四体,弼正阙违,而不冷褒、段犹者斥而绝之,庶几圣志坚定,国论昭明,无复敢有动摇宗庙,离间宫闱,而圣德大孝,光于四方,大平之治,尚其可图也!昔先帝之南巡也,群臣交谏沮之,先帝赫然斯怒,重加罚黜,岂不以群臣之欺慢违犯为可罪哉?然皇上在藩邸闻之,必以是数臣者为尽忠于先帝也。今日入继大统,独不能容群臣之尽忠于陛下者乎?今天变地震,灾怪频仍,民穷盗起,白骨盈野,至有父子兄弟相食,此自古以来所罕闻也!宜上下交修,畏天忧民,寝食弗宁之时,岂可泄泄相安,自诿无虞?臣待罪史馆,预修先帝实录,每见奸人用事,政刑日非,潸然出涕,愧无匡救以报先帝之德,若复缄默自全,以负陛下,面从背言,死有余愧!是以冒陈狂愚,冀彻圣听,使异日史册之上,德业日光,则臣屏伏田里,亦与宠荣。干犯天威,不胜陨越俟罪之至!

奉圣旨:"邹守益这厮出位妄言,不修本业,既知忌惮,又来渎慢,好生轻易!着锦衣卫拿送镇抚司,打着问了来说。"(13—16页)

《明史》卷二八三《邹守益传》：嘉靖三年二月，帝欲去兴献帝本生之称。守益疏谏，忤旨被责。逾月，复上疏曰……帝大怒，下诏狱拷掠。(7269页)

五月，翰林院修撰吕柟上疏言大礼未正，忤世宗，下锦衣卫狱。东廓与吕柟在狱中讲学不辍，著有《狱里双况集》。

《明史》卷一七《本纪第十七·世宗一·嘉靖三年条》：夏四月己酉(按，十五日)，上昭圣皇太后尊号曰昭圣康惠慈寿皇太后。庚戌(按，十六日)，上兴国太后尊号曰本生圣母章圣皇太后。癸丑(按，十九日)，追尊兴献帝为本生皇考恭穆献皇帝，大赦。辛酉(按，二十七日)，编修邹守益请罢兴献帝称考立庙，下锦衣卫狱。五月乙丑(按，一日)，蒋冕致仕。修撰吕柟言大礼未正，下锦衣卫狱。丁丑(按，十三日)，遣使迎献皇帝神主于安陆。己卯(按，十五日)，吏部尚书石珤兼文渊阁大学士，预机务。六月，御史段续、陈相请正席书、桂萼罪，吏部员外郎薛蕙上《为人后解》，鸿胪少卿胡侍言张璁等议礼之失，俱下狱。(218—219页)

《邹守益集》卷一八《跋夏东洲南归录》：嘉靖甲申夏，予与泾野吕仲木以议礼下狱，狱中有所倡和。(884页)

《澂源邹氏族谱》卷一二《名翰记·诗赞》，吕柟《狱里双况集诗》：四月十七公系狱，五月一日我同群。相看俱为纲常重，对语何妨人鬼闻。白日红尘瞻不见，丹心铁户思还殷。治安策上承明殿，纵谪长沙负汉文。(40页)

邹德涵《文庄府君传》：疏议大礼，指摘张、桂逢君之邪。上大怒，缚杖阙下诏狱，与陕西吕公柟讲学皋陶祠丛蒺之下，有《狱里双况集》。(1362页)

冯从吾《明泾野吕先生传》:在史馆,与邹东郭友善。甲申,奉旨修省诏,复以十三事上言,颇过切直。东郭亦上封事,同下诏狱。一时直声振天下。人人有真铁汉之称。(《续刻吕泾野先生文集》卷一,清道光十二年富平杨氏刻本,3页)

按:皋陶祠,即狱中狱神庙。《狱里双况集》今佚。

吕柟(1479—1542),字仲木,号泾野,正德三年登进士第一,授翰林院修撰,累官至南京礼部右侍郎,卒赠礼部尚书,谥文简。传河东薛瑄之学,列入《明儒学案》卷八《河东学案下》,著述宏富,有《泾野子内篇》二十七卷及经学著述若干,传见《吕泾野传》(《续刻吕泾野文集》卷一)、马理《吕泾野先生墓志铭》(《谿田文集》卷五)。

五六月间,吏部尚书乔宇、都给事中刘济等先后上疏乞赐宥免邹守益、吕柟等人。不久旨下,降邹守益广德州判官。

《明世宗实录》卷三九,嘉靖三年五月甲戌条:甲戌(按,十日),吏部尚书乔宇言:"皇上以天变非常,忧形词色,诸凡宴乐,俱已停罢。又谕中外同加修省,恪供厥职。此古帝王遇灾而惧之盛心也。但迩者修撰吕柟、编修邹守益各以言事下狱,人心皇皇,以言为讳。臣等窃观祖宗以来,翰林官员日侍禁直,待之以优礼,今当修省之时,而二臣相继下狱,恐刑罚不中,无以感格天心。况兹天气炎蒸,法司罪人俱蒙释减,若此文学侍从之臣,仰知圣慈必在矜悯,伏维特赐宥免,或准令致仕,则于圣朝修省之实非小补矣。"疏入,报闻已科道官交章论叙,俱下所司知之。寻有旨,降守益广德州判官。(990页)

《明世宗实录》卷四〇,嘉靖三年六月丙申(按,三日)条:御史王泮言:"近者雷电失期,雨旸愆候,伊洛秦楚同日地震,江淮曹宋之间人有相食者,此其变不虚作。而皇上欲图治以弭之,惟在任贤纳谏而已。大臣去位,如蒋冕……,则宜还秩;言臣被谴,如……吕柟、邹守益,则宜赐还孝养……"已而都给事中刘济等亦言:"吕柟、邹守益、邓继曾、马明衡、朱淛、陈逅、季本、林应璁言虽有激,意在纳忠,乞赐宥免。"上皆命所司知之。(1005—1006页)

七月,南京十三道御史史梧、南京吏科给事中彭汝寔等先后上疏请求召还吕柟、邹守益。

《明世宗实录》卷四一,嘉靖三年七月戊寅(按,十五日)条:南京十三道御史史梧等俱上疏,请召还吕柟、邹守益,以广言路、罢黜谀佞,以折奸回。诏付所司。(1051页)

《明世宗实录》卷四一,嘉靖三年七月庚寅条:庚寅(按,二十七日),南京吏科给事中彭汝寔等皆上言论救修撰吕柟、编修邹守益,请亟赐召还,以备启沃。章下所司。(1083页)

秦钺巡按江右,为作《秦懋功赠行诗序》。

《邹守益集》卷四《秦懋功赠行诗序》:嘉靖改元之二年,予入京师,识秦君懋功于江都,同谒董子祠,极论道义功利之辨,欣然相得矣。明年,君奉命按吾江右,征言于素所。(229页)

按:秦钺,字懋功,浙江宁波府慈溪人,正德九年进士。秦钺征言于"素所",即东廓寓所,据此推知此文似作于东廓离京南下之前。

赴任途中经徐州,应工部分司主事李香之请,为洪洲之萃墨亭作《萃墨亭记》,赞苏轼"正直自持,勿随人俯仰"之立朝守官之道,以"无往而非超然自得之境"自喻。

《邹守益集》卷七《萃墨亭记》:昔苏文忠公守徐,偕山人张文续、诗僧道潜,乘月游百步洪,纪十六字于石。成化甲辰,督洪事尹君廷用,获之水中,作亭于洪之洲,以覆之,名曰"苏墨",旁建"清风堂"、"追胜亭"。士君子各赋而记之。比年河决丰沛间,徐多水患,亭悉圮。正德己卯,陆君德如重葺之,比水,复圮。嘉靖二年,李君汝兰,辇石筑其台,崇六尺,广三于崇,长倍于广。复作亭其上,置苏墨及诸碑,并刻赋咏,名之曰"萃墨"。予将之广德,汝兰以记为请。呜呼!十六字之存毁,于东坡何加损?而诸君惓惓收拾,瞿然咸其沦没者,岂繄重其墨?将重其人也。文忠公天才骏逸,而记问浩博,有傲睨一代,凌厉万类之气,举宠利窘困,不足以缚之。故立朝守官,侃侃然有以自立,而野叟缁流,江风山月,无往而非超然自得之境。世之爱仰之者,如朱乌黄鹄,冥冥不可睹,虽其残翮零羽,犹将珍而藏之,彼其冒利怙权以挤公者,不啻枭獍之声,闻而恶之矣。凡登斯亭、抚斯墨者,其惕然思友于公之正直自持,勿随人俯仰,以日进于高明,庶后之爱仰之者,将复如公也!(410页)

吴世熊、朱忻主修:《徐州府志》卷一八《古迹考上》:萃墨亭,在城东南百步洪洲上。明成化中主事尹珍于洪东崖石间,得石刻一,盖轼守徐时笔也,因建亭洲上,名曰"苏墨",陷石壁间,又于亭旁建清风堂。正德末,亭坏。主事李香筑台重建,更今名,自为记。又有追胜亭在苏墨亭旁,亦尹珍建。(清同治十三年刻本,22—23页)

按:百步洪原为徐州境内古泗水上一处激流险滩,约百余步,故名。宋元丰元年(1078)秋,苏轼在徐州知州任上,曾与诗友一同放舟游于河道上,写下《百步洪》等名诗,并留有"郡守苏轼、山人张天骥、诗僧道潜月中游"十六字石刻题名。据上文献可知,明成化二十年(甲辰)工部分司主事(管徐州洪)尹珍重新发现了苏轼题刻,遂置于洪洲,上建苏墨亭以覆之,后因水患而亭圮。嘉靖二年,主事李香为防水患,于故地筑高台建亭,将苏墨及诸碑置于其中,名萃墨亭。徐州为京杭运河枢纽,是东廓南下至广德的必经之地,由"予将之广德"推知《萃墨亭记》一文作于东廓南下道经徐州时。

"李君汝兰"即李香(1494—1561),字汝兰,号涧山,江西袁州府分宜人,正德十六年进士,时任工部分司主事管徐州洪,①官至大理寺正卿。著有《涧山集》、《月岑轩诗草》,传见过庭训《本朝分省人物考》卷六九。

赴任途中,取道绍兴,问政于阳明。阳明答以"如保赤子,心诚求之"。

《邹守益集》卷一一《简庐陵宋尹登》:往岁谪判广德,请教于先师。先师诲之曰:"如保赤子,心诚求之。"(552页)

邹德涵《文庄府君传》:寻谪广德判官。复如越,问政王公。王公曰:"如保赤子,而业已诲之。持是往,足矣。"(1362页)

耿定向《东廓邹先生传》甲申条下:谪广德州判官。取道于越,省王公而后履任。(1383页)

在绍兴,得阳明点化,始悟工夫有未莹处。

《明儒学案》卷一六《邹东廓传》:又自广德至越,文成叹其不以迁谪为意,先生曰:"一官应迹优人,随遇为故事耳。"文成默然良久,曰:"《书》称允恭克让,谦之信恭让矣,自省允克如何?"先生歉然,始悟平日之恭让不免于玩世也。(334页)

---

① 见吴世熊、朱忻修:《徐州府志》(清同治十三年刊本),卷六《秩官表·中》,4页。

时陈九川侍阳明于绍兴,与东廓相约同访阳明。二人又会于钱塘,缔结儿女婚约。

罗洪先:《念庵文集》卷一五《明故礼部主客郎中致仕明水陈公墓志铭》:甲申,(陈九川)侍阳明公于越。(327页)

聂豹:《聂豹集》卷六《礼部郎中明水陈先生墓碑》:复命道出浙东,又与东廓邹君秘约复见阳明先生,竟所未闻。(212页)

《邹守益集》卷二七,陈九川《寿大司成东廓邹公七十序》:邹子以言事谪判广德,余北上,又值邹子后先入越,候于钱塘之上,遂为昏媾别去。(1409页)

《澈源邹氏七修族谱》卷八,邹德溥《先考大常卿颖泉府君行状》:我母陈,封安人……外祖父乃仪部郎中明水陈公,讳九川,临川人,与先大父同学于王文成公,最合志,以故自远缔婚媾。(64页)

按:钱塘,指杭州府钱塘县。

吴震认为,东廓与九川"秘约"盖因东廓遭谪而见阳明不便,"竟所未闻"盖指阳明对"大礼议"问题仍然保持了沉默。①

"昏媾"指东廓三子邹善与陈九川之女婚约,见嘉靖十六年条。

莅任广德之初,谒范文正公祠,作《祭范公文正文》。

《邹守益集》卷二〇《祭范公文正文》:公以盛德直道,为有宋名臣第一流。某幼承父师之训,即知向往,不自意谪官南来,获从公莅仕之地……夙夜自励,思与同官奉法守公,率由国家成宪,俾庶士、庶吏、庶民同归于善,以庶几公之遗风,而寸勇尺懦

---

① 见氏著:《明代知识界讲学活动系年》,14页。

恐无所成,公神在天,尚克相之!若逸欲纵肆以玷官箴,其敢逭公之罚!莅任之初,洁诚以告。笾豆非馨,惟神其临之!(938—939页)

按,"范文正公"即范仲淹,曾任广德司理参军。① 稍后,东廓改建范祠于复初书院尊经阁后,见下年条。

莅任一月,颁《广德告谕士民》,明"兴利除弊,举善惩恶"之旨。

《邹守益集》卷一八《广德告谕士民》:本职莅任以来,已越期月,夙夜兢兢,思与庶士庶民趋善避恶,同兴礼教,以变浇风。而聪明不广,思虑不周,利有所不兴,弊有所不革,善有所不举,恶有所不惩,皆吾过也。今兹长至,阳德方亨,为吾士民者,其各敬事祖宗,孝顺父兄,和睦宗戚乡党;无慢赋税,无好嚣讼,无惑佛老,无崇淫祠,孜孜为善以承天休。而本职尤务开诚布公,兴利除弊,举善惩恶,以补吾过。凡生员、教读、耆老、军民人等,及山林隐逸、四方游学之士,一应州县政治宜兴宜革,许各开立条款,直言无隐,当商度其中,以次施行。其本衙吏书、门子、快手、皂隶、甲首及差遣干办义民、老人、总甲、里长人等,有指称打点诓骗财物、有虚张声势凌虐良善,及一应咏诈需索等项情弊,即许被害人指实呈告,当从重发遣,以谢吾民。如畏势容隐,及私和不举者,庶士庶民之中当有直谅刚正,转以相告。体访得实,与者受者,一体从重究治。古称十室之邑,必有忠信,而况州县之广,岂无直谅刚正,欲尽忠竭虑以佐有司之不逮?患在耻于闻过,故不乐告以善道耳。凡我士民,其相与体之!(868—869页)

是年或下年作《凤林浮桥记》。凤林桥位于安福县城北郊,是北乡通往县城必经要道,亦为沟通江西、湖南之要津。年久失修,时有

---

① 见光绪《广德州志》卷三一《秩官志·宦绩》,1792—1793页。

舟溺人亡事。正德十六年东廓在安福时，尝谋于本县士人刘祚、僧人本传等重修，并请安福知县俞夔、继任魏景星出资，倡议士民助修，于嘉靖二年春完工。刘祚前往广德请记。《凤林浮桥记》述建桥经过，论"充其不忍人之心"而达于天下一家之天德王政理想。

《邹守益集》卷六《凤林浮桥记》：凤林桥在邑之北郊，西受泸水，东注于螺川。暴雨时至，奔放两涯，南北行者望洋无所归。操艇者射利其间，时或漂溺以食鱼鳖。异时邑令钱分宜令，从者舟覆中流，号呼求活，两令惋恨，竟弗能措手。闻者恻然，无不悲之。正德辛巳冬，守益谋于先大父之友刘君祚曰："自宋以来桥几废兴矣。石之费可千金，舟之费可五百金，顾安所得金乎？"君谋于其友姚珙，珙曰："石云僧本传，颜氏子，年少而坚忍，可使募之。"予曰："可乎！"……乃请于俞尹夔出赎金以倡之，邦之庶士庶民各以其力助焉。遂市石以砦两涯，市木为二十三舟，市铁为锁以鱼贯之，辟通衢而属诸北门。凡用金二百二十五两有奇。越嘉靖癸未春，以讫役告……时予方北上京师，诺记之，未就也。及来广德，本传不远千里，冒盛暑以申前请……闻之父师曰：恻隐之心，人皆有之。善充之，则导利以利天下，而天下之广，视如一家；不善充之，则壅利以自封，而一家之近，且视如秦越。古之君子，充其不忍人之心，以布于庶政，宅有桑，田有疆，乡有塾庠，川有梁，泽有障。若一家之耕织，诗书门巷道路，一事不底于绩，则戚然弗快于其心。故以言乎其至诚恻怛，溥博渊泉，而不以私欲奸之，是之谓天德；以言乎其法式详明，匹夫匹妇期于各获其所，是之谓王政。桥梁虽微，王政必先焉……继自今，良师帅充不忍之心，以保赤子，邦之父兄子弟充不忍之心，以广出入守望之爱，上下相亲，贫富相恤，大小相扶持，体信而达顺，大同之道也。一桥之费，其忍使废而弗兴乎？（327—328页）

同治《安福县志》卷二《舆地·川》泸江条:在治北门外,发源泸潇山,自武功东流,合洋溪水绕县北下,与王江合,又东汇永新水,历神冈山,入赣江。(38页)

同治《安福县志》卷二《舆地·桥梁》凤林桥条:在县北门外,跨泸水。宋元丰间知县上官颖创浮桥。崇宁初,颖子洽为邑令,继修。邑人欧阳安稷记。嗣知县韩邦光、徐辉、施广厚、徐谦亨节次重修,王庭珪、刘浚、周必大皆有记。元末废。明天顺间,知县李会修浮桥,邑人彭时记。续修者为知县俞夔、魏景星,邑人邹守益记。万历间知县闵世翔偕邑人邹善始督众甃石为桥,费金数千两。甲寅,知县陈保泰、邑人邹德溥续修,邹匡明独捐千金……崇祯己卯,知县叶子发购石为栏,孝廉邹世祚捐银四百两。(44页)

按:从上文东廓所记"及来广德,本传不远千里,冒盛暑以申前请"看,刘祚来广德请记的时间当在东廓来广德不久的是年或下年盛夏,作文具体时间难考,姑置于此。

刘祚,安福人,嘉靖四年举人。

俞夔(?—1549),字舜臣,号文峰,浙江严州府建德人,正德十二年进士,嘉靖元年至二年知安福县,官至江西布政使司左布政使。传见《邹守益集》卷二四《龙坞阡表》、《浙江通志》卷一七四《人物四·武功四》。

魏景星(1484—?),字文瑞,南直隶宁国府宣城人,嘉靖二年进士,二至五年知安福县,①有善政。传见同治《安福县志》卷七《秩官·政绩》。

---

① 俞夔、魏景星任职时间见同治《安福县志》卷七《秩官·纪名》,92页;光绪《吉安府志》卷一二《秩官志》,31页。

凤林桥历史渊源:安福县西有巨水发源于武功山(原名泸潇山),自西向东流经县治北门外,宽三百尺,环绕而过,南下经庐陵(今吉安县),汇入赣江。此地不仅是安福北乡与县城之间往返的必经之地,亦是江西通往湖南的咽喉要津。自古以来,往来交通除船渡外,"大率涉江浮航于水,加板其上,联属绵亘,以达于岸"①。每至洪水季节,便须停渡。即便如此,船溺人亡之惨剧往往有之。有史料记载的修桥工程自北宋即已有之。神宗元丰年间(1078—1085),县令上官公颖在任时,造小船数十条以木板连接为浮桥,沟通南北,安福籍太学生王炎午作《修浮桥疏》,颂其善政。徽宗崇宁(1102—1106)年间,上官公颖之子上官洽亦任安福县令,再次增修。以二十年间两任"上官父子"县令致力于斯,故邑人名之曰"上官桥"。然木制材料不固,虽年年加固,每春洪水泛滥,即被冲毁,渡河问题仍为官民心头一大纠结。南宋高宗绍兴元年(1131),县令韩邦光莅任。②是年三月,泸水暴涨,啮河堤,毁浮桥,于是韩邦光举全县之力,官民同协,费数十万之资,历三月之余,固筑河堤,重修浮桥:其下以二十舟鱼贯相连,上搭长三百尺、宽十二尺的浮桥,又于桥心建一亭,名曰"跨虹亭",泸水南岸河堤上建"彩虹亭",以供路人休闲。为此,安福致仕官员王庭珪特作《修凤林浮桥记》褒扬之,因此地名凤林,故以"凤林桥"名之。③至孝宗淳熙年间(1174—1189),县令徐辉又修之,庐陵籍官员周必大谓"才百余年,四修而四坏",④盖以上官公颖修桥算起的百余年间,屡修屡坏,乃有莫可奈何之叹。其后,宁宗庆元间

---

① 周必大:《修凤林浮桥记》,同治《安福县志》卷一七《艺文·记》,407页。
② 见同治《安福县志》卷七《秩官·政绩》,96页。
③ 见王庭珪:《修凤林浮桥记》,同治《安福县志》卷一七《艺文·记》,405—406页。
④ 周必大:《修凤林浮桥记》,同治《安福县志》卷一七,407页。

(1195—1200)县令施广厚、嘉泰间(1201—1204)县令徐谦亨均重修之。元末桥废,重以船摆渡。① 明天顺间,知县李会再修浮桥。再后,邹东廓谋于刘祚、僧人本传等,由知县俞夔、继任魏景星与士民协力共资,于嘉靖二年完工木制浮桥,然隐患仍在。至万历初年,东廓子邹善回乡后协同知县闵世翔(万历八年至十二年任)②捐建凤林桥,为石制拱桥,坚固耐用,此后三十年,士民赖以沟通南北。万历四十二年(1614),邹善子邹德溥经多年呼吁奔走,再次倡修,德溥之子邹匡明捐银一千两助修。至崇祯十二年(1639)知县叶子发再修时,德溥孙邹世祚又捐银四百两。若从正德十六年东廓倡修算起,邹氏父子百二十年间,历经五代助修凤林桥,可谓"一体之仁"的实践理念在其家族中的贯彻。凤林桥至今横跨泸水,仍在使用。

秋,游桐川、锡山。

《邹守益集》卷五《寿大司徒凤山秦公》:嘉靖甲申之秋,某南入桐川,游于锡山之阳。(273页)

《江南通志》卷一八《舆地志·山川八·广德州》:桐川水,在州西北二十五里。《左传》楚子期伐吴至桐汭。③ 杜预注云:广德县有桐水,源出白石山,西北流入丹阳湖,即此亦名白石水。(《文渊阁四库全书》507册,590页)

李贤等撰:《明一统志》卷一〇《常州府·山川》:锡山,在无锡县西七里,慧山东峰也。周秦间曾产铅锡……自光武以后不复有锡。

---

① 见同治《安福县志》卷二《舆地·桥梁》凤林桥条,44页。
② 见万历《吉安府志》卷三《秩官表》,39页。
③ 按,桐汭即桐川之古名。嘉靖《广德州志》卷三《舆地志·郡名》:"桐汭,春秋名。鲁哀公十五年,楚子西子期伐吴,见桐花随溪流下,故名。今谓之桐川。"(朱麟修、黄绍文撰,嘉靖十五年刊本,台北:成文出版社,《中国方志丛书》706号,42页)

(《文渊阁四库全书》472 册,246 页)

嘉靖四年乙酉(1525),三十五岁

任职广德时期,东廓遵阳明"保赤子"之训,莅官临民以诚心相感。

宋仪望《邹东廓先生行状》:复入会稽省王公,闻如保赤子之教。先生自是莅官临民,务以诚心相感触……先生虽由文学起家,至判州,动能发奸摘伏,一时称为神明。民有遗其室者,值某甲冒争而讼。先生饰为妇试之,辄冒以为妻。先生笑曰:"此僮也,庸可冒邪?"遂屈服。陈姓者兄弟皆黠盗,逮其弟而兄逸,监司诘捕不已。会先生摄篆,逮者之妻称枉,先生故麾去之,密遣人伺之,果有私讯者,于是逸盗立获。部民有婢窃其藏以逃,诘朝,婢殪于他所,莫可踪迹。先生廉得其人,拷讯不服,乃授隶方略,捕其幼子至,讯之,果得藏物。(1368—1369 页)

耿定向《东廓邹先生传》:先生未历吏事,而莅官临民,务以诚心相感,发奸摘伏,人称神明。而犹尝自讼曰:"如保赤子,未能也。"(1383 页)

在广德以兴学教化为任。是年,东廓效仿阳明虔台之教,聚广德童子习诗礼,嘱同道刘肇衮、王仰颁刻《训蒙诗要》、《谕俗礼要》,并为作序。

邹德涵《文庄府君传》:府君至广德,一以子视民,教之诗礼,有《训蒙诗要》、《谕俗礼要》传于世。(1362 页)

《邹守益集》卷二《谕俗礼要序》:予尝受学于阳明先生,获见虔州之教,聚童子数百而习以诗礼,洋洋乎雅颂威仪之隆也!比官广

德,躬率诸生及童子习礼于学,虽毁齿之童,周旋规矩,雍容可观,因益以自信。复惧夫不能以家喻也,属刘友肇衮、王生仰酌四礼而刻之,名曰《谕俗礼要》,以颁于士民。(23页)

《邹守益集》卷二《训蒙诗要序》:予官广德之明年,聚州之童子而教以诗礼……取《诗经》之关于伦理而易晓者,及晋靖节,宋周、程、张、朱,及我朝文清、康斋、白沙、一峰、甘泉、阳明诸君子之诗切于身心而易晓者,属王生仰编而刻之,俾童子讽咏焉。(24页)

按:刘肇衮,字内重,号石峰,安福东乡栎冈人,阳明在虔台时师事之,传见同治《安福县志》,卷一一《人物·儒林》。

王仰(1495—1533),字孔桥,安福汶源里人,南宋王炎午后人。正德十五年师事阳明,卒业于东廓。东廓任职广德时延其为家庭教师。传见《邹守益集》卷二三《王孔桥墓志铭》。《邹守益集》还收录有《赠王孔桥》(卷二)、《次孔桥于淑冬夜韵二首》(卷二五)等文以及为汶源王氏所作的《寓思图诗序》(卷四)。

任职广德时期,颁刻湛若水教授太学所用的《节定燕射礼仪》以教诸生,作《跋燕射礼仪》,明礼乐之道。

《邹守益集》卷一八《跋燕射礼仪》:《节定燕射礼仪》,大司成甘泉湛公以贞教大学者也……予至广德之明年,作复初书院以居诸生,率之以冠祭之礼,士知向方矣。复请于督学光山卢公,遣冠者四人、童子二人,以习射于桥门,既归,市诸器物而肄之。肃肃乎其敬也,雍雍乎其和也,因作而叹曰:"先王之遗典,其可不与天下公之?"遂梓以广其传……昔张子曰:"礼仪三百,威仪三千,无一物而非仁也。"程子曰:"洒扫应对,便可到圣人事。"学者合而思之,则礼乐之道,不可斯须去身者,可以深造而自得之矣。(844—845页)

按:《节定燕射礼仪》见湛若水《湛甘泉先生文集》(清康熙二十

年黄楷刻本)卷一七。

任职广德时期,应宁国府训导、阳明弟子王晫之请,为其在当地颁刻的《丧祭礼要》作序。

《邹守益集》卷二《丧祭礼要序》:吾友王天民,分教宁国,悯其俗之葬祭杂于佛氏而憕然于先王之礼也,取《文公家礼》,撮其要旨,梓而行之,以诱其士民易于服习,庶几慎终追远而无憾。(22—23页)

按:"王天民"即王晫,字天民,号潜潭,安福南乡圳头人,嘉靖元年举人,阳明弟子。传见同治《安福县志》卷一〇《人物·宦绩》。《邹守益集》还收录有《赠王天民》(卷二五)一诗。据东廓《赠潜潭王天民令仪真序》云,王晫于嘉靖七年五月由宁国府训导改任仪真县令(参嘉靖七年条),则此前当为其任职宁国的时间,亦是东廓在广德之时,姑将此条置此。

任职广德时期,作《谕俗文》,广行教化。

宋仪望《邹东廓先生行状》:作《谕俗文》以训父老子弟,长吏亦加敬信。(1368页)

光绪《广德州志》卷五二《艺文志·谕禁》,邹守益《谕俗文》:广德民俗昔称事简民淳,迩者乃有健讼之名,甚为父老耻之。岂父老之训饬子弟者有未至欤?抑有司之昭示吾民者有未明欤?本职莅任以来,汲汲听断,期于息争止讼,以仰称国家涵育之仁。而徐察其实,多因一言之忿,或争铢两之利,遂相构讼,市井无赖往往彼此帮唆,以图己利,遂至怨结衅深,身亡家破,殊可痛恶。今苗稼在田,耕耘方急,仰事俯育,胥从此出,岂宜荒废农亩以逞嚣讼?为此申谕父老,各告戒其子弟,务宜父慈子孝,兄友弟恭,夫倡妇和,长惠幼顺,强者毋倚势凌弱,富者毋恃财欺贫,而贫弱者毋挟诈以胁制富强,咸敦礼让之风,以洗淫陋之习。试问父老:曾见有孝弟忠信为众所爱敬而天不佑之者乎？曾见有狠戾诡谲为众所怨恶而天不罚之者乎？自今以往，果能勉于为善睦族和乡者，体访得出，加以赏奖；如怙终为恶倗刑害众者，事发，依律科断，仍枷号以警其余。父老子弟其务体吾意，慎所趋避毋忽！(《中国方志丛书》705号，台北：成文出版社，3025—3027页)

　　按：《谕俗文》未收入东廓文集，具体写作时间不详，据文义，当为东廓莅任不久所作，与《谕俗礼要序》《训蒙诗要序》《丧祭礼要序》等文的写作时间近似，姑将此条置此。

　　冬十月，于文庙西北兴建复初书院。书院原址为道教玄妙观，在文庙西北，东廓报请迁观于东郊，即其址建书院。明年七月，书院建成，名曰复初。当地富民步氏有田讼连年不决，东廓审理得当，令其悦服，割田三百余亩作书院学田。作《广德州新修复初书院记》，释"复初"，发明"易恶归善，以复其天地之中"之旨。

　　《江南通志》卷九〇《学校志·书院·广德州》：复初书院在州文庙西北，旧为元(玄)妙观，明嘉靖四年判官邹守益徙观于东郊，即其址建书院，以训多士。上为尊经阁，下为明善堂，东西翼号舍各十一楹，置田三百亩以供学者。万历间知州方沆、陆长庚、段猷显、李得中相继修葺，今圮。(《文渊阁四库全书》509册，540页)

　　光绪《广德州志》卷七《营建志·学校一》州儒学条：在治东南。宋天圣中司理参军范仲淹建于治北。治平中，广德参军钱公辅迁于州东南隅，即今学基也……明洪武二年，同知赵有庆因旧规而崇之……嘉靖四年，判官邹守益改元妙观为复初书院……万历间禁书院故，明末废书院而存尊经阁……乾隆四十八年，知州石应璋建书院于文庙西，仍名曰复初。(《中国方志丛书》705号，台北：成文出版社，507—509页)

　　《邹守益集》卷六《广德州新修复初书院记》：嘉靖丙戌秋七月，

新作复初书院成。先是,书院为老子宫,直大成殿之后。守益请于巡按桂林杨公、督学光山卢公,以东郊淫祀徙道士居之,而虚其址,属诸学宫。二公报可。乃相方定位,以宏新规……于是邀能鸠工,市木畚石,财出于赎金,或毁淫祠以佐之。经始于乙酉冬十月,越十月而工成。会步氏有田讼,守益以义谕之,愿入田三百余亩于书院。乃请于巡抚静斋陈公。公欣然允之,而书院之规可以长久矣。守益乃合诸生而申告之曰:若知复初之义乎?天地之中,而民实受之。其缊缊化醇,若父母之于子也。子受父母之遗,全而无亏者,圣之所以合德也;失而思复者,贤之所以无忝也;颠覆荒坠,若罔闻知,则为悖德,为不才,父母兴怒而殛之矣。二三子其念之乎!今夫有人以十金之产、一命之位,一旦而失之,其夙夜营营,恒思所以复也。至于仁义之良心,所以别禽兽而参天地,其富奚止十金、贵奚止一命哉!而往往不思复之,惑亦甚矣!六经之言,圣人医世之方也。善医者审声察色,针炳汤丸不同,而所以损有余补不足,无伐天和,以求复其元气,则一而已。圣人之言,浅深详略不同,而所以抑太过引不及、使人易恶归善,以复其天地之中,则一而已矣。元气复,而人人充肤革、顺四体,同升于寿,医之功也。元性复,而人人亲父子、正君臣、肃长幼、别夫妇,以同升于善,其圣人医世之大成乎!昔者孔颜之授受,千圣心法之要也。而其言曰"克己复礼为仁",其目曰非礼勿视听言动。己者,气习之偏也;礼者,天然自有之中也。去其气习之偏,无或过焉,无或不及焉,以适于中行,而希圣希天之功全矣。故《复》卦之《系》曰:"颜氏之子,其殆庶几乎!有不善未尝不知,知之未尝复行。"盖许其庶于中行也。二三子之朝夕于斯也,若止以追时好、觊人爵而已,则吾不敢知;如以易恶至中,复天爵之初,则吾知其免于戾矣。(315—316页)

宋仪望《邹东廓先生行状》:遂撤淫祠建复初书院,先生自为记……富民步氏因继争产,连年不决。先生审其应立者,谕之以理。寻又处分其余,为祭祀宗族之需。其人悦服,乃愿割田三百亩给书院。(1368—1369页)

复初书院乃改迁古迹与新建书院集为一体的建筑群:正中新建尊经阁,三间六楹,为主体建筑,其后为改迁的范文正公祠,祠东新建王叔英(原采)怀忠祠,祠西为集英馆,前两翼为斋房,书院大门东为改迁的名宦祠,大门西为乡贤祠,合称复初书院。置学田三百一十三亩。

嘉靖《广德州志》卷四《宫室志·书院》:复初书院,在文庙后,旧为玄妙观。嘉靖五年,判官邹守益徙观于东郊,即其址为尊经阁,阁下扁为"明善堂",后为范文正公祠,左为王静学怀忠祠,右为集英馆,又后为莲花池,池上为静观亭,阁前为露台,甬陛在右翼,以号房十一楹,东号后有田二,西号后有池二,而会之以门,门东为名宦祠,西为乡贤祠,而东西各为小门,中皆遍植松、柏、槐、桧、桃、李、梅、竹、桂、梧桐、银杏树。银杏即王静学死□之树,仍置田三百一十三亩,为修理书院及生徒灯油之。集英馆在尊经阁后,今门生塑邹东廓生像于内。(《中国方志丛书》706号,台北:成文出版社,97—98页)

《邹守益集》卷六《广德州新修复初书院记》:……相方定位,以宏新规。召诸生而议之,佥曰:"明明六经,维圣之模,反求诸身,觉我迷途,其中为尊经阁;桓桓希文,参我军事,先忧后乐,师于百世,其后为范文正公祠;耿耿原采,重义轻死,树曰银杏,忠魂攸止,其东为怀忠祠;楚楚青衿,居肆成艺,相观而善,罔有不至,其西为集英馆。而前两翼为斋房。名宦,吏之率也,在门之左;乡贤,士民之望也,在门之右;合而门之,曰复初书院。于义始备。"(315—316页)

光绪《广德州志》卷九《营建志·学校三》尊经阁条:文庙后西

北,旧为元妙观。明嘉靖四年判官邹守益徙观于东郊,即其址为尊经阁。凡三间六楹,下为明善堂,东西翼以号房十一楹,会之以门,为复初书院,以训多士。嘉靖二十年,判官王杏主水西会,尝聚讲其中。(《中国方志丛书》705号,台北:成文出版社,589—590页)

光绪《广德州志》卷八《营建志·学校二》范文正公祠条:《万历志》:旧在儒学井亭左,嘉靖三年(光绪《广德州志》案,邹东廓《周公祠记》称嘉靖甲申议建文正祠于书院后。甲申,嘉靖三年也。旧志作"七年",误,今改正)判官邹守益改建尊经阁后。(同上,563—564页)

光绪《广德州志》卷八《营建志·学校二》名宦祠条:《万历志》:明正德中知州刘节建于文庙后。嘉靖七年判官邹守益建于复初书院门左(光绪《广德州志》案:即尊经阁门左也)……光绪六年,郡绅张光藻等禀请将周瑛……邹守益……十一人并入祠祀。(同上,559—562页)

按:以上及下引文献中祠、阁的建筑时间,嘉靖《广德州志》与光绪《广德州志》记载不一,前者作"嘉靖七年",后者多作"嘉靖三年"。然嘉靖七年东廓已离任,时间有讹,以下不一一出注;而书院建成在嘉靖五年,则"嘉靖三年"之说又过早。东廓到任的时间当在嘉靖三年下半年以后,故笔者认为,光绪《广德州志》案语所云"邹东廓《周公祠记》称嘉靖甲申议建文正祠于书院后。甲申,嘉靖三年也"之说,将嘉靖三年作为"议建"复初书院诸建筑的时间较合实际。

任职广德期间,东廓为表彰王叔英义举,在其自缢的玄妙观之银杏树下建怀忠祠,为复初书院建筑群之部分,作《祭怀忠祠文》。又遣人重修王叔英墓,作《重修静学王先生墓记》。

光绪《广德州志》卷八《营建志·学校二》怀忠祠条:《南畿志》:

在文正祠左。《万历志》：嘉靖三年判官邹守益既改建范公祠于尊经阁后，并建王静学（叔英）祠于其东，名曰怀忠。（《中国方志丛书》705号，台北：成文出版社，565页）①

《邹守益集》卷六《重修静学王先生墓记》：国朝靖难之师，靖学先生王叔英以修撰奉命募兵广德，事不可支，沐浴具衣冠，书绝命词，复为赞书于案，遂自缢于玄妙观之银杏树。其词从容和平，有采薇之遗音焉。有诏治奸党，其二女赴井并死，其妻系狱死，人为上其所赋诗，上曰："彼食其禄，自尽其心尔。"乃置不问……先生墓在祠山之麓，东里杨公士奇其石，翠渠周公瑛述其事。嗣是置田立祠，相沿弗懈。益承乏是邦，感先生之义，乃移玄妙观于东郊，而建祠于树下，属之学宫，命义民某葺理其墓，中为碑亭，缭以周桓，榜之曰："怀忠使过者式焉！"复为论次先生之心，以诏来世。（320—321页）

按：王叔英（？—1402），字原采（有作王原采，字叔英），号静学，浙江黄岩人。惠帝建文四年，燕王朱棣起兵南下。王叔英时任翰林修撰，奉惠帝诏出京募兵，行至广德，闻京城失守，遂自缢死。

《祭怀忠祠文》见嘉靖《广德州志》卷一〇，东廓文集未收入。

在复初书院西侧，建训导宅。

嘉靖《广德州志》卷五《学校志·儒学》：训导宅三：……一在复初书院左，判官邹守益建。（《中国方志丛书》706号，台北：成文出版社，119页）

任职广德期间，重修东南西北四社学。

光绪《广德州志》卷一〇《营建志·学校四》社学条：四学俱成化

---

① 嘉靖《广德州志》卷四《宫室志·坊牌》：怀忠祠，在尊经阁后。嘉靖七年，判官邹守益因修撰王原采死节于玄妙观银古树下，徙观于东郊，因其址为尊经阁，故立祠于树下，扁曰"怀忠"。（109—110页）

四年知州陆凤建。宏治中知州杨朴、同知杨庆重建。正德十二年知州周时望、嘉靖七年判官邹守益各加修缉。(《中国方志丛书》705号,台北:成文出版社,628页)

按,东廓重修社学时间不详,姑置于此。

任职广德期间,将周公(周瑛)祠移至范文正公祠原址。东廓离任前,应广德州守张邦教、乔迁先后之请,作《广德州翠渠周侯祠碑》,论"君子之学,以天下为一家"、"心诚求之"等义。

光绪《广德州志》卷八《营建志·学校二》周公祠条:《万历志》:旧在道义门左,正德中,知州刘节建,以祀前知州周瑛。案嘉靖三年判官邹守益以祠湫隘,既移祀范文正于尊经阁后新祠中,而以周公位移于范公旧祠中。(《中国方志丛书》705号,台北:成文出版社,566页)

《邹守益集》卷二〇《广德州翠渠周侯祠碑》:君子之学,以天下为一家。其事君若事其父兄也,其使民也,若使其子弟也。事君如父兄,其有弗忠者乎?使民如子弟,其有弗爱者乎?忠且爱焉者,非以求知于人也,求尽其心而已矣。《记》曰:"心诚求之,虽不中,不远矣。"故夫赤子之无知,至难保也,而女子之不学,可以能之。民之能,言其情,视赤子易矣;而缙绅大夫之学,或不能焉,诚不诚之别耳。吾读翠渠周侯瑛之自志其墓,曰:"居官行己,每事自检于心,求学于天,而人有不及知者。"侯之敷政也,其知本乎!……嘉靖甲申,某出判是州,肃谒祠下,而湫隘弗称,乃议建新祠于复初书院之后,奉文正范公居之,而移侯以嗣文正之位,加修葺焉。及官南都,复请于巡按李君俨,市石厖下,以章侯遗烈,风于有位,使州人永受赤子之爱。时张君邦教,自池来摄州事,遂状以请曰:"知侯者,宜莫如子。"逾年,知州事乔君迁,复速其成。乃推侯敷政之本以归之。复为迎享送神

诗以遗州人,俾歌以祀焉。(937页)

按:周公祠的改建时间,光绪《广德州志》作"嘉靖三年",嘉靖《广德州志》仍作"嘉靖七年",①相关考证及说明见前注。"嘉靖三年"当为议建时间,具体难考,姑置于此。

"翠渠周侯"即周瑛(1430—1518),字梁石,初号蒙中子,别号翠渠,福建莆田人,成化五年(1469)进士。历官广德知州、南京礼部郎中、抚州、镇远知府,四川右布政使等。周瑛在广德任职九年,为官有善政。

张邦教为广德州守龙大有的继任,其后乔迁继任之。②

广德州同知陈宣北上贺天子寿,行前,东廓作《省斋说赠陈君彦明北行》,论曾子自省之学,言"独者,人之所不见也"。

《邹守益集》卷八《省斋说赠陈君彦明北行》:僚友蓬莱陈君彦明,思从事于曾子之学,以"省"名其斋。予与之处八越月矣……予曰:"……自省之功,莫切于独。独者,人之所不见也。省于人之所见者易,省于人之所不见者难。闲居自放于恶,见君子而后欲著其善,则其省也伪矣。君子之所以大过人者,其惟省于独乎!故曰'战战兢兢,如临深渊,如履薄冰',贯隐显动静而一之,此吾曾子自省之实学也……"……未几,君入庆天子万寿,将行……(438页)

按,据东廓《赠州守眉山许君述职序》、《赠云东龙君道亨之任南都序》(分别见《邹守益集》卷二、卷四)载,陈彦明为东廓任职广德时期的同僚。光绪《广德州志》之《秩官志》"同知"条下有"陈宣,山东

---

① 嘉靖《广德州志》卷四《宫室志·坊牌》:周公祠,祀州守周公瑛,旧在儒学祭器库右。嘉靖七年,判官邹守益改文正公祠为尊经阁后,乃因其址而建祠以祀焉。(110页)
② 见光绪《广德州志》卷二六《秩官志·守令二》,1518页。

莱州人,正德十五年由监生任",①故知"蓬莱陈君彦明"即陈宣,字彦明,号省斋,时任广德州同知。由上文"予与之处八越月",结合东廓到任时间为嘉靖三年的夏秋之交,而嘉靖皇帝生日为八月初十,合而观之,陈宣北上时间约在嘉靖四年六七月间。

十一月,广德知州许俨进京述职,为作《赠州守眉山许君述职序》。

《邹守益集》卷二《赠州守眉山许君述职序》:嘉靖乙酉冬十一月,州守许君若思入觐于天子,僚友陈彦明、周宗文征所以赠之者……予赖君之教,逾年于此矣,每秉烛剧谈,慨然有为德为民之志也,故举其先务以为献,君其得无意乎?(29页)

按:"许君若思"即许俨,字若思,四川眉州人,正德九年进士,嘉靖三年至四年任广德知州。②

是年,于横山重修攀萝亭、集仙台、蟠龙亭。

嘉靖《广德州志》卷三《舆地志·山川》:横山垂州治西北五里许,其山高出群峰,四面望也皆横,故曰横山。山半有攀萝亭,上有集仙台,③宋天圣中郡守梅询建。嘉靖四年,判官邹守益重建。其□有张真居槿斗台,有僧庵,有圣井,有龙潭,岁旱祷雨,多应。潭畔有蟠龙亭,即显济龙王庙。嘉靖四年,判官邹守益改建山之阳。有横山寺、岳武穆、王静学祠,路其巅,则群山拱如群,水带如一境,景物皆在目睫,故岁时为游览之胜焉。(《中国方志丛书》706号,台北:成文出版社,55页)

嘉靖《广德州志》卷四《宫室志·亭榭》:集仙亭(按,当为台),

---

① 见光绪《广德州志》卷二六《秩官志·守令二》,11页。
② 同上书,1518页。
③ "台",光绪《广德州志》作"台,旧讹亭",见278页。

在横山之岭,宋天圣中郡守梅询建。后废。至嘉靖四年,判官邹守益重建。(同上注,99页)

嘉靖《广德州志》卷四《宫室志·亭榭》:攀萝亭,在横山之半,亦梅询建。因废。邹守益重建。(同上注,99页)

嘉靖《广德州志》卷四《宫室志·亭榭》:蟠龙亭,在横山龙潭之侧,嘉靖四年判官邹守益建。(同上注,99页)

阳明致书东廓,言"益信得此二字(按,良知)真吾圣门正法眼藏"。

《王阳明全集》卷五《与邹谦之·乙酉》:乡人自广德来,时常得闻动履,兼悉政教之善,殊慰倾想。远使吊赙,尤感忱念之深。所喻"猝临盘错,盖非独以别利器,正以精吾格致之功耳",又能以怠荒自惧,其进可知矣。近时四方来游之士颇众,其间虽甚鲁钝,但以良知之说略加点掇,无不即有开悟,以是益信得此二字真吾圣门正法眼藏。谦之近来所见,不审又如何矣?南元善益信此学,日觉有进,其见诸施设,亦大非其旧。便间更相奖掖之,固朋友切磋之心也。(178—179页)

阳明弟子黄宗明任吉安知府,任职不满一年,兴复白鹭洲书院。

凌迪知:《万姓统谱》卷四七《黄宗明传》:乙酉,出守吉安,首建白鹭洲书院,以道德勖诸生。丙戌,转福建盐运使。(《文渊阁四库全书》956册,732页)

《邹守益集》卷六《聚秀楼记》:致斋黄公宗明祗若德意,兴复文庙讲堂,寻以擢去。(371页)

《江西通志》卷二一《书院一·吉安府》:白鹭洲书院,在府城东白鹭洲上,宋淳祐间,州守江万里以程大中先生尝为庐陵尉,乃即是洲建书院,以祀周、三程、张、朱六君子。(《文渊阁四库全书》513册,

701页）

按：黄宗明（？—1536）字诚甫，号致斋，浙江宁波府鄞县人。正德九年进士，同年师事阳明。① 官至礼部侍郎。传见《明史》卷一九七。

是年其他著作：

《芸田说示诸生》（卷八）。

嘉靖五年丙戌（1526），三十六岁

正月，陕西道御史张衮、吏部尚书廖纪等奏请将邹守益等谪降者复职。疏上，未准。

《明世宗实录》卷六〇，嘉靖五年正月戊申条：戊申（按，二十五日），陕西道御史张衮言："今者礼定庙成，孝隆治洽，若往时议礼诸臣，株守师说，不识忌讳，轻犯逆鳞，虽自取罪戮，而其心诚有可原者。惟皇上大赐再造之恩，以顺春生之序，命吏部推择大臣以诬去者，其他谪降及行勘者即复其职，或以次擢用，死者重恤其家，充军者放还乡里，为民者量复一官，则宥罚咸中，恩威不悖。"疏入，下吏部看详以闻……吏部尚书廖纪等乃请如御史张衮等奏起用。大臣以诬去如杨旦、汪伟者，及诸降调行勘编成为民者，皆召复职。仍优恤既死之家。因列诸臣名上之，降调则郎中刘天民、修撰吕柟、编修邹守益……凡四十七人……疏上报罢。（1417—1418页）

七月，复初书院在广德州建成。东廓集士子讲学于书院，著《复初书院讲章》，言其宗旨"以复初为第一义"。

---

① 见《王阳明全集》卷三五《年谱一》，正德九年五月条，1237页。

《邹守益集》卷六《广德州新修复初书院记》：嘉靖丙戌秋七月，新作复初书院成。(315 页)

《邹守益集》卷一八《跋燕射礼仪》：予官广德之明年，作复初书院以居诸生，率之以冠祭之礼。(845 页)

宋仪望《邹东廓先生行状》：从游之士，自四方来者日众，所著有《时习讲章》。学者争相传颂感发。(1368 页)

《邹守益集》卷一五《复初书院讲章（"学而时习之"一章）》：这是《论语》第一章，圣人论学大纲领处……先觉者，能明善以复初者也。效先觉之为，亦以明善而复其初耳……书院告成，以复初为第一义，故于鼓箧之始，特举作圣之蕴，以为二三子告。二三子其反诸身而实行之，务以去外诱之私而充其本然之善，勿为旧习所拘，勿为浮议所惑，日积月累，会有得力处。庶几真才辈出，淳风复兴，使书院不为虚器，则吾夙夜之望也。(720—723 页)

东廓延请同门王艮、王畿、钱德洪等讲学于复初书院，一时学风兴起，影响扩及南京宁国、徽州、池州、太平等府。

王艮：《明儒王心斋先生全集》卷三《年谱》，"四年乙酉"条：邹东廓守益以内翰谪判广德，建复初书院，大会同志，聘先生（按，王艮）与讲席。作《复初说》……东廓子书院成，因名曰"复初"，刻先生说于中。（清宣统二年东台袁氏铅印本，4 页）

《重修安徽通志》卷二六五《人物志·流寓二·广德州》：钱德洪，余姚人。初，邹守益守广德州，筑复初书院以讲学，德洪与王畿、王艮前后皆来主讲席。(《续修四库全书·史部》654 册，430 页)

耿定向《东廓邹先生传》：撤淫祠，建复初书院，延同门王心斋艮暨诸贤讲学兴礼，风动邻郡。宁、徽、池、太间志学风至今冠江左，先生启之也。(1383 页)

王畿:《龙溪王先生全集》卷二《桐川会约》:桐川有会旧矣!自吾同门友东廓邹公判广德时,肇建复初书院,为聚友讲学之所,予尝三过桐川,与诸友相会。(《四库全书存目丛书·集部》98册,290页)

按:日后书院年久失修,万历三年(1575),广德州守吴同春重修书院,并置阳明像于阁上,以邹东廓配祀。①

王艮(1483—1540),字汝止,号心斋,南直隶泰州人,布衣出身,泰州学派创始人。列入《明儒学案》卷三二《泰州学案一》。著有《心斋王先生全集》(周汝登序刻本),传见耿定向《王心斋先生传》(《耿天台先生文集》卷一四)。

王畿(1498—1583),字汝中,号龙溪,浙江绍兴府山阴人,嘉靖十一年进士,历官南京兵部职方郎中等,阳明弟子,列入《明儒学案》卷一二《浙中王门学案二》。著有《龙溪王先生全集》,传见徐阶《龙溪王先生传》、赵锦《龙溪王先生墓志铭》(均见《王龙溪先生全集》,万历四十三年丁宾刻本,"附录")。《邹守益集》收录有《简复王龙溪》(卷一一)、《简钱绪山王龙溪》、《简王龙溪》(均见卷一二)、《雨夜闻绪山龙溪二君至志喜》、《别龙溪兄归越二首》、《玄潭次龙溪见赠》(均见卷二六)等诗文。

钱德洪(1496—1574),字洪甫,号绪山,浙江绍兴府余姚人,嘉靖十一年进士,官至刑部陕西司员外郎,阳明弟子,列入《明儒学案》卷一一《浙中王门学案一》。著述多佚失,传见王畿《刑部陕西司员外郎特诏进阶朝列大夫致仕绪山钱君行状》(《龙溪王先生全集》卷二〇)。《邹守益集》收录有《简钱绪山王龙溪》(卷一二)、《中秋同

---

① 见宋仪望:《广德重修复初书院记》,《邹守益集》卷二七,1404—1405页。

绪山兄彭昆佩玩月》(卷二五)、《雨夜闻绪山龙溪二君至志喜》、《绪山同狮泉岩泉及诸生九日升连岭四角峰顶上》(均见卷二六)及东廓为钱德洪父钱蒙所作的《四然翁赞》(卷一九)、《余姚心渔钱翁墓表》(卷二四)等诗文。

复初书院建成，东廓遣方、施二生往南京，向国子监祭酒湛若水问学请文，湛作《广德州儒学新建尊经阁记》，发明"尊经"之义。

湛若水：《泉翁大全集》卷二七《广德州儒学新建尊经阁记》：广德州儒学尊经阁，前大成殿，后范文正祠，左王太史庙，右集贤馆，而中居尊，尊经也。迤玄妙观于东郊而阁其址，崇正也。东郭邹子三十五年笃志圣贤之学，以抗疏出翰林，来判广德。于时远近之士执经而考德者咸集焉，邹子乃构材鸠工，凡六月而阁成，居六经于其上，而习诸生于其下。凡为阁三间六楹，而列二翼于前为燕居，会之以门，为复初书院。诸生有进曰："敢问尊经之道何如？"东郭子曰："吾无言焉。今有辟雍甘泉子者，知圣学也。诸生盍往问焉！"遂俾方、施两生以来问于甘泉子。甘泉子曰："夫经也者，径也，所由以入圣人之径也。或曰：警也，以警觉乎我也。《传》说曰：'学于古训。'夫学，觉也，警觉之谓也。是故六经皆注我心者也，故能觉吾心……觉斯存矣，是故能开聪明、扩良知。非六经能外益之聪明良知，我自有之，彼但能开之、扩之而已也……"两生遂拜而受之，归以告东郭子，镌诸石以诏多士。(台湾中央图书馆善本微卷，4—6页)

按：湛若水(1466—1560)，字符明，号甘泉，广东广州府增城人，弘治十八年进士。历官南京国子监祭酒、南京礼部、吏部、兵部尚书等。隆庆初赠太子少保，谥文简。著述甚丰，有《泉翁大全集》八十五卷等，传见洪垣《墓志铭》(《湛甘泉先生文集》卷三二《外集》)、《明史》卷二八三。湛若水师事陈献章，以"随处体认天理"为宗旨，与阳明相应和,时称"王湛之学"。《邹守益集》收录有《简湛甘泉先生》(卷一〇)、《再上甘泉先生》(卷一〇)《简湛甘泉先生二章》(卷一二)以及为其游青原山所作的《序大老岳游卷》(卷四)等文。

广德期间,有施天爵、濮汉、杨华、陈辰等师事东廓。

《邹守益集》卷二三《王孔桥墓志铭》予判广德,迎孔桥,使儿辈师之……时施生天爵、濮生汉、杨生华、陈生辰交相切劘。(1508页)

《邹守益集》卷八《省斋说赠陈君彦明北行》:僚友蓬莱陈君彦明……予与之处八越月矣……间遣其子辰受学于予,朒朒然求以教之。(438页)

《王阳明全集》卷三六《年谱附录一》,嘉靖三十五年条:初,邹守益谪判广德,创建书院,置赡田,以延四方来学。率其徒濮汉、施天爵过越,见师而还。复初之会,遂振不息。后汉、天爵出宦游,是会兴复不常者二十年。至洪、徽主水西会,往来广德,诸生张槐、黄中、李天秩等邀会五十人,过必与停骖信宿。是年,汉、天爵致政归,知州庄士元、州判何光裕,申镗复大修书院,设师位,以岁修祀事。(1348页)

按:施天爵,广德州人,监生,官顺天府通判等。①

濮汉,字致昭,广德州人,嘉靖七年举人。官工部司务、南户部郎中等。②《邹守益集》收录有《复濮工部致昭》(卷一一)、《复濮致昭冬卿》(卷一一)、《濮致昭录会语》(卷一六)、《题先师阳明夫子遗像赠濮致昭》(卷一九)、《青原谢致昭濮冬官寿言》(卷二六)、《上清宫遇濮冬官致昭话旧》(卷二六)等诗文。

---

① 参见黄绍文编纂:嘉靖《广德州志》(明嘉靖十五年刊本),卷八《人物志》、周家楣、缪荃孙编纂:光绪《顺天府志》(清光绪十二年刊本),卷六《官师志》。
② 见嘉靖《广德州志》卷八《人物志》、何绍基纂:光绪《重修安徽通志》(清光绪四年刻本)卷二二九《人物志·文苑八·广德州》。

陈辰,山东莱州人,父陈宣为广德州同知,遣其从学东廓。陈辰于东廓任职广德时期编辑整理有东廓文集《初稿》,详见嘉靖二十八年条。

是年,阳明与东廓有五通书信往来。但东廓之信未见于文集,以下仅以阳明之信述之。第一通,阳明言"良知"两字"真所谓大本达道,舍此更无学问可讲",湛若水"随处体认天理"之说尚隔一尘。东廓请阳明为广德范文正公祠题祠扁,阳明以大字非其所长而辞之。

《王阳明全集》卷六《寄邹谦之·丙戌·一》:比遭家多难,工夫极费力,因见得良知两字比旧愈加亲切,真所谓大本达道,舍此更无学问可讲矣。"随处体认天理"之说,大约未尝不是,只要根究下落,即未免捕风捉影,纵令鞭辟向里,亦与圣门致良知之功尚隔一尘。若复失之毫厘,便有千里之谬矣。四方同志之至此者,但以此意提掇之,无不即有省发,只是着实能透彻者甚亦不易得也。世间无志之人,既已见驱于声利词章之习,间有知得自己性分当求者,又被一种似是而非之学兜绊羁縻,终身不得出头。缘人未有真为圣人之志,未免挟有见小欲速之私,则此种学问,极足支吾眼前得过。是以虽在豪杰之士,而任重道远,志稍不力,即且安顿其中者多矣。谦之之学,既以得其大原,近想涉历弥久,则功夫当益精明矣。无因接席一论,以资切劘,倾企何如!范祠之建,实亦有禆风教。仆于大字本非所长,况已久不作,所须祠扁,必大笔自挥之乃佳也。(201页)

按:阳明《年谱》将此书置于嘉靖七年(戊子)十月条,即阳明由广西北上途中作,①与《王阳明全集》中所标"丙戌"年号不一致。此信提及东廓请阳明为广德范文正公祠题祠扁一事,故此书当作于嘉

---

① 见《王阳明全集》卷三五《年谱三》,1322—1323页。

靖五年东廓任职广德期间，《年谱》所置时间有误。

第二通，东廓将《谕俗礼要》寄与阳明，阳明回书大意有三：一论礼之实质，言礼"惟简切明白而使人易行之为贵"，"拘泥于古，不得于心而冥行焉，是乃非礼之礼"，当"顺吾心之良知以致之"，使人"易知易从"。二对东廓在广德推行之礼教提建议，以为冠、婚、丧、祭礼兼以乡约，于民俗有补，而射礼非民间常行，宜于《谕俗礼要》外别为一书，以教学者。三是复初书院新成，东廓请阳明为诸生择师，阳明许诺日后"与二三同志造访，因而连留旬月，相与砥砺开发"。书末附阳明与徐爱论祠堂位次祔祭之礼答问，备其采择。

《王阳明全集》卷六《寄邹谦之·丙戌·二》：承示《谕俗礼要》，大抵一宗《文公家礼》而简约之，切近人情，甚善甚善！非吾谦之诚有意于化民成俗，未肯汲汲为此也！古礼之存于世者，老师宿儒当年不能穷其说，世之人苦其烦且难，遂皆废置而不行。故今之为人上而欲导民于礼者，非详且备之为难，惟简切明白而使人易行之为贵耳。中间如四代位次及社祔祭之类，固区区向时欲稍改以从俗者，今皆斟酌为之，于人情甚协。盖天下古今之人，其情一而已矣。先王制礼，皆因人情而为之节文，是以行之万世而皆准。其或反之吾心而有所未安者，非其传记之讹阙，则必古今风气习俗之异宜者矣。此虽先王未之有，亦可以义起，三王之所以不相袭礼也。若徒拘泥于古，不得于心而冥行焉，是乃非礼之礼，行不著而习不察者矣。后世心学不讲，人失其情，难乎与之言礼！然良知之在人心，则万古如一日。苟顺吾心之良知以致之，则所谓不知足而为屦，我知其不为蒉矣。非天子不议礼制度，今之为此，非以议礼为也，徒以末世废礼之极，聊为之兆以兴起之。故特为此简易之说，欲使之易知易从焉耳。冠、婚、丧、祭之外，附以乡约，其于民俗亦甚有补。至于射礼，似宜别为一书，以教学者，而非所以求谕于俗。今以附于其间，却恐民间以非所常行，视为不切，又见其说之难晓，遂并其冠、婚、丧、祭之易晓者而弃之也。《文公家礼》所以不及于射，或亦此意也欤？幸更裁之！令先公墓表决不负约，但向在纷冗忧病中，近复咳患盛作，更求假以日月耳……书院新成，欲为诸生择师，此诚盛德之事……意以登坛说法，非吾谦之身自任之不可。须事定后，却与二三同志造访，因而连留旬月，相与砥砺开发，效匡翼之劳，亦所不辞也。祠堂位次祔祭之义，往年曾与徐曰仁备论。曰仁尝记其略，今使录一通奉览，以备采择。（202—203页）

第三通，东廓将《复初书院讲章（"学而时习之"一章）》及《广德州新修复初书院记》寄与阳明，阳明回书，一赞东廓之文，《讲章》发朱注之所未及，《书院记》整严精确，无雕饰之习；二提良知宗旨，言"近来却见得良知两字日益真切简易"，讲习"只是发挥此两字"；三论讲学及用功之方，当以"鞭辟近里、删削繁文"与"讲明致良知之学"并行之。

《王阳明全集》卷六《寄邹谦之·丙戌·三》：教札时及，足慰离索。兼示《论语讲章》，明白痛快，足以发朱注之所未及。诸生听之，当有油然而兴者矣……书院记文整严精确，迥尔不群，皆是直写胸中实见，一洗近儒影响雕饰之习，不徒作矣。某近来却见得良知两字日益真切简易，朝夕与朋辈讲习，只是发挥此两字不出。缘此两字，人人所自有，故虽至愚下品，一提便省觉。若致其极，虽圣人天地不能无憾，故说此两字穷劫不能尽。世儒尚有致疑于此，谓未足以尽道者，只是未尝实见得耳。近有乡大夫请某讲学者云："除却良知，还有什么说得？"某答云："除却良知，还有什么说得！"不审迩来谦之于此两字，见得比旧又如何矣？……后世大患，全是士夫以虚文相诳，略不知有诚心实意。流积成风,虽有忠信之质,亦且迷溺其间,不自知觉……今欲救之,惟有返朴还淳是对症之剂。故吾侪今日用工,务在鞭辟近里、删削繁文始得。然鞭辟近里、删削繁文亦非草率可能,必须讲明致良知之学。每以言于同志,不识谦之亦以为何如也?讲学之后,望时及之。(204—205页)

第四通,阳明得知东廓在广德行善政,勉其以讲学教化、接引同志为任。

《王阳明全集》卷六《寄邹谦之·丙戌·四》:正之归,备谈政教之善,勤勤恳恳,开诱来学,毅然以斯道为己任,其为喜幸,何可言!前书"虚文相诳"之说,独以慨夫后儒之没溺词章、雕镂文字以希世盗名,虽贤知有所不免,而其流毒之深,非得根器力量如吾谦之者,莫能挽而回之也。而谦之顾犹歉然,欲以猛省寡过,此正吾谦之之所以为不可及也,欣叹欣叹!学绝道丧之余,苟有兴起向慕于是学者,皆可以为同志,不必铢称寸度而求其尽合于此,以之待人可也……夫旧习之溺人,虽已觉悔悟,而其克治之功,尚且其难若此,又况溺而不悟,日益以深者,亦将何所抵极乎!以谦之精神力量,又以有觉于良知,自当如江河之注海,沛然无复能有为之障碍者矣!默成深造之余,必有日新之得可以警发昏惰者,便间不惜款款示及之。(205—206页)

第五通,东廓将湛若水所作《广德州儒学新建尊经阁记》呈示阳明,阳明对湛"随事体认天理"等观点有批评,以为"尚隔一尘"。又批自相求胜、党同伐异之风致使学术不明,当"各去胜心,务在共明此学"。

《王阳明全集》卷六《寄邹谦之·丙戌·五》:随事体认天理,即戒慎恐惧功夫。以为尚隔一尘,为世之所谓事事物物皆有定理而求之于外者言之耳。若致良知之功明，则此语亦自无害，不然即犹未免于毫厘千里也。来喻以为恐主于事者，盖已深烛其弊矣。寄示甘泉《尊经阁记》，甚善甚善！其间大意亦与区区《稽山书院》之作相同。《稽山》之作，向尝以寄甘泉，自谓于此学颇有分毫发明。今甘泉乃谓"今之谓聪明知觉，不必外求诸经者，不必呼而能觉"之类，则似急于立言，而未暇细察鄙人之意矣。后世学术之不明，非为后人聪明识见之不及古人，大抵多由胜心为患，不能取善相下。明明其说之已是矣，而又务为一说以高之，是以其说愈多而惑人愈甚。凡今学术之不明，使后学无所适从，徒以致人之多言者，皆吾党自相求胜之罪也。今良知之说，已将学问头脑说得十分下落，只是各去胜心，务在共明此学，随人分限，以此循循善诱之，自当各有所至。若只要自立门户，外假卫道之名，而内行求胜之实，不顾正学之因此而益荒，人心之因此而愈惑，党同伐异，覆短争长，而惟以成其自私自利之谋，仁者之心有所不忍也！甘泉之意，未必由此，因事感触，辄漫及之。盖今时讲学者，大抵多犯此症，在鄙人亦或有所未免，然不敢不痛自克治也。如何如何？（206—207页）

阳明弟子刘邦采在安福南乡举"惜阴会"，十二月，阳明为作《惜阴说》。

《邹守益集》卷一五《惜阴申约》：吾邑惜阴之会，始于丙戌。（734页）

《王阳明全集》卷三五《年谱三》，嘉靖五年条：十二月，（阳明）作《惜阴说》。刘邦采合安福同志为会，名曰惜阴，请先生书会籍。（1302—1303页）

《王阳明全集》卷七《惜阴说》：同志之在安成者，间月为会五日，谓之"惜阴"，其志笃矣；然五日之外，孰非惜阴时乎？离群而索居，

志不能无少懈,故五日之会,所以相磨切焉耳。(267 页)

按:刘邦采,字君亮,号狮泉,①嘉靖七年(1528)举人,出安福三舍刘氏,与从兄刘文敏等师事阳明。东廓与刘邦采交游甚密,《邹守益集》收录有《简刘狮泉君亮》(卷一一)、《简刘狮泉》(卷一二)、《青原同晴川狮泉奉赠浮峰张使君四首》(卷二五)、《水洲狮泉及诸友宿美池次阳明先师韵三首》、《睡起呈晴川狮泉诸君》、《建初寺同狮泉及诸友及二儿拜长至》、《和狮泉兄见怀韵》、《赠狮泉兄》(均见卷二六)以及为其父刘戬所作的《故海州守刘君墓志铭》(卷二一)等诗文。

此后"惜阴会"作为讲会名称,在王学尤其是江右王学讲会中普遍推行,如嘉靖十四年九月在安福举行的九邑大会亦称惜阴会(见该年条)。并且安福各乡的惜阴会成为间月举行的惯例,所谓"乃即四乡为惜阴之会,以间月为期,五日而散"②。在讲会活动中,东廓意识到"间月为会,五日而止,则不免暴寒之乘;往会各乡,近者为主,则不免供给之扰;自远来者,虽欲久止,而随众聚散,则不免跋涉之劳","故与刘友文敏、王生仰反复筹议,须构书舍一区,以此为居肆成艺之方"。为此,东廓曾号召士友募捐:"凡我同志,无分仕隐,各量才力赢缩而多寡出之……其于惜阴也尤急。"③

在广德,改建范公亭于州治社稷坛西,更名景范亭。

嘉靖《广德州志》卷三《舆地志·古迹》:范文正公狱亭,在旧司理厅东,公为广德司理时,作亭于斯,引囚访问,皆衍其情,后人因名为范公亭。故址湮没。至嘉靖五年,判官邹守益改建社稷坛西,名曰

---

① 按,《邹守益集》有时也作"师泉",然明人文集中多作"狮泉",今统一为"狮泉"。
② 《邹守益集》卷六《复古书院记》,360 页。
③ 以上引文均见《邹守益集》卷一三《简惜阴诸友》,680 页。

景范亭。(《中国方志丛书》706号,台北:成文出版社,76页)

在广德,重建医学公署。

嘉靖《广德州志》卷四《宫室志·公署》:医学在州治南,中为惠民药局,洪武十六年设,后裁革,至三十五年重建。年久倾废,嘉靖五年,判官邹守益重建。(《中国方志丛书》706号,台北:成文出版社,90页)

龙大有任广德州州守,与东廓欣然相得。明年,升南京刑部员外郎,为作《赠云东龙君道亨之任南都序》,言"一念之善,勿谓无益,必充之;一念之不善,勿谓无伤,必克之"。

《邹守益集》卷四《赠云东龙君道亨之任南都序》:予判广德之二年,君来守是邦,握手论心,欣然相得,因作而叹曰:"……予与君宜思交厉焉!一念之善,勿谓无益,必充之;一念之不善,勿谓无伤,必克之。而其施于政也,善者封殖之,期于有成;不善者斥之,无使滋蔓;其庶日光吾二世之绪而驰驱于圣道乎!"……逾年,君陟南京刑部员外郎。(176页)

按:龙大有,字道亨,号云东,湖广长沙府茶陵人,正德十二年进士。嘉靖五年任广德州州守,①嘉靖六年升南京刑部员外郎。官至巡抚都御史。《邹守益集》还收录有《答龙云东》(卷一〇)、《奉怀云东龙司马二首》、《赠龙道亨之平乐四首》(均见卷二五)、《坐石梁观泉简龙云东》(卷二六)以及为龙大有父所作的《跋乡邦义事集》(卷一八)等诗文。

任职广德期间,为安福士子刘宾朝作《复初亭说》,以"戒惧"、"一念兢兢不敢放过"为修养工夫。

---

① 龙大有任职广德的时间见光绪《广德州志》卷二六《秩官志·守令二》,1518页。

《邹守益集》卷八《复初亭说》：天命之性，烝民同秉之初也。惟君子求复其初，故戒慎不睹，恐惧不闻，以致中和。惟圣人能复其初，故不显惟德，百辟其刑，与于穆同运，无声无臭。无声无臭，只在人伦日用间，子臣弟友，庸德庸言，兢兢不敢放过，便是孔门自叙功课。一念不敢，则与上帝陟降；一念而敢，则与夷貊禽鸟伍。嘻，其机严矣！予判广德，作复初书院以迪州之俊髦；而刘友宾朝亦以复初名其藏修之亭，书是以赞屋漏。(448页)

按：刘宾朝，字心川，出安福竹园刘氏，传见《安福县志》卷一一《人物志·儒林》。《邹守益集》收录有东廓曾为其族所作的《竹园刘氏义田记》(卷七)。

嘉靖六年丁亥(1527)，三十七岁

四月，东廓以所录《阳明文稿》一再请刻，阳明遂取近作三分之一，自标年月，由钱德洪编次。钱又掇拾所遗文字编为附录一卷，附《阳明文稿》后，共四册。东廓将此稿刊刻于广德，世称广德版。

《王阳明全集》卷四一，钱德洪《刻文录叙说》：德洪曰：嘉靖丁亥四月，时邹谦之谪广德，以所录先生文稿请刻。先生止之曰："不可。吾党学问，幸得头脑，须鞭辟近里，务求实得，一切繁文靡好，传之恐眩人耳目，不录可也。"谦之复请不已。先生乃取近稿三之一，标揭年月，命德洪编次，复遗书曰："所录以年月为次，不复分别体类者，盖专以讲学明道为事，不在文辞体制间也。"明日，德洪掇拾所遗复请刻。先生曰："此爱惜文辞之心也。昔者孔子删述《六经》，若以文辞为心，如唐、虞、三代，自《典》、《谟》而下，岂止数篇？正惟一以明道为志，故所述可以垂教万世。吾党志在明道，复以爱惜文字为心，

便不可入尧舜之道矣。"德洪复请不已。乃许数篇,次为《附录》,以遗谦之,今之广德板是也。(1573—1574页)

阳明奉诏起征广西思恩、田州。十月,路经南昌,南昌父老军民顶香谒见。谒文庙,讲《大学》于明伦堂。东廓、欧阳德、刘邦采、黄弘纲、何廷仁、魏良器二三百等门人候于南浦请益。阳明透露其学究竟已被王畿拈出,众人可从之问学。

《王阳明全集》卷三五《年谱三》,嘉靖二年十月条:十月,至南昌。明日至南浦,父老军民俱顶香林立,填途塞巷,至不能行。父老顶舆传递入都司。先生命父老军民就谒,东入西出,有不舍者,出且复入,自辰至未而散,始举有司常仪。明日谒文庙,讲《大学》于明伦堂,诸生屏拥,多不得闻……(1308页)

王畿:《龙溪王先生全集》,卷二〇《刑部陕西司员外郎特诏进阶朝列大夫致仕绪山钱君行状》:(阳明)过江右,东廓、南野、狮泉、洛村、善山、药湖诸同志二三百人,候于南浦请益。夫子云:"军旅匆匆,从何处说起?我此意畜之已久,不欲轻言,以待诸君自悟。今被汝中拈出,亦是天机该发泄时。吾虽出山,德洪、汝中与四方同志相守洞中,究竟此件事,诸君只裹粮往浙,相与聚处,当自有得,待予归,未晚也。"(660页)

尹守衡:《皇明史窃》卷七六《王畿传》:阳明奉诏起征思田,过洪都,门人邹守益集同门三百余人请益。阳明曰:"吾虽出山,汝中与同志里居,究竟此事,诸君但裹粮往浙,相与质之,当有证也。"(《续修四库全书·史部》317册,417页)

按:"南野"即欧阳德(1496—1554),字崇一,号南野,吉安府泰和人,嘉靖二年进士,官至礼部尚书,谥文庄。欧阳德为阳明弟子,列入《明儒学案》卷一七《江右王门学案二》,著有《欧阳南野集》三〇卷等,传见聂豹《资善大夫礼部尚书兼翰林院学士赠太子少保谥文庄南野欧阳公墓志铭》(《聂豹集》卷六)。《邹守益集》收录有《简欧阳南野崇一》(卷一〇)、《简南野欧阳宗伯》(卷一一)、《简欧阳南野宗伯》(卷一二)及为其兄欧阳铎所作的《吏部右侍郎欧阳恭简公墓志铭》(卷二一)、为其母所作的《封大淑人欧阳母萧氏合葬墓志铭》(卷二三)等文。

"洛村"即黄弘纲(1492—1561),字正之,号洛村,江西赣州府雩都人,正德十一年举人,官刑部主事,著有《黄洛村集》二卷,传见罗洪先《明故云南清吏司主事致仕洛村黄公墓铭》(《念庵文集》卷一五);"善山"即何廷仁(1486—1551),字性之,号善山,雩都人,嘉靖元年举人,官南京工部主事,著有《善山集》等,传见罗洪先《南京工部屯田清吏司主事善山何公墓志铭》(《念庵文集》卷一五)。二人均为阳明弟子,列入《明儒学案》卷一九《江右王门学案四》。《邹守益集》收录有《奠何善山先生文》(卷二〇)、《善山明水石屋狮泉三峰诸君游二洞用明水韵》(卷二六)等诗文。

南浦即南浦驿。《江西通志》卷七《山川一·南昌府》:"南浦,在府城广润门外,置南浦驿。"①万历《新修南昌府志》卷四《署宇》:"南浦驿,在广润门外滨江,即旧南浦亭。"南朝雷次宗《豫章记》亦载:"南浦亭在桥步门外,往来舣舟之所。"故知南浦在明代时位于南昌城广润门外滨江之滨,古时即为驿站。

十月,阳明至吉安,彭簪、王钊、刘阳、欧阳瑜等三百余人迎入螺川驿中,聚会讲学。

《王阳明全集》卷三五《年谱三》,嘉靖二年十月条:十月,至南

---

① 《文渊阁四库全书》513册,272页。

昌……至吉安,大会士友螺川。诸生彭簪、王钊、刘阳、欧阳瑜等偕旧游三百余,迎入螺川驿中。先生立谈不倦,曰:"尧舜生知安行的圣人,犹兢兢业业,用困勉的工夫。吾侪以困勉的资质,而悠悠荡荡,坐享生知安行的成功,岂不误已误人?"又曰:"良知之妙,真是周流六虚,变通不居。若假以文过饰非,为害大矣。"临别嘱曰:"工夫只是简易真切,愈真切,愈简易;愈简易,愈真切。"(1309页)

按:阳明会见吉安门人时,记载中未见东廓之名。

松江府通判郭允礼以公事来广德,向东廓请教"励政"之方,为作《励政堂说》,论絜矩、戒惧、中和等。

《邹守益集》卷九《励政堂说》:曲阜郭节之判松江之明年,新其听治之堂曰"励政"。异日,以公事出桐川,论道故旧,求所以励之之方。桐川散吏曰:噫,子得之矣!吾孔圣之教曰:"政者,正也。"以吾之正,正天下之不正,犹执矩于此,以方天下之不方而已矣。古之君子,先正其心,以端万化之矩,然后絜诸天下,举协而罔辟。辟也者,矩之弗矩者也。故吾心无所喜,而亲爱之政不辟矣;无所怒,而贱恶之政不辟矣;无所哀惧,而哀矜畏敬之政不辟矣。无所喜怒哀惧者,廓然大公,中也;亲爱贱恶无辟者,物来顺应,和也。中以立天下之本,和以成天下之务,此内圣外王之实学也,夫亦在乎励之而已矣。戒慎恐惧,无须臾之离,以合其天地之中,此励之极功也。天地可位,万物可育,于正郡国乎何有!世之肆于民,上以殃民而负国者,捐规矩而改错者也。励之滋病,思忧其职,而孳孳焉簿书期会,急旦夕之效,是摹方而效员者也。其为励也,亦隘矣!(469页)

按:"郭节之"即郭允礼,字节之,山东兖州府曲阜人,举人。崇祯《松江府志》卷二六《守令题名上》"通判"条下载:"郭允礼,山东人,举人"①,然未载具体任职年限。又查乾隆《无极县志》,卷五《职官志》"邑令"条下载:"郭允礼,山东曲阜人,举人,正德十六年任,升通判。"而下任邑令褚锦的任职时间在嘉靖五年,②故知郭允礼于正德十六年至嘉靖四年任无极知县,嘉靖五年起任松江府通判,"判松江之明年"即是年。郭为官有善政,乾隆《无极县志》载其"抱奇猷,有才干,政怡民熙,礼文咸秩……卓有最政,人咸服之"③。至今有手书"官箴"碑刻存世,故能以励政之方请教东廓。

任职广德期间,四川璧山卢子祥,徽州程清、郑烛,安福王仰,宣城戚衮、贡安国等士子从学于东廓。

《邹守益集》卷二《送卢生子祥》:予之官广德也,四方之士不鄙弃予,相从于务内之学。璧山卢君养正司教宁国,介吾友王天民遗其子子祥以来学。(38页)

《邹守益集》卷二《赠程郑二生》:程元静,名清;郑景明,名烛。自徽来学于广德,与之语易恶至中之学,欣然若有得也。(42页)

《邹守益集》卷四《答问图赠程原静》:程生原静学于广德,卒业于主客,比抱病南归,相与疗理于钱塘之上,其意趣甚恳恳也,常约至山房。八年不果偿。及入考功,而原静来大学……(156页)

《邹守益集》卷二《赠王孔桥》:王生孔桥见先师之岁亦以庚辰,而卒业于山房。复相从广德以及南都,聚处者不下五岁焉。(42—43页)

《邹守益集》卷一五《戚补之请书》:宣城戚生补之与贡生玄略别

---

① 方岳贡修、陈继儒纂:《松江府志》(据明崇祯三年刻本影印,日本藏中国罕见地方志丛刊,北京:书目文献出版社,1991年),682页。
② 见黄可润纂修:《无极县志》(清乾隆二十二年刊本),2页。
③ 乾隆《无极县志》卷六《宦绩》,1页。

广德十余载,而毅然日励于斯道……(750页)

按:程清,字原(一作"符")静,南直隶徽州府祁门人,东廓任职广德及南京礼部主客司郎中、南京吏部考功郎中时均师事之。《邹守益集》还收录有《赠程郑二生》(卷二)、《答问图赠程原静》(卷四)及为其父所作的《东塘书屋记》(卷七)等文。

郑烛,字景明,南直隶徽州府歙县人,于东廓任职广德时期师事之,列入《明儒学案》卷二五《南中王门学案一》。《邹守益集》还收录有《赠郑景明归徽》(卷二)、《答郑景明》(卷一三)等文。

戚衮,字补之,号竹坡,南京宁国府宣城人,贡生。于广德州复初书院从学东廓,后学于王畿。

贡安国,字玄略,号受轩,宣城人,贡生。官湖南训导、国子监学录、东平知州等。罢归,主讲于宣城志学书院,督学耿定向、知府罗汝芳礼遇之,与梅守德、沈宠并称"宣城三先生"。贡安国为诸生时,于广德州复初书院从学东廓。后又师事欧阳德、王畿。《邹守益集》收录有《答贡玄略邑博》(卷一三)、《贡玄略王济甫至青原》(卷二五)等诗文。

是年转南京礼部主客司郎中。广德百姓送至白苎以别,东廓作《别广德父老》。百姓归,请于巡抚,立生祠于学宫之右以祀之。十年后,阳明学者王杏任广德州通判,作《广德州邹侯生祠记》。

耿定向《东廓邹先生传》:丁亥,先生年三十七,升南京主客郎中。(1383页)

宋仪望《邹东廓先生行状》:在广德三年,乃转为南京礼部主客司郎中。先生既去,广德父老子弟送至白苎,涕泣以别,先生以诗遣慰之,民乃为立生祠。(1369页)

《邹守益集》卷二六《别广德父老》:白苎倚马别桐川,不待骊歌

思黯然。万井桑麻初晓获,满城桃李欲春妍。抚摩未尽平生学,攀挽空惭父老筵。清梦定知能识路,时从高阁订遗编。(1328页)

《潋源邹氏七修族谱》卷一二,王杏《广德州邹侯生祠记》:嘉靖甲申,邹侯繇内翰出判广德。逾年丁亥,升南京礼部主客司郎中。帝命始下,州人相顾呼号,如失恃怙。佥议所以借之于朝,而知其不可也,拥辙而留,越境而送,益有不释然者。相与绘侯之貌,而家各崇奉之。犹恐不能垂之遐永,乃控于抚巡,立祠于学宫之右,以奉侯生像,月朔则拜,岁时则祀,虽穷落幽岩毕集焉。迨至辛卯,侯以直道见忌赋闲,民慕益切,每过祠必拜,拜必祝烧缸炷鼎,视昔若更虔也。嘉靖丁酉,鲤湖王子被谪至州,则闻弦管之声,讴诵之什,下逮舆论,而阐休光,蔼蔼乎,愉愉乎,载途盈耳,皆侯潜孚丕格之遗化也。每朔望奉谒大圣庙,必请侯祠,州之人士守护登拜,亦无虚日。(1页)

按:"鲤湖王子"即王杏(1496—?),字世文,号鲤湖,浙江宁波府奉化人,嘉靖八年进士,阳明弟子。历官山西、贵州巡按御史等。传见光绪《奉化县志》卷二四《人物二》。王杏于嘉靖十六至十九年任广德州通判,期间主水西讲会,并集学者讲习于复初书院。①《邹守益集》卷四《旌节诗集序》是东廓为表彰王杏祖母所作。

冬,抵南京。

《邹守益集》卷四《赠潜潭王天民令仪真序》:丁亥之冬,予陟南都。(154页)

是年,户部尚书秦金寿六十。应门人赵继勋之请,东廓作《寿大司徒凤山秦公》,言"自昭明德,孚于上下,为第一等寿"。

---

① 见胡有成修,丁宝书纂:《广德州志》(清光绪七年刊本,台北:成文出版社,《中国方志丛书》705号),1543页。

《邹守益集》卷五《寿大司徒凤山秦公》：嘉靖甲申之秋……逾三年丁亥，公届初度之辰。门人宜兴赵尹继勋，绘图为歌，以侑宾筵，而以首简来征言……夫德之所及，有浅深广狭，则寿之所及，亦如之。故善盖一乡者，寿可百年；善盖一国者，寿可千年；善盖天下者，寿可亿万年，且将与天地日月悠久……自昭明德，孚于上下，以永休声，于世世为第一等寿……夫以天下万世为志，然后能寿于天下万世，兹武公之所以睿圣也。(273—274 页)

按："凤山秦公"即秦金（1467—1544），字国声，号凤山，南直隶常州府无锡人，弘治六年进士。"大礼"议时，秦金与廷臣伏阙哭争，又与何孟春等条陈张璁之非。秦金时任户部尚书，后历官南京户部尚书、工部尚书加太子少保、南京兵部尚书。赠少保，谥端敏。传见《明史》卷一九四、《国朝献征录》卷四二《光禄大夫太子太保南京兵部尚书赠少保谥端敏秦公金神道碑》。

广德时期其他著作：

《油田隆堂彭氏族谱序》（卷二）。《寿李母徐宜人序》（卷二）。《寿山南真逸卢先生序》（1527 年，卷五）。《励政堂说》（卷八）。《思默子说》（卷八）。《敬题交泰录后》（卷一七）。《书范文正公家书后》（卷一七）。《收广德四郊白骨葬之遣吏致奠文》（卷二〇）。

嘉靖七年戊子（1528），三十八岁

六年冬至九年在南京。在观光馆、新泉书院等地与湛若水、吕柟等聚讲论学，共主讲席。南京讲学之风大盛。

邹德涵《文庄府君传》：在南主客，日与湛公甘泉、吕公柟辈为会，其门人日进。有诮之曰："吾岂不乐学？奈何有诵尧之言、行桀

之行者?"府君曰:"容或有之。世岂无诵桀之言、行桀之行者乎?然未有诵桀之言、行尧之行者。"其人大感悔,明日亦来问学矣。(1362页)

宋仪望《邹东廓先生行状》:既至南都,日与海内同志砥砺于学……其后甘泉湛公、泾野吕公与先生聚,南都讲学之风于是为盛。(1369页)

《明史》卷二八二《吕柟传》:柟受业渭南薛敬之,接河东薛瑄之传,学以穷理实践为主。官南都,与湛若水、邹守益共主讲席。(7243页)

《邹守益集》卷三《观光赠言》:南都同志胥会于观光,语及道不远人之学。(90页)

《江南通志》卷九〇《学校志·书院·江宁府》:新泉书院,在府治长安街,明嘉靖间礼部侍郎湛若水建,置田数顷,以延四方之士。(《文渊阁四库全书》509册,520页)

《邹守益集》卷四《叙新泉赠别图》:甘泉先生自大司成陟少宰,寓于史氏之馆,四方之士抠趋而学焉。有泉出讲席前,清冽可爱,先生命甓而汲之,题曰"新泉精舍"。诸生掬清波以濯旧习,慨然各有得也。(186页)

按:观光馆是嘉靖三年湛若水任南京国子监祭酒时在南京郊外所筑,集学者讲学。嘉靖七年湛若水任南京吏部右侍郎,又建新泉书院集学者讲学。①

南京时期,与吕柟论学多有不合。东廓主王阳明知行合一说,吕

---

① 见黎业明:《湛若水年谱》(上海:上海古籍出版社,2009年)嘉靖三年、七年条,112、143页。

则为朱熹"知先行后"说之思路。

《邹守益集》卷二七,吕柟《别东廓邹氏序》:予与东廓邹氏之在南都也,三年矣,每以居室之远,会不能数。然会必讲学,讲必各执所见,十二三不合焉。初会于予第,东廓曰:"行即是知,譬如登楼不至其上,则不见楼上所有之物。"予应之曰:"苟目不见楼梯,将何所以加足以至其上哉?"东廓亦不以为然。他日,同适太学,雪中行,已过长安街北矣,东廓曰:"今之太学,非行安能知哉?"予指前阜曰:"非斯人先知适太学之路以引马,予与子几何不出聚宝门外乎?"盖自是所讲数类此……间有从予游者,亦谒东廓子。东廓子诲之曰:"知即是行,人能致良知焉,则非义袭而取也。"予曰:"此说固然,然必知义之所在而后可集耳。"(1407页)

按:据冯从吾《明泾野吕先生传》,吕柟于嘉靖六年至十四年的九年间任职南京,历官南京吏部考功郎中、尚宝司卿、太常寺少卿、国子监祭酒等职。东廓在南京任职期间,二人多有交往:"先生(按,吕柟)犹日请益于甘泉湛先生,日切磋于邹东廓、穆元庵、顾东桥诸君子。时东廓亦由广德移南,盖相得甚欢云。"①吕柟传河东薛瑄之学,《明史》称"时天下言学者,不归王守仁,则归湛若水,独守程朱不变者,惟柟与罗钦顺云。"②结合上引文献,知东廓与吕柟之交属私谊深厚而学问不合者。

王艮亦参与南京讲学。

王艮《明儒王心斋先生全集》卷三《年谱》"六年丁亥"条:至金陵。会湛甘泉若水、吕泾野柟、邹东廓、欧南野聚讲新泉书院。作

---

① 冯从吾:《明泾野吕先生传》《续刻吕泾野文集》卷一,4页。
② 《明史·吕柟传》(北京:中华书局,1974年),7244页。

《天理良知说》。(5页)

> 按:据聂豹《南野欧阳公墓志铭》载:"丁亥,擢刑部员外郎……改翰林编修……壬辰,(欧阳德)擢南京国子司业,日进诸生于馆下,诲以身心之要……迁南尚宝卿。三载,迁太仆少卿。又改迁南鸿胪卿。"①可知欧阳德于嘉靖六年任刑部员外郎,八年任翰林院编修,十一年任南京国子监司业,此后一直任职南京,直至嘉靖二十年丁忧。②故嘉靖六年欧阳德不大可能在南京参与讲学,《心斋年谱》屡有失实处,疑其有误。

五月,阳明弟子王皞由宁国府训导转任仪真知县,临别,东廓为作《赠潜潭王天民令仪真序》,论万物一体之学,以学政一体勉之。

《邹守益集》卷四《赠潜潭王天民令仪真序》:君子之学,以天地万物为一体者也。天也者,阳之轻清;地也者,阴之重浊;禽兽草木者,阴阳之驳;而人也者,阴阳之冲;夫固一体而分也。《记》曰:"人者,天地之心",其知之矣。心与元首百骸,一体也;人与天地万物,其可歧而二之乎?然元首百骸具焉,而非心以宰之,则举失其职;天地万物具焉,而非人以裁成辅相之,则无以奠其位而育其生。故曰天地设位,圣人成能。非独圣人能成其能也,圣人无欲,故能成其能;众人多欲,则自狭自小,而陷于不能耳。夫惟其无欲也,则仁爱充周,疾触而神应,伐一木而罔非时也,杀一兽而罔非故也,况于父亲兄戚之爱,有弗笃焉者乎?夫惟其多欲也,则生意闭塞,而污浊流行,于其父子兄弟,且睢盱不相下,而况于禽兽草木也乎?是故人之无疾,则拔一发、刺一指,愀然觉之,而及其痿痹也,虽焫其肤,割其溃,恬然而莫

---

① 陈永革编校:《欧阳德集》附录,849页。
② 欧阳德任职年代可参《明世宗实录》卷八一、一〇〇、一〇五、一七五、二〇九、三一六。

之虞。仁与不仁之别,其通塞固如此。悲夫,学之不讲,而后世之民不得相保于仁也!酷者纵其暴,贪者饫其欲,偏者护其蔽,惰者弛其业,而嗜功喜事者复逞才挟智,以沽一身之名。若是而望天地之位,万物之育,宜其辽绝而无闻也……丁亥之冬,予陟南都……明年五月,天民亦令仪真……予莞然曰:"……往尽乃心,坚乃初志,以教宁国者教于仪真,无以学与政为二途也!民之所恶,若痾在乃身,思有以瘳之;民之所好,若饥之食,若渴之饮,思有以饫之;夫然后始为天地万物一体之学。"(153—155页)

十一月,阳明卒于江西南安。东廓率同门设位吊唁。

《王阳明全集》卷三五《年谱三》,嘉靖七年条:十一月乙卯,先生卒于南安……八年己丑正月,丧发南昌。(1324页)

耿定向《东廓邹先生传》:王公卒于师。先生服心丧。(1383页)

宋仪望《邹东廓先生行状》:岁戊子,阳明王公征田州班师,卒于南安,遂率同志为位以哭。(1369页)

《年谱》载,阳明去世后,江西士民沿途设祭哭奠,嘉靖八年二月送丧至绍兴。此间东廓生病(见后条),未见有送丧之记载,设位吊唁当在南京。

秋,青阳县令祝增建九华山阳明书院。阳明逝后,东廓应当地士子之请,作《九华山阳明书院记》,言戒慎恐惧以保良知之精明,中立和出,天德纯而王道备。

《江南通志》卷九〇《学校志·书院·池州府》:阳明书院,在青阳县九华山化城寺右。明嘉靖初知县祝增建,以祀王守仁。后改为祠。(《文渊阁四库全书》509册,536页)

欧阳德:《欧阳德集》,卷八《九华山阳明书院记》:讲堂成于嘉靖戊子秋。改亭为祠,成于嘉靖甲午夏。(254页)

《邹守益集》卷六《九华山阳明书院记》：弘治壬戌，阳明先师以恤刑至池，爱其胜而游焉。至正德庚辰，以献俘江上，复携邑之诸生江学曾、施宗道、柯乔以游，尽搜山川之秘，凡越月而去。尝宴坐东岩，作诗曰："淳气日凋薄，邹鲁亡真承。各勉希圣志，毋为尘所萦。"慨然欲建书屋于化成寺之西，以资诸生藏修，而未果也。嘉靖戊子，金台祝君增令兹邑，诹俗稽典，始克成其志。中建正堂，大书曰"勉志"。西有廊室，而亭其后，曰"仰止"，合而门之，曰"阳明书院"。池守韩君楷、贰守张君邦教视而嘉之，更议置田以膳学者。而九华之名，将与白鹿、云谷焕然昭方策矣。诸生乐其绩之成也，不远南都，以来征言。守益窃闻绪言之教矣。先生之教，以希圣为志，而希圣之功，以致良知为则。良知也者，非自外至也。天命之性，灵昭不昧，自涂之人至于圣人同也，特在不为尘所萦而已矣。二三子亦知尘之害乎？目之本体，至精至明，妍媸皂白，卑高大小，无能遁形者也，一尘萦之，则泰山秋毫，莫之别矣。良知之精明也，奚啻于目？而物欲之杂然前陈，投间而抵隙，皆尘也。故戒慎恐惧之功，如临深渊，如履薄冰，所以保其精明，不使纤尘之或萦之也。纤尘不萦，则无所好乐忿懥，而精明之凝，定廓然大公矣。亲爱贱恶无所辟，而精明之运用，物来顺应矣。大公之谓中，顺应之谓和；中以立天下之大本，而天德纯矣；和以行天下之达道，而王道备矣。此邹鲁之真承也。古先圣王兢兢业业，克勤克俭，不迩不殖，亦临亦保，率是道也。故尧、舜、禹、汤以是道君天下，而孔、颜、曾、孟以是道为天下师。后之学者，见圣贤之君师天下，其成功文章，巍巍若登天然，而遂以为不可阶。譬诸入明堂清庙之中，见其重门层阁，千方万员，前瞻后盼，眩然以骇矣，而不知所以创造，图回规矩之外，无他术也。二三子其将求之规矩乎？将求之方圆乎？良知之教，操规矩以出方圆也。而摹方效员者，复阅然以禅疑之。呜呼！爱敬亲长,吾良知也;亲亲长长以达天下,将非致吾之良知乎？恻隐羞恶,吾良知也;扩而充之,以保四海,将非致吾之良知乎？孰为礼,孰为非礼,吾良知也;非礼勿视听言动,而天下归仁,将非致吾之良知乎？是邹鲁之真承也,而何禅之疑？禅之学,外人伦,弃事物,遗肝胆耳目,而要之不可以治天下国家,其可以同年而语乎？书院之建,群多士而育之,固将使之脱末学之支离,辟异端之空寂,而进之以圣贤之归也。二三子之朝夕于斯也,其务各致其良知,勿使蒙于尘而已矣！处则以是求其志,达则以是行其义,毁誉不能摇,利害不能屈,殀寿不能二,使尚论道术者,按名责实,炳炳有征焉,则良有司鼓舞之典,其于圣代作人之助,规模宏远矣！岂繄山水岩壑之遇而已乎？(321—322页)

按:文中称阳明为"先师",故知此文作于阳明逝后。

耿定向《东廓邹先生传》:九华书院成,先生记之,其略谓良知即天命之性,灵昭不昧,途人与圣贤同也,惟能戒慎恐惧,保其本体,斯廓然大公,物来顺应,中立和出,而天德纯而王道备云。(1383页)

宋仪望《邹东廓先生行状》戊子年条:是岁,撰《九华山阳明书院记》,于良知之学大相发明。(1369页)

按:据欧阳德《九华山阳明书院记》载,书院是阳明弟子柯乔①在嘉靖七年中举后建议县令祝增建的,后于嘉靖十三年改"仰止"亭为祠,前后相协者,还有池州守候缄、陆冈,通守徐子宜、督学御史闻人诠、柯君、池州府同知任柱,皆阳明门人。②

病于官署,王艮、薛侃、钱德洪、王畿前来探病并论学,东廓醒悟

---

① 柯乔(1497—1554),字迁之,号双华,南直隶池州府青阳人,嘉靖八年进士。官至福建按察司副使。师事王阳明、湛若水。
② 见《欧阳德集》卷八,253—254页。

以往戒惧之功只是就事上体认，不免念起念灭，戒惧于本体方为究竟工夫。

耿定向《东廓邹先生传》戊子条下：一日病，同门王心斋、薛中离侃、钱绪山德洪、王龙溪畿偕来商究，先生卧听之，尝自省曰："从前就事体念，尚非本体流行，不免起灭云。"（1383页）

《邹守益集》卷一〇《简君亮伯光诸友》：近汝止、尚谦、德洪、汝中诸兄枉教，扶疾而卧听之，乃知向来起灭之意，尚是就事上体认，非本体流行。吾心本体精明灵觉，浩浩乎日月之常照，而渊渊乎江河之常流，其有所障蔽，有所滞碍，扫而决之，复见本体，古人所以造次于是，颠沛于是，正欲完此常照常明之体耳。夙夜点检，益觉警惕。（492—493页）

《邹守益集》卷一〇《复聂双江文蔚》：越中之论，诚有过高者，忘言绝意之辨，向亦骇之。及卧病江干，获从绪山、龙溪切磋，渐以平实。其明透警发处，受教甚多。（494页）

作《南京礼部主客司题名记》，论学无动静、戒慎恐惧。

《邹守益集》卷六《南京礼部主客司题名记》：嘉靖丁亥，守益自广德承恩而来，辰而入旅，见于堂，循庑而下，受士暨吏庭参。与吴君鸾却坐南轩中，焚香对谈，及巳而退。因顾而笑曰：是其果宜于学乎？既复惧其无所事事也，顾而相戒曰：得无溺于静乎？夫时有动静，学无动静者也。疲精外骛，汲汲焉以求可求成，是用智者也，命之曰动而动；凝神内照，而人伦庶物脱略而不理，是自私者也，命之曰静而静。戒慎恐惧，无繁简，无内外，无须臾之离，以求复其性，是去智与私而大公顺应者也，命之曰动而无动、静而无静。动静定，而中和备矣；中和备，而礼乐兴矣。是以郊焉而天神格，社焉而地祇升，庙焉而人鬼享，远焉而四夷柔，迩焉而百司恪，庶士用章，兆民咸殖。夫是之谓位育之学。以主客之静,宜可以学也。或厌静焉,以滑于动;或喜静焉,以溺于静。是官不负吾辈,吾辈将不负若官乎?……逾年,吴君以请假去任,予亦病不能出……视三司皆有题名,而主客缺焉。乃搜于旧政,得郎中陈君敬四十有五人,员外王君恭二十人,主事颜君暹六十有四人,募匠而刻诸石。(323—324页)

病五年未愈。

《邹守益集》卷六《南京礼部主客司题名记》:逾年(按,嘉靖七年)……予亦病不能出。越七月,扶病卧司中。(324页)

《邹守益集》卷一〇《简夏中洲于中》:金陵抱病,几至危殆。寻医问药,五载尚未愈。(511页)

江西清军监察御史陶俨迁扬州知府,东廓作《赠陶敬斋改守扬州序》,论"政莫先于学,学莫要于敬"。

《邹守益集》卷四《赠陶敬斋改守扬州序》:敬斋陶君时庄之改守扬州也,其寮刘君、孙君,征所以赞其政者。南宫散吏曰:夫政,莫先于学矣;学,莫要于敬矣。非敬无以成学,非学无以立政。政也者,言乎其王道也;学也者,言乎其天德也;敬也者,所以复天德而达王道之方也。天德也者,明命之所授。明德之所受,若明镜然,特患人自昏之耳。人有得百金之镜者,光照一室,旦旦宝而袭之。一夕,猫登其几,而仆诸地,垢腻乘而侵之,秉烛取视,惋然若有失也。披衣待旦,而求诸工磨之以白旃,粉之以玄锡,视其光如初也,然后释然以喜,复宝而袭之。人之爱其明德也,其有如爱其明镜者乎?声色货利,其垢腻也;淫朋者,其猫也;圣贤者,其工也;学问思辨而笃行不息者,其白旃玄锡,宝而袭之之具也。故曰战战兢兢,如临深渊,如履薄冰,曰戒慎乎其所不睹,恐惧乎其所不闻。古之君子,所以自昭明德,惟恐其一息昏也,其精且专如此。故事君不忠,非敬也;交友不信,非敬也;

莅民不仁,非敬也。无往而非敬,则无往而非学,无往而非政。故以言乎修己,则天德完矣;以言乎安人安百姓,则王道充矣。敬之义,大矣哉!陶君之学,知所从事矣。自升进士以服官政,十有五年矣……(166—167页)

按:"陶敬斋"即陶俨,字时庄,号敬斋,浙江嘉兴府秀水人,正德九年进士。从陶俨"自升进士以服官政,十有五年矣",推知此文作于是年。

南京尚宝司卿盛端明迁左春坊左庶子兼翰林院侍读,行前,东廓与吕柟等僚友在南京为其践行,作《赠盛程斋北上诗序》。

《邹守益集》卷二《赠盛程斋北上诗序》:南海程斋盛先生,以翰林出督学政于浙,入为符卿于留都,自起家进士,二十有七年矣。天子笃念老成,至是有春坊之召。将行,江郎周子用宾、泾野吕子仲木、约斋刘子绍功、黄岩刘子舜弼,及予醵而饯于其居,程斋复张席以留客。皓月盈庭,花香入几。或道故谊,或商新得,衎衎然不能别也。程斋忽掀髯呼童,具笔砚,请所以赠者,遂即席赋诗。黄岩先就,泾野次之,予次之,程斋亦作长歌以为别。(49—50页)

按:"程斋盛先生"即盛端明(1470—1550),字希道,号程斋,广东潮州府饶平人,弘治十五年进士。后进修仙方术而得世宗宠幸,官至礼部尚书,赠太子太保,谥荣简。隆庆初夺官。传见《明史》卷三〇七。据《明世宗实录》所载盛端明任官时间[①]及上文"自起家进士,二十有七年矣",推知此文作于是年。

潮州知府王袍等应海阳县教谕陈察之请,在韩山书院建原道堂,

[①] 见《明世宗实录》卷五七,嘉靖四年十一月条;《明世宗实录》卷之八一,嘉靖六年十月条。

是年建成。稍后,东廓应陈察之请作《原道堂记》,论儒家之道与佛道二教之别。

《邹守益集》卷六《原道堂记》:圣人之道,尽其性而已矣。性也者,天地万物一体者也。充其一体之量,而无弗爱焉,谓之仁;裁成辅相,而各适其宜焉,谓之义。故君臣父子,昭其伦也;冠昏朝聘,昭其仪也;车服旌旐,昭其政也;蚕桑畎亩,昭其养也;诗书礼乐,昭其文也;斗斛权衡,昭其用也。夫是以仁育义肃,四达而不悖,天得以清,地得以宁,禽兽得以畜,草木得以蕃。大哉,圣人尽性之学乎!由此以治民,尧、舜、汤、武之为君也;由此以事君,伊、傅、周、召之为臣也;由此以范后,孔、颜、曾、孟之为师也。圣学不明,而老与佛之徒乘其废坏而入之,自以为道德,自以为性命,而藐视仁义,若有所不屑者,故其为教外伦理,蔑礼法,遗弃事物,以得罪于圣门。后之儒者,搜猎缀缉,以求宣畅先王之典则,又多其辞说,繁其仪文,而未能反身而诚,以距诐行,或乃陷于孑孑煦煦,以为二氏所哂。甚者至于静言而庸违之,贼仁与义,而莫之省忧也。呜呼,圣道何由而兴乎!吾友陈君原习,自太常谪署海阳之教事……乃请于郡守王君袍、二守萧君世科,葺祠宇,复侵田,以树风声,而辟"原道堂"以居,诸士相与洗濯而新之。未几,陈君量移广信以佥浙臬,具书征记,惓惓焉以嘉惠潮之多士。(333—334页)

周硕勋纂修:《潮州府志》卷二四《学校》海阳县韩山书院条:初在城西南……宋元祐五年知潮州军事王涤建韩昌黎庙在焉,有苏文忠公碑记。淳熙十六年,知州军事丁允元迁于河东双旌山,即今韩山也。后废……宏治间同知车份建讲堂斋舍。嘉靖间教谕陈察请建原道堂。知府郭春震修。万历五年,副使夏道南重修后堂,曰"明经馆"。十一年,知府郭子章颜其额曰"浩然堂"。(清光绪十九年重刊

本,《中国方志丛书》46号,台北:成文出版社,439—440页)

郭春震纂修:《潮州府志》卷二《建置志》韩山书院条:嘉靖七年,知府王袍、丘其仁以教谕陈察请,继建原道堂。有安福邹守益记。(嘉靖二十六年刻本,14页)

按:陈察,字符(一作"原")习,南直隶苏州府常熟人,弘治十五年进士。传见《明史》卷二一三。

是年其他著作:

《赠大宗伯立斋沈公致政序》①(卷四)。《赠大理林子入庆圣寿诗序》(卷五)。

嘉靖八年己丑(1529),三十九岁

秋,与儿邹义、邹美及诸友登南京燕子矶,送别门人易宽,作《叙秋江别意》,发无欲之旨。

《邹守益集》卷二《叙秋江别意》:易栗夫学于南都,将道绍兴以归。同志之士及缙绅之能文者,咸有言以别。甘泉先生大书"秋江别意"于首简。东廓山人援之而不能止也,乃偕诸友携诸儿饯于燕子之矶……山人凭栏而笑曰:"……良知之清明也,与太虚合德,而其澄澈也,与江河同流。然而有时而昏且浊者,则欲累之也。故圣学之要,在于无欲。甚矣,周子之善发圣人之蕴也!圣门之教学者,谆谆然以无意、无必、无固、无我为戒。意必固我者,一欲而四名也。绝其意必固我之欲,而良知之本体致矣……今吾行年三十有九矣,栗夫

---

① 按,"立斋沈公"即沈冬魁(?—1530),字伯贞,号立斋,又号漳涯,直隶阜城人。弘治三年(1490)进士。嘉靖二年任南京礼部尚书,七年致仕(分别见《明世宗实录》卷三二,嘉靖二年十月条;卷八七,嘉靖七年四月条),故推知此文作于是年。

亦三十有六矣,其果能扫雰雾、收淫潦,仰不愧于天、俯不怍于江河,以复其初已乎?……"于是诸友歌诗以递觞之,命儿义及美鼓琴以侑之。东方既白,解维而别。(47—48页)

按:"易栗夫"即易宽(1494—?),字栗夫,安福南乡圆溪人,嘉靖十四年进士,阳明弟子,后师事东廓。官提学副使。传见同治《安福县志》卷一〇《人物·宦绩》。《邹守益集》收录有《凤说赠易子督学之蜀》(卷八)、《简易栗夫》(卷一一)等文。

阳明弟子朱廷立任监察御史巡按两淮盐政,趋南京与东廓论学,为作《炯然亭记》,论曾子之学,发忠恕、絜矩之义。

《邹守益集》卷六《炯然亭记》:炯然亭者,吾友武昌朱子礼之所作也。子礼为诸暨宰,受学于阳明先生,闻炯然良知之教,以省其身,以修其职……作亭于所居,以识不忘。嘉靖己丑,按治于维扬。执讯金陵而论学,因以问记。守益尝预知良知之教矣。天命之性,纯粹至善。炯然在中,随感而应。范围天地,曲成万物,而各中其则。以言乎己,谓之明德,以言乎人,谓之亲民。若执规矩于此,而千万方员率由以出,是圣门一贯之蕴也。子曾子发圣人之蕴,而易之以忠恕。中心为忠,无所偏倚,而炯然之大本立矣。如心为恕,无所偏倚,以应万物,而炯然之达道行矣。《大学》之书,扩忠恕之教以教天下者也。天下之平亦大矣,而不出于絜矩。矩也者,天然自有之中,而千万方员率由以出者也。天生蒸民,有物有则。孰无是矩者?患在逾之而不能絜之耳。圣门之学,以不逾矩为极功。然十五志学,三十而立,四十而不惑,皆所以求不逾矩者也,故曰下学而上达。达之为义,炯然精明,行著习察者也。行而不著,习而不察,慕方效员而昧于规矩。仁者见之谓之仁,智者见之谓之智,百姓日用而不知,盖知炯然之学者,鲜矣。(325—326页)

按:"朱子礼"即朱廷立(1492—?),字子礼,号两崖,湖广武昌府兴国州通山人,阳明弟子,嘉靖二年进士,官礼部侍郎。著有《两崖集》八卷,传见胡直《礼部右侍郎朱公廷立传》(《国朝献征录》卷三十五)。

十一月十一日,阳明下葬于洪溪。东廓与诸同门参与葬礼。

《王阳明全集》卷三五《年谱三》,嘉靖五年条:十一月,葬先生于洪溪。是月十一日发引,门人会葬者千余人,麻衣衰屦,扶柩而哭。四方来观者莫不交涕。洪溪去越城三十里,入兰亭五里,先生所亲择也。(1327页)

《王阳明全集》卷三八,程辉《丧纪》:仲冬癸卯,奉夫子椁窆于越城南三十里之高村,会葬者数千人……门人大学士方献夫,侍郎黄绾,编修欧阳德,给事中魏良弼、李逢,行人薛侃、应大桂,郎中邹守益……各就位哭奠。(1455—1456页)

是年大事:

是年二月桂萼入阁,入参机务。①

按,桂萼(?—1531),字子实,号古山,江西饶州府安仁(今余江)人,正德六年进士,以"大礼议"受知世宗。嘉靖十年正月致仕,同年八月卒。传见《少保兼太子太傅吏部尚书武英殿大学士桂公萼传》(《国朝献征录》卷一六)、《明史》卷一九六。

嘉靖九年庚寅(1530),四十岁

与王艮、欧阳德、万表、石简等同门聚讲南京鸡鸣寺。

---

① 见《明世宗实录》卷九八,嘉靖八年二月癸酉条。

王艮:《明儒王心斋先生全集》卷三《年谱》"九年庚寅"条:在金陵,(按,王艮)会邹东廓、欧南野、万鹿园表、石玉溪简,聚讲鸡鸣寺。(5页)

《明儒学案》卷一五《鹿园语要》:嘉靖庚寅,先生(按,万表)及心斋、东廓、南野、玉溪会讲于金陵鸡鸣寺。(314页)

按:"万鹿园"即万表(1498—1556),字民望,号鹿园,浙江宁波府鄞县人,正德十五年中武举,官宁波卫指挥佥事。著有《玩鹿亭稿》,传见王畿《鹿园万公行状》(《龙溪王先生全集》卷二〇)。

"石玉溪"即石简(1487—?),字廉伯,号玉溪,浙江台州府宁海人,嘉靖二年进士,阳明弟子。官至都察院右副都御史。传见章诏《都察院右副都御史石公简行状》(《国朝献征录》卷六二)、《浙江通志》卷一七三《人物》。

冬,门人王仰将归安福寿其亲,东廓为作《赠王孔桥》,言从阳明之学十年间,自身好恶私意犹未能扫荡廓清,申戒慎恐惧以复其初之旨。

《邹守益集》卷二《赠王孔桥》:庚辰之秋,再见先师于虔州……至于今庚寅,越十岁矣,而好恶之翳犹未能扫荡而廓清之。盖赧然以愧,竦然以惧,悔吾才之不竭也……北风戒寒,归寿其亲,将访姑苏、历天真、吊兰亭而南也。同志之士,相率歌咏以赠之,因叙平日愧惧之实,以勖吾孔桥。孔桥其日勖之!戒慎恐惧,无须臾之离,以求复其初,无若吾之悔也,吾其少免于戾乎!昔者曾子之称夫子曰:"江汉以濯之,秋阳以暴之。"盖吾良知之体,本无障蔽,本无滞碍,本自聪明睿智,本自宽裕温柔,本自发强刚毅,本自斋庄中正,文理密察,浩浩乎日月之常照,而渊渊乎河江之常流。故曰皜皜不可尚,无偏无党,是谓王道;不识不知,是谓帝则;无声无臭,是谓上天之载。呜呼

至矣！惜阴诸友过而相语焉,其亦各以吾之愧惧者交勖之！(42—43页)

婺源知县、阳明弟子曾忭建作紫阳书院,东廓为作《婺源县新修紫阳书院记》,述其良知观。

《邹守益集》卷六《婺源县新修紫阳书院记》:泰和曾侯忭之尹婺源也,适文庙之灾,撤淫祠,辟而新之矣。复自念曰:"邑之先哲,若紫阳朱先生,天下所宗也。郡有书院,而邑无之,何以诏其乡之子弟?"躬度圣地,得保安寺之址,而议改作焉……乃属其僚曹丞鳌征记于南都,曰:"愿发明先生之道,使二三子知所从入。"益也不敏,何足以发之！无已,则以白鹿之规与二三子商之,可乎?夫天命之性,精明真纯,烝民所同具也。充其精明真纯之本然,而外诱之私举不能挠之,行于父子,是谓有亲;行于君臣,是谓有义;行于夫妇,是谓有别;行于长幼,是谓有序;行于朋友,是谓有信。唐虞之敷教,三代之绥猷,率是道也。以是而学,是谓博学;以是而问,是谓审问;以是而思,是谓慎思;以是而辩,是谓明辩;以是学问思辩而不息焉,是谓笃行。曰正义,曰明道,曰迁善,曰忠信,曰笃敬,曰反求,欲其尽乎是也;曰惩忿,曰窒欲,曰改过,曰勿施,惧其戾乎是也。故自弟子之职,入孝出弟,而尧舜之圣,亦不越此。使人人充其良知良能,以达之天下,各亲其亲,各长其长,则唐虞三代之隆,其何远之有?先生之规,炳然具在,固将望天下之咸升于古也。二三子为其乡之子弟,歆慕奋发,当有以先天下,而又得良师帅辟邪崇正,鼓其机而感之,仪刑在望,丽泽方新,其尚思得其门而入之乎?抑先生之志,继往开来之志也。继往开来,慨然以为己任,故穷探远勘,折衷群言,不遗余力。所谓其忧深,故其言切;其虑远,故其说详。然以其言切而说详也,后之学者遂逐字拆义,逐事寻理,点检于枝叶而忘其本根,遡洄于渚汜而不知源泉之浚,则亦岂得为善学先生者乎?圣门安百姓之功,在于修己以敬;位天地、育万物之功,在于戒惧以致中和;保四海之功,在于扩充四端。圣学之要,曰"一者无欲也",无欲则静虚动直。定性之学,曰"莫若廓然而大公,物来而顺应"。皆自根而枝,自源而派,大本达道之方也。先生之学,将亦有异闻乎?二三子其审而入之,升堂造室,沂濂洛以达洙泗,真无愧于唐虞三代之行,则瑞云之兆,尚于虹井有光哉!(332—333页)

《江南通志》卷九〇《学校志·书院·徽州府》:晦庵书院,在婺源县。元至元二十四年知州汪元圭创书院于文庙侧,额曰晦庵……明嘉靖九年知县曾忭改建于县治后山上,更名曰紫阳书院。(《文渊阁四库全书》509册,534页)

按:曾忭(1498—1568),字汝诚,号前川,江西吉安府泰和人,嘉靖五年进士。嘉靖三年至越城从学阳明,①历官光泽、婺源知县,兵科都给事等,后因忭夏言下诏狱,放归,家居三十余年。著有《前川奏疏》、《汝诚诗文集》等,传见宋仪望《明故兵科都给事中前川曾公行状》(《华阳馆文集》卷一一)。《邹守益集》收录有《简曾前川二章》(卷一二)、《书曾前川子家藏颖滨帖》(卷一八)等文。

阳明弟子孙景时任长洲县教谕,建乡贤祠,东廓为作《长洲县儒学乡贤祠记》,述其良知观。

《邹守益集》卷七《长洲县儒学乡贤祠记》:武林孙君景时之教长洲也,慨然思举其职……以嘉靖己丑夏五月鸠工,至秋七月告成,肇祀焉……遂来征记,以诏诸生,使变而至于道。闻诸父师曰:心之良知谓圣。致其良知,则人人可以入圣。口之知甘苦也,与圣人同,

---

① 见《王阳明全集》卷三五《年谱三》,1290页。

而或以嗜苦,则口之病也;鼻之知香臭也,与圣人同,而或以逐臭,则鼻之病也;心之知善恶也,与圣人同,而或以趋恶,夫非心之病乎?善学者致其心体之精明,戒慎恐惧,以复其初,不使外诱之私得以投闲而病之,则仁义之性,粹然在我……不须比拟,不须揣摩,昭昭然在吾权度中矣。(392—393页)

按:孙景时,字成叔,浙江杭州人,正德十一年举人,阳明弟子。传见《浙江通志》卷一七五《人物五·儒林上》。

常州知府张大轮北上考绩,应南京国子监诸常州士子之请,东廓为作《赠常州守张侯用载考绩序》,论"学与政非二物也"。

《邹守益集》卷三《赠常州守张侯用载考绩序》:夏山子张侯用载之守常也,将上其绩,以考于朝……其士之游南大学,章、蒋、胡三生,致其齐民之情,诣东廓子以征言……夫学与政,非二物也。以言乎修己,谓之学;以言乎安人,谓之政。政弗本于学,是谓徒法,徒法则已弗修矣;学弗达于政,是谓徒善,徒善则人弗安矣;是学与政之支也。充夏山子之绩,庶曰有以反其支而一之乎!抑政之绩也,外也,人可待而考也;学之绩则内也,非自考者莫之与也。自考者精明,行著习察,而学日新矣。考于人者孚,则为德为民,而政日富矣。学日新而盛德生,政日富而大业成,将无恶无射,以永终誉。是本诸身,征诸庶民之绩也。(235—236页)

按:张大轮,字用载,号夏山,浙江东阳人,正德九年进士,受业于章懋。嘉靖六年至八年任常州知府。[①] 传见过庭训《本朝分省人物考》卷五三。

---

① 见康熙《常州府志》卷一三《秩官》(《中国地方志集成》36册,南京:江苏古籍出版社),218页。

南京时期,与吏部考功郎中况维垣论学。况维垣考满将行,东廓为作《赠考功况翰臣》,推衍张载《西铭》之说,论"大人一家之仁"。

《邹守益集》卷二《赠考功况翰臣》:考功况子翰臣,以世讲之谊,数过主客东廓子而论学焉。东廓子曰:"夫学,莫要于学其大矣。大人之学,以天下为一家者也,故欲明明德于天下。天下之不获,吾家之不理也。"(况子)曰:"夫将不达其大乎?"曰:"君子敬而无失,与人恭而有礼,四海之内皆兄弟也,则已达其大矣。其曰商闻之矣,盖闻夫子之学也。夫达四海之为兄弟,则圣者合德于父母者也,贤者秀于等夷者也,其有弗爱且敬乎?疲癃鳏寡,兄弟之无告者也,其有弗教而抚之者乎?是故以父事天,而事天明矣;以母事地,而事地察矣;以宗子事大君,而将顺匡救,罔弗竭其诚矣;以家相事大臣,而协恭和衷,罔弗归于正矣。兹大人一家之仁也。"……未几,况子有考绩之行,将归省之家,而后北上。恐朝夕之弗继见也,征所以赠者,书以纳诸行李。(45页)

按:"况子翰臣"即况维垣,字翰臣,号郭山,江西瑞州府高安人,嘉靖五年进士,时任南京吏部考功郎中。况维垣与阳明学者多有交游,与东廓的交往参见嘉靖二十六年的瑞州论学以及嘉靖三十九年举于上饶县闻讲书院的"江浙大会"。

南京时期,作《叙新泉赠别图》赠湛若水门人吕怀,论"扩其良知良能,以来复其本然之清明"。

《邹守益集》卷四《叙新泉赠别图》:甘泉先生自大司成陟少宰,寓于史氏之馆,四方之士抠趋而学焉……题曰"新泉精舍"。诸生搦清波以濯旧习,慨然各有得也。吕君汝德将归信之永丰,其友周君克道绘《新泉别图》以赠之。图成,携以示东廓山人……性之本善也,犹泉之本清也。君子比德于泉,溥博而时出之,所以立大本而行达道也。狗于声利者,污壤之投也;梏于闻见者,淫潦之汩也;昵于淫朋比友者,蛙螟蛇虺之交也。善学者扩其良知良能,以来复其本然之清明。声利之污壤,则奋而弃之;闻见之淫潦,则堤而禁之;淫比之蛇虺,则逐而远之;夫然后学可讲而德可修也。是故居之以仁,宣之以智,造之以宗庙百官之深,会之以天地万物之全,而天命之性复矣。(186—197页)

按:"吕巾石"即吕怀(1492—1572年左右),字汝德(一作汝愚),号巾石,江西广信府永丰人,嘉靖十一年进士,官至京南太仆寺少卿。受学于湛若水,列入《明儒学案》卷三八《甘泉学案二》。著述有《心统图说》二卷、《巾石类稿》三〇卷等。《邹守益集》收录有《简吕巾石司成书》(卷一一)、《简吕巾石馆长》(卷一二)、《巾石学愚约四方同志聚闻讲书院》(卷二五)、《用韵答巾石论学》(卷二六)等诗文。

南京时期,门人日进。南直隶董景、周怡、沈宠、梅守德、戚慎、孙浚、王克孝,安福易宽,芜湖胡孺道,祁门李栋,瑞州廖暹,全州倪朝惠等士子来学。

《邹守益集》卷七《水西精舍记》:嘉靖初,益判广德,与诸生切磋斯学。宣州戚生衮、贡生安国首学于复初,嗣是董生景、周生怡、沈生宠、梅生守德、戚生慎、孙生浚,翕然学于金陵,日章有位矣。(430页)

周怡:《周讷溪公全集》,《年谱》嘉靖七年条:是年,安成东廓邹公守益以谪判广德,转任南礼部主客郎中,得阳明正传,倡道南都。先生闻之,遂坚辞介庵(按,章衮,号介庵),徒步往从之。得闻言论,喜曰:"兹何幸得聆至教。不然,几虚此生矣!"

周怡:《周讷溪公全集》,《年谱》嘉靖八年条:先生在南都,受业邹东廓之门,造道心急,刻不欲离……有曰:"东廓尊师,诲人不倦,一团和气,无日不乐……"(清乾隆十八年周元锜重刊本,5—6页)

《邹守益集》卷二《赠王克孝》:(吕泾野)继陟考功……王生克孝裹粮走数千里以卒业于南都,岁云改矣,而未归也。时与胡生孺道过予而论学。(46页)

《邹守益集》卷二《赠胡孺道》:胡生孺道自芜湖来学于南都。(63页)

《邹守益集》卷二《赠廖生日进》:廖生日进(按,廖暹)再见于南都,相与切磋良知之训,慨然若有得也。(64页)

《邹守益集》卷七《篁垣别墅记》:戊子之冬,栋(按,李栋)来受学于南都。(411页)。

《邹守益集》卷三《存耕寿言》:淡轩倪子朝惠,旧学于观光……(141页)

按:董景,字文启,宁国府泾县人。

周怡(1505—1569),字顺之,号都峰、讷溪,宁国府太平人,嘉靖十七年进士。师事邹东廓、欧阳德、王畿。列入《明儒学案》之《南中王门学案一》。著有《周讷溪公全集》,传见《明史》卷二〇九、姜宝《提督四夷馆太常少卿前南京国子司业讷溪周公怡墓志铭》(《国朝献征录》卷七〇)。《邹守益集》收录有《答周顺之》(卷一〇)、《简周顺之》(卷一一)、《简周顺之二章》(卷一二)、《用韵寄周顺之二首》、《赠晴川年兄兼讯顺之司谏二首》、《顺之周司谏趋别池口……》、《西畴为周顺之乃翁赋二首》(均见卷二六)以及东廓为周怡父母所作的《明赠文林郎西畴周君封大孺人刘氏合葬墓志铭》(卷二一)等诗文。

沈宠(?—1571),字思畏,号古林,南京宁国府宣城人,嘉靖十六年举人。官知县、御史、广西参议等。师事邹东廓、欧阳德、王畿、钱德洪等。列入《明儒学案》之《南中王门学案一》。曾于福建建养正书院、湖南建崇正书院，聚士讲学。归里，罗汝芳任宁国知府，建志学书院兴讲学，沈宠与梅守德共主讲席，士多兴起。著有《古林摘稿》，传见万斯同《明史稿》卷三〇八、万士和《广西布政司左参议沈君宠墓表》（《国朝献征录》卷一〇一）。

梅守德（1510—1577），字纯甫，号宛溪，宣城人，嘉靖二十年进士，历官台州推官，升吏科给事中，改户科给事中，出任绍兴知府，官至云南左参政。师事邹守益、欧阳德、王畿。列入《明儒学案》之《南中王门学案一》。传见万斯同《明史稿》卷三〇八、《江南通志》卷一四八《人物志·宦绩十》。

戚慎（1510—?），字汝初，宣城人，嘉靖二十三年进士。官至楚雄知府。

孙浚，字宗禹，号两山，宣城人，嘉靖二十九年进士。传见《江南通志》卷一四八《人物志·宦绩十》。

廖暹介绍见下条。

倪朝惠，字或号淡轩，广西桂林府全州人，嘉靖七年举人，嘉靖间任安福县学教谕，与县学训导鲍涛（字或号野航）、陈力毅（字或号清泉）向东廓切磋论学于复古书院。①《邹守益集》收录有东廓为其父所作的《存耕寿言》（卷三）。

南京时期，为门人廖暹作《赠廖生曰进》，发定性、无欲、戒惧之旨，论儒学"长生之说"。

《邹守益集》卷二《赠廖生曰进》：吾之所闻于师也，古圣相传之方也。定性之学，无欲之要，戒慎战兢之功，皆所以全其良知之精明

---

① 见《邹守益集》卷三《存耕寿言》，141页。

真纯,而不使外诱得以病之也。全其精明真纯而外诱不能病之,则从古圣贤,虽越宇宙,固可以开关启钥,亲聆其謦欬,而周旋揖让于其间矣。尧舜知他几千年,其心至今在;文王在上,于昭于天;文王陟降,在帝左右;孔子道德高厚,教化无穷,实与天地参而四时同;兹吾儒长生之说也。世之没溺于辞章,摹效于事功,勤苦于著述,症候虽异,均足以耗元精而滋疴毒。其于长生也远矣!(64页)

按:廖遈,字曰进或曰佳,①瑞州府高安人,嘉靖七年举人,官武康(嘉靖二十至二十二年)、诏安(嘉靖二十三至二十五年)知县。著有《丹泉漫稿》等。同治《瑞州府志》载:"(廖遈)尝从邹东廓先生讲学,先生邀至其家,令诸子北面受经。遈又构西郊书屋(按,《邹守益集》作"筠西书屋")延至先生,为筠士发明良知之旨。"②子廖性之,字道夫,嘉靖四十年举人,师事东廓。传见同治《瑞州府志》卷一四《人物志·儒林》。廖遈、廖性之同列入万斯同《儒林宗派》(卷一五)之东廓弟子中。东廓云:"遈尝从予学,及领乡书,犹亟见而切磋焉。"③据此推知廖遈从学东廓至少在嘉靖七年中举以前。廖遈与东廓的交往又见于嘉靖二十六年东廓讲学瑞州时,参该年条。《邹守益集》还收录有《赠曰进廖邑侯归筠西书屋四解》(卷二五),及为其父廖纪所作的《宁乡县尉澹斋廖君墓表》(卷二四)等诗文。

南京时期其他著作:

《赠李君朝贡通守处州序》(卷四)、《东塘书屋记》(卷七)、《厉

---

① 《江西通志》卷七一《人物六·瑞州府》、同治《瑞州府志》卷一四"廖遈传"均作"曰佳"。
② 黄廷金修、萧浚兰纂:《瑞州府志》(清同治十二年刊本,台北:成文出版社,《中国方志丛书》99号)卷一四《人物志·文苑》,288页。
③ 《宁乡县尉澹斋廖君墓表》,《邹守益集》卷二四,1114页。

孝集序》(卷四)、《赠邵文化》(卷二)、《赠胡孺道》(卷二)、《赠廖生曰进》(卷二)、《扬州府学新置学田记》(卷六)、《新修常山县儒学记》(卷七)、《日惺斋说》(卷八)、《宁国县志序》(卷四)、《赠大理林子入庆圣寿诗序》(卷五)、《篁垣别墅记》(卷七)、《书日者卷》(卷一八)。

嘉靖十年辛卯(1531),四十一岁

考满,进京。四月,途经真州(今江苏仪征)时痔作,上疏请告归养病。至吴中(今苏州一带)就医。在苏州、常州,访魏校等人,发知行敬义合一之旨。

《明史》卷二八三《邹守益传》:考满入都,即引疾归。(7270页)

宋仪望《邹东廓先生行状》:辛卯①四月,先生给由至真州,痔作,遂上疏乞养病,由吴中就医,与魏庄渠诸公力论知行合一之旨。(1369页)

耿定向《东廓邹先生传》:辛卯,给由至真州,痔作,请告归。过苏、常,访魏庄渠诸公,发知行敬义合一旨。(1383页)

按:魏庄渠(1483—1543)即魏校,字子才,号庄渠,南直隶苏州府昆山人,弘治十八年进士,官至太常寺卿,谥恭简。私淑胡居仁主敬之学,列入《明儒学案》之《崇仁学案三》。著有《庄渠遗书》一二卷,传见《明史》卷二八二、《国朝献征录》卷七〇《太常寺卿魏公校传》。

东廓以病告归不待南京礼部批准而行,至嘉靖十三年,吏部尚书

---

① 罗洪先:《东廓邹公墓志铭》作"辛亥,当给由"(1376页),当为"辛卯"之误。

汪鋐发露其事,遭革职。参见该年条。

秋,由金陵赶往绍兴祭奠阳明,途经徽州时病又作,在鲍仁之家中疗养,与徽州诸生论学。

《邹守益集》卷一九《谦斋箴》:予自金陵趋绍兴,卧病江干,寓鲍仁之馆以疗。徽之诸生来省予疾,与仁之同闻"谦满损益"之义。(924页)

至绍兴阳明墓祭奠,存抚其孤。

《邹守益集》卷二〇《奠阳明先师祭文》:辛卯,卧病浙水,展拜兰亭。(947页)

耿定向《东廓邹先生传》:秋,趋会稽,哭王公,存抚其孤,聚同门讲学于天真书院。(1383页)

与王畿并舟南下,至秀水县,会晤沈谧。至杭州天真书院,与王畿、沈谧、周怡等同志聚讲。别后作《天真纪别》,录其所论慎独、笃实用功等讲语。

周怡:《周讷溪公全集》,《年谱》嘉靖十年条:东廓以部郎请告,赴杭,会于天真……先生亦与偕。(6—7页)

《邹守益集》卷一八《天真纪别》:东廓子与龙溪子并舟而南,石山子自文湖候之,至于天真,宿于文明阁上,诸同志咸集焉……邹子曰:"嗟乎!某方愧于负先师之望也,乌能为诸友淑?夫亦无忘于遗训而已矣!明命之良,知善知恶,蒸民所同也。而或以为善,或以著之,或以去恶,或以掩之,自欺自慊,差毫厘而缪千里矣。诸同志之朝夕于斯也,独知而慎之。果知善而著乎?抑如好好色而无以尚乎?果知恶而掩乎?抑如恶恶臭而不使加于身乎?纯此之谓天德,达此之谓王道,穷通壮老无异学矣。二三子其念之哉!……"王子曰:"畿亦诘朝别矣,何以进之?"东廓子曰:"某方赖子之发策也,而顾以望予乎？予尝爱圣门自叙功课，曰庸德之行，庸言之谨，而兢兢不敢自放。至简易，至切实，至镇密，至恒久，正唯弟子不能学也。昔在浴沂咏归之乐，对时育物，充然与天地同流，夫子盖喟然与之。然夷考其行，犹有阙漏，而弗掩于言，且为好事者口实。夫愿学而志未真，将入于不顾；真矣而功未纯，犹患于不掩。兹中行之所以难也。退省其私，亦足以发，临深履薄，易箦而知免，是为庸德庸言之宗。"时石山沈子曰："是可以别矣！"遂追书于富春身中。（873—874页）

按：嘉靖九年，阳明弟子薛侃于杭州城南天真山建精舍祀阳明（见《王阳明全集》卷三六《年谱附录一》嘉靖九年五月条）。此后，天真会作为每年例会持续至万历年间。

"石山沈子"即沈谧（1501—1553），字靖夫，号石山，浙江嘉兴府秀水人，嘉靖八年进士，薛侃弟子。传见《江西通志》卷一七五《人物五·儒林·嘉兴府》。文湖在秀水县北四十里，嘉靖十六年，沈谧于此建文湖书院（又名闻湖书院），率诸生讲学，祀阳明。① 从文献记载看，东廓于是年及嘉靖三十九年两至天真书院，而沈谧逝于嘉靖三十二年，故知《天真纪别》作于是年。

天真书院会后三月，启程回安福。行前致书周怡，言"信得及（良知）"之功。

《邹守益集》卷一二《简周顺之二章·一》：天真之别，遂而三月，每与诸友剧谈，未尝不念吾顺之也。所论目之精明，非独尘不可障，虽金屑玉屑亦不可留，未审近日用工果能信得及否？于此信得及，即是未发之中，即是仁体，而一应文章、气节、勋业、恬退，无复拘滞固执之患矣……数日后，亦将扶疾南归矣。相距渐远，惟为道加勉！

---

① 见《王阳明全集》卷三六《年谱附录一》，嘉靖十六年十一月条，1333页。

(618页)

冬,进阶奉政大夫,封王夫人宜人。

宋仪望《邹东廓先生行状》:是冬,进阶奉政大夫,封王夫人宜人。(1369页)

致书魏校,反省自己"从前议论尚多逆料预想","不若就眼前工夫步步说去"。又论圣道之全与矫弊之方。

《邹守益集》卷一二《简魏庄渠》:扶病南归,获受药石之教,殊快瞻仰。别来趋天真,以吊兰亭,备闻师友绪论,甚有警悟。始知从前议论尚多逆料预想,纵说得是,只在亿则屡中下立脚,不若就眼前工夫步步说去,虽有所偏,犹是实际学问……若曾子之鲁,犹是气质未融化处,与辟嗻同科。及仁为己任,死而后已,工夫恳到,始无一毫渣滓,未可以鲁为极则也。故夫无动无静,无讷无辨,无鲁无敏,圣道之全也。宁静无动,宁鲁无敏,宁讷无辨,矫弊之方也。(614—615页)

任职南京时期,霍山县令路子泰至南京向东廓问政、问学,东廓告以思诚之学、絜矩之政。是年路子泰考满,为作《赠霍山路君严夫考绩序》,言"慎德以自考"为考绩之要。

《邹守益集》卷四《赠霍山路君严夫考绩序》:吾邑路君严夫之令霍山也,执讯南郡而问政。东廓子曰:"夫政,莫要于慎好恶矣。所恶于上,毋以使下;所恶于下,毋以事上。真诚恻怛,以充其良知之量,是谓思诚之学。"异日,复从而问学。曰:"夫学,莫要于慎好恶矣。如恶恶臭,如好好色,真诚恻怛,以充其良知之量,是谓絜矩之政。"路子疑而复问焉,曰:"上之情若是其弗齐也,下之情亦若是其弗齐也,而吾之好恶又乌能以一施之?"曰:"子不闻乎?民之秉彝,好是懿德。懿德则好,否德则恶,烝民之同情也。私欲所诱,以障其天性之精明,于是乎有万不齐。故曰:公则一致,私则万殊。今有讼者于此,或曲或直,而争胜耻负之私,曲直无以异也;子将从其曲直而判之,则犁然定矣;如以徇其胜负之私也,则焉能人人而悦之?"路子喜曰:"泰得之矣!民之所好好之,民之所恶恶之,循于公也。辟则为天下僇,狥于私也。慎是以修己谓之学,慎是以安人谓之政,其将非二途乎!"……考绩之方,亦尝闻之矣。考绩者,钜卷阅册,洋洋上于天官,天官按而视之,无以辨也。然而内省以疚,有恶于志,则天君欿然而馁矣。君子之所不可及者,其惟考于天君乎!故户口之伪增,虽列通侯,赧然耻之,而心劳于抚字,虽书下考,将怡然尽心焉。是慎德以自考之要也。路子其勉之!(185—186页)

按:"路君严夫"即路子泰,字严夫,安福人,嘉靖元年举人。据光绪《霍山县志》,其任霍山县令的时间是嘉靖七年至十年,①是年考满。

是年大事:

前一年,桂萼致仕。是年五月,方献夫以吏部尚书兼武英殿大学士入阁辅政。

《明世宗实录》卷一二一,嘉靖十年正月乙巳条:乙巳,少保兼太子太傅、吏部尚书兼武英殿大学士桂萼疏病乞归。得旨:卿以疾陈奏,情实辞恳,准暂回籍调理……(2902页)

《明世宗实录》卷一三八,嘉靖十一年五月丙子条:丙子,原任太子太保、吏部尚书兼翰林院学士方献夫应召至京师,诏进兼武英殿大学士。散官、尚书如故。同辅臣张孚敬等内阁办事。(3250页)

按:方献夫(?—1544),初名献科,字叔贤,号西樵,广州府南海人,弘治十八年进士,阳明弟子,以大礼议受世宗信任,嘉靖十三年致

---

① 见秦达章、何国佑纂修:《霍山县志》(清光绪三十一年刻本),卷七《秩官志·职官》,2页。

仕。卒赠太保，谥文襄。著有《周易传义约说》十二卷、《西樵遗稿》八卷等，传见吕本《光禄大夫柱国少保兼太子太保吏部尚书武英殿大学士赠太保谥文襄方公献夫神道碑铭》(《国朝献征录》卷一六)、《明史》卷一九六。方献夫入阁使得"桂萼在朝，学禁方严……京师讳言学"①的局势开始松动，王门弟子开始在京举讲会。然嘉靖十一年正月，压制过阳明的权臣张璁再度入阁，政治形势再起变化。

嘉靖十一年壬辰(1532)，四十二岁

先前，数十安福士子至绍兴师事阳明，阳明令其归后从学东廓。此年至嘉靖十七年的六年间，东廓在家乡以讲学为任，门人日进，王钊、王铸、王镜、邓周、刘宾朝、黄旦等阳明弟子均师事之。时为王学被禁、民间讲会开展之初，东廓不拘时议推行讲学，讲会之风渐盛。

邹德涵《文庄府君传》：先是，邑中数十辈走越中受学王公。王公时有军旅之冗，谓之曰："而党归，而邑自有师也。"于是邑中数十辈遵王公命，求绍介，愿受学府君。同年周公讽止之，曰："公行文已足以名一世，何乃自苦，冒天下之议为？其勿受。"府君曰："夫学，学其所教也；教，教其所学也。学非教则必厌，教非学则必倦。孔门之脉不若此矣。"竟受之。于是大为会邑中，邑中士从之游。每会至数百人，虽严寒盛暑不辍也。四方之士闻风而来者数十辈，至市馆不能容……周公一日率其子侄数人来，请曰："愿受学。"府君笑曰："君何得与前言反也？"周公曰："不然。吾往见乡中少年，忘生狥欲者十人而八，破产构讼者十家而七，吾悯之不能自止。自公为会以来，吾闻

---

① 《年谱附录一》，《王阳明全集》卷三六，1329页。

人相劝'无倍邹公',于身家无恙也。生民立命,不在是乎?吾安忍自外?公何得以前言拒我也?"强纳其子侄而去。(1362—1363页)

《邹守益集》卷二三《明故横溪邓君墓志铭》:清陂邓生周昭文偕同志趋见阳明夫子于绍兴,比归,复卒业于复古。(1082页)

同治《安福县志》卷一一《人物·文学》:邓周,号前川,东乡清陂人,邑廪生,尝受业邹守益研究道学……与黄旦诸人为友,后共校勘《复古书院志》。(211页)

《邹守益集》卷二三《明故横溪邓君墓志铭》:吾邑王生钊及铸受学于阳明先生,而卒业于东廓山房。(1082页)

同治《安福县志》卷一一《人物·儒林》:王钊,字子懋,号柳川,南乡金田人……始受学于王守仁,既卒业于邹守益。刘宾朝,字心川,竹园人。少为邑诸生,有契良知之学,师事王守仁,复卒业于邹守益。黄旦,字朝周,赤谷人。见王守仁于螺川,归,就邹守益卒业。王铸,字子成,南乡金田人……与兄钊、镜师事王守仁,卒业于邹守益……往来衡岳、石鼓、鹿洞各书院,归,则与复古、复真诸君子讲学不倦。著有语录及诗草。殁,祀复真书院。(201、207页)

除安福、青原山、白鹭洲书院等主要讲所外,又数至吉水、永丰、泰和、万安、永新等吉安府诸县,及江西乐安、崇仁、临川、南昌等地讲学,江西以外,从游之士遍及楚、广、闽、粤间,达数百人之多。

宋仪望《邹东廓先生行状》:先生既南归,家事悉置度外,日与门生故人商榷问学,如饥如渴。每岁,会同志于青原、白鹭之间,又数入吉水、永丰、泰和、万安、永新、乐安、崇仁、临川、南昌,既又遍名山,从游之士自大江南北,楚、广、闽、粤之间,来去恒数百十人。海内交游以书问学者,日不暇给。(1369页)

是年,率诸生往吊县人、阳明弟子王梅之母刘节妇,题其亭曰

"著节亭",并为之记。

《邹守益集》卷七《著节亭记》:嘉靖辛卯,王生梅作"著节"之堂。(王母)孀居三十年,燕贺不与,容色不饬,喜怒不甚,抚梅而教之。补邑庠生,使从阳明先师以学。梅服其教,事之如所生。至是始作亭,以成其太父之志云。东廓子曰:"是可以范俗矣!"逾年而节妇殁,又逾年,将合葬。东廓子率诸生往吊焉……因欣然书之,以揭诸亭。(399—400页)

是年前后,复周怡书,言日用工夫"就事上检点"则"境迁而情异",当"从心体上检点"。

《邹守益集》卷一二《简周顺之·二》:手疏寄及。惓惓自治之功,人不及知而己独知之,此正善学者之所用力处也。近来悟得日用工夫尚是就事上检点,故有众寡,有大小。大事则慎,小则忽;对众则庄,寡则怠;是境迁而情异者也。虽欲不息,焉得而不息?若从心体上检点,使精明呈露,勿以意必障之,如日月之照,楼台殿阁、粪壤污染境状万变,顺应如一,稍有障蔽,即与扫除,虽欲顷刻息之而不可得,方是无众寡、无大小、无敢慢之学。古人所以立参于前,舆倚于衡,造次于是,颠沛于是,正欲完此常照之体耳。(619页)

按:第一书作于嘉靖十年天真讲会三月后(见上年条),推断第二书当作于十一年前后。

其时,江西土地失额即虚粮问题十分严重,巨室大户与胥吏勾结,多有飞洒、诡寄之弊,吉安府尤甚。① 嘉靖八年以来,霍韬、桂萼、

---

① 明代江西虚粮问题主要由两个原因造成:一是赋役繁重而导致人口迁移,征不符实。二是大户与官府串通而隐瞒、虚报田产,将负担转嫁给小户农民。"诡寄"指富户以自己土地之税粮,诡加于他人土地税粮中;"飞洒"指以自己土地之税粮,分为微数,加入他人土地税粮中,造成贫户名下有田而无实。

郭弘化、唐能、简霄、顾鼎臣等先后上疏请重新丈量土地。嘉靖十年，明政府首先在江西安福、河南裕州两县推行丈量。适逢东廓回乡，在家乡实践王学"万物一体之实学"精神，参与推行丈田。

《明史》卷七七：嘉靖八年，霍韬奉命修会典，言："自洪武迄弘治百四十年，天下额田已减强半，而湖广、河南、广东失额尤多。非拨给于王府，则欺隐于猾民。广东无藩府，非欺隐，即委弃于寇贼矣。司国计者，可不究心？"是时，桂萼、郭弘化、唐能、简霄先后疏请核实田亩，而顾鼎臣请履亩丈量，丈量之议由此起。江西安福、河南裕州首行之，而法未详具，人多疑悼。（1882—1883页）

罗洪先：《念庵罗先生集》，卷四《代赠李侯序》：嘉靖辛卯、壬辰之间，吉之安福、水丰，临之峡江，相继言履亩之善。（《四库全书存目丛书·集部》89册，581页）

《邹守益集》卷一一《与钟阳马公书》：江右之民瘼，莫苦于虚粮。词讼日繁，追征日逼，逃亡日滋，皆虚粮之枝蔓流毒也。欲疗虚粮之痼，莫要于丈量。（559—560页）

《邹守益集》卷一八《丈量告邑中父老》：虚粮之害，吾邑如水如火……仆归至螺川，始闻其说，过不自量，赞助末议，以为邑人更生之机。（869页）

按：东廓曾在嘉靖二十一年前后给吉安知府何其高祝寿的文章中谈到治理安福的三大要事为行丈量、立乡约、创书院："以吾邑之凋瘵，赖诸君子抚摩而训迪之，有可寿之机三焉：丈量行而贫无所累，富无所隐；乡约立而善胥以劝，恶胥以纠；书院创而士得所联，民得所矜式。"①此三事也是东廓在前后长达四十年乡居生活中从事乡族建

---

① 《医喻寿何白坡郡侯》，《邹守益集》卷五，272页。

设活动的主要内容。

是年,东廓在安福率刘肇衮、刘文敏、王钊、张岩、夏梦夔等同道门人四十余人,协助吉安府推官危岳等举丈田。危岳去世后,反对者请求以旧册征粮,吉安府通判赵廷松坚持推行丈田。

《邹守益集》卷一四《简高中丞问丈量事宜》:赖天之福,南津、幘峰诸君子主其议,选于有司,举危推府以督其成,复选于山林、学校诸生以分其劳,所以核广长、审肥瘠,渐就绪矣。(688页)

邹德涵《文庄府君传》:邑中苦虚粮数十年,民多流移。府君率其门人赞危公岳为丈量。(1363页)

《邹守益集》卷七《竹园刘氏义田记》:嘉靖壬辰春,双江危侯以节推署邑,集诸生以讲万物一体之学,因属以核田曰:"虚粮之病亟矣!予为父母而弗疗,罪实在予。二三子为昆弟子姓而弗协以疗,将谁执其咎?"诸生惕然服其劳,相与演绎,以告于四乡。(423页)

《邹守益集》卷五《赠侯斋赵侯考绩序》:方核田之举也,双江危侯甫就而没矣,欲废丈者请以旧粮编次里甲,侯(按,赵廷松)播于众曰:"旧之虚也以七八千石,今之诉也以一二百石,吾不能以虚赋定实差,以狥高明。"群嚚乘墉以逞,恬不为怵。日督里书,按丈数多寡,明谳而公断之。悍独欢然释重负,而核田迄以不废。(237页)

《邹守益集》卷一二《简钱绪山王龙溪》:敝邑虚粮之害,甚于焚溺,赖当道以丈量振之,庶曰有更生之望。故内重(按,刘肇衮)、宜充(按,刘文敏)、子懋(按,王钊)、仲瞻(按,张岩)诸友及同志四十余人,共任其功。数月之间,渐已就绪矣。(617页)

同治《安福县志》卷一二《人物·义行》:夏梦夔,号云屏,从学邹守益……邑清丈田亩,佐守益剔弊除害。(242页)

按:"双江危侯"即危岳(1491—约1534),字季(一作继)申,号双江,湖广辰州府黔阳人,嘉靖八年进士,九年任吉安府推官,十一年至安福推行丈田,不畏权贵,深得士民敬重。危岳大约于嘉靖十三年左右卒于任上,①安福士民编纪念文集《遗爱集》,东廓作《遗爱集序》。②传见万历《吉安府志》卷一七《贤侯传》。《邹守益集》还收录有《祭双江危侯文》(卷二〇)。

"俟斋赵侯"即赵廷松,时任吉安府通判,介绍见嘉靖十三年条。

"宜充"即刘文敏(1490—1572),字宜充,号两峰,出安福三舍刘氏。布衣出身。嘉靖三年与从弟刘邦采至越城师事阳明。③列入《明儒学案》卷十九《江右王门学案四》。安福王时槐,庐陵陈嘉谟、贺泾等均师事之。

"仲瞻"即张岩,字仲瞻,出安福南乡书冈,贡生,官教谕,师事东廓。其兄张崧(号秋渠),受学于阳明。传同见同治《安福县志》卷一一《人物·儒林》。

虚粮之弊多由富户与胥吏勾结而致,且工作繁琐细致,须深入田间调查方可清查准确,故须有正直之士监督方成。东廓及讲学士子承担了这一角色。类似的情形在吉水亦然:罗洪先推动本县丈田工作,"遴选士友有行谊者监督之,不俟越月,弊端立见",以往之虚粮"似可改正十之六七"。④

致书钱德洪、王畿,言丈田过程中"见学问之功","见诸行事乃见实学"。

---

① 下任推官王烨的任职时间是嘉靖十四年(见万历《吉安府志》卷三《秩官表》,27页),故推断危岳去世的时间在此前后。
② 见《邹守益集》卷二,65—66页。
③ 见《王阳明全集》卷三五《年谱三》,1290页。
④ 《与陈六亭少参》,《石莲洞罗先生文集》(明万历四十四年陈于廷序刊本)卷一一,50页。

《邹守益集》卷一二《简钱绪山王龙溪》:敝邑虚粮之害,甚于焚溺……然以危双江之虚己从善,诸友之协心秉公,而任事之际,尚有参差不齐。此见学问之功,真无穷已,一有意必,则病痛立见。古人所以历试诸艰者,正为见诸行事乃见实学。(617页)

安福丈田自是年始,历三年而成。因相关文献所载时间不具体,故将事件集中叙述如下:

丈田有利百姓而不利富户,颇受阻力。时有乡绅上诉丈量不便,并诬告督丈士子"通贿曲法,任意增减",欲沮其成。安福籍官员王文要东廓其解释此事,东廓回书,表明若以为丈量不公,可由官方重新丈量,并希望王文出面劝说上诉者,平息纷争。

《邹守益集》卷一〇《复王纯卿侍郎》:承示及诸乡衮多以丈量为不便,约赴诉所司,以沮其成,而欲生博采众论以处之,使众愿不作而人心一,是岂独休戚相关之念?合邑困穷其皆拜大赐矣。虚粮之害,吾邑甚于焚溺。当户役者,破家亡身,不可名状。故哀诉于朝,求丈量以拯之……今既曰督丈诸友通贿曲法,任意增减,则请诸公备闻其详。某户富民减粮若干,某户巨贾减粮若干,某户士夫虚增步数若干,虚增粮数若干,或查诸册,或踏诸田,当减则减,当增则增。天理王法,凛不可紊,又何必含糊支离,肆行蔓菲,尽举丈量而坏之,使困穷之水火益深益热,不亦大忍乎?苏山范大参谓,七八千虚粮,非丈量何以寻究?若士大夫果以为田少粮多,则差官覆丈,虚实自辨。应占年兄谓,请将生与彼贰家之田及诸公称枉之田,及督丈诸生及富民巨贾有弊者,逐一差官覆丈,计止及概县五分之一,亦不久劳而可辨矣……事之成败,自有定数,在生辈初何加损?特为困穷冤苦耳。若得惠仁言,以解群公方炽之锋,以救困穷垂绝之命,阴德莫大焉!(490页)

按:"王纯卿"即王文(1483—?),字纯卿,号两崖,出安福蒙冈王氏,正德十二年进士,官御史。王文与东廓为姻亲,东廓次子邹美娶王文女。详见《邹美一支及婚配状况表》。东廓与王文的交往又见《南台便养诗序》(《邹守益集》卷二)、《书祖德余哀卷》(卷一八)等文。

另有一类乡绅,虽未公开反对,然亦不甚支持丈田。安福籍官员彭黯认为丈田有枉弊之疑。东廓回书表明丈量之必要,若可疑则由官府重新丈量,并批评不支持乃至破坏丈量之举。

《邹守益集》卷一二《简彭草亭中丞·二》:辱惠手教,且及丈量好恶之情,殊感雅爱。虚粮之害,积七八千石,此富人之所利而惸独之所毒也。一旦核田求粮,专为惸独解脱,而富人将无以自遁,故惸独渴望其成,而富人甚恶之,此情之常,无足怪者。然富人欲去其籍,则必称己之枉;讦人之弊,然后可以眩上之视听。仆尝从容与诸公言,田步多寡,自有一定,引之不可长,缩之不可短,果以为有枉有弊者,则详其实,求官覆丈,当增则增,当减则减,使困穷得脱其虚,而士大夫各认其实,此亦天理人情之公,又何必含糊支离、肆为蔓菲、尽举丈量而坏之,使困穷之水火益深益热,不亦大忍乎?(625—626页)

按:"彭草亭"即彭黯(1487—1555),字道显,号草亭,安福人,嘉靖二年进士,官至南京工部尚书。传见《邹守益集》卷一九《草亭公传》、同治《安福县志》卷一〇《人物·名臣》。彭黯与东廓为姻亲,东廓孙邹德泳继娶彭黯子彭世堪女。《邹守益集》还收录有为其宗族作的《华秀彭氏族谱序》(卷五)。

丈田一事阻力极大,异议纷起,众怨集于东廓。吉安知府杨彝亦开始动摇,欲以旧册征粮,致书东廓云"未有抚按不乐行而郡县能直遂者"。东廓回书,恳请官府以民生为重,继续推行丈田,禁止奸人计谋得逞。

《邹守益集》卷一四《简杨几川郡侯·三》：民之无福，异议纷起，至丛怨于不肖，以肆挟持……来教谓"未有抚按不乐行而郡县能直遂者"……今既废阁丈量，必须以推收造册，飞诡之虚粮何以核之？逃绝贫乏之里甲何以处之？更望与俟斋公一留意焉，救得一分，则民受一分赐矣。所可虑者，奸人之计，神出鬼没，或请以丈量、推收杂然并行，如上年总算易方兰者，丈量多则依丈量，推收多则依推收，将使困穷之水火益深益热。愿明公先事禁之，以绝厉阶。（687—688页）

"杨几川"即杨彝（1491—？），字几川，四川重庆府江津人，正德十六年进士，嘉靖十一年起任吉安知府。[①] 杨彝有亲近王学的倾向，任职期间还将其弟杨科送至东廓门下学习。[②]

怨谤声中，安福致仕官员赵璜以"在邦无怨，在家无怨"婉劝东廓，东廓答以"以公受怨不可无"，激励门人坚持督丈。谤言传至巡抚江西右副都御史高公韶处，高欲罪之，东廓书《简高中丞问丈量事宜》，请刘邦采递书申诉。高公韶以其事问于吉水籍官员毛伯温，毛向高陈情，事得解。

邹德涵《文庄府君传》：时司空赵公移书府君曰："在邦无怨，在家无怨。"府君曰："须视其怨之公私何如耳。以私受怨不可有，以公受怨不可无。"激诸门人力成之。时谤言日闻，巡抚高公欲罪府君，以其事问于毛公伯温。毛公曰："未丈之先，有无田之粮，既丈之后，无无粮之田。安福之流民渐复其业矣。"高公曰："若是，功巨矣，奈何以为罪？"遂不果。（1363页）

---

① 见万历《吉安府志》卷三《秩官表》，27页。
② 见《邹守益集》卷二《赠杨生归蜀》，65页。

《邹守益集》卷一四《简高中丞问丈量事宜》：敝邑虚粮之害，甚于焚溺，故哀诉于朝，而求丈量以拯之。赖天之福，南津、帻峰诸君子主其议，选于有司，举危推府以督其成，复选于山林，学校诸生以分其劳，所以核广长，审肥瘠，渐就绪矣。维是编审伊迩，利病至重，万口喁喁，惟恐旧弊之或乘之也。夫有田则有粮，有粮则有差，天地鬼神实鉴临之。自奸猾之巧于飞诡也，然后田存而粮隐矣；自奸猾之巧于躲闪也，然后粮存而差脱矣。富连阡陌，征科不及；贫无卓锥，敲扑日寻。故无告之徒，死于囹圄，徙于四方，隐于盗贼，职此其由。若乘此良机，改弦易辙以新之，濒死余民，庶几尚可更生。盖非粮不过都，则飞诡终不可得而杜也；非递年完粮而吊回，寄庄各输于其都，则负贩终不可得而苏也；非均粮编甲，使本都寄庄各为一图，则苦乐终不可得而均也。然飞诡负贩之展转沉痼，百有余年，交通吏胥，互相渔猎，一旦举而洗濯之，则人人失其所好，故巧言诡辞，以眩黑白，推极其说，不过曰更张大，甚恐贻民患而已。然往在壬午，唐渔石、王心远诸公交请于朝，行之永新，永新之政有利无害，昭然明验矣。安福，邻壤也，独不可以踵而行之乎？刘友邦采辈归自南宫，冒暑求见，咸以闵同室之苦而缨冠以救之也。幸以所呈条疑，曲加咨询，使得剖析委曲，无所避忌，而明公悬金镜以照临之，孰公孰私，孰是孰非，当了然无所遁情矣。倘以为可，允断而行之，下诸有司，勿贰勿疑，使为善者知法之可恃而植其生，强梗者知法之不可摇而詟其气，则大君子之泽，所以覆帱吾民者，功在百世，其孰能谖之！若夫士习之当振，吏蠹之当祛，豪恶之当剪，盗氛之当弥，所以敷德申威，以弼圣天子嘉靖之化，则明公之所素蕴也。敬拭目以俟。(688—689页)

按："司空赵公"即赵璜(？—1532)，字廷实，号西峰，安福人，弘治三年进士，嘉靖元年迁工部尚书。六年致仕。传见同治《安福县志》卷一〇,《人物·名臣》。

"高中丞"即高公韶(1480—1563),字太和,号三峰,四川成都府内江人,弘治十八年进士,官至户部右侍郎。时任巡抚江西都察院右副都御史。① 传见《明史》卷二〇八、《四川通志》卷九上《人物·直隶资州》。

毛伯温(1482—1545),字汝厉,号东塘,吉水人,正德三年进士,时以都察院右佥都御史闲住在乡,嘉靖十一年十二月以原官起复。② 历官工部尚书、兵部尚书加太子太保,谥襄懋。著有《毛襄懋集》十八卷等,传见罗洪先《前光禄大夫柱国太子太保兵部尚书东塘毛公伯温行状》(《国朝献征录》卷三九)、《明史》卷一九八。

东廓率诸生深入民间查访,二万余户赞同丈田,反对者仅百余人。丈田完毕,结果登记汇总。此时,安福出现无名帖子,反对东廓等丈田。为此,东廓作《丈量告邑中父老文》,备述丈田利弊,并约反对者于当月初七、八日会于城隍祠下陈情。

《邹守益集》卷一八《丈量告邑中父老文》:具官某谨告于邑中父老诸君子:虚粮之害,吾邑如水如火,诸君子所知也。田无卓锥,而粮至数石,或至十余石者,卖子鬻女,不能完纳,此困穷之水火也。粮里上役,则都虚数十石或至百余石者,破家亡身,不能负贩,此富者之水火也。其独享其利,则飞诡之徒,而未蒙其害者,则官宦未充粮里之家耳。故伍司训、郭道长奏于朝,伍金宪、欧运使呈于上官,咸思以丈量拯之,亦曰被发缨冠,救同室之焚溺也。仆归至螺川,始闻其说,过不自量,赞助末议,以为邑人更生之机。今丈量已完,类册已集,询诸

---

① 见《明世宗实录》卷一四五,嘉靖十一年十二月条。
② 见《明世宗实录》卷一四五,嘉靖十一年十二月条。

人情,访诸土俗,则二万余户,莫不延颈以望其成,其恶其害已,欲去其籍者,百余人而止耳。仆窃计之,以为明天子在上,良师帅在下,将为二万余户愿丈者计乎?将为百余人不愿丈者计乎?公是公非,必有能辨之者矣!昨闻有没名榜子,称坊厢四乡上中下人等,衔冤愬苦,皆以丈量为不便,而丛怨于仆。果如其言,则是仆拂万姓之欲,以求一己之胜,始虽出于公心,终则竟成私见,将上得罪于皇天,下得罪于后土,中得罪于城隍,其为不祥莫大焉!愿父老诸君子统率万姓,以初七、初八如期会于城隍祠下,备述不愿之情,以昭告于明神。仆虽多病,尚当买舟随后,同诉当道,举丈量而废之,以痛改前过,无得罪于万姓。若欲差官覆丈,亦惟万姓之欲;若欲以推收造册,亦惟万姓之欲。其或没名榜子不出于众情,而或出于二三人之私,则是人也,拂万姓以利一己者也,亦将得罪于皇天,得罪于后土,得罪于城隍,其为不祥,亦莫大焉!愿二三人亦速改前过,无重得罪于万姓!(869—870页)

丈田毕,进入核实程序。时逢江西按察使副使提督学政张时彻至安福考察,督丈诸生须参加考试,如是则延误丈田核实,当年税粮若按旧册执行,将多纳万金,故须抓紧核实工作。东廓致书张时彻陈述曲衷,请准诸生考毕继续督丈工作,并加奖掖,鼓舞其志;同时致书吉安知府杨彝陈情,请求支持,并呈若干核丈建议。

《邹守益集》卷一〇《简张东沙督学》:(丈田事)赖天之福,渐已就绪矣。特类册将完,校对方殷,若不及时早集,以便编审,则旷日持久,不免以旧册征粮。每图之虚贩将及百两,积二百余图,不啻万金。而奸民猾胥仍食万金之利矣。欲望台下俯矜民隐,将督丈诸生考毕先令各执其事,曲加奖掖,以坚其初心。(489页)

《邹守益集》卷一四《简杨几川郡侯·二》:类册将完,校对方殷,而督学先生按临,不免稽迟。若复旷日持久,必将以旧册征粮。则每图之虚赃将及百两,积二百余图,不啻万金,而奸民猾胥仍食万金之利矣。欲望转达下情,将督丈诸生考毕先令各执其事,曲加奖掖,以坚其初心……为明公计,速下令于民,凡称枉者使从实具报某号广狭失实,某段肥瘠不平,各具甘结,不致虚诳;选委廉能官同诸生临田核覆,而虚者必罪无纵,则得实者可以自辨,而无情者不敢以肆。不然,则阴嗾而阳挤,以挠垂成之功,且将沓至矣。(687页)

按:"张东沙"即张时彻(1500—1577),字惟静,号东沙、芝园,浙江宁波府鄞县人,嘉靖二年进士,十年三月起任江西按察使副使提督学政,①二十八至二十九年任江西巡抚,官至南京兵部尚书。张时彻精通医术,编有医书若干,著述有《芝园集》八十五卷等,传见王世贞《资德大夫南京兵部尚书参赞机务东沙张公墓志铭》(《弇州续稿》卷九十四)。张此前官南京,曾与东廓、吕柟、顾梦圭(1500—1558,字武祥,号雍里,嘉靖二年进士)、王积(1492—1569,字子崇,号虚斋,正德十六年进士)、石简等交游论学,沈一贯《南京兵部尚书东沙张公行状》载:"南曹务简,一时仕者有吕公柟、邹公守益、顾公梦圭、王公积、石公简,尽名士。公日与劚切,期之大道,不忍以其身悠悠,生平衷蕴,始基此矣。"②《邹守益集》还收录有《赠抚台东沙张公司寇南都序》(卷四)、《简张东沙司马》(卷一四)以及东廓为其父张忭所作的《葵轩小传》(卷一九)、为其族侄张邦奇③文集所作的序《张文

---

① 见《明世宗实录》卷一二三,嘉靖十年三月条。
② 转引自陈文新等撰:《明代科举与文学编年(中)》(武汉:武汉大学出版社,2009年),1729页。
③ 按,张邦奇(1483—1544),字常甫,号甬川,别号兀涯,浙江鄞县人。弘治十八年进士,官至南京兵部尚书,谥文定。张邦奇学宗程朱,与王阳明友善。列入《明儒学案》之《诸儒学案中》。族父张时彻,受业于邦奇。

定公文选序》(卷三)等文。

安福丈田历时三年,先有巡抚江西右副都御史胡琏派遣危岳任之,危岳逝后,赖江西巡按监察御史李循义力救之;李去任后,江西布政使司右参议朱纨谋于知府屠大山继续推行丈田,朱纨命吉安府同知吴少槐(号)督安福县主簿茹鏊,将丈田成果造册。至嘉靖十五年程文德任安福知县时,方将此册参照《督赋条规》,①刻为《安福县总》,后附盐钞定额、里甲新规,为重派赋税之依据。东廓作《县总后语》,言丈田"几成而败,败而复兴,兴而复摇,摇而复成"。

《邹守益集》卷五《福邑粮总录序》:嘉靖壬辰,安福举丈田之典,历三年,几毁而获成。双江危侯始之,秋崖朱公终之。丙戌,松溪程侯莅邑,叹曰:"丈田之役也,其犹屯田之议乎!始而是者什三,中而什伍,最后乃什八,而翕然以服。吾将刻邑总、图总而户授之,庶官有所程,民有所稽,而胥吏无所摇。吾民其安而福乎!"父老喜曰:"休哉,侯之福我也!"复相聚而忧曰:"昔丈田之始议也,以粮不过都为百世利,故经册以均里甲,纬册以便征收,继而为有力者槖矣。十年之后,弗得人以主之,则田不以丈收粮,粮不以实归户,户不以产均甲,是丈田之福渐湮也。"乃相率诣东廓邹子,请叙其颠末,以告后之继松溪侯者。(257页)

《邹守益集》卷一七《县总后语》:田之始丈也,与其几成而败,败而复兴,兴而复摇,摇而复成也。其病症展转,与药力瞑眩,兹惟艰哉!以虚粮之神奸鬼秘,莫可致诘,若症瘕纠于肺腑,痛苦悲号,罔不思所以疗也。赖双江危公受南津胡公简任,协于同志,涤臟濯胃而新之,津津然有生意矣。双江既殁,而恶其害己者嗡嗡訛訛,以更生之

---

① 《督赋条规》刻于正德十六年,参嘉靖二十九年条。

良为断肠之鸠,赖六峰李公酌于藩臬而力救之。六峰既去,而谤讪朋兴,乘墉叫嚣,诬群医以私,将一网而祛之,赖秋崖朱公谋于竹虚屠侯,诸君子躬核虚实,以图其终。迄于今,苛毒以融,元气以滋,盎然得以永天命焉,非诸公之功而谁功?窃尝评诸公之成是役也,剖利害之微曰明;不媚上官、不畏高明曰勇;为悍独立命曰仁;靖共正直以报国曰忠;视彦圣有技,好之若己出曰有容。其弗类于是者,则亦庶之矣!秋崖公乐其成而恐其弗永也,檄少槐吴侯督茹县簿照式以刻。是册首原丈以穷其源,次查减以审其趋,次实科以定其止,则粮不过都之规可案而推矣;次过都推收以核其波,次实征以要其归,则过都之弊可案而救矣。逾二年,松溪程侯来令,始克成之,复稽于《督赋条规》,以定各仓之派,均水推沙塞之利,而附以盐钞定额、里甲新规,曰:"使吏胥不得加损侵渔,以重病吾赤子。"呜呼,观是刻者,其可以稽医案乎!(809—810页)

按:"南津胡公"即胡琏,于嘉靖十年四月起任巡抚江西右副都御史,同年十月升南京刑部右侍郎。①

"李六峰"即李循义(1487—?),字时行,号六峰,浙江宁波府鄞县人,嘉靖二年进士,十一年六月起任江西巡按监察御史。② 李为亲近王学的官员,《邹守益集》收录有《简李六峰》一书(卷一一),讨论如何做工夫。

"秋崖公"即朱纨(1493—1550),字子纯,号秋崖,南直隶苏州府长洲人,正德十六年进士,嘉靖年间任江西布政使司右参议,十三年升江西按察司副使。③ 著有《茂边纪事》一卷、《甓余集》十二卷,传

---

① 分别见《明世宗实录》卷一二四,嘉靖十年四月条;卷一三一,嘉靖十年十月条。
② 见《明世宗实录》卷一三九,该年月条。
③ 见《明世宗实录》卷一六七,嘉靖十三年九月条。

见《明史》卷二〇五、朱纨自撰《都察院右副都御史秋厓朱公纨圹志》（《国朝献征录》卷六二）。朱纨率干吏亲自督丈之事在《邹守益集》卷四《中丞秋崖朱公自虔之浙赠言》、卷十七《读永感录题语》中均有记。

"竹虚屠侯"即屠大山（1500—1579），字国望，号竹墟，浙江宁波府鄞县人，嘉靖二年进士，十五年至十七年任吉安知府。① 累官至兵部右侍郎兼都察院右佥都御史。传见王世贞《通议大夫兵部右侍郎兼都察院右佥都御史竹墟屠公墓志铭》（《弇州续稿》卷九四）。屠大山亲近王学，《邹守益集》收录的《庆郡侯竹墟公考绩》（卷二）、《报政赠言》（卷四）、《简屠竹墟中丞》（卷一一）、《简屠竹墟郡侯二章》（卷一二）、《简屠竹墟郡侯二章》（卷一四）、《赠竹墟屠郡侯考绩四首》（卷二五）等诗文中，有许多论学内容。

"少槐吴侯"即吴少槐（号），程文德《吉安游天华山》诗中小注云："吴节推，号少槐。"②查万历《吉安府志》吉安府推官一栏有"吴伯亨，兰州人，进士，嘉靖十八年任"③，未知是否。

"茹县簿"即安福县主簿茹鳌，介绍见嘉靖十五年条。

嘉靖二十二年，安福知县李一瀚造《安福邑粮总录》（黄册），备载以往丈田之绩，东廓作《福邑粮总录序》（见二十二年条）。三十年汤宾任安福知县，继续巩固丈田成果，在其三十二年离任时，以李一瀚所造黄册为基础加以修订，造《安福三刻县总》，东廓作《安福三刻县总序》（见三十二年条）。

---

① 见万历《吉安府志》卷三《秩官表》，27页。
② 《程文恭公遗稿》卷二五，7页。
③ 万历《吉安府志》卷三《秩官表》，27页。

回乡后,痔疮之疾未得痊愈,遇劳则复发。

《邹守益集》卷一〇《简鲍复之》:扶疾南归,杜门谢事,时与原理子东交砥互砺……病体未得愈。虽疮口稍合,然遇劳则复发。(496页)

《邹守益集》卷一〇《简张东沙督学》:病体尚未愈。近以长儿受室,宾朋应酬,复尔大作。(490页)

按:此疾日后数次复发,临终之疾亦由此起。见嘉靖十九年、三十九年、四十一年条。

"近以长儿受室"指东廓长子邹义娶庐陵黄国用之次女。①

黄国用(1482—1545),字子忠,号义城,庐陵人,正德九年进士,官监察御史、贵州佥事提督学校等。归田后参与青原讲会。东廓为之著有《贵州佥事提督学校义城黄君墓志铭》(《邹守益集》卷二一)、《义城黄姻家寿言》(卷三)、《赠义城黄子督学贵州序》(卷四),为其宗族作有《义城黄氏重修谱序》(卷五)、《庐陵黄氏先祠记》(卷六)等文。黄国用族子黄时康,嘉靖十三年举人,从学东廓。②

是年其他著作:

《祝寿解》(卷五)。

嘉靖十二年癸巳(1533),四十三岁

有《复王东石时祯》书,论"知行合一"、古本《大学》等。

《邹守益集》卷一〇《复王东石时祯》:盖圣门之论学,未有不行

---

① 见何子寿:《明故承直郎顺天别驾里泉邹先生墓志铭》,《澉源邹氏族谱》卷八,46页。
② 见《庆石屏胡宪伯平猺膺奖序》,《邹守益集》卷五,245页。

而可以为学者,故学之弗能弗措之功,事父而未能也,则学之为父子焉;从兄而未能也,则学之为兄弟焉;先施而未能也,则学之为朋友焉。故曰我学不厌而教不倦,又曰为之不厌,诲人不倦。为也者,为仁圣之道也;诲也者,诲以仁圣之道而欲其为之也。由此观之,则学之为知行合一也,可知矣。圣门之论智,未有不行而可以为智者,故知斯二者而弗去,乃为知之实,而择乎中庸不能期月守者,则比于自投罟擭,不得为智。由此观之,则智之为知行合一也,可知矣。"忠信修辞"一章,尤为明尽。自其忠信之存于中,谓之德;自其忠信之见于威仪言辞,谓之业。德业犹形影,初未可岐而二之。知至至之,进德居业之始;知终终之,进德居业之成。以其始条理而言,故曰可与几,所谓智之事也;以其终条理而言,故曰可以存义,所谓圣之事也。知至知终者,知也;至之终之者,行也;始终条理,知行未尝离也。由此观之,则智之不可专以知言,圣之不可专以行言,其亦可知矣……以意逆志,是谓得之,此孟子读书之方也。《大学》古本,固未可必其为孔门之旧,然以孔门他章例之,如克己复礼、修己以敬、出门使民、忠信笃敬,皆未尝先知后行也。曾子之自言,如仁以为己任、临深履薄、远暴慢鄙倍,则皆合知行而言之。由此观之,则《大学》之为完本而无阙传,其亦可知矣……病体尚未愈,不得抠趋请教。庐陵诸友,约以七月既望会于青原,拟力疾买舟赴之。(500—501页)。

按:据"约以七月既望会于青原",可知此书作于是年青原会之前。

"王东石"即王冀,字时祯、时正,号东石,江西抚州府金溪人,正德六年进士,历官礼部主事、南京礼部祠祭司郎中等。王冀为阳明学者,曾与同邑洪范、黄直、吴悌在家乡共举"翠云讲会"。著有《东石讲学录》、《历代忠义录》、《大儒心学语录》等。传见王绍元《浙江提学副使王公冀墓志铭》(《国朝献征录》卷八四)。

　　七月十五日,遵阳明遗愿,东廓在青原山召集第一次讲会。乐安县令胡鳌未能到会,遣其弟胡鬵及乐安士子与会。东廓为胡鳌录其讲语,名《青原嘉会语》,托胡鬵转赠。《会语》记录了东廓在会上答问的主要内容,言诚意、致知、格物、正心、修身,齐家、治国、平天下"即是一时,即是一事",又以孟子"必有事"、"勿忘勿助"释致良知之功。

　　《江西通志》卷九《山川三·吉安府》:青原山,在府城东南十五里。山势郁盘,外望如蔽,旁有径萦,礀而入,度待月桥,石壁峭倚,其中旷衍,净居寺在焉。山半蹊稍平,有卓锡泉,在七祖行思塔左,虎跑泉在右,其后为雷震泉。三泉之外,又有名龙井、碧乳者。狮、象二山左右拱立,驼峰、鹧鸪岭巑岏络绎,盖天然胜区也。唐颜真卿曾题祖关二字,宋黄庭坚书碑,凡八石,今嵌大雄殿壁。"青原山"三大字,文信国天祥书。明嘉靖间,邹守益、欧阳德、罗洪先辈宗阳明致良知之学,春秋于此会讲。乙卯岁,邹元标、郭子章移会馆于翠屏山之阳,建五贤祠。(《文渊阁四库全书》513册,312页)

　　《邹守益集》卷八《青原嘉会语》:嘉靖癸巳七月既望,同志咸集于青原,以从事于君子之学。东廓子守益喟然叹曰:"兹会也,先师尝命之矣,乃今十有四年始克成之,兹惟艰哉!凡我同志,相与无忘于师训,好善如好好色,恶恶如恶恶臭,是能致其良知,君子之自求多福也。知善而著之,知不善而掩之,是不能致其良知,小人之自作孽也。呜呼,戒之哉!"

　　或曰:"如恶恶臭,如好好色,诚意之功也。致知格物,将无阙与?"曰:"好恶之明觉,谓之知;好恶之所在,谓之物;故为善去恶之物格,则知善知恶之知致,而好善恶恶之意诚。诚意、致知、格物,即是一时,即是一事。"

曰:"正心、修身,其将二事乎?"曰:"有所忿懥好乐,好恶之滞于中也;亲爱贱恶而辟,好恶之偏于外也;是诚意以格致之功未尽也。故无所滞于中,则廓然大公,大本立矣;无所无所偏于外,则物来顺应,达道行矣。故格致诚正修,即是一时,即是一事。"

曰:"齐家、治国、平天下,其将二事乎?"曰:"亲爱贱恶,必有所接之人。是人也,非父兄妻孥,则邻里乡党也;非邻里乡党,则四海九州之交也。好恶行于家庭而无辟,是谓修身以齐家;行于乡党而无辟,是谓修身以治国;行于四海九州而无辟,是谓修身以平天下。故修己以安百姓,即是一时,即是一事。"

曰:"夫非有位者之事乎?"曰:"《大学》之教,所以教天下之为君子也,故曰'自天子以至于庶人,壹是皆以修身为本',未尝分有位无位也。絜矩之道,所以平天下也,而其目曰'所恶于上,毋以使下;所恶于下,毋以事上'。夫上下前后左右者,天子庶人共之,特有广狭众寡之分耳。"

曰:"双江聂子所谓忘与助者,于此何以别乎?"曰:"如恶恶臭,如好好色,真诚恻怛,以充其良知之量,是必有事焉,集义以养气之功也。为善而弗纯,去恶而弗尽,是怠弃其良知者也,故谓之忘;有所作好,有所作恶,计功欲速,并其根而拔之,是戕贼其良知者也,故谓之助。"

曰:"忘敬而后无不敬者,其庶勉于助乎?"曰:"程子言之备矣。必有事焉,却是行其所无事,信如和静之言,是逃助而入忘也。其语意亦未莹矣。凡预斯会者,各务自致其良知,无分于烦简,无分于昼夜,无分于穷达,毅然必为君子而不忍一失足于小人之涂,则家国天下,尚骨赖之,其谓之嘉会也固宜。不然,则山英水伯且将议其身谤师门矣。"

鹿崖胡子令乐安,以官守,不能会,资遣诸生及其弟鬶以来。授之一册,俾札记其所闻。于其归也,书此以质之。(441—442页)

按:"鹿崖胡子"即胡鳌(1505—?),字巨卿,号鹿崖,湖广辰州府沅陵人,嘉靖十一年进士,十一年至十三年任乐安县令,①之后任吉水县令。② 后官廉州知府等。胡鳌亲近王学,任职江西时期曾派其弟、其子参与讲会。③《邹守益集》收录有《简胡鹿崖巨卿》(卷一〇)以及为其所作的《克复堂记》(卷六)一文。

青原山在吉安府庐陵县城南十五里,赣江之东,地处丘陵地带,由象鼻峰、狮子峰、玉带峰、翠屏峰、驼峰等四周环围、海拔约三百多米的诸多小山峰组成。山中树木葱茏,碧潭流泉环绕,景色秀丽宜人。青原山以禅宗七祖青原行思的驻锡道场净居寺而闻名。自唐以来,引得无数名贤登临题咏,所谓"山水以文重,尤以人重"。④ 青原讲会不但是江右王学最重要的讲会,也是王学最重要的讲会之一,自正德末延续至万历年间,长达近百年之久。江右后学、吉水人罗大纮(字公廓,号匡湖,万历十四年进士)记录了青原讲会的历史发展:"青原会馆,明正德间,姚江王守仁令庐陵,安福邹守益从游青原山,讲良知之学。其后会讲者吉水罗洪先、永丰聂豹、泰和欧阳德,于是青原讲会称邹罗聂欧。守仁继抚虔州,良知之宗,吉州尤盛。厥后,塘南王时槐、庐山胡直、龙山刘方兴、两峰刘文敏、绪山钱德洪、泸潇

---

① 见朱奎章修,胡芳杏纂:《乐安县志》(清同治十年刻本)卷六《秩官志》,4页。
② 见彭际盛修,胡宗元撰:《吉水县志》(清光绪元年刻本,台北:成文出版社,《中国方志丛书》767号,1988年),第3册,1016页。
③ 见《邹守益集》卷一八《赠王童子》。
④ 许焕:《青原志序》,笑峰大然编撰,段晓华、宋三平校注:《青原志略》(南昌:江西人民出版社,1998年),6页。

刘元卿、龙溪王畿、永新甘采,皆相继会青原……万历间,吉水邹元标、刘同升,泰和郭子章,倡明姚江之学,会讲青原。"①此中包括了青原讲会的缘起、高峰、后期三个阶段。青原讲会的因缘始自王阳明,但其记载阳明游青原山的时间有误。阳明任庐陵县令是在正德五年三月至十一月,年谱未见是年记载游青原山之事。阳明游青原是在正德十五年六月十八日(见正德十五年条),嘱咐东廓在此举讲会。阳明的愿望终于在十四年后由邹东廓等弟子实现了,此即《青原嘉会语》所谓"兹会也,先师尝命之矣,乃今十有四年始克成之"。此次似乎是一个尝试举办的讲会,规模不大。次年,青原会即在邹东廓、聂豹等人的召集下成为集吉安府九邑士人参加的大型讲会。各邑平日的讲会就近每月或间月举办,然后每年于春秋两季九邑士人总会于青原。1540年代以来,"吉州邹(守益)罗(洪先)聂(豹)欧(阳德)会讲青原,而其风乃昌",②青原讲会进入黄金时期:不但有吉安士人参加,而且是有外地学者参加的跨地域大型学术聚会,湛若水、王畿、钱德洪等知名学者都曾至青原(见年谱嘉靖二十七年条、三十五年条等),每会达百余人以上,由于"从游者甚众,至假榻满僧舍",③于是在寺旁建会馆数十间,并以学田供应讲会开支。青原会的时间也较县邑的小型讲会长。如嘉靖二十七年的青原会时间长达一月。④1560年代以后,随着邹罗聂欧等王门一传弟子的纷纷离世,青原讲会一度萧条。至1570年代,才在江右王门二传弟子手中再度兴起:先是东廓之孙邹德涵于隆庆三年(1569)倡学于青原山、复古书院,

---

① 乾隆《庐陵县志》卷一八《学校志·书院》,1264—1265页。
② 刘洞等编:《传心堂约述》,《青原志略》卷三《书院》,64页。
③ 施闰章:《游青原山记》,《青原志略》卷六《游记》,138页。
④ 见罗洪先:《(戊申)夏游记》,雍正本《念庵文集》卷五,140页。

接着有王时槐、胡直、陈嘉谟、刘元卿、甘采等相继主盟,万历二十一年(1593)邹元标罢官归乡后,①亦在家乡吉水和青原山推动讲学。邹元标与郭子章、萧伯玉、刘同升②等吉安士人商议后,于万历四十三年(1615)将建在寺内的五贤祠和青原会馆移于寺外前山,原来占地归还寺中。③ 然而青原会馆的独立建设并没有带来邹罗聂欧时代讲会的繁荣,由于王门后学流弊的产生、张居正毁禁书院的弹压、明朝的灭亡等诸多因素,青原讲会渐随王学的式微而衰落。

青原会上,乐安东门邹氏族人邹硕请谱序,作《乐安东门邹氏重修族谱序》,言"良知精明"、"戒慎恐惧"之旨,鼓励邹氏"深求其本"。

《邹守益集》卷五《乐安东门邹氏重修族谱序》:往岁易斋大夫奉使于闽,道出乐安,实与东门通谱……嘉靖辛卯,庠生硕与从子人望谋于众曰……逾年而始就……又逾年,携示于青原山中,某受而读之,曰:"子之言美矣,又何加焉?无已,则请以孝敬之本为昆弟子姓切磋之。"夫孩提而知孝,及长而知敬,彼岂尝读书史、通名物而后能乎?良知之精明真纯,不为嗜欲所蔽,则天机发露,如源泉混混,东注而不竭。故生必尽养,没必尽哀,祭必尽诚,兄弟必尽翕,族里必尽

---

① 王时槐(1522—1605),字子植,号塘南,出安福南乡金田王氏,嘉靖二十六年进士;胡直介绍见嘉靖三十五年条;陈嘉谟(1521—1603),字世显,号蒙山,庐陵人,嘉靖二十六年进士;刘元卿(1544—1609),字调父,号泸潇,出安福西乡南溪刘氏,隆庆四年(1570)举人;邹元标(1551—1624),字尔瞻,号南皋、忠介,吉水人,万历五年(1577)进士,以上诸人均列入《明儒学案》之《江右王门学案》。
② 郭子章(1542—1618),字相奎,号青螺,自号蠙衣生,泰和人,隆庆五年(1571)进士。曾任都御史、贵州巡抚、兵部尚书等职。亦精医学。刘同升(1587—1646),字晋卿,又字孝则,吉水人,崇祯十年(1637)丁丑科状元。
③ 事见罗大纮《禅林讲堂录》、药地无可智《青原山水约记》《青原志略》卷六《游记》等文献。又《江西通志》卷九《山川·青原山》载:"乙卯岁,邹元标、郭子章移会馆于翠屏山之阳,建五贤祠。"见《文渊阁四库全书·史部》513册,312页。

仁,莅官必尽敬,是谓溥博渊泉,而时出之。先民戒慎恐惧之学,造次颠沛,参前倚衡,所以懋浚其源,惴惴虑其壅之也。是以蕴之曰德,发之曰功,述之曰言,彼续谱以昭先范后,则言辞之一端耳。子且以世之从事于谱者,咸能尽其孝敬已乎?修辞立诚,由盈科而放四海,是之谓有本。若以备门户,徼声誉,奚异于集沟浍以自盈也?凡我邹之世,幸相与深求其本,以无替我七仁!(304—305页)

青原会后,致书广东高州知府石简,论良知本体及戒惧、慎独工夫。

《邹守益集》卷一〇《复石廉伯郡守》:青原之会,先师尝命之,乃今十有四年,始克一集……良知之本体,本自廓然大公,本自物来顺应,本自无我,本自无欲,本自无拣择,本自无昏昧放逸。若戒慎恐惧不懈其功,则常精常明,无许多病痛。特恐工夫少懈,则为我、为欲、为昏、为放,虽欲不拣择,有不可得尔。高州虽远,其为天地万物一也。持慎独之教以往,勿忘勿助,以收中和位育之效,譬诸舟坚舵固,又何巨浪飓风之患?此吾兄今日之素位实学也。索居之虑,正是吾辈通患,然独知之明,即是严师。为其所为,欲其所欲,无为其所不为,无欲其所不欲,便是终日在阳明洞中矣。(511—512页)

按:"石廉伯"即石简,时任高州知府。

冬,阳明弟子、安福县学训导方绍魁赴任商河,行前向东廓请教,东廓言"治与教无二学"、"良知为天然自有之规矩"、"依良知以开物成务",为作《赠南海方子之商河序》。

《邹守益集》卷四《赠南海方子之商河序》:南海方子受学于阳明先师,复游甘泉先生之门,其署教吾邑也,协于寮友,诱掖于诸生,予扶病而归,亦获切磋焉。嘉靖癸巳冬,拜商河之命,以行,寮友汪子、莫子,怀其协也,眷然来征言。诸生感其诱掖也,彬然咸造。东廓子曰:"是可以占方子之学矣!抑治与教,无二学也。学于商河,犹其学于安福而已。是故伊尹学于莘野,傅说学于版筑,胶鬲学于鱼盐,颜子学于陋巷,周公学于赤舄。农工则异业矣,隐显则异位矣,而学无弗同也。"方子亦重其别也,过予而请其目。曰:"吾欲省耕敛以劝农桑,则奚若?"曰:"知急民事矣。"曰:"吾欲慎狱讼以免冤滥,则奚若?"曰:"知重民矣。""吾欲严吏胥以清官府,则奚若?"曰:"知防奸矣。""吾欲诘盗贼以靖四境,则奚若?"曰:"知禁暴矣。""吾欲昭礼制以隆丧祭,则奚若?"曰:"知敦俗矣。""吾欲谨庠序以纳诸大道,则奚若?"曰:"知正人心矣。"方子瞿然避席曰:"以绍魁之辱爱于子也,子独无以规之?"曰:"益也闻诸父师曰:'良知也者,天然自有之规矩也;致良知也者,执规矩以出方圆也。'子务致其良知,常精常明,不为自私用智之所障,则执规以为圆,执矩以为方,虽千变万状,绰然有余裕。是故以急民事而耕敛省,以重民命而狱讼慎,以防奸而吏胥清,以禁暴而盗贼除,以敦俗而礼制昭,以正人心而庠序谨,无往非天德之流行矣。若止以比拟于形迹,点检于事为,而大公顺应之体未免于有障,是摹方而效员者也,将必有所不通。世之学者,不自信其良知为足以开物成务,而谓必假于外以增益之,果若而言,则修己以敬可以安百姓,戒慎恐惧可以位育,扩充四端可以保四海,将非圣门简易之学乎?"(171—172页)

按:"南海方子"即方绍魁,字三迟,广东广州府番禺县人,嘉靖间举人,时任安福县学训导。①《邹守益集》还收录有东廓为其所母所作的《书方节妇卷》(卷一八)。

致书吉安知府杨彝,为吉安盗贼问题献计。

---

① 见同治《安福县志》卷七《秩官》,93页。

《邹守益集》卷三《简杨几川郡侯三章·一》：盗贼充斥,日以滋蔓,倚凭城社,肆无顾忌。昨西塘公按踏县治,亲见猖獗之状,若中丞守巡诸君子不一惩艾,气焰将不可向迩矣！众议县治之建,必数年乃集,欲救目前之急,须仿南安捕盗通判事例,专选一员住札洋槎,以斩割三县都分机兵,付之操炼,其老弱者出役钱以募壮勇,仍移巡检司以供使,令安永二千户所,于军政内添设巡捕,百户二员,咸听调遣,各都大户尽立保甲之法,画地而守之,获贼者悉以所得给之,仍照例赏犒,纵贼者责令赔所失之赃。则事权重大,可以号召,赏罚信必,可以惩劝,其亦庶乎可止也。陆尹新至永新,锐然有为,南乡之盗,可尽委之,计当有以报。明公方集思广益,不敢自外,谨以备采择。(686页)

按："陆尹"即陆粲,嘉靖十二至十五年知永新县,从"新至永新"推知此书作于是年。

黄宗明在福建致书东廓,论已发未发、主静寡欲之旨等,东廓答书《复黄致斋使君》,言"体用非二物","主静寡欲"与"戒慎恐惧"名言虽异而血脉则同,不相假借而工夫具足。

《邹守益集》卷一○《复黄致斋使君》：君侯莅吉,未及期年,而庶士庶民眷然怀思,至今不能忘。扶疾南归,目击时事,遇盗贼猖獗,权豪横肆,士习浇漓,必相与慨慕曰："使致斋公在,当不至此。"因叹儒者之效,章明显著如此！旬宣之政,不得之吾邦,而得之闽,何吾邦之不遇也！……所示已发未发之旨,及主静寡欲之说,足见日用切实工夫,直写胸中所自得。然鄙人所闻,亦不敢不竭尽其愚。夫良知一也。有指体而言者,寂然不动是也;有指用而言者,感而遂通天下之故是也。指其寂然处,谓之未发之中,谓之所存者神,谓之廓然而大公;指其感通处,谓之已发之和,谓之所过者化,谓之物来而顺应。体用非二物也。学者果能戒慎恐惧，实用其力，不使自私用智之障得以害之，则常寂常感，常神常化，常大公，常顺应，若明镜莹然，万象毕照，未应不是先，已应不是后矣。主静寡欲，皆致良知之别名也。说致良知，即不消言主静；言主静，即不消说寡欲；说寡欲，即不消言戒慎恐惧。盖其名言虽异，血脉则同，不相假借，不相衬贴，而工夫具足。此先师所谓凡就古人论学处说工夫，更不必搀和兼搭，自然无不脗合贯通者也。高明深造，其何以嗣教之？（496—497页）

按：嘉靖十一年十一月，兵部右侍郎黄宗明以论救编修杨名出为福建参政，十二年九月召回，任礼部右侍郎。① 上文"扶疾南归"指东廓于嘉靖十一年因病回安福，"旬宣之政，不得之吾邦，而得之闽"说明黄宗明时任职于福建，故推知此书当作于是年。

是年或稍后，有《简方时勉》一书，论实学、虚见、自快于良知、主敬等。

《邹守益集》卷一〇《简方时勉》：就医钱塘，甚劳远来，多病所困，殊无相长之助……敝邑惜阴之会，举于各乡，而春秋胜日，复合九邑及赣、抚之士会于青原，交砥互砺，甚有警发。乃知吾辈工夫，须有必为圣人之志，则精神命脉真纯不杂，而穿衣吃饭，步步皆实学。若比拟文义，依凭言语，以博闻强记测度景象，终不免落入虚见矣。虚见者，如门外而谈堂，堂下而谈室，虽百猜百中，终非真实实见者。在门谈门，在堂谈堂，在室谈室，横说直说，皆是真实不诳语矣。时勉来札，语意犹有出入，犹是以闻见测度，非自得之功。其末谓昏弱之甚，习蔽日深，故摆脱不开，扩充不去，此却正好商量。以时勉之质，岂是昏弱？特以平日就文义言语上测度，故不免障蔽，须是从摆脱不开处

---

① 见《明世宗实录》卷一四四，嘉靖十一年十一月条；卷一五四，嘉靖十二年九月条。

着实摆脱,从扩充不去处着实扩充,务求自快于良知,而不肯因循以自诳,则动静自合机,内外自合原,人我自合体,有不待比拟想象而得之矣。圣门修己以安百姓之功,只是一敬字。果能实见敬字面目,则即是性分,即是礼文,又何偏内偏外之患?若岐性分、礼文而二之,则已不识敬,何以语圣学之中正乎?(504—505页)

按:上书提到"就医钱塘"(嘉靖十年)及青原讲会(十二年)事,故推知此书当作于是年或稍后。

是年其他著作:

《叔父重斋居士墓志》(1533—1534年,卷二一)。《封文林郎华亭知县水云聂公墓志铭》(卷二一)。《知成都府容庵刘君墓志铭》(卷二二)。

嘉靖十三年甲午(1534),四十四岁

二月,遭夺官。东廓于嘉靖十年以病请告归,其事当由南京礼部核实,时尚书严嵩尚未抵任,令礼部左侍郎黄绾处理。黄久拖未报,东廓未得报而回籍。至是年,吏部尚书汪鋐承内阁首辅张璁旨发露其事,弹劾黄绾欺瞒不报、仪制司郎中季本虚文掩护。疏入,东廓遭革职,严嵩夺俸二月,季本降二级调外任。黄绾虽经汪鋐弹劾,因其"大礼议"中附和世宗,仍留任如故。

《明世宗实录》卷一五九,嘉靖十三年二月乙亥条:乙亥(按,八日),先是,南京礼部主客司郎中邹守益引疾乞归,行南京礼部核实。时尚书严嵩尚未抵任,令礼部左侍郎黄绾方以右侍郎摄部篆,久之未报,而守益已回籍年余矣。至是,吏部尚书汪鋐发其事,诏革守益职,命吏部查参以闻。鋐因劾绾不能纠正所属,敢为欺蔽,仪制司郎中季

本职在承行，虚文掩护，并宜加罪。尚书嵩抵任在浚，情犹可原。疏入，得旨调绾外任，嵩夺俸二月，本降二级调外任。会太常寺先祈请祈谷导引官，上念绾尝赞大礼有劳，命复原任充之。鋐意不惬，乃再疏攻绾，且掇及他事，诏如前旨，仍调外任，而导引官以户部侍郎张云充之。于是绾上章自理……（3563—3564页）

《明史》卷一九七《黄绾传》：初，绾与璁深相结，至是，夏言长礼部，帝方向用，绾乃潜附之，与璁左。其佐南礼部也，郎中邹守益引疾，诏绾核实。久不报，而守益竟去。吏部尚书汪鋐希璁指疏发其事，诏夺守益官，令鋐复核，鋐遂劾绾欺蔽。璁调旨削三秩出之外，会礼部请祈谷导引官，帝留绾供事。鋐于是再疏攻绾，且掇及他事，帝复命调外。绾上疏自理，因诋鋐为璁鹰犬，乞赐罢黜以避祸。帝终念绾议礼功，仍留任如故。绾自是显与璁贰矣。（5220页）

按：汪鋐（1466—1536），字宣之，号诚斋，南直隶徽州府婺源人。弘治十五年进士，嘉靖十一年九月改吏部尚书，十三年七月兼兵部尚书，十四年九月致仕。赠少保，谥荣和。传见严嵩《太子太保吏部尚书兼兵部尚书汪鋐传》（《国朝献征录》卷二五）。

黄绾（1480—1554），字宗贤，号石龙、久庵，浙江台州府黄岩人。以祖荫入官，累官至礼部尚书兼翰林学士。黄绾初宗程朱，后转师阳明，阳明殁后多次上疏为之争"名分"，并嫁女于阳明哲嗣王正亿并抚养其成人；晚年转而批判心学。著有《四书五经原古》、《明道编》、《石龙集》等，传见《明史》卷一九七、李一瀚《礼部尚书兼翰林院学士黄公绾行状》（《国朝献征录》卷三四）、徐象梅《黄宗贤先生传》（《两浙名贤录（一）》卷四）。

欧阳德曾叙述东廓遭夺官一事之背景："当柄之臣初甚重阳明公，已而渐生衅端。盖始而薛中离，继而唐子忠、朱子礼、魏水洲诸人,皆不利于柄臣。黄致斋、王定斋又尝为水洲解怨于柄臣,而水洲竟有论劾,遂并疑二公相党以相害。诸公皆阳明之徒也。忌疾竞进者因而进谗,将以抑人之进而伸己,而有怨者又复酝酿其间,故诸公皆落职。近日为邹东廓告病擅自回籍,吏部忽然查奏,并及南礼部行勘不报,追罪黄久庵、季明德,皆外补。久庵乃柄臣之最厚者,以其所甚厚之人而排之至此,此非有所激于中,而又有酝酿之者耶?况邹、季二公又皆吾党,奏中又以学为言,其意居可知矣。"①以此可知,"汪鋐希璁指疏发其事,诏夺守益官"与张璁等权臣对阳明弟子的排挤打压有关,不止东廓,薛侃(号中离)、黄宗明(号致斋)、王应鹏(号定斋)、②魏良弼(号水洲)、黄绾(号久庵)、季本(号彭山)等阳明弟子皆落职。聂豹称之为"党祸"。③

春,与钱德洪至永丰,游泷冈,同访聂豹,于崇玄宫聚讲,为永丰钟氏作《天申集序》。其后与钱德洪、聂豹同赴青原会。

《邹守益集》卷五《崇玄寿言》:嘉靖甲午,绪山子偕访双江子,聚诸友于崇玄,丽泽乾乾惕若之功。嗣是会于青原,约于崇福,咸是志也。(287页)

《邹守益集》卷二《天申集序》:东廓子与绪山子游于泷冈,双江子肃客于崇玄之宫。四乡同志自远而切磋,盖钟氏预者五人焉。将别,钟生侃出《天申集》以征言。(76页)

---

① 《欧阳德集》卷六《家书抄·七》,甲午闰二月五日,205—206页。
② 王应鹏(1465—1536),字天宇,号定斋,浙江宁波府鄞县人,正德三年进士,累官至都察院右副都御史。少从阳明游。传见《国朝献征录》卷五五《都察院右副都御史定斋王公应鹏家传》。
③ 见《聂豹集》卷四《送彭山季子擢长沙序》:"季子(按,季彭山)与予同举正德十二年进士……复以党祸谪判辰州。"(86页)吴震认为,此与欧阳德所记为同一事。见氏著:《明代知识界讲学活动系年》,65页。

同治《永丰县志》卷八《建置志·寺观》:崇元观,在县治西坊隐居寺左,宋淳熙间邑东秘监伍顺建……明聂贞襄与邹东廓、钱绪山常讲学其中。(王建中等修、刘绎等纂,清同治十三年刻本,《中国方志丛书》760号,台北:成文出版社,398页)

按:"泷冈"一名,检诸万历《吉安府志》,有"泷冈书院"在永丰(卷一五《学校志》),为祀东廓同宗先祖邹瑾而建(见正德十一年条);"欧阳文忠公祠,在(永丰)县南沙溪泷冈上"(卷一六《祠祀志》),另吉水县之"泷冈"在文昌乡(见卷一二《山川志》)。东廓所至当为永丰之泷冈。

崇福,指安福崇福寺,见下年条。

"双江子"即聂豹(1487—1563),字文蔚,号双江,吉安府永丰人,正德十二年进士,阳明弟子,主"归寂说",列入《明儒学案》卷一七《江右王门学案二》。著有《双江聂先生文集》,传见宋仪望《双江聂公行状》(《华阳馆文集》卷一一)。聂豹与东廓交往甚密,《邹守益集》收录有《双江聂子寿言》(卷三),《复聂双江文蔚》、《再简聂双江》(均见卷一〇),《简复聂双江》、《再简双江》、《简双江聂司马》(均见卷一一),《简聂双江三章》(卷一二),《双江念庵二兄聚行窝简诸同游四首》(卷二五),《同念庵登双江凌空阁用白沙公韵》、《宿凌空阁呈双江念庵诸同游》(均见卷二六)及为聂豹父聂凤所作的《封文林郎华亭知县水云聂公墓志铭》(卷二一)、为其宗族所作的《永丰聂氏谱序》(卷三)等诗文。

闰二月十八日,邹东廓、聂豹、罗洪先等集吉安府九邑士人于青原山举讲会,泰和县学教谕文大才、万安县学教谕林相亦与会。东廓将其讲语《录青原再会语》赠之,论及濂溪、明道、阳明学旨。

《邹守益集》卷八《录青原再会语》:学圣之要,濂溪先生所以发孔孟之蕴也。一也者,良知之真纯而无杂者也。有欲以杂之,则二三矣。无欲也者,非自然而无也。无也者,对有而言也。有所忿懥好乐,则实而不能虚;亲爱贱恶而辟,则曲而不能直。故《定性》之教曰:"君子之学,莫若廓然而大公,物来而顺应。"大公者,以言乎静虚也;顺应者,以言乎动直也。自私用智,皆欲之别名也。君子之学,将以何为也?学以去其欲而全其本体而已矣。学者由濂溪、明道而学,则纷纷支离之说,若奏黄钟以破蟋蟀之音也。廓然大公,所存神矣;物来顺应,所过化矣。故赏善而举之,非作好也;罚恶而诛之,非作恶也。天命天讨,而吾无加损焉,是之谓王道。后世封即墨以示劝,烹阿以示惩,犹伐原以示信,大搜以示礼,毕竟霸者作用,非真纯无杂之发也……嘉靖甲午闰月己卯,同志再会于青原,二百余人。文君希周教泰和,林君朝相教万安,闻之忻然,相与切磋焉。二邑之士,喜其得师也,持卷以书切磋之语,曰:"命名二君子展卷相思,虽别犹未别也。"因力疾书此以求正。(443—444页)

聂豹:《聂豹集》,卷五《永宁重修儒学记》:甲午仲春,予与东廓邹子暨九邑诸友会讲于郡之青原山。(112页)

四库存目本《东廓邹先生文集》之《录青原再会语》中作"嘉靖甲午闰月巳卯",①《邹守益集》中作"己卯",干支中无"巳卯",当年闰二月亦无"己卯",故原文有误,当为"乙卯",即二月十八日。

聂豹自嘉靖十年丁父忧,"杜门不出,前后凡十年"。② 此间多参与王学讲会。

罗洪先(1504—1564),字达夫,号念庵,吉安府吉水人,嘉靖八

---

① 见《四库全书存目丛书·集部》65册,678页。
② 宋仪望:《双江聂公行状》,《华阳馆文集》卷一一,《四库全书存目丛书·集部》116册,403页。

年状元,江右王学代表人物。是年青原会罗洪先亦参与。据罗洪先《东川先生行状》载:"壬午(按,当为"甲午"之误),东廓邹子讲学青原山中,时与往来议论",①盖指罗参与青原讲会一事。罗洪先自嘉靖十三年至嘉靖十八年丁忧,②期间在家乡多参与讲会。罗洪先著有《念庵罗先生文集》(明隆庆元年胡直序刊本),传见胡直《念庵先生行状》(《衡庐精舍藏稿》卷二三)。东廓与念庵交往甚密,《邹守益集》收录有《简罗念庵三章》(卷一二)、《双江念庵二兄聚行窝简诸同游四首》(卷二五)、《简念庵馆长石莲洞》、《用艮山叔韵呈莲坪念庵诸君子》、《同念庵登双江凌空阁用白沙公韵》、《宿凌空阁呈双江念庵诸同游》(均见卷二六)等诗文。

"文君希周"即文大才,字或号希周,湖广黄州府广济人,举人,嘉靖十年起任泰和教谕。③

"林君朝相"即林相,字或号朝相,浙江嘉兴府海盐人,嘉靖元年举人,嘉靖十二年起任万安县学教谕。④

此次青原会,东廓延请吉水县大儒李中与会,李回书质疑阳明知行合一说,引《易传》"知至至之"、"知终终之"驳之,称病婉谢,派其子赴会。东廓答书承阳明学思路论知行合一,言"知至知终"与"至之终之"合一,并附《跋〈古本大学问〉》向其讨教。

李中:《谷平先生文集》,卷三《答邹谦之·甲午》:尝闻"知至至之,知终终之",孔门之学也。今日学术,必无以异于此矣。学术异同,往往皆然。往岁在虔州,尝(与阳明)致辨再三。后在南宁,阳明

---

① 《念庵文集》卷一三,《文渊阁四库全书》1275册,306页。
② 见胡直:《念庵罗先生行状》,《衡庐精舍藏稿》卷二三。
③ 见道光《泰和县志》卷一三《秩官·学官》,11页。
④ 见同治《万安县志》卷八《秩官志·教谕》,10页。

翁语石南仲以此。一日,南仲兄语及中,谓:"道一也,何有异同?……近者闻一二后生慢骂宋儒,毁斥古训,似此个习气滋蔓,为害非细。今日变化之机,正在执事与诸君子……奈以痰火病卧,遂阻其行。敬遣小儿赍书请教。"(《四库全书存目丛书·集部》71册,594页)

《邹守益集》卷一〇《复李谷平宪长》:青原再会,同志四集,渴望长者一临以匡翼之,而贵恙所阻。甚矣,嘉会之难也。令郎惠来,获奉至教,所以磨偏去蔽,宛然如面谈。感服感服!夫德业非二物也,自忠信之存主谓之德,自忠信之运用言语威仪谓之业;知行非二功也;自主忠信之精明谓之知,自主忠信之真纯谓之行;始终非二截也,自忠信之入门谓之始,自忠信之成就谓之终。故笃恭之功,即其内省不疚之不息者也;笃行之功,即其学问思辨之不息者也。后儒乃以"知至至之"为致知、为进德,以"知终终之"为力行、为修业,将无失之支乎?知至知终者,知也;至之终之者,行也。始终条理,知行未尝离也。故知事亲从兄而弗去,乃为智之实。而择乎中庸,不能期月守,则比于自投罟获,不知为智。此孔孟之学术也。学术异同,只是学者所行有偏正,故所见有偏正。道若大路然,非有二也,行路者自二之耳。慢骂毁斥之戒,在后生轻俊者亦诚有之。似此习气,只是好名求胜,非有真切为己之志,便不可以入忠信之道矣。然异同之间,亦当慎察。同于孔孟者不可以苟訾,异于孔孟者亦不可以苟徇。晦庵先生平日所尊信者,二程也,洒扫应对本末之辨、穷理尽性至命之旨,毕竟未合于一,则将谓之毁斥二程,可乎?《大学·中庸或问》,历取诸家异同而指摘正求,不遗余力,何也?道也者,天下之公道也,公言之而已,非以党同伐异,为一家之私言也。近跋《大学》古本,颇述此意。谨寓上求教,伫望药石,以起痼痗。(505—506页)

《邹守益集》卷一七《跋〈古本大学问〉》:圣学之明,其在《大学》乎! 圣学之不明,其在《大学》乎! ……圣学之篇,要在一者无欲,无欲则静虚动直;定性之教,以大公顺应学天地圣人之常,其于《大学》之功,同邪异邪? 阳明先师恐《大学》之失其传也,既述古本以息群疑,复为问答以阐古本之蕴,读者虚心以求之,沂濂洛以达孔孟,其为同为异,必有能辨之者。(800—801页)

按:《大学问》见《王阳明全集》卷二六,此文成书于嘉靖六年,是阳明于起征思、田前就古本《大学》答门人之问,钱德洪记。

青原会后,致书王畿,认同其"自信本心"说,云讲会"甚有警发","始悟从前比拟想象,自以为功,而反生一层障"。

《邹守益集》卷一二《简王龙溪》:所谕"学问惟是自信本心,终日变化云为,以直而动,乃见天则。种种意解闻见,皆是闲图度虚凑泊,与本心原不相干"。旨哉,其言之也! 青原再会,同志四集,磨偏去蔽,甚有警发。始悟从前比拟想象,自以为功,而反生一层障矣。然须实见本心,乃知此味。若以闲图度虚凑泊认作本心,则去道愈远。此正吾兄师教铎者所宜精察而明辨也。核田之事……最后得秋崖使君力任其劳,亲临以核,而竹墟郡守以情法酌处之,皆畏威怀德,而无复异议……(617—618页)

从"核田之事"已毕可知此书当作于嘉靖十三年前后(参十一年条),故"青原再会,同志四集"指继嘉靖十二年后的第二次青原讲会。

八月十八日,参与庐陵油田彭氏在广法寺举行的惜阴会,五日而毕。为作《书广法文会题名》,申致良知之旨。

《邹守益集》卷一七《书广法文会题名》:嘉靖甲午八月十八日,油田彭氏举惜阴之会于广法寺,其族之长幼预者四十有四人,其姻邻预者十有四人,吉水二人,安福十有三人,会五日而毕……东廓子曰:……诚伪由己,而由题名乎哉?二三子亦知好恶之公乎?诚以自成,乡之人所同好也;伪以自败,乡之人所同恶也。岂惟乡之人为然,考于三五,俟于百世,溥于四海,是天然自有之良知也。知其同好也,而好之如好好色,不使有以尚焉,斯能致其知善之良知矣;知其同恶也,而恶之如恶恶臭,不使加于身焉,斯能致其知恶之良知矣。是致知之学,曰长幼,曰卑尊,曰智愚,曰贤不肖,无一人而不可学,有不可学焉,则良知有二矣;曰终食,曰造次,曰颠沛,曰出门,曰使民,曰立,曰在舆,无一时而不当学,有不当学焉,则良知有息矣。圣门之律令曰:"若圣与仁,则吾岂敢?抑为之不厌,诲人不倦。"不厌不倦,夫是之谓惜阴之功。凡我同会,其敬求之,尚不愧于广法!(823—824页)

《邹守益集》卷一三《简郭松岩》:青原辱诸君子之规,甚有儆发。悠悠半载,日见颓废。故广法之会,正图以矫轻儆惰,交受丽泽,而吾兄乃以事他适,殊深耿耿。(676页)

按:油田彭氏在庐陵。① 此类讲会不同于以讨论阳明学义理为主的讲会,而是在家族内举行的、以劝善规过、教化大众为主要内容的讲会。

《简郭松岩》书云广法会在青原会半年后,正与上条青原会相应,可知广法会举于是年。

惜阴会期间,门人彭沦及其兄彭西屏(号)等请东廓至静观亭论学,言心体之静为无静无动,是谓至静,作《静观说赠彭鹅溪》,彭沦将此文置于亭楣。

---

① 见《邹守益集》卷二三《明故鹅溪彭君丽川墓志铭》,1056页。

《邹守益集》卷九《静观说赠彭鹅溪》:鹅溪子之学于东廓子也,延至于油田,复延至于广法。其兄西屏子肃客,升"江月"之楼,入"静观"之亭,率二子姜、蔡,俾卒业焉。客曰:"何哉,所谓静者?"主人曰:"是亭也,万籁俱寂,一尘不入,故窃取于程子之诗,将图以自励焉。"曰:"是地之静,非心体之静也……"……曰:"愿闻心体之静。"曰:"天之普万物也,鼓以雷霆,润以风雨,经以寒暑,若是乎时变也,而曰上天之载无声无臭,是天地之静也。人之顺万物也,容以宽裕,执以刚毅,敬以中正,别以密察,若是乎时出也,而曰戒慎不睹,恐惧不闻,是心体之静也。"曰:"既静矣,何以观焉?"曰:"戒慎不密,憧憧往来,虽欲观之,将迷缪其天则。子取于程子之诗,而忘程子之学乎?戒慎不杂,去私与智,则廓然大公,所存神矣;物来顺应,所过化矣。所存者神,是谓静而无静;所过者化,是谓动而无动。无静无动,是谓至静。若然者,将日月与明,江河与流,其斯为静观之学乎!"……鹅溪子曰:"吾彭氏之宗,幸知励矣,请得而顾諟之,以恒其功!"乃次其说,置诸亭之楣。(483—484页)

按:"鹅溪"即彭沦(1483—1547),字丽川,号鹅溪,出庐陵油田彭氏,嘉靖十三年师事东廓,是讲会的积极参与者。《邹守益集》还收录有《彭鹅溪蘧斋记》(卷六)、《答彭鹅溪》(卷一三)、《明故鹅溪彭君丽川墓志铭》(卷二三)、《简鹅溪行窝》(卷二五)等诗文。

冬,至永丰,与聂豹等会讲于崇玄宫。

《邹守益集》卷一九《权节妇传》:甲午之冬,益过永丰,与同志切磋于崇玄。双江聂子豹曰……(903页)

吉安府通判赵廷松将北上考绩,为作《赠俟斋赵侯考绩序》,论考绩,赞其为官之绩。

《邹守益集》卷五《赠俟斋赵侯考绩序》:客问考绩之说。曰:"考于上,莫若考于下;考于众,莫若考于独;考于一世,莫若考于百世。"曰:"奚为而考于下?"曰:"听远者闻其疾,而不闻其舒;视远者见其貌,而不见其形。立乎岩廊,以察郡邑,其耳目也易眩。若下之于上也,一令而臧,则受其休,一令而不臧,则受其戚。彼以其身受休戚者也,又乌得而眩诸?"曰:"奚为而考于独?"曰:"人以为迂,我以为仁;人以为执,我以为义;是众非之而独是之也。我以为狥时,人以为宽厚;我以为立威,人以为搏断;是独非之而众是之也。真是真非之辨,非独知,其孰定之? 故溥之而考于下,可以观政矣;精之而考于独,可以观德矣。古之善受天下之考者,亦莫不由斯道也。毁言日闻矣,而民安之,必以为臧;誉言日闻矣,而民怨之,必以为不臧。不臧矣,虽顺己而必黜之;苟臧矣,虽忤己而必陟之;夫是以察天下之政,而容天下之德。嘻! 兹道也,盖古之典也。"吾郡俟斋赵侯……淹三岁矣,始报政于京师。察友麦侯、徐侯议曰:"赠之有言,古矣。"伻来以告,辞不获命……俟斋子之敷政九邑,弗获周知也。以吾邑观之,有隐功者二焉……(236—237页)

按:"俟斋赵侯"即赵廷松(1495—1557),字子后,号俟斋、鹤山、徂徕山人,浙江温州府乐清人,嘉靖二年进士,官至山西左布政使。著有《敝帚集》,传见侯一元《明通奉大夫山西布政司左布政使俟斋赵公墓志铭》(《二谷山人集江右稿》卷乙)、光绪《乐清县志》卷八《人物志》。赵廷松于"大礼议"时与东廓同为"护礼派",因参与"左顺门事件",遭廷杖几死,被贬出京。嘉靖十年至十三年任吉安府通判,于丈田、平寇均有功。赵于十四年转任北直隶真定府同知,[①]故

[①] 以上赵廷松事迹见陈彩云校注:《赵廷松集》(原名《敝帚集》,北京:线装书局,2009年),附录四《赵廷松年谱简编》,537—539页,该集附录中收录有侯一元《墓志铭》。

推知此文当作于十三年底赵北上考绩前。

　　胡万里任广德州知州,欲将嘉靖五年由州守龙大有主修、通判邹守益总纂、成稿未梓的《广德州志》续成,派人至安福索旧稿。东廓付以旧稿,作《广德州志序》,嘱以"昭明德,以立大公而扩顺应"之旨教民。明年,胡万里调离,朱麟继任州守,续成《广德州志》。

　　《邹守益集》卷三《广德州志序》:嘉靖丙戌,某判广德二年矣。日与诸生从事于复初之教,会茶陵龙子大有视州政,亟以州志见委……于是稽群籍,访故老,定为图、为表、为志、为传,凡十有七卷。逾年将就绪,而龙子与予陟南都以去。后政者不相谋,遂以中尼。比予卧疾山中,而胡子万里自关中来视政,亟遣使索旧稿,如龙子之委。乃束稿付诸生,使敬图其终。而复于胡子曰:"复初之教,其责又在子矣!其与诸生日昭明德,以立大公而扩顺应,章好以示民之俗,慎恶以御民之淫,使四恶以屏,三美以臻,勒成邦国之典,则谋始者藉以不替,而效法者视以不眩,皆子之赐也……"(147页)

　　光绪《广德州志》卷首《旧志缘起》:嘉靖《广德州志》,嘉靖五年,判官邹守益纂,州守龙大有主修。未成,徙官去。至十四年,州守朱麟取旧稿续成之。(《中国方志丛书》705号,台北:成文出版社,67页)

　　光绪《广德州志》卷二六《秩官志·守令二》:胡万里,字伯宁,陕西咸宁人,进士。嘉靖十三年任。调补郑州。朱麟,字子仁,江西万安人。进士。嘉靖十四年任。(同上注,1518—1519页)

　　是年或稍后,作《叙永新乡约》。

　　《邹守益集》卷二《叙永新乡约》:古者大学之教,以修身为本。是学也,达乎诸侯大夫及士庶人。庶人之等悬矣,而身有不修,则亲爱、贱恶、长敬、哀矜,举辟而不中节。以父母则弗能孝,以长上则弗能敬,以乡里则弗能睦,以子孙则弗能训,以生理则弗能安,而非为日作,灾害日侵。故善立教者,必造端于庶人,比长、间胥相与戒其奇衺而劝其敬敏任恤,是以人人迁善改过,潜移默化,以升于大猷。我高皇之锡福庶民也,创为敷言,以木铎徇于道路,视成周之教,易知易从,而百尔臣工,忽为弥文,甚者漫不加省,孜孜以期会刑狱取办而上最,噫,岂独古道之不复哉?姑苏陆侯粲以司谏令永新,毅然以靖共自厉。曰:"凡厥庶民,是训是行,将必在倡之者。"乃询于大夫士之彦,酌俗从宜,以立乡约,演圣谕而疏之。凡为孝顺之目六,尊敬之目二,和睦之目六,教训之目五,生理之目四,毋作非为之目十有四。市井山谷之民咸欣欣然服行之,而侯遽投劾以归,不及躬考其成也。呜呼!民之秉彝,好是懿德。凡产于斯者,其夙夜无忘保极之教,而牧于斯者,尚以时稽试,察媺恶而诛赏之,是岂独永新之福,邻邑必当有取法者。(54—55页)

按:陆粲(1494—1551),字子余、浚明,号贞山(真山),南直隶苏州府长洲人,嘉靖五年进士,选庶吉士,改工科给事中。因劾张璁、桂萼谪都匀驿丞,十二年至十三年迁永新知县。① 以母老致仕归,里居十八年而卒。其学长于经史及训诂,著有《左传附注》、《春秋胡氏传辨疑》、《陆子余集》等,传见申时行《给事中陆公传》(《赐闲堂集》卷一八)。万历《吉安府志》载:"长洲陆侯风裁振邑中,(甘公亮)特加敬礼,则为陈御盗殛奸诸要务,又佐之行乡约以化俗。"②据"投劾以归"可知东廓作序的时间在陆粲离任的嘉靖十三年或稍后。《邹守益集》收录有《简陆真山》(卷一二)一书。

---

① 见万历《吉安府志》卷三《秩官表》,38页。
② 万历《吉安府志》卷二五《儒行传》,377页。陆粲传见同书卷一七《贤侯传》。

是年前后,友人董欧致书东廓,以"九宾主人"自号,东廓作《九宾主人辩》回应之,言其有狭隘、玩物之嫌,申"万物一体之教",勉其以"求仁"为的。

　　《邹守益集》卷一七《九宾主人辩》:璜溪董先生之生冢子也,名之曰欧;既冠,字之曰希永。希永祗奉严训,弗敢忘也。阳明先师倡道于虔,予与希永同闻万物一体之学。别来十四五年矣,希永执讯以告曰:"欧性好逸,堂畔构小斋,置琴与书,斋前筑小台,中植松竹梅,左以兰桂,右以莲菊。一日独坐于斋门,启而无叩声,阶苔无履迹,欣然乐其静也,呼童取酒,凭槛而酌之。是九物者,酬酢若宾主焉,遂沉酣而醉。醉中自号九宾主人。愿得一言以赞之。"予读而叹曰:善乎,九宾子之希永也! 是非从六一传中来耶? 予将何以赞子? 其诸万物一体之教乎! 夫一体者,不可牵而合,不可判而离。可合可离,将为偃师之傀儡矣。故万物之色备于吾目,万物之声备于吾耳,虽欲顷刻逃之而不可得,而哓哓焉于一体之中,强名以主,乂强名以宾,不以判乎? 古之人目善万物之色,耳善万物之声,大公而顺应之,初无拣择,而屑屑焉于万之中署其九以宾之,不以隘乎? 且九宾者,未能时与子酬酢也。子将侍杖履于璜溪先生之侧,恭笾豆于文僖公之庙,亲师友于明伦之堂,咏童冠于郁孤之台、通天之岩,竟无移左足而相从者,则乐静之趣,其欣然者不恒寡乎? 六一翁功成而退,籍五物以逸老,比诸轩组累形,超然数等矣,而犹不免于玩物。以子之壮也,而始达于用,父母望子以孝,兄弟望子以友,妻孥望子以惠,宗族乡党望子以睦,子方凤兴夜寐,强恕以求仁之不暇,与九宾相沉酣乎? 子其择之! 以切磋于先师之训,予无以赞子矣。(824—825页)

　　按:东廓与董欧于正德十五年在虔台同学于阳明,从"别来十四五年"推知此文作于是年前后。

是年其他著作：

《静斋陈公偕寿诗序》（卷五）。《新修赣城记》（卷七）。《简黄勉之》（卷一三）。《权节妇传》（卷一九）。《蒙庵刘君应占墓志铭》（卷二一）。

嘉靖十四年乙未（1535），四十五岁

春，在安福崇福寺举讲会。永新学者甘公亮、李俨等召集当地士子周法、贺谨新、李承重、贺梦周等在昊天观举讲会。五月端阳节，东廓至永新与甘公亮、李俨等聚讲，知县徐丙召集同郡之士于贞肃堂、渊默堂会讲，又召本县文武官员参与讲会，于县学明伦堂讲学数日。会上，永新学者仿安福惜阴会之制，隔月会讲于乡，春秋合会于县。作《书永新文会约》。

《邹守益集》卷一七《书永新文会约》：嘉靖乙未之春，永新周生法、贺生谨新、李生承重、贺生梦周，约昊天之会，而莲坪甘子、南屏李子主之。时予方学于崇福，乃许以端阳之期。及期，半溪徐侯闻之，慨然曰："此吾任也。"遂肃客于贞肃堂，相与论一体一家之学，申之以嘉善矜不能之说。明日，同郡之士集焉，乃会于渊默堂，相与切磋于尚志之辨，申之以易恶至中之教。以地之隘也，明日，徐侯率其寮改设于明伦堂，而守御之良、缙绅之彦以造次焉，相与推建学立教之本，申以庸德庸言之式。明日，论德业知行之支也，剖之以忠信修辞之章。明日，证之以《大学》，又证之以《中庸》，而折衷以修己以敬之要。明日，摘诸儒异同，而归之以"一者无欲"、"大公顺应"之学。明日，辨尧舜庶民禽兽之几，申之以辟杨墨、辟佛老、辟时文之弊，而以吉凶影响终焉。于时得于观感，莫不勃然思奋也。古人风草之喻，其

达于感应之机乎！良知之明，人人具足，俗习所障，遂迷其真。得良师帅以鼓舞之，亲之以一体，恤之以一家，则善者日勤，不能者日跂，其孰忍甘于暴弃者？诸生喜其俗之易感而惧其功之难恒也。乃仿惜阴之例，间月各会于乡，而春秋合会于邑，置为文会，约相与遵而习之，以无忘良师帅及乡先生之训。(807页)

《江西通志》卷一一二《寺观二·吉安府》：昊天观，在永新县城内东街，二聂真人道场。(《文渊阁四库全书·史部》516册,688页)

《邹守益集》卷一一《再简中山》：五月，力疾永新莲坪诸公切磋一番，又觉警醒。古人以离索为过，信不诬也。(559页)

按：东廓《寿莲坪甘郡侯先生七十序》中谈到甘公亮、李儼召集的昊天观讲会是吉安府九邑士人参加的大型讲会："(甘公亮)归而取善青原，深造正学，与南屏李柱史启九邑大会于昊天观，汲引俊髦，眷然欲同升于大猷也。"①但文中未提时间，似指是年仲春的昊天观讲会。

"莲坪甘子"即甘公亮(1482—?)，字钦采，号莲坪，吉安府永新人，正德三年进士，官惠州知府等。"归田四十余年，幽居简出，而独讲业于安成、于青原，远在百数十里外，非疾未尝不亟往。尝偕东廓先生为衡岳之游，一时唱和。"②《邹守益集》还收录有《马颊道中怀莲坪南屏二君》、《同莲坪郡守宿葛仙坛谈祝融旧约》、《次莲坪聚石屋韵时念庵先至》、《次莲坪东阳行窝韵》(均见卷二四)、《用艮山叔韵呈莲坪念庵诸君子》(卷二五)及为其父甘彦所作的《竹屋先生墓表》(卷二四)等诗文。

---

① 《邹守益集》卷三,131页。
② 万历《吉安府志》卷二五《儒林传》,377页。

"南屏李子"即李俨,字民望,号南屏,吉安府永新人,正德九年进士,嘉靖初年任监察御史,出按应天,后乞终养,遂不复起。"居乡仿行蓝田乡约,率里人讲学,务实行,不为虚论,卒而祀于社。"①李俨与东廓交谊深厚,所谓"同讲于年谊,同启于昊天,同事于广德",并送其子李承重学于东廓。②《邹守益集》还收录有《赠南屏子》(卷四)、《简李南屏》(卷一二)、《复李南屏二章》(卷一二)等文。

"半溪徐侯"即徐丙,字子南,号半溪,浙江湖州府长兴人,正德二年举人(与徐爱、蔡宗兖等阳明弟子同年),官国子监丞。嘉靖十三至十六年知永新县。③ 徐丙热心教育,与阳明学者多有交游。正德九年,徐丙任六合县教谕,与县尹万廷珵等重修六合县学,阳明为作序。④ 嘉靖十三年,甘公亮、李俨在永新兴文阁举惜阴大会,即由徐丙主持;⑤十四年九月在安福举行惜阴会(见下条),徐丙特地从六合县携其子徐毅甫赶来参加,临别,东廓为作《赠徐毅甫》。⑥

永新会后,致书乐安县令胡鳌,释"修己以敬"。

《邹守益集》卷一〇《简胡鹿崖巨卿》:近力疾永新赴莲坪诸君之约,因获与半溪徐侯切磋数日,以为圣门要旨,只在修己以敬。敬也者,良知之精明而不杂以尘俗也。戒慎恐惧,常精常明,则出门如宾,承事如祭;视民之有财,若吾家之蓄积也,乌得而不节?视民之有技,若吾家之秀也,乌得而不爱?视民之有力,若吾家之蚤作而暮息也,

---

① 万历《吉安府志》卷二〇《列传三》,299页。
② 引文及事迹见《邹守益集》卷三《乡会祝言》,103—104页。
③ 见万历《吉安府志》卷三《秩官表》,38页。
④ 见《王阳明全集》卷二三《重修六合县儒学记》,900—902页。
⑤ 见万历《吉安府志》卷三五《纪述下》所收《永新重修兴文阁记》:"永新兴文阁在儒学明伦堂之后……嘉靖甲午,邑之荐绅甘子公亮、李子俨率诸生举惜阴大会,而徐侯丙主之,相与切偲于阁中,焕然壮也。"(566页)
⑥ 见《邹守益集》卷四《赠徐毅甫》,232—233页。

乌得而不时？故道千乘之国，直以敬事为纲领。信也者，敬之不息者也，非敬之外复有信也。节用爱人，使民以时，即敬之流行于政者也。而先儒谓未及为政，得无以修己安百姓为二乎？半溪不鄙而首肯焉，敢为使君诵之。敝邑同志欲屈莲坪、念庵诸公为崇福之会。（507页）

按：从"敝邑同志欲屈莲坪、念庵诸公为崇福之会"来看，此书作于是年九月崇福寺讲会前。

九月，在安福崇福寺召集吉安府九邑士人参加的惜阴会。会前，致书永丰乡耆刘霖，邀其主盟。会上，讲孟子"居天下之广居"，发明万物一体之义，录为《九邑讲语》。永新甘公亮、李儼，吉水罗洪先，永丰刘霖等讲学主力均参与此会。

《邹守益集》卷一八《赠王童子》：嘉靖乙未，安成举惜阴之会，九邑之大夫士咸集焉。（855页）

同治《安福县志》卷三《营建·寺观》：崇福寺，在城北。（57页）

《邹守益集》卷一一《简刘中山·二》：敝邑同志拟以九月举九邑之会，念庵诸公皆许临之。敢屈先生为之主盟，使成人小子咸有所赖。秋气日清，正东游西泛时也。幸不靳命驾，以对群望。（559页）

《邹守益集》卷一一《简刘中山·三》：永新之会，莲坪乡先生主之，而半溪徐侯鼓舞之。故得于观感，亦勃然思奋。八九月之交，敝邑图举大会，莲坪、南屏、念庵诸公皆许临之，执事幸倡贵邑有力者一枉教焉。（559页）

《邹守益集》卷三《永丰平溪邱氏族谱序》：嘉靖乙未，安成举惜阴之会。中山刘先生自永丰率同志之彦以相切磋，而邱生助实与焉，获闻一体之学。（123页）

按：吴震《明代知识界讲学活动系年》云"九月，在永新县昊天观又有'九邑大会'",①其依据便是上条所引的《寿莲坪甘郡侯先生七十序》中甘公亮"与南屏李柱史启九邑大会于昊天观",然文中未提时间。据以上数条可以确知,是年九月的九邑大会是东廓在安福(《再简中山》称"敝邑")召集的惜阴会,似不可能同时在永新举办九邑大会,而所谓永新昊天观的九邑大会指当年仲春的讲会。见前条。

《九邑讲语》见《邹守益集》卷一五。

"中山刘先生"即刘霖,字济之,号中山,吉安府永丰人,介绍见吴震《明代知识界讲学活动系年》(70页)。刘为当地乡耆,晚信良知学,东廓在《寿中山先生七十序》一文中赞其对讲会开展多有贡献。②

据同治《安福县志》,安福治南香积寺下统院亦有"崇福",治西尊胜寺下统院亦有"崇福"。③ 是会集九邑士人参加,当在交通便利之地,推测为城北之寺。且崇福寺与城北门外的洞渊阁是东廓与诸生经常聚讲之地。④《邹守益集》中有崇福寺聚讲记载者,如:"今春出馆崇福寺中,与门生儿子缉理旧学,而郡之耆艾与四方之彦时造焉",⑤"明春假馆崇福,以自收敛,以求助于同志",⑥"春来与同志聚处崇福寺中"。⑦

巡按直隶监察御史曹煜重修仰止祠于九华山,祀阳明,东廓捐

---

① 见吴震:《明代知识界讲学活动系年》,68页。
② 见《邹守益集》卷二,71—72页。
③ 见同治《安福县志》卷三《营建·寺观》,56页。
④ 如《邹守益集》卷五《贺贺节妇序》:"二三子欢然有省,相与集崇福、洞渊之间而学焉。"(251页)
⑤ 卷一〇《简吕泾野宗伯》,515页。
⑥ 卷一〇《再简聂双江》,497页。
⑦ 卷一〇《答洪子明》,516页。

资,令寺僧买田以供祀事。

《王阳明全集》卷三六《年谱附录一》,嘉靖十四年条:九华山在青阳县,师尝两游其地,与门人江□□、柯乔等宿化城寺数月。寺僧好事者争持纸索诗,通夕洒翰不倦。僧蓄墨迹颇富,思师凤范,刻师像于石壁,而亭其上,知县祝增加葺之。是年煜因诸生请,建祠于亭前,扁曰"仰止"。邹守益捐资,令僧买赡田,岁供祀事。(1331页)

余成龙、李灿纂:《九华山志》,卷四《建置》,阳明仰止祠条:在化城寺西。阳明尝两至九华,爱山水之胜,居数月,学者多从之游。嘉靖七年,知县祝增为建祠,寻废。后知县苏万民、蔡立身又重修焉。(清乾隆间据清康熙三十一年刻本补刻,3—4页)

是年前后,吉安府通判林志麟改迁江西临江府。行前,吉安士民作《靖寇录》表彰其平寇之功,东廓为作序;又作《赠白泉林侯陟临江序》,发无欲、定性之旨。

《邹守益集》卷二《叙靖寇录》:益也扶病南归,见邑人之苦有二焉:曰虚粮,曰盗贼。……盗贼之毒也,若阳痏阴俞,腐背穿胁,腥秽而不可迩。时则有白泉林侯,慨然以身任矢石之劳,凡肿疡折疡,祝而药之,剐而杀之,我士民是以有《靖寇》之录……林侯兹以考绩行矣,当路亦荐荐之矣,有陈是录而达之明主,大计群吏之治而殿最之,使不恪者惩而能者旌,吾于林侯之行望之也。(52页)

《邹守益集》卷三《赠白泉林侯陟临江序》:东廓子叹曰:"于今乃见吾白泉子之志矣!古之君子,其隐也,学以求其志;其仕也,学以达其道。仕与隐虽异,其学则一而已矣。学也者,将以何为也?学此心之纯乎天理而不杂以人欲也。故学圣之功,以揭一者无欲为要,而定性之教,直以大公顺应学圣人之常。世之记诵词华,急声利而竞权宠,皆学之蠹也。是故鞠躬而尽瘁,非以为勤也;一介而不取与,非以为廉也;从谏而改过,非以为明也;扶善而恤乏,非以为恩也;戢奸而锄宄,非以为威也。不如是,则吾学未纯,吾政未平,而吾责未塞,无以自快于吾心焉耳。求以自快于吾心,则居下而不慑,居上而不骄,视大行穷居,若晴雨之交变,而心体无加损焉。况于一资级之似有以滑之乎?"白泉子喜曰:"善爱我者,莫若东廓子!"竹墟屠侯闻之,与寮友麦侯、徐侯、许侯、吴侯议曰:"东廓子与白泉子,以道谊相勉也。赠之有言,其以属之!"(224页)

按:"白泉林侯"即林志麟,号白泉,福建闽县人,正德十一年举人。嘉靖十一至十四年前后任吉安府通判。"益也扶病南归"指嘉靖十一年东廓回乡事,"竹墟屠侯"指吉安知府屠大山(嘉靖十五年任),"麦侯"指吉安府同知麦孟阳(嘉靖十一年起任)。① 故推断上二文作于是年前后。

是年或稍后,惠州知府史立模立题名碑于府署,应惠州府归善县令甘伯桂之请,东廓作《惠州府题名记》,言长民好恶当本诸吾心,吾心为"天然自有之矩",以"充其良知之量"为治理之本。

《邹守益集》卷七《惠州府题名记》:雁峰史侯立模以给事中守惠州,博视广听,用咸和其民。乃稽于前政之可纪者……琢碑题名于堂之东,用相规相劝于无疆。归善甘尹伯桂致命以征记。呜呼! 学术不明,冒词艺以居荣宠,往往纵其好恶,误国而殃众。其能酌于民者,鲜矣。其能酌于古者,加鲜矣……故长民者之好恶,不可不慎也! 抑尝闻诸师友,古之好恶,若何而审之? 征诸吾民而已矣。民之好恶,若何而一之? 本诸吾心而已矣。心之精明,是是非非,天然自有之矩也。善学者如好好色,如恶恶臭,真诚恻怛,以充其良知之量,事上使

---

① 以上赵、屠、麦任职时间均见:万历《吉安府志》卷三《秩官表》,27页。

下,从前先后,交左交右,千方万员,时出而顺应之;若然者,不蕲千百姓之誉,而可以准四海;不蕲摹古之陈迹,而可以考三王。故曰忠信以得之,自慊者也;骄泰以失之,自欺者也。嘻,其机微矣!(424—425页)

按:史立模,字季弘,号雁峰,浙江绍兴府余姚人,正德十六年进士,嘉靖十三年起任惠州知府。① 甘伯桂,江西吉安府永新人,正德十一年举人,嘉靖十四至十六年任归善县令。② 据二人任职年代推知此文写于十四年或稍后。

是年其他著作:

《寿宁政教说》(卷九)。《高母周氏墓志铭》(卷二一)。

嘉靖十五年丙申(1536),四十六岁

程文德知安福县,任职八月。东廓赞佐其方田均赋、举乡约,为本县乡约作《乡约后语》,每月朔望聚诸生讲学于县学明伦堂。

宋仪望《邹东廓先生行状》:丙申岁,松溪程公文德量移安福。先生喜曰:"昔人谓移风易俗莫善于学,其在此乎!"乃相与行乡约,并里役,省粮长,朔望聚诸生讲学于明伦堂,已乃建复古书院,先生为记。(1369页)

耿定向《东廓邹先生传》:还里,会程太史时量移为其邑令,赞之方田均赋,不避嫌怨,邑民至今赖之。(1383—1384页)

《邹守益集》卷一七《乡约后语》:松溪程侯之令吾邑也,敷豫教

---

① 见《广东通志》卷二七《职官志》。
② 见《广东通志》卷二八《职官志》。

以濯其视听，慎刑政以通其休戚，萃讲泮宫以一其志意，邑之风慦然动矣。乃简其父老，属诸庭而礼之，人授乡约一帙，使归而章善纠过，以和其乡。既被命以行，亟寿诸梓，图永其传，俾勿替。东廓子抚帙而喜曰：……益始见阳明先师以乡约和南赣之民，归而慕之，以约于族于邻，亦萧萧然和也。顾无官法以督之，故不能以普且久，心恒疚焉。及观彭山季子以乡约治榕城，叹曰："同志亦众矣，胡不一得彭山子也！"及观贞山陆子以乡约治永新，复叹曰："封壤亦迩矣，胡不得一比永新也！"乃今松溪子酌于二约以协民，宜复参以先师保甲之法，移风易俗，将为百世大利，而郡守竹墟屠公毅然主之，诸大夫士翕然赞之，父老扶杖争先，欣然趋之，将吾邑之运，既否而复亨乎！中离薛子序榕城之约有十便，曰"官弗约则事繁，农弗约则力分，善者弗约则势孤，恶者弗约则祸延，富者弗约则难守，贵者弗约则难靖，贫者弗约则易凌，贱者弗约则易虐，老者弗约则无以明其养，子孙弗约则无以习成其德。"以吾邑之渴于望治也，其为便也滋多矣！双江聂子序永新之约有四善，曰"仍俗以和行，为恕；崇礼以经民，为仁；尊圣谕以利其势，为敬，为智"。以吾侯之慎以博询也，其为善也滋弘矣。益也跋南赣之约有两端，曰"凡受兹约束者，其果于为善也，如饥之求食，渴之求饮；其不果于为不善也，如食之不可野葛，而饮之不可以酖酒也，则于秉彝之德，尚其不爽，而三代之风，可庶几乎！"以南赣之弗靖也，犹可以为三代，而况安福以节义文章炳炳东南，其弗可以为三代乎？（802—803页）

按：程文德在安福任职八月，九月离任（见后条），故其莅任当在是年初。

嘉靖间安福县乡约的推行，邹东廓是民间主要的倡导力量之一，他还为当地乡约的推广作《立里社乡厉及乡约》（见《邹守益集》卷一七）。

  三月，为钱德洪等收集整理的《阳明先生文录》作序，述濂溪之无欲、明道之定性、阳明之良知为圣学学脉，阳明文章、政事、气节、勋烈之功，皆为良知之流行，知言之要，惟在自致其良知。

  耿定向《东廓邹先生传》：甲午，序《文成文录》，中称文成之道，愈简易愈广大，愈切实愈高明，其文章、政事、气节、勋烈，皆一良知流行云。（1384 页）

  《邹守益集》卷二《阳明先生文录序》：钱子德洪刻先师文录于姑苏，自述其裒次之意，以纯于讲学明道者为《正录》，曰明其志也；以诗赋及酬应者为《外集》，曰尽其全也；以奏疏及文移为《别录》，曰究其施也。于是先师之言，粲然聚矣！以守益预闻绪言之教也，寓简使序之。守益拜手而言曰：知言诚未易哉！……秦汉以来，专以训诂，杂以佛老，侈以词章，而蝙蝠胚胎之学，淆杂偏陂，而莫或救之。逮于濂洛，始克续其传，论圣之可学，则以一者无欲为要；答定性之功，则以大公顺应，学天地圣人之常。嗟乎！是岂尝试而悬断之者乎？其后剖析愈精，考拟愈繁，著述愈富，而支离愈甚。间有觉其非而欲挽焉，则又未能尽弃旧臼而洗濯之。至阳明先师，慨然探其统，历艰履险，磨瑕去垢，独揭良知，力拯群迷，犯天下之谤而不自恤也。天下之人稍稍如梦而觉，沂濂洛以达洙泗，非先师之功乎？……窃窥先师之道，愈简易，愈广大，愈切实，愈高明，望望然而莫知所止也。当时有称先师者曰："古之名世或以文章，或以政事，或以气节，或以勋烈，而公克兼之，独除却讲学一节，便是全人。"先师笑曰："某愿从事讲学一节，尽除却四者，亦是全人。"又有訾讪之者，先师曰："古之狂者，嘐嘐圣人而行不掩世，所谓败阙也，而圣人以列中行之次；忠信廉洁，刺之无可刺，世所谓完全也，而圣门以为德之贼。某愿为狂以进取,不愿为愿以媚世。"呜呼！今之不知公者,果信其为中行之次乎？其知公者,果能尽除四者而信其为全人乎？良知之明,蒸民所同,本自蹻蹻,本自肫肫,常寂常感,常神常化,常虚常直,常大公常顺应,患在自私用智之欲所障,始有所尚,始有所倚。不倚不尚,本体呈露,宣之为文章,措之为政事,犯颜敢谏为气节,诛乱讨贼为勋烈;是四者,皆一之流行也。学出于一,则以心求言矣;学出于二,则以言求心矣。守益方病于二之而未瘳也,故反复以质于吾党。吾党欲求知言之要,其惟自致其良知乎！(38—40页)

按:耿定向传中将作序年代写作"甲午",疑有误。因收录于《王阳明全集》中东廓所作的《阳明先生文录序》后落款为"嘉靖丙申春三月"。① 此版文集是阳明殁后门人钱德洪、欧阳德等人在嘉靖六年东廓刊刻于广德的《阳明文稿》基础上进一步收集汇编而成。嘉靖十一年,德洪将存稿携至苏州,与黄省曾"校定篇类",分《正录》、《外集》和《别录》,共二十四卷;十四年,由闻人诠初刻于苏州,名曰《阳明先生文录》,世称姑苏版。比之广德版的只以年月为次而不分体类,姑苏版则有改进。②

人多舍少为讲学之一大不便。程离任前,与东廓商议在县城南门外原县学旧址建复古书院。后得江西提督学政徐阶的支持,东廓与县丞王鸣凤、生员刘寅筹划操作,吉安府同知季本,安福继任知县俞则全,主簿茹鳌、赵振纪,典史胡鹏先后规划,乡绅刘国容等出其力。东廓作《书书屋敛义卷》,召集士民募捐。书院于是年十二月初具规模,明年建成,有文明堂、茂对堂、尊经阁等建筑。东廓、聂豹、程

---

① 《王阳明全集》卷四一,1569页。
② 相关研究见钱明:《阳明全书成书经过考》,《王阳明全集》卷四一, 1641页。

文德等各有记。

《聂豹集》，卷五《复古书院记》：题曰"复古"者，期有事于古人之学而学焉者也。书院在邑治南门外一里许，即古学废址而创之。（134页）

《江西通志》卷二一《书院一·吉安府》：复古书院，在安福县治南门外，即旧学基。明嘉靖间知县程文德建。中为文明堂，后为茂对堂，尊经阁，忠信、笃敬两斋，号舍庖湢俱备。程文德与聂豹、邹守益各有记。隆庆间知县李忱修之，刘阳记。书院田万历九年奉文变卖后，知府余之桢、知县闵世翔增置，立三先生祠，祀王文成、程文德、邹守益，二贤祠祀布衣刘文敏、刘肇衮。王时槐记。（《文渊阁四库全书》513册，706页）

程文德：《程文恭公遗稿》卷一〇《复古书院记》：一日承环命令安福……朔望，则集士于学，考德问政，顾弟子员殆六百人，而斋堂数楹，号舍无地，何以专志业称明诏也？恒疚心焉。居三月，而有南曹之迁矣，戒行有日，乡大夫东廓邹子暨诸士胥言曰："吾闻君子教思无穷，容保民无疆。今侯虽去，立乡约以贻吾民，容保诚不匮矣。而萃士无所教，道其有终乎！"予闻之惧然，遂偕相度卜……志定，而某奉檄行矣，时嘉靖丙申九月也。乃冬十有二月，邑大夫士寓图南都告成……是役也，东廓邹子守益、县丞王鸣凤、刘生伯寅主其画，提学少湖徐子阶翼其成，同知彭山季本、知县三泉俞则全、乡官御史松厓郭弘化、县主簿茹鳌、赵振纪，典史胡鹏皆后先相其规。而秉义勤力劳其事者，则者民刘国容、刘营、谢资芳、吴伯朋、周参、刘国治、姚炫、朱廷弼也。（清咸丰光绪间据万历十二年程光裕刻本重刊本，11—14页）

《邹守益集》卷六《复古书院记》：复古书院，松溪程侯之所作也。

初，毅庵孙侯聚讲于学宫，环听者至不能容。顾迫于城隅，无由充拓。乃即四乡为惜阴之会，以间月为期，五日而散。诸大夫诸士谋于诸父老曰："是暴寒无恒也，盍敛义为居肆之规？"有先出以为倡矣，时上无主之者。迄十年未克就。嘉靖丙申，程侯量移而致（按，当为"至"），以朔望讲于学宫，闻是议而题之。乃躬相度，得旧学基于东郊……于是酌仕隐以出赀，议远迩以略址，别繁易以鸠工。蓄木者献其材，藏书者献其籍，积产者献其田。众志子来，罔有差池。其冬，彭山季侯自郡署事……政暇往督其役，复出版籍器用佐之。三泉俞尹新至，则协赞之，扁额之。明年，少湖徐公视学政……檄王少尹鸣凤专董之。工以成告，以币征记于益……复古书院凡八楹，二门凡六楹，文明堂六楹，而广高二丈二尺有奇，深倍之。后堂如复古之楹，视堂高一尺有奇，深三之。两斋各十楹，东西各四号，号各六楹。松溪子自有记。后堂之后，拟为尊经阁。东号之东，拟为射圃观德亭。尚以俟后之君子。（360—361页）

《邹守益集》卷一七《书书屋敛义卷》：往岁丙戌、丁亥，同志举惜阴之会，先师阳明公寔有训言，所以揭圣学，昭天德，使人人迁善改过，同归皇极之化，甚盛举也！顾间月而会，五日而散，往来无常所，暴寒无常时，佥议须敛众财以立书屋。凡我同志，不分已仕未仕，量家多寡而协出之，庶几居肆成艺之规。赖天之福，松溪公惠抚吾邑，慨然以身任之，卜于旧学，用宏新制。其风气凝固，规模壮宏，皆可以垂永久。然永久之策，非买田以守，则废坠将不免。敢告同盟，共奋初志，沛然义举，勿吝勿怠！……凡名门父兄，欲其子弟之中且才者，当有闻风以相助，而良师帅任劳来匡翼之德，将必思以熙前政而垂后休矣。惟诸同志敬图之！（817页）

按：书院取名"复古"，据程文德《复古书院记》载："题曰'复古书院',盖取诸'复'。"东廓《复古书院记》载:"维昔安福,以忠义文章显于东南,迩来渐閟矣。自今其将复于古乎!"

阳明《年谱附录一》载:"十三年甲午正月,门人邹守益建复古书院于安福,祀先生。"①所载建复古书院的时间有误。

"少湖徐公"即徐阶,时任江西提学,介绍见后。

刘寅,出安福南乡三舍刘氏,生员,长于计算。②聂豹《简张月泉·二》亦云:"东廓公经理该县服役二十余年,悉付之生员刘寅。寅精于筭者,廓翁特喜其利于安福……"③

王鸣凤,号梧冈,云南姚安府大姚人,贡生出身,嘉靖十五至十七年左右任安福县丞,好谈名理,有善政。后升四川峨眉县令。传见光绪《大姚县志》卷一一《人物志·乡贤》、同治《安福县志》卷七《秩官·政绩》。王鸣凤为诸生时曾在贵阳师事阳明,平素与多东廓等安福阳明学者往来论学会讲,《邹守益集》收录有《赠梧冈王少尹》(卷三)、《题王梧冈四时画四首》(卷二五),以及为其所作的《毁誉篇》(卷二)和为其子所作的《赠王童子》(卷一四)等诗文。

"三泉俞尹"即俞则全(1510—?),字祖修,号三泉,浙江绍兴府新昌人,嘉靖十四年进士,十六至十八年知安福县。④《邹守益集》收录有东廓为之所著的《鉴文祖言》(卷四)一文。

郭弘化(1481—1556),字子弼,号松崖(厓),安福山堂人,嘉靖二年进士。官巡按贵州御史。嘉靖十一年因忤旨落职,家居二十四

---

① 《王阳明全集》卷三六,1330 页。
② 见《邹守益集》卷一一《简晴川诸君定粮额增减事》(539 页)、卷一四《芹曝末议达蔡可泉诸公》(707 页)。
③ 《聂豹集》卷九,307 页。
④ 见万历《吉安府志》卷三《秩官志》,38 页。

年。郭弘化曾从学阳明,归田后参与青原、复古讲会。传见《邹守益集》卷二二《明故文林郎监察御史松厓郭公墓志铭》。《邹守益集》还收录有为其宗族所作的《山堂郭氏谱序》(卷五)。

茹鏊,南直隶常州府无锡人,安福县主簿,东廓曾为其宗族作《世美堂记》(《邹守益集》卷六)。

赵振纪,湖广承天府荆门人,安福县主簿。

胡鹏(同治《安福县志》作"胡鹢"),湖广永州府道州人,安福县典史。①

作诗《松溪程侯创复古书院勉同志四章》。

《邹守益集》卷二五《松溪程侯创复古书院勉同志四章·三》:力田望积仓,居肆必成艺。为士不致道,此生空自弃。学术苦易偏,忘助交为累。屋漏有妙诀,赫然临上帝。(1127—1128页)

大会于复古书院,作《惜阴说》,发挥"良知无停机"、"戒慎恐惧"之义,以警同志。

耿定向《东廓邹先生传》:丙申,大会于复古,作《惜阴说》以警同志。略云天道无停机,元亨利贞以时行,而百物生;良知无停机,仁义中正以时出,而万化成云。(1384页)

《邹守益集》卷一五《惜阴说》:天道无停机,故元亨利贞以时行而万物生;良知无停机,故仁义中正以时出而万化成。知天人之无停机,可与语惜阴矣。戒慎不睹,恐惧不闻,通乎昼夜,灵光莹彻,虽造次颠沛不可离,乃能无恶于志而合德于天。若须臾玩愒,生机便遏塞。不论忿懥好乐,举非天德;不论亲爱贱恶,举非王道。于以发育万物,峻极于天,是驾燕而趾越也。行者赴家,不计燕越,餐风沐雨,

---

① 茹鏊、赵振纪、胡鹏官职均见同治《安福县志》卷七《秩官·纪名》,92页。

继日待旦。谁肯停担半途,寄食逆旅,而鹜然自以为活计者?静言思之,悫如饥渴。方共申先师惜阴之约,以图不虚此生。书以为同游勖。(735页)

复古书院除日常讲学外,还成为安福士子每年春秋两次的聚讲之地。

《邹守益集》卷一一《简复董生平甫》:惜阴之会,春秋举于复古。而四乡各间月举之。近复避暑于武功、连山之间,而同志者又延于西山永和,盖一岁之中,家居者鲜。(573页)

九月,程文德离开安福赴南京任职方司主事,临别,东廓作《泮水别言》。

姜宝编:《松溪程先生年谱》,嘉靖十五年条:八月,升南京职方司主事,九月离安福。(61页)

《邹守益集》卷二《泮水别言》:松溪程侯与诸大夫诸士聚讲泮水之上,既拜召命,犹修荒政、颁乡约、经营书院,眷然不能别。邑之父老子弟相与列治状,赴当道,闵闵然望其留也……于是登洞渊,泛泸江,徘徊石屋,歌咏盈卷而别。(68—69页)

九月五日,收薛侃来书及《研几录》,有答书。

《邹守益集》卷一〇《答薛中离尚谦》:九月五日,收彭山兄处所惠教言及《研几录》……今同志凋零,存者复散慢。先师未了公案,尚及时完之。绪山、龙溪已返越中。弟以来春为幼儿毕婚,过此可入名山矣……《研几》所录,多发扬宗旨。然间有不紧要处,亦有鄙意未安处。夫谓君子荡然皆春,生此仁体也。阳舒阴惨,何者非春?天命天讨,何者非仁?岂以当任与不当任而异乎?望更一研之,再以见教。(513页)

按:"薛中离"即薛侃(1486—1545),字尚谦,号中离,广东潮州府揭阳人,正德十二年进士,阳明弟子,以"研几"为宗旨,列入《明儒学案》卷三〇《粤闽王门学案》。著有《薛中离先生全集》,传见黄佐《行人司司正薛侃传》(《国朝献征录》卷八一)、《明史》卷二〇七。

所谓"弟以来春为幼儿毕婚"指次年为三子邹善完婚事(见下年条),故推知此书作于是年。

是年前后,迎薛侃至复古书院聚讲,并有答季本书两通,论警惕与自然关系,对其"龙惕说"有不同看法。

《邹守益集》卷一〇《复季彭山使君》:执事忧近时学者失自然宗旨,流于物欲,特揭龙德之警惕变化以箴砭之,可谓良工苦心矣。特刚柔善恶之分,于鄙情尚未释然,以是迟迟未敢复也。夫三才之道,曰阴阳,曰刚柔,曰仁义。仁义刚柔阴阳之流行中节处,则为道为善;其偏重不中节处,则为过,为不及,为恶。故《乾》之上九,刚也,以过而曰"有悔";《坤》之六五,非柔乎?以中而曰"元吉"。君子之乾乾不息,正以能晦能显、能屈能伸,若四时日月,错行代明。故果行育德,非以奋发也;向晦宴息,非以因循也;容民畜众,非以兼爱也;俭德辟难,非以为我也;明法敕法,非以立威也;议狱缓死,非以售恩也。此皆乾德之变化而时出之,不可以纤毫人力增损。若以刚柔蔽善恶,得无尚未莹乎?已专二友迎中离入复古书院,俟少湖公案考,约莲坪、双江诸兄至青原。公能乘公务一临之,庆幸何如!(518页)

《邹守益集》卷一〇《再简季彭山》:夏末临江使者归,寓简驰复矣……警惕变化、自然变化,其旨初无不同者。不警惕不足以言自然;不自然不足以言警惕。警惕而不自然,其失也滞;自然而不警惕,其失也荡。荡与滞皆有适有莫,不可与语比义之变化矣。向所陈《乾》之上九,以刚而曰"有悔";《坤》之六五,以柔而曰"元吉",似不可以刚柔分善恶。而来教若有未允。当即各爻而考之,则《需》之九三,不如上六之终吉;《蛊》之九二,不如六五之用誉;《噬嗑》之上九,不如六五之黄金;《颐》之初九,不如六四之虎视;《大过》之九三,不如初六之白茅;《离》之九四,不如六二之黄离;《井》之九二,不如上六之有孚;《旅》之上九,不如六五之誉命。高明试思之,再以见教。夫阴阳刚柔仁义,本一道也。因三才而六其名耳。故自其流行中节处,便是善;其偏重处,便是过与不及,便是恶。若必以阴阳刚柔分善恶,不知仁义又将安属之乎?(519页)

按:季本于嘉靖十五年起任吉安府同知,"公能乘公务一临之"当指此;又据黄佐《行人司司正薛侃传》:"丙申(按,嘉靖十五年),远游江、浙,会罗洪先辈于青原书院。"①而"迎中离入复古书院"盖在此间,故《复季彭山使君》当作于嘉靖十五年前后。而东廓文集中《再简彭季山》紧随《复季彭山使君》后排列,并讨论同一问题,故《再简》一书当作于此后不久。

闰十二月,吏部上疏启用邹守益等十八人,获准复职。

《明世宗实录》卷一九五,嘉靖十五年闰十二月庚辰条:庚辰,吏部疏荐侍郎陈洪谟,都御史高公韶、刘大谟,布政使顾璘、董天锡,参政乐護,佥事冯津,给事中许相卿,御史陈情、王德溢,郎中黄祯、邹守益,祭酒崔铣,都御史张润,少卿徐文华,御史程启充,御史张禄,侍郎胡琏十八人。诏起公韶、璘等;洪谟、大谟报罢;文华、启充姑从宽宥,回籍为民,不许叙用。(4137页)

徐阶任江西提学副使,大倡王学宗旨。同一时期,阳明学者王玑任江西布政司参议,与东廓、罗洪先、刘邦采等吉安府王门学者论学往来。

---

① 《国朝献征录》卷八一,《续修四库全书·史部》529册,369页。

《王阳明全集》卷三六《年谱附录一》：自阶典江西学政，大发师门宗旨，以倡率诸生。(1334页)

王畿：《龙溪王先生文集》卷二〇《中宪大夫都察院右佥都御史在庵王公墓表》：癸巳，补山东按察司佥事……继迁江西布政司参议，与藩臬为会同仁祠。若今少师存斋徐公，时为督学，契厚尤深。省下水洲魏君（按，魏良弼）、瑶湖王君（按，王臣）、鲁江裘君（按，裘衍）辈，咸在会中。而东廓邹君、师泉刘君、念庵罗君辈，往来聚虔（按，虔州）、吉（按，吉安）、饶（按，饶州）、信（按，广信）之间，多士云集，师门之学，益若有所发明。辛丑，转山东按察司副使。(704页)

按：徐阶（1503—1583），字子升，号少湖，一号存斋，南直隶松江府华亭人，嘉靖二年进士，阳明学者，列入《明儒学案》之《南中王门学案三》。官至内阁首辅，卒赠太师，谥文贞。著有《世经堂集》二六卷等，传见王世贞《文贞存斋徐公行状》（《弇州山人四部稿续稿》卷一三六、一三七）、《明史》卷二一三。《邹守益集》收录有《简徐少湖少宰》（卷一一）、《简徐少湖督学》、《简徐少湖相国三章》（均见卷一二）以及为其所作的《延平去思碑》（卷二〇）等文。

王玑（1487—1563），字在叔，晚号在庵，浙江衢州府西安人，嘉靖八年进士，师事阳明。官至都察院右佥都御史，传见王畿《中宪大夫都察院右佥都御史在庵王公墓表》（《龙溪先生全集》卷二〇）。据上引文献，王玑任江西参议的时间当在嘉靖十五年左右，而徐阶任江西按察司副使提督学校的时间，据《明实录》载，为嘉靖十五年十月至十八年五月。① 故将此条系于此。

---

① 任职年限见《明世宗实录》卷一九二，嘉靖十五年十月条；卷二二四，嘉靖十八年五月条。

永丰县乡约开始推行,由聂豹联合当地俊彦请于县令,县令再请于知府,派吉安府同知季本指导实施。东廓作《叙永丰乡约》,述程门"识仁"、阳明学"万物一体"说,倡"绝恶于未萌,起教于微眇"之教化观。

《邹守益集》卷二《叙永丰乡约》:彭山公自侍御谪揭杨,以乡约和其民,中离子嘉与同志共之矣。继自仪制谪辰州,量移吉安,双江子喜曰:"其可邀福于中离乎!"乃属耆旧协俊彦以请于邑。邑令彭君躬受约束于太府竹墟公,喜曰:"兹榕城经验方也。矧兹旱荒,民瘼其殷,幸有以疗我永丰。"彭山子乃诣邑中,咨俗考典,核利病而罢行之……视榕城之约加详矣。东廓子获请业焉,喜曰:夫教于乡者,其知一体之学乎!乡鄙合而为邦国,邦国合而为天下。若指于胫,胫于股,股于腰,精气恒相贯,而命脉常相系。故古之善教天下者,必自乡始。五家之长,防其奇衺;五比之胥,书其敬敏任恤;四闾之师,书其孝弟睦姻有学;五族之正,书其德行道艺。而五党之长,雍容于上,以时考劝,而无有瘇痏跛蹩之虞。故曰:绝恶于未萌,而起教于微眇。微眇而忽之,则善根不植;既萌而后绝之,则恶蔓不可胜禁。夫其恶蔓不可胜禁也,而欲以诛戮速一切之效,是谓不教不戒,不免于罔民,岂曰痿痹,将剥发肤而溃腹心矣。程门之学,惓惓以识仁体为要,故蓝田所约,劝德业,规过失,交礼俗,恤患难,恻然犹有古之遗焉。我阳明先师,绍明道而兴者也。试以兹约揆之,其王门之吕乎!(57—58页)

按:"彭山公"即季本(1485—1563),字明德,号彭山,浙江绍兴府会稽人,正德十二年举人,正德五年在南京师事阳明,[①]嘉靖十五

---

① 见《王阳明全集》卷三三《年谱一》,1237页。

年至十八年任吉安府同知,①官至长沙知府。《明儒学案》列入《浙中王门学案三》。著述多佚失,今有《季彭山先生文集》、《龙惕书》、《四书私存》存世,传见张元忭《季彭山先生传》(《不二斋文选》卷五)、万历《绍兴府志》卷四二《人物志》。

应永丰邹氏宗兄邹国宁之请,作《永丰太平坊邹氏族谱序》,论"圣人之仁,以天下为其弟子。能尽其性,为能光其姓"。

《邹守益集》卷二《永丰太平坊邹氏族谱序》:……以嘉靖己丑编次之,逾年而始成……又六年丙申,(邹国宁)偕叔父德化显伦及弟宗孟、侄铎,诣予而征言,欣欣然曰:"子知吾之姓与孔子同乎?……"予复之曰:"子亦知吾之性与孔子同乎?良知良能,蒸民所具,直道而行,无异三代,亦同性而异世耳。孔门之教弟子,曰入孝出弟,谨言信行,爱众亲仁,而余力以学文。故由孝弟而达之,则立爱立敬,无或斁矣;由谨信而达之,则庸德庸言,无或怠矣;由爱众亲仁而达之,则嘉善而矜不能,无或弃矣;由学文而达之,则诵诗读书以论其世,无或陋矣。圣人之仁,天下咸若视其弟子也,而况于同姓?其可以不思自尽乎!"宁起谢曰:"吾得之矣!能尽其性,为能光其姓;能光其姓,为能重其谱。请以是励我子弟!其统宗联属之法,尚与诸宗共图之。"(56页)

应永丰平溪邱氏之请,作《永丰平溪邱氏族谱序》,论救民之旨在讲万物一体之学,"欲敦俗以成化,其先明于谱系"。

《邹守益集》卷三《永丰平溪邱氏族谱序》:东廓子曰:"封建废而民无定主矣,井田废而民无定业矣,谱系废而民无定宗矣。民无定主,则视其上如逆旅之翁,哄然而留,哄然而去耳,其有怀德畏威而不

---

① 见万历《吉安府志》卷三《秩官表》,27页。

忍欺者乎？民无定业，则视其身如栖苴之在溪，倏然而盈，倏然而溃耳，其有利用厚生而不肯徙亡者乎？民无定宗，则视其类如秦越之相值，漠然而肥，漠然而瘠耳，其有尊祖睦族而不相遗弃者乎？"诸生起请曰："民之散也久矣，何以救之？"曰："其惟讲学乎！大人之学，以天地万物为一体者也。故大德以居大位，而其次分能授之，天下莫与争贵焉。大德以享大养，而其次分土任之，天下莫与争富焉。刿本乎祖而生，固异派而同源也，其肯凌弱暴寡、欺愚苦怯，以陷于痿痹者鲜矣。王政之大，未之能义也。君子如欲敦俗以成化，其先明于谱系乎！"嘉靖乙未，安成举惜阴之会，中山刘先生自永丰率同志之彦以相切磋，而邱生助实与焉，获闻一体之学。明年六月，偕其叔一鸿致父老之请……（122—123页）

嘉靖十六年丁酉（1537），四十七岁

新春，与刘文敏、欧阳瑜、刘阳等安福学者聚会论学，反省以往"测度比拟"之弊，当从"自家本体实际"用力。

《邹守益集》卷一一《简易粟夫》：新春得与宜充（按，刘文敏）、惟常、汝重（按，欧阳瑜）、一舒（按，刘阳）诸同志聚首精舍中，甚悔往时测度比拟，自以为功，而反增一层障翳……追念秋江话别，又九越岁矣！昔人谓"老冉冉其将至，恐修名之不立"，修名之立，从何下手？祗在自家本体实际。实际用力，亦临亦保，则陋巷不异玄圭，风咏便是都俞矣。（554—555页）

按：所谓"秋江话别"在嘉靖八年（参该年条），"九越岁"当指此年。

欧阳瑜，字汝重，号三溪，安福北乡东冈人，阳明弟子，安福王学

讲会的主力之一。嘉靖七年举人,官至四川参议。传见欧阳安世《理学传·三溪公传》(欧阳勋平等纂:《续修安福令欧阳公通谱》,民国影印清乾隆十五年刻本)、同治《安福县志》卷一一《人物·儒林》。《邹守益集》收录有《简欧汝重》(卷一〇)、《简欧三溪》、《简欧三溪刘三峰诸同志》(均见卷一二)等文。

"一舒"即刘阳(1496—1574),字一舒,号三五、三峰,①出安福南乡福车刘氏,嘉靖四年举人,官福建道御史等。先师从彭簪、刘晓,后至虔台拜入阳明门下,晚年于安福三峰山筑云霞馆讲学,著有《论学要语》、《洞语》、《接善编》、《人伦外史》各一卷,列入《明儒学案》卷一九《江右王门学案四》,传见王时槐《御史刘先生阳传》(《国朝献征录》卷六五)。《邹守益集》收录有《简欧三溪刘三峰诸同志》(卷一二)、《连山次三峰柱史勉同游显甫匡甫国辅国矩》、《同三峰刘柱史卜连山书屋适南康使至》(均见卷二五)、《寿三峰柱史尊公八十》、《雷岩筹方竹杖致石峰三峰诸君二首》、《连山新作书屋简晋坛三峰诸君》(均见卷二六)等诗文。

春,携三子邹善赴抚州迎娶陈九川之女,与陈九川、黄直等抚州学者聚讲于拟岘台。

《邹守益集》卷九《鉴塘说》:嘉靖丁酉之春,东廓子携幼儿善,以讲嘉礼于明水陈子,道出丰城,假馆于甘氏之彦曰乔……(480页)

罗洪先:《念庵文集》,卷一五《明故礼部主客郎中致仕明水陈公墓志铭》:(陈九川)女三,……幼适安成刑部员外郎邹善。(《文渊阁四库全书·集部》1275册,328页)

---

① 按,王时槐传记中载刘阳号三五,《邹守益集》中又载"三峰刘子阳"(卷三《方山存塾诗稿序》,144页)、"三峰刘柱史阳"(卷二,《晋轩刘先生遗稿序》,72页)。

《邹守益集》卷一二《简湛甘泉先生·一》:去春,携幼儿亲迎于抚州,与惟浚、以方诸友宣畅明训于拟岘之台……(610页)

《江西通志》卷四〇《古迹·抚州府》:拟岘台,曾巩记:尚书司门员外郎晋国裴君治抚之二年,因城之东隅作台以游,而命之曰拟岘台。谓其山溪之形拟乎岘山也,其成之年月日,嘉祐二年之九月九日。(《文渊阁四库全书》514册,327页)

按:"以方"即黄直(1489—?),字以方,号卓峰,江西抚州府金溪人,嘉靖二年进士,阳明弟子。传见《明史》卷二〇七。

拟岘台,在抚州府城东,北宋抚州太守裴材建,为名胜。

湛若水弟子洪垣以监察御史巡按两淮盐政,与东廓通信论学,东廓有答书《简洪峻之道长》,论戒惧之功,并将新刻手稿一并寄去。洪垣命人在此基础上继续搜集整理,于十七年在扬州刊刻东廓文集,即《邹东廓先生摘稿》九卷本。

《邹守益集》卷一〇《简洪峻之道长》:郑景明过山房,知宪节莅扬,即具柬以候,而教言遄至……承谕"居常体察,究竟此身尚赖执持,其于无声无臭、性与天道之妙,未尽豁然",此正好商量处。高明之所谓执持,其果戒慎恐惧乎?抑涉于安排而臆料也?戒慎不离,常精常明,去自欺以求自谦,此文王亦临亦保、亦式亦入之学,故其《诗》曰:"上天之载,无声无臭。仪刑文王,万邦作孚。"言文王之纯,即天命之于穆不已也。一涉于安排,则便是大声以色,长夏以革,非性道之本体矣。本体流行,原无间断,如源泉混混,不舍昼夜,稍有壅塞,即与疏瀹,不远复者也。几微之间,理欲通障,旋瀹旋壅,旋壅旋瀹,频复者也。频复之厉,亦只是欠却亦临亦保工夫耳。新刻书二本,寄上求教。时因风便,无靳箴砭。(520页)

王定安纂修:《两淮盐法志》,卷一三七《职官门·名宦传上》:洪垣,字峻之,直隶婺源人,进士,嘉靖十六年巡盐两淮,盐法修明,尤重教化……吴悌,字思诚,江西金溪人,进士,嘉靖十七年巡盐两淮。(清光绪三十一年刻本,《续修四库全书·史部》845 册,418 页)

《邹东廓先生摘稿》卷前,林春《东郭先生摘稿序》:今刻一百二十四篇,乃先生所存手稿,觉山洪侍御按扬求得之,命江都王杰夫氏至颍上①,托文谷孔少参校正以传②,将以信众人而纳之于道也……嘉靖戊戌九月既望。(嘉靖十七年刻本,1—2 页)

"洪峻之"即洪垣(1507—1593),字峻之,号觉山,南直隶徽州府婺源人。嘉靖十一年进士,湛若水弟子,列入《明儒学案》之《甘泉学案三》,其与阳明弟子多有往来,学则调停王、湛二家之说。著有《觉山先生绪言》二卷、《觉山洪先生史说》二卷等,传见《明史》卷二〇八。《邹守益集》收录有《简洪峻之道长》、《再简洪峻之》、《简洪觉山》(均见卷一〇)、《简洪觉山》(卷一二)、《次洪觉山冲玄赴会》、《次觉山登象山顶上》(均见卷二六)以及为洪垣父所作的《明故赠山东道监察御史洪公墓志铭》(卷二一)等文。

"宪节莅扬","宪节"指风宪官,即御史,"扬"指扬州,洪垣以监察御史巡按两淮盐政。东廓文集初稿刻于广德(今佚),目前存世的《邹东廓先生摘稿》九卷本一百二十四篇,是东廓文集的第二次刊刻。东廓文集刊刻情况之考证,参见嘉靖二十八年条。

安福县丞王鸣凤以善政得褒奖,因遭讪谤。东廓作《毁誉篇》,勉其毁誉两忘,以戒慎恐惧、自勉自省之功"自快其良知",是谓"自信之学"。

---

① "颍",原文误作"頼","颍上"即南京凤阳府颍州颍上县。
② "文谷孔少参"即孔天胤(1505—?),字汝锡,号文谷,山西汾州人,嘉靖十一年一甲第二名进士,时以按察佥事兵备颍州(见乾隆《临汾州府志》卷二〇《仕实》)。

光绪《大姚县志》卷一一《人物志·乡贤》:(王鸣凤)初授江西安福县丞,首除常规,举乡约,修文塔,兴水利,立社仓,献筹边六策……鸣凤名既重,会有中以蛮语者,礼部侍郎邹守益为著《毁誉记》以解之。(清光绪三十年刊本,2页)

《邹守益集》卷二《毁誉篇》:毁誉两忘,夫两忘者,非喜毁而恶誉也。彼以毁誉者,皆傥来之言也。人之为善也,犹其饥食粟而寒衣裘也。饥而求食,寒而求衣,岂以蕲知于人?凡以自快其良知而已。求以自快其良知,则戒慎恐惧,常精常明,出门如宾,承事如祭,不显亦临,无射亦保;盖无须臾而不自勉自省也。彼其视傥来之言,若鹊之嗻嗻,乌之哑哑,过耳而不留也,而奚足以滑吾聪?夫是之谓自信之学。梧冈王少尹莅吾邑期年矣,司徒氏之监兑者以才能奖之,而其时适讪于下隶,皇皇而后白。东廓子为东川茹子(按,安福县主簿茹鳌)及胡子(按,典史胡鹏)曰:"信矣,毁誉之难处也!梧冈子当饥食渴饮之时,一切休息,与民更始,而洁己不污,孜孜举其职,此人所难者,而独以输赋受赏。夫赋之难完,邑之旧也。自核田告成,举飞洒诡寄而一扫之,则其完无难者。非所难而得奖,举所难而未得达,则梧冈其有以自信否乎?今夫凤之为德也,礼以为翼,义以为背,仁以为膺,信以为肠;一德弗备,则凤之所当自求也。若其昂首而鸣也,人喜之则以自足,人怒之则以自沮,其为凤也亦浅矣!"梧冈子尝见先师于贵阳,而时以戒惧之功过相切磋,盖睎凤之徒也,其尚勉于自信之学乎!(67—68页)

按:《赠王童子》文载:"梧冈莅邑三载",此文作于嘉靖十七年,推知王鸣凤于嘉靖十五年任安福县丞,故上文"梧冈王少尹莅吾邑期年矣"当指十六年,上文亦当作于是年。

是年大事:

四月,御史游居敬上疏弹劾湛若水,奏请禁毁王、湛著作及门人所创书院。世宗下旨,湛若水留用,书院令有司改毁,不许今后私创书院。①

是年其他著作:

《改斋王君墓志铭》(卷二一)。

嘉靖十七年戊戌(1538),四十八岁

春,季本在庐陵城南忠义祠之右建怀德祠,祀阳明。三月十八日,季本约东廓、聂豹、伍希儒、郭弘化、甘公亮等吉安府学者于此祀阳明。祭毕,举讲会。

聂豹:《双江聂先生文集》卷一三《括言》:越明年戊戌,彭山季子即庐陵所立怀德祠以祀吾阳明先生者。卜是年三月十有八日,举春祭,约同志会以相之。时予与东廓子暨伍南溪、郭松崖、甘莲坪、王雨涯、曾华山诸君子如其以至。祀事毕,因举以请正焉。

《邹守益集》卷七《怀德祠记》:正德庚午,先师阳明王公自龙场量移庐陵……凡八月,而邑民有百年之思……嘉靖丙申,少湖徐子阶以翰林视学政。士民合辞以请……时彭山季子本、梦山翁子溥咸以谪至,翕然役其劳,择城南忠义祠之右而祠焉。前为门,次为宾座,中奉神主,次为讲堂,后为楼,合而名之,曰"怀德"云。乃请于抚岁定祭品,以莅任日(按,指阳明莅任庐陵日)举春祭,以去任日(按,指阳明去任庐陵日)举秋祭。郡率僚属躬行礼焉。季子、翁子以碑文命请益。益曰:"俟楼完祠成而记之。"未几,各升任去,而楼居高亢,风

---

① 见吴震:《明代知识界讲学活动系年》,81—82页。

雨凭陵,垣颓阶圮……(387—388页)

按:据《怀德祠记》载:"先是,季子创祠右店屋,以居诸生之守祠者。"季本未完成建祠即离任,至嘉靖二十八年始建成,参见该年条。

"梦山翁子溥"即翁溥(1502—1557),字德宏,号梦山,浙江绍兴府诸暨人,阳明弟子,嘉靖八年进士,官至南京兵部尚书。嘉靖十六年至十八年任庐陵知县。① 后曾任巡抚江西右副都御史,与东廓有交往。

怀德祠讲会上,为贵溪士子桂公辅作《书桂公辅楹卷》,论意见与情欲为良知本体之累。

《邹守益集》卷一七《书桂公辅楹卷》:象山先生曰:"天下若无著述,师友不是恣情纵欲,便是各执己见。"旨哉,其言之也! 意见之与情欲,清浊悬矣,其为良知本体之累,则初无差别。何也? 目之本体,至精至明,一尘入之,则天地且易位。试以金屑玉屑入之,病与尘等,世之狗情欲而不舍者,尘病之也;执意见而不化者,金屑玉屑病之也。二病消融,而良知莹澈矣。程门之传曰:"君子之学,莫若廓然而大公,物来而顺应",直与戒惧中和一派源流,此师友著实之方也。外此而学,不为愚不肖之不及,便为贤智之过矣。桂生公辅自贵溪来学于彭山子,集郡之同志会讲于先师怀德祠下,因书是卷,以励切磋。(812—813页)

季本离开安福赴任长沙,行前,东廓与安福士友送别,作《心龙说赠彭山季侯》,再论"龙惕说"、论"无欲"。

《邹守益集》卷八《心龙说赠彭山季侯》:彭山季侯从事阳明先生之教,精思力践,恍然而悟。曰:"心之本体,其犹龙乎? 戒慎恐惧,

---

① 见万历《吉安府志》卷三《秩官志》,33—34页。

天命靡宁。主宰常惺惺,矩则常定。故潜见飞跃,随所遇而应之,是以警惕主宰变化者也。彼以自然为宗者,譬诸水与镜然。自妍自丑,自去自来,而无所经纶裁制,则习懒偷安,皆缘此起。故《大易》以《乾》为首,而《乾》以龙为象。文王、周公其善发明心学之蕴乎!"东廓子曰:"兹天德也,不显亦临,无射亦保,非文王之警惕乎?不识不知,顺帝之则,非文王之自然乎?故不已之功,与于穆同运。自然而不警惕,其失也荡;警惕而不自然,其失也滞。荡与滞皆有适有莫,不可与语此义之变化矣。是故果行育德,非以奋发也;向晦宴息,非以因循也;容民蓄众,非以兼爱也;俭德避难,非以为我也;明罚勅法,非以立威也;议狱缓死,非以售恩也;夫是之谓龙德。"侯曰:"我其切磋焉!"以试于政,甫二年,政日有闻,遂自吉拜长沙之命。邑之诸大夫、诸士暨诸寮、诸文学,咸绎其政以赠,曰:"侯其善于希龙乎哉?夫乡约是程,奸愿是剪,民风可醇矣;泮宫是萃,书院是经,士习可振矣;赋则是核,侵渔是芟,吏蠹可清矣;靖共是劝,眚灾是宥,官箴可昭矣。侯之警惕变化也,其有征夫!"东廓子曰:"昔者益闻之,龙以无欲为神,人以无欲为圣。欲也者,非谓世味之骜也。倚闻见,工思索,摹事功,稍以人力增损,便不免适莫。故亿中之敏,不如屡空之愚;列火之畏,不如德化之怀。侯其缉熙戒慎,全体超脱,以与造物游乎!由不大声色以跻于声臭俱泯,乾乾其至矣!天子方御六龙以孚万邦,而侯信于久蛰,日普德施,茫洋穷乎玄间。时哉龙德,天下其偾文明乎!"(457页)

致书聂豹,批评其"格物无工夫"说矫枉过直,有未莹处,抄录《心龙说赠彭山季侯》赠之。

《邹守益集》卷一一《简复聂双江》:吾兄悯学者格物之误陷于义袭,却提出良知头脑,使就集义上用功,可谓良工苦心矣!而遂谓格物无所用其功,则矫枉过直,其于"致知在格物"五字,终有未莹。先师之旨,亦曰致吾心之良知于事事物物之间,寂感内外,通一无二,故庸德之行,庸言之谨,便是圣门致知格物样子,即此是集义,即此是致中和。寂然不动者,未发之中;感而遂通者,发而中节之和。今曰"感而遂通者,神也,未之或知也",则寂然者,独非神乎?独可用其知乎?又曰"发而后充,离道远矣",则感通者,又乌可以为神乎?凡此皆鄙心之所未安者,不敢不竭其愚以求正。近作《心龙说》赠彭山公,大意谓渠精思妙契,直追横渠,然强探力索,终与圣门明睿所照不同,谨录以呈览,幸虚心反复,详以见示。(540—541页)

五月初二,东廓孙、邹善长子德涵出生。

《濲源邹氏族谱》卷八,邹德溥《伯兄汝海行状》:(邹德涵)生嘉靖戊戌五月初二,卒万历辛巳九月二十九日,享年四十有四。(91页)

五月,吉安知府屠大山升山东按察司副使,为作《庆郡侯竹墟公考绩》,论三种为政之道,发学政一体、建圣学以达王道之旨。

《邹守益集》卷二《庆郡侯竹墟公考绩》:龙泉欧尹礼问为政之要。东廓守益曰:"夫知学者,其知政乎!上天之载,阳舒阴敛,万物熙熙以生,以成其于穆不已之运乎!圣人之化,仁育义肃,万物暐暐以立,以绥其纯亦不已之学乎!故太上以学为政,戒慎恐惧,主宰常定,上下与天地同流;其次以资禀为政,宽和刚断,简靖明察,若温凉炎冷,各专其一气;其下以私欲为政,杂行逆施,以干阴阳之和。"欧尹曰:"邃哉,学也!戒慎日密,其修己以敬乎!位育日宣,其安人以安百姓乎!弗能戒慎以学,则弗能太公以中;弗能太公以中,则弗能顺应以和。故七十里之政,以圣敬式九围;百里之政,以敬止光四方。"东廓子曰:"兹维要哉!天子方嗣群圣,以敬一敷彝训。凡我臣工,顾諟琬琰,是训是行,以锡福庶民,其亦永有嘉绩。"欧尹曰:"兹维鲜哉!惟我竹墟公居敬以莅吾吉……三载有孚……"东廓曰:"吾吉弗得专之,将与天下庆之。天下为一体,朝廷为腹心,郡国为股肱,故明主之笃恭也,无泄无忘,以普其爱;忠臣之靖恭也,无美无援,以效其职。既明且忠,以建圣学,以达王道,将万世嘉绩是赖!"敬书其庆以竢。(56—57页)

按,屠大山于嘉靖十五至十七年任吉安知府(参嘉靖十一年条),十七年五月,升为山东按察司副使,①故此文当作于是年五月前,姑系于此。

为安福籍致仕乡绅罗善九十寿作《寿克庵罗先生序》,论戒惧、集义。

《邹守益集》卷五《寿克庵罗先生序》:嘉靖戊戌,宪伯克庵罗先生寿跻九十矣……益拜手曰:"兹抑抑之德也。武公之德,睿圣矣,而犹自以为未知。其敬慎之功,至于不愧屋漏。夫众而矜持之寡,则怠;大而矜持之小,则忽;是之谓义袭。无众寡,无小大,而戒惧无须臾之离,是之谓集义。集义充塞于天地,是之谓万寿无疆。公其以卫武为师乎!"……寿期在八月五日,而益以召赴南都,不及躬庆其盛也。季子让以大学生需次天官,告其兄谦,征言以寿。因次第其说,以先献于宾筵。(276—277页)

按:"克庵罗先生"即罗善(1449—1541),字复之,号克庵,安福人,弘治十二年进士。传见《邹守益集》卷二一《云南副使克庵罗公墓志铭》。"而益以召赴南都,不及躬庆其盛也",可知此文作于东廓赴任南京之前。

---

① 见《明世宗实录》卷二一二,嘉靖十七年五月条。

以多人推荐,起任南京吏部考功郎中。夏,与诸士友在复古书院文明堂作别,为永新萧氏宗会作《书萧氏宗会卷》,为县丞王鸣凤之子作《赠王童子》。以东廓离安福,复古书院由刘月山(号)、刘阳主持,订立轮年之约。行前作《书复古精舍轮年约》,勉诸同志。

宋仪望《邹东廓先生行状》:十七年戊戌,累用荐者,起南京吏部考功郎中。(1369页)

《邹守益集》卷一八《赠王童子》:戊戌,予被召,将行,与同志为文明之别。梧冈王少尹(按,即王鸣凤)携其子良材以挹让其间。时甫六岁,能拱手诵《三字经》,终卷不遗。因书赠胡童子者以赠之。梧冈莅邑三载,节用爱民,民胥怀之。留余之福,其尚发于后嗣乎!(855页)

《邹守益集》卷一八《书萧氏宗会卷》:嘉靖甲午,永新举惜阴之会,萧生体敬预焉……予赴召南都,生冒暑以别,曰:"轼之兹来,吾父之诏也。吾父显序翁闻君子之教,津津焉若唾醍醐以咽膏粱也。曰:'吾不能及于乡,将先倡于家。'乃属子侄为宗会,相与期曰:'闻义则必徙,不善则必改,庶几无负讲学修德之实。'……愿留一言以励吾宗。"(854—855页)

《邹守益集》卷一七《书复古精舍轮年约》:东廓子趋召将之南都,月山、三峰二刘子方主精舍,持同志轮年之约征言,以坚其志。东廓子曰:……夫外事于学,而中或弗真切焉,不几于伪乎?始真切矣,而终或弗恒焉,不几于半途而废乎?是中隐微,十目所不能视,十手所不能指,惟良知独觉,莫见莫显。诸同志其尚自观自察,以求充满其志乎!志量充满,弗伪弗废,将亦临亦保,亦式亦入,天机自不能已矣。(814页)

按:刘月山(号),字惟常,其余不详。《邹守益集》收录有《简刘月山》(卷一三)一书。

路经南昌,江西提学徐阶请东廓开讲于贡院,有《贡院聚讲语》,发明性善之旨。

宋仪望《邹东廓先生行状》:……起南京吏部考功郎中。道南浦时,今师相徐公督学江西,乃约藩臬诸公率诸生肃先生聚讲于贡院。先生发明性善之旨,痛快明白,一时读者莫不跃然省悟。(1369—1370页)

《邹守益集》卷一五《贡院聚讲语》:少湖使君集诸同志,率诸生聚贡院,以讲希圣之功。东廓子曰:……孟子千辛万苦争个性善,正是直指本体,使学者安身立命,自成自道,更无宽解躲避去处,中间种种过恶,皆是自欺自画,原不是性中带来。在医家,真所谓顶门针矣!夫目之分皂白,心之别是非,其精明一也。离娄之明,非有加于目也,能不失其本明而已矣。尧舜者,性中之离娄也……然人人不能皆尧舜与文,何也?病障之也……善学者须反观内照,直求本体,果无所障,则亦临亦保,亦式亦入,方是兢兢业业、纯亦不已一派源流,况于有障而忍于自欺自画乎哉?或曰:"性固善也,恶亦不可不谓之性。信斯言也,则天命之性,不亦污浊乎?"曰:以目言之,固明也,昏亦不可不谓之目。当其昏也,非目之本体矣。或曰:"若是,则有性善,有性不善。又何别焉?"曰:若是则谓有目明,有目不明,岂知本体者乎?或曰:"目之病少而心之病多,何也?"曰:目之病者,则愚者、不肖者、瞽者、眊者,无不竭力求以医之。心之病也,虽贤知者或忽焉,又奚怪其多乎?(719—720页)

在南京,与巡抚江西都察院右副都御史胡岳于东湖书院论学,论归养,作《善养对》,言"万物一体之学"为"善养天年"。

《邹守益集》卷三《善养对》:东廓邹子起废之南都,中丞浦南胡公延于东湖书院之上,纵谈及天下事。中丞曰:"子知大司寇渔石唐公之归养乎?见明天子教忠之仁焉,见渔石公移孝之忠焉,见大夫人得天之庆焉。"避席而对曰……(守益)曰:"传曰:'老老以兴孝,长长以兴弟。合敬合爱,以格上下,以德神人',夫是之谓万物一体之学。夫是之谓以善养天年。"(137—138页)

按:"浦南胡公"即胡岳(1474—1539),字仲申,号浦南,南直隶松江府华亭人,正德九年进士,时任都察院右副都御史巡抚江西。传见徐阶《通议大夫大理寺卿前巡抚江西都察院右副都御史浦南胡公岳墓志铭》(《国朝献征录》卷六一)。

抚州临川县学改修毕,陈九川遵徐阶之意,命当地士子至南京向东廓请记。作《临川县改修儒学记》,批时学类于"货贿、请托、浮言"之弊,批佛氏之学"不免于自私自利"。

《邹守益集》卷六《临川县改修儒学记》:(县学)经始于嘉靖丁酉之冬,越明年,以成告……吾友明水陈子致少湖之命,命饶、许二生以征言于南都……嗟乎,士之尚志,在孟氏有成训矣!良知良能,上帝所降,恒性必善,犹水必下,本非逆也。孩提知爱,及长知敬,达之天下,无待外索,本非艰阻也。然而学术日僻,德业日圮,恒贸贸焉而靡所成,将无亦有所阻乎?剽经猎史,琢句组章,徼冒禄位,耀身肥家,其于货贿类也,间有嗤其陋矣。以纂述为勋业,以臆中为实际,假借旧闻,依凭人言,其于请托类也,间有察其方而求之矣。入誉出毁,党同伐异,瞻前顾后,且进且却,其于浮言类也。二三子其亦思自奋、自烛、自程督、自综画,以求日跻于休哉?今夫浮屠氏之学,固亦不染声利,不萦闻见,不怵利害,翛然自以为明心矣;而外人伦,遗事物,毕竟非天然自有之中,而不免于自私自利。故象山子接孟子之传,直以公私为千古儒释断案,夫非诸生之乡先哲乎?草庐子尝记斯学矣,曰:"洗濯旧染,以涉圣涯,与学宫俱新,俾临川为洙泗",夫非诸生之凤训言乎?陟降于斯,骏奔于斯,藏修咏歌于斯,肃然惕然,须臾勿离,庸德庸言,惺惺相顾,俾仁义之良充诸身,征诸家邦,准诸四海,垂诸百世,庶几无愧尔训言,无玷尔先哲,无负尔良师良牧,否则浮屠氏且反唇而哂之矣。吁,其蚤辨之哉!(362—363 页)

是年大事:

是年四月,吏部尚书许赞上疏奏请禁毁私立书院及所刊书籍,获准。此次禁毁并未针对湛若水、王阳明及其弟子所立书院。①

是年其他著作:

《赠宗伯昭》(1538—1539 年,卷三)。《宁国县重修儒学记》(1538 年或稍后,卷六)。《惠政浮桥铭并序》(卷八)。《简湛甘泉先生·一》(卷一二)。《大学生刘持贞墓志铭》(卷二三)。

嘉靖十八年己亥(1539),四十九岁

徐阶在南昌建仰止祠,集东廓等王门同道祀阳明,聚会讲学,创"龙沙会"。

《王阳明全集》卷三六《年谱附录一》:十八年己亥,江西提学副使徐阶建仰止祠于洪都,祀先生。自阶典江西学政,大发师门宗旨,以倡率诸生。于是同门吉安邹守益、刘邦采、罗洪先,南昌李遂、魏良弼、良贵、王臣、裘衍,抚州陈九川、傅默、吴悌、陈介等,与各郡邑选士俱来合会焉。魏良弼立石纪事。(1334 页)

《王阳明全集》卷三九,李春芳《重修阳明王先生祠记》:江右为

---

① 见吴震:《明代知识界讲学活动系年》,86—87 页。

阳明先生过化地,公既阐明其学以训诸生,而又谓崇祀无所,不足以系众志,乃于省城营建祠宇,肖先生像祀之。遴选诸生之隽茂者乐群其中,名曰龙沙会。(1484页)

按:"龙沙"为地名,指南昌府城北江边的白沙带。

《江西通志》卷七《山川一·南昌府》:龙沙,在府城北,带江。郦道元云:沙甚洁白高峻,而陂有龙形,连亘五里中,旧俗九月九日升高处也。(《文渊阁四库全书·史部》513册,272页)

《江西通志》卷四《形胜·江西省》:环郭外者为龙沙,龙沙之外滂瀼长逝为大江,大江之外嵌崎罗列为西山,西山之杪北峙为匡庐,大江之隈,东汇为彭蠡。(《文渊阁四库全书·史部》513册,172页)

全椒县儒学增修毕,县学教谕、训导遣诸生至南京向东廓请记。作《全椒县儒学增修记》,发戒惧中和之旨,以"无疑于信,无狃于习,无厌于学,无倦于教"勉诸师友。

《邹守益集》卷六《全椒县儒学增修记》:正德壬申,督学柱史黄君下教,迁(全椒县学)于河之北……适阳明先师来卿于滁,集邑之俊髦,切磋于良知之学与水之必下、人之必善,千载一揆。诸生彬彬扬扬,趋于正教,而科第亦汇征不替。司谏南山咸君,其私淑而兴者也。嘉靖戊戌,巡监觉山洪君(按,洪垣)以同志按邑,贞度崇教,亟访咸子于南谯讲所,谋欲拓之……督学午山冯君韪而主之,疏山吴君以代觉山至,从而协之,舜原杨君以清戎至,复橄美金赞之。会李尹舜民始任,欣然承之,凿泮池以弘古制,广隙地,崇敬一亭,以尊圣训,凡越岁而工告成。教谕赵钶、训导吕筴、逯峦,嘉厥成绩,遣诸生以征记于南都。东廓子曰:诸师诸生,其亦信于孟子之训乎?今语人曰:

"水之必下,与尧舜周孔时同",则哄然信之;语人曰:"人之必善,与尧舜周孔时同",则怃然而有疑。是何薄于自信也!……天下之观性者,其果能洞然而无疑已乎?尝试稽于孔门之授受矣。性曰天命,道曰率性,良知良能,溥博而时出,兹非源泉混混乎?戒慎恐惧,须臾勿离,所以修道也,兹非防其壅障而疏瀹决排之乎?道修而性复,则立大本曰中,经纶大经曰和,范围天地曰位,曲成万物曰育,兹非宅四隩、弼五服、修六府以赖万世者乎?故善学者如禹矣,不善学者如鲧矣。世之封闭俗习以遏天机,相矜以辞华,相轧以功利,相诩以技能,至于横溃四出,遗亲后君,皆鲧之徒也。先师之切磋于斯也,夫非述禹之方以叙彝伦乎?诸监司之规画而协赞于斯也,夫非望诸师诸生之咸为禹,以会归其极乎?继自今,无疑于信,无狃于习,无厌于学,无倦于教,思日孜孜于地平天成之绩,而以方命圮族为戒,则孔孟之宫墙巍然数仞,固可以得其门而入矣。(343—344 页)

按:"南山戚君"即戚贤(1492—1553),字秀夫,号南山、南玄,南直隶滁州府全椒人。嘉靖五年进士,官至刑科都给事中。阳明弟子,列入《明儒学案》之《南中王门学案一》。传见王畿《刑科都给事中南玄亲君墓志铭》(《龙溪王先生全集》卷二〇)。

"疏山吴君"即吴悌(1502—1568),字思诚,号疏山,江西抚州府金溪人。嘉靖十一年进士,早年师事阳明弟子黄直。嘉靖十七至十八年以两淮巡抚督盐政。[①] 官至南京刑部右侍郎。谥文庄。著有《吴疏山先生遗集》,传见《明史》卷二八三。

夏臣任广德州守,举乡约,东廓为作《广德乡约题辞》,发明"万

[①] 见王定安纂修:《两淮盐法志》(清光绪三十一年刻本),卷一三七《职官门·名宦传上》。

物一体"之义,并取安福乡约与之参酌。

《邹守益集》卷一七《广德乡约题辞》:东廓邹子起废入考功,以安福乡约贻于广德新守,弘斋夏子取而参酌之……往岁待罪于州,尝有志而未举也,幸兹得夏子举之。夏子新退食之堂,揭之曰"亲民",其有志于一体一家之学乎!敬题其端,以赞其成。(825页)

按:"弘斋夏子"即夏臣,号弘斋,江西广信府贵溪人,嘉靖七年举人。嘉靖十八年任广德州守令,任职一年即调任。①

二月初一,世宗立皇次子载壡为皇太子。内阁大学士夏言所选东宫辅导官僚三十七人多遭弹劾,后吏部尚书许赞重荐一批有誉望者为东宫官属,东廓亦在其列。五月,召为司经局洗马兼翰林院侍读。同时召入者有霍韬、徐阶、罗洪先、唐顺之、赵时春等。

《明世宗实录》卷二二一,嘉靖十八年二月条:二月庚子朔,册立皇太子。(4563页)

《明史》卷一二〇:庄敬太子载壡,世宗第二子。嘉靖十八年,世宗将南巡,立为皇太子,甫四岁,命监国,以大学士夏言为傅。(3646页)

《明世宗实录》卷二二四,嘉靖十八年五月戊辰条:先是,大学士夏言等选补东宫辅导官僚三十七员,礼科给事中周琬奏劾:屠应埈、华察、胡经、薛侨、史际各不职……浙江道御史杨逢春又论劾温和仁、李廷相、费寀、张衍庆各人,品庸下,屠应埈、华察、胡经、黄易、白悦、黄甫涞、薛侨、胡守中、史际等各人,品邪佞。是时衍庆已以行宫灾为民矣。得旨:胡守中简用自朝廷,屠应埈等已有旨,温和仁、李廷相、费寀、胡经俱以原职供事,黄易以原职致仕,廷相寻上疏乞罢,仍具宫

---

① 见光绪《广德州志》卷二六《秩官志·守令二》,1518页。

阶……已而御史洪垣又言："顷陛下巡幸承天，册皇太子监国，推选宫僚，慎重再三，及所拟议，则皆庸流。如温和仁、张衍庆、薛侨、胡守中、屠应峻、华察、胡经、史际、白悦、皇甫涍辈，祖宗朝设立此官，慎重爱惜，不敢取备，或三四人，或五六人，当时言者犹有论执，况今十数臣者，俱以庸邪之资而欲望其涵养德性、熏陶气质，得乎？……"上怒曰："兹疏既云所选宫僚非人，又云指摘丑迹不欲形于奏牍，又云奔竞之徒不宜用，又不欲吏部司其事，何奸佞如是！应祥等俱夺职为民。"……吏部拟南京礼部尚书霍韬加太子少保，改礼部尚书，同掌詹事府事；兵部尚书兼都察院右都御史毛伯温为太子宾客，工部右侍郎兼副都御史顾璘为詹事府丞，南京礼部右侍郎吕柟为礼部右侍郎兼少詹事，改南京吏部考功司郎中邹守益、江西按察司提学副使徐阶俱司经局洗马兼翰林院侍读……起用原任兵部武库司主事赵时春，改翰林院编修兼校书。得旨：韬等依拟用，韬仍从令速赴供职。（4641—4644 页）

徐阶《邹公神道碑铭》：世宗皇帝将建储，以当事者所选宫僚多出货来，不足备辅翼，改命太宰松皋许公。于是许公尽引一时之誉望，而公召为司经局洗马兼翰林院侍读。当事者以为非己出，不悦也。（1380 页）

宋仪望《邹东廓先生行状》：明年，由考功改司经局洗马，时同以召入者，如渭崖霍公、少湖徐公、念庵罗公、荆川唐公、浚谷赵公等，皆一时重望。（1370 页）

按：《邹公神道碑铭》所谓"当事者"指内阁首辅夏言。夏言（1482—1548），字公谨，号桂洲，江西广信府贵溪人，正德十二年进士,嘉靖十五年晋武英殿大学士,入参机务。① 嘉靖十八年,升首辅,累加至少师兼太子太师吏部尚书华盖殿大学士,嘉靖二十七年正月以尚书致仕,十月弃市。② 隆庆初复官,谥文愍。著有《桂洲集》十八卷等,传见王世贞《大学士夏公言传》(《国朝献征录》卷一六)、《明史》卷一九六。《邹守益集》收录有《简夏桂洲相国三章》(卷一二)。

许赞(1473—1548),字廷美,号松皋,河南府陕州灵宝人,弘治九年进士。时任吏部尚书加少傅兼太子太傅。传见《光禄大夫柱国少傅兼太子太傅吏部尚书文渊阁大学士赠少师谥文简许公赞神道碑》(《国朝献征录》卷一六)。

罗洪先是年服阙。

"荆川唐公"即唐顺之(1507—1560),字应德,号荆川,南直隶常州府武进人,嘉靖八年会试第一名,官至都察院右佥都御史。谥襄文。唐顺之列入《明儒学案》卷二六《南中王门二》,与王畿、罗洪先友善,是年选为詹事府左春坊左司谏。著述颇丰,有《荆川先生文集》等,传见赵时春《明督抚凤阳等处都察院右佥都御史荆川唐先生墓志铭》(《赵浚谷集》卷一〇)、李开先《荆川唐都御史传》(《国朝献征录》卷六三)、《明史》卷二〇五。

赵时春(1509—1559),字景仁,号浚谷,山西平凉府平凉人,嘉靖五年会试第一名,官至都察院右佥都御史。赵为"嘉靖八才子"之一,③ 与阳明学者罗洪先、唐顺之、邹东廓、徐阶等友善。嘉靖十九年

---

① 见《明世宗实录》卷一九五,嘉靖十五年闰十二月条。
② 见《明史》卷一一〇,3356、3358 页。
③ 赵时春与王慎中、唐顺之、熊过、陈束、任瀚、吕高、李开先八人有"嘉靖八才子"之称。见钱谦益:《列朝诗集小传》(上海:上海古籍出版社,1983 年),《丁集上·吕少卿高》,379 页。

底,时任司经局校书的赵时春与左春坊左赞善罗洪先、左春坊左司谏唐顺之各自上疏请明年元旦太子出御文华殿,受中外官朝贺,惹怒世宗,同被黜为民。著有《赵浚谷集》十六卷,传见徐阶《都察院右佥都御史浚谷赵公时春墓志铭》(《国朝献征录》卷六三)、《明史》卷二〇〇。

作《谒选北上》一诗。

《邹守益集》卷二五《谒选北上》:昔来葭飞灰,今别风解冻。嘉会约晓萍,世味惊春梦。官爵无崇卑,趋舍在慎动。将军或豺狼,亭长乃鸾凤。(1209页)

七月,南京礼部尚书霍韬、南京吏部考功清吏司郎中邹守益以太子年仅四岁,未可以文词陈说,上《圣功图》及疏,为养正之助。世宗见《茅茨土阶图》大怒,以二人假公以行谤讪,几获罪。因霍韬受知于世宗,事方解。

《明世宗实录》卷二二六,嘉靖十八年七月甲午条:南京礼部尚书霍韬、吏部郎中邹守益共为《圣功图》一册上之,以为皇太子幼未出阁,未可以文辞陈说也,惟日闻正言、见正事,则可为养正之助。乃绘图十三事:一曰文王为世子问安,二曰视膳,愿皇太子大孝师文王也;三曰文王世子齿胄,愿其有古圣王谦德也;四曰汉桓荣授经,见东汉犹存古风也;五曰神尧茅茨土阶,六曰大禹菲饮食恶衣服,愿皇太子崇俭也;七曰大禹卑宫室力沟洫,八曰周王知稼穑艰难,愿皇太子啬身勤民、默契古帝王心法也;九曰周室后妃蚕织,愿皇太子知绮绣之难得;十曰宫中隙地种蔬,知我圣祖之同符尧禹也;十一曰西苑耕稼,十二曰西苑蚕桑,愿皇太子知皇上家法即成周家法,是《关雎》、《麟趾》之风也;十三曰商高宗访道,愿皇太子知圣学也。上谓:图册中语多回隐,实假公以行谤讪,无人臣礼。下礼部参奏。礼部言韬等

性资多僻,议论好高,徒知陈善纳忠之为敬,而不知迹类谤讪之为非。奏入,诏宥韬等罪,册疏报寝。(4703—4704页)

徐阶《邹公神道碑铭》:……当事者以为非己出,不悦也。会公偕渭厓霍公献《圣功图》,小人相与构之,祸几不测,赖渭崖故有宠,得已。(1380页)

邹德涵《文庄府君传》:(东廓)曰:"吾何以辅皇储、酬主恩也?"偕渭厓霍公献《圣功图》,上见《视善问安图》喜曰:"此为太子计最善。"至《茅茨土阶图》,怒曰:"得非假此刺朕躬乎?"下礼部参切,几不免。"(1363页)

《邹守益集》卷一《圣功图疏》:南京吏部考功清吏司郎中臣邹守益谨奏:为感恩献愚少俾东宫圣学事……仰惟皇太子今未出阁,臣僚未得供职,未得陈说文辞,图以涵养睿资,预培圣功之基。惟日闻正言,见正事,习正道,久而默化,习与性成而已矣。臣等又闻,古昔圣学,图史箴戒,日陈于前,于以维持身心,无不备具。进善之旌,诽谤之木,朝夕饫闻,善言日进则德日崇,谤言日闻则过日寡。帝王乐求谤言,何也?图以优进圣域也。臣等窃取古意,绘为圣功图一十三幅,装为一册,献上东宫殿下。伏愿皇上少垂圣览,如谓臣等所绘图册或有少裨东宫作圣之资,敕下内侍谨厚人员,将臣等所绘图册时进皇太子观玩,未用讲解文义,且观图象得意,契悟自深,愈于讲说之烦也……奉圣旨:"邹守益假以图疏讥刺朕躬,下礼部参勘。"复奉圣旨:"姑念纳忠,免罪。钦此。"(7—13页)

按:霍韬(1487—1540),字渭先,始号兀涯,更号渭涯,广东广州府南海人,正德九年进士。嘉靖十二年起历吏部左、右侍郎,南京礼部尚书,嘉靖十八年,升太子少保、礼部尚书,协掌詹事府事。卒,赠太子太保,谥文敏。著有《渭厓文集》十卷等,传见何世守《礼部尚书掌詹事府事霍文敏公韬行实》(《国朝献征录》卷一八)、《明史》卷一九七。霍韬、邹东廓分别以"南京礼部尚书"、"南京吏部考功清吏司郎中"的身份上奏,当是未至京师上任时所上疏。霍韬在"大礼议"中因支持世宗而得其嘉许,此事方解。

徐阶所谓"小人相与构之",盖与东廓等人不合夏言之用有关。

不久,以原职充经筵讲官。

宋仪望《邹东廓先生行状》:……免罪,寻题充经筵讲官。(1370页)

北上京师前,应同僚李翱、曾汝檀之请作《致远堂说》,以"常寂常感,常神常化"论"静"。

《邹守益集》卷八《致远堂说》:某之起考功也,距主客八年矣。会碧山李子翱将报政,觞旧寮于堂之后,则宗伯渭崖霍公、泾野吕公,撤淫祠改作之……兹欲以"致远"名其堂……既而有召命,将行矣。廓斋曾子汝檀署司,复申之曰:"以贻我来!"察某乃拜手言曰:静之学不明久矣!惰慢者,其喜静而忘乎!险躁者,其厌静而助乎!弗慢弗躁,以升于中和,其犹有古之遗乎!夫寂然不动者,静之源也;感而遂通者,静之达也。天之降才钧也,学有异,则才因以异。故自其忿懥好乐有而弗化也,则大公之中滞矣;自其亲爱贱恶辟而周节也,则顺应之和壅矣。滞与壅交病,将近小者且偾,而奚远之能致?善学者戒慎恐惧,无须臾之离,不睹不闻,立其寂矣;莫见莫显,达其感矣;常寂常感,常神常化,故致于庭除而齐,致于比闾而治,致于四海九州而平。故曰礼仪三百,威仪三千,发育万物,峻极于天。宁静之学也,其远矣乎!(458页)

按:"廓斋曾子汝檀"即曾汝檀(1496—?),字惟馨,称廓斋先生,福建漳州府漳平人,嘉靖十一年进士,历官南京户部员外郎,礼部郎中、抚州、南宁、安庆知府,山东盐运使等。曾汝檀为湛若水门人,学以戒惧慎独为本。传见李清馥《闽中理学源流考》卷八二。

门人胡寅守任职浙江金华府汤溪县,同门为其征言。北上前,东廓作《赠胡化之》,以"戒惧"、"畏天命、悲民穷之学"勉之。

《邹守益集》卷二三《明故乳源令胡生化之墓志铭》:庐陵胡生化之,以贡入南雍,从学于主客……予召入司经,化之适丞汤溪,同志征言,以壮其行。(1052页)

《邹守益集》卷一八《赠胡化之》:予往在官署,见"眼前皆赤子,头上是青天"之联,肃然兴敬曰:"为此语者,其知道乎!"正学榛芜,良心障塞,往往嗤德义,以逐利竞功。谓天盖高,谓民盖卑,至于削绳墨,捐规矩,以速官谤,而贻师友姻党羞辱。使诚知上帝之如临也,则游衍出王,惕然畏慎,自不敢愧于屋漏矣;知赤子之如保也,则疾痛痒疴,恻然仁爱,自不敢侮于鳏寡矣。充是操也,于道其庶乎!若然者,将天佑其信,人助其顺,居上居下,处繁处简,无所往而弗济矣。庐陵胡生化之,朴茂而有志趣,尝切磋于金陵、青原之间,而其世阀,方以文章政事有声于时。兹试铨部,以丞汤溪,同志咸屈之。然任轻则易称,事简则易集,吾知其必当有济也。往矣化之!其无忘于畏天命、悲民穷之学!(859—860页)

按:"胡生化之"即胡寅守(1499—1548),字化之,号两江,吉安府庐陵人,贡生,官乳源县令等。师事东廓。

至衢州祥符寺讲学。

《邹守益集》卷二六《衢麓讲舍与诸师诸生论学,奉酬西岩、初泉二郡侯》:前年讲学祥符寺,兹辰复聚讲舍中。(1227页)

《浙江通志》卷二三三《寺观八·衢州府》大中祥符禅寺条:嘉靖《浙江通志》:在府治西北。《寰宇记》:吴将军郑平舍宅建……《西安县志》：……嘉靖七年火,止存荒址,改为西安县学,其两旁墙外隙地量与僧居,改为祥符寺。(《文渊阁四库全书》525册,319—320页)

按:祥符寺在何地,《邹守益集》中未提供其他信息。东廓于嘉靖二十年至衢州府衢麓讲舍讲学(参该年条),从"前年讲学祥符寺,兹辰复聚讲舍中"之语气看,衢麓讲舍(在衢州府治北,西安县为府治所在地)当与祥符寺属同一地区。而上引《浙江通志》载,衢州府有建于三国时期之吴国的古寺大中祥符禅寺,嘉靖七年因火灾废,改为西安县学,与县学比邻处另建祥符寺,似合做讲学之所。以此可知,上文之祥符寺即是位于衢州府治西北、西安县境内的祥符寺,与衢麓讲舍相距不远。① "前年"说明讲学时间在距离嘉靖二十年前两年的十八年,应在东廓北上京师前,姑系于此。

在京师,东廓与徐阶、罗洪先、赵时春、唐顺之等同道相过从,聚七十余人会讲,侍御毛恺、张元冲等从之游,士类兴起甚众。

《邹守益集》卷一八《题同心之言赠刘北华归楚》:往岁予偕少湖徐相国赴司经局之招,同志聚以论者七十而余。(871页)

耿定向《东廓邹先生传》:时与徐文贞、罗文恭洪先、赵浚谷时春、唐荆川顺之相资切。侍御毛介川恺、张浮峰元冲、胡默林宗宪,咸从之游,士类兴起甚众。(1384页)

按:毛恺(1506—1570),字达和,号介川,晚号节斋居士,浙江衢州府江山人,嘉靖十四年进士,官至刑部尚书。谥端简。传见赵镗《资政大夫刑部尚书介川毛公恺行状》(《国朝献征录》卷四十五)、《明史》卷二一四。

---

① 按,祥符寺即今衢州市人民医院所在地,衢麓讲舍即今衢州师范学院所在地,笔者请教过董平先生,证实两地同属今衢州市柯城区,相距仅数百米,亦为一证。

张元冲（1502—1563），字叔谦，号浮峰，浙江绍兴府山阴人，嘉靖十七年进士，官至都察院右副都御史。阳明弟子，《明儒学案》列入卷十四《浙中王门学案四》。传见刘蕺山《张浮峰先生墓志铭》（《刘子全书》卷二二）。《邹守益集》有《简张浮峰掌科》（卷一一）、《青原同晴川狮泉奉赠浮峰张使君四首》（卷二五）及为其祖母寿日所作的《达寿说》（卷八）、为其母所作的《明故张母唐太恭人墓志铭》（卷二三）等诗文。

在京师一年间，有蒋怀德、张旦、冯焕、林应箕、胡宗宪、白若圭、吴春、刘大直、陈尧等新科进士向东廓等问学。

《邹守益集》卷八《医说留别长安诸友》：自入长安以来，山阴蒋子怀德、宝应张子旦、山阳冯子焕、莆田林子应箕、婺源胡子宗宪、武进白子若圭，皆有志于斯也。（447页）

《邹守益集》卷五《慈寿诗册序》：贵溪吴子春举于宾兴，尝寄书山中而问学。其后，益自考功入司经，四方之杰，萃而丽泽焉。吴子成进士，官春卿，且相国贰室也。礼恭而志笃，歊然韩、魏之家，予悚然而异之。尝从容问曰……（309页）

《邹守益集》卷八《岷川说赠刘司谏》：益与少湖徐子同司经局，以北，海内同志聚讲逾七十人，瞿瞿然规过而劝德也……以刘子之志于圣域也，百折而不回，取友四方……昔者聚语于京师矣……（449—450页）

《邹守益集》卷四《赠梧冈陈郡侯陟长芦都运序》：通州梧冈陈子，始见于金陵……再见于长安。同会七十余人，以不违如愚，退省足发相规劝焉。（219页）

按：蒋怀德（1500—？），字维宁，浙江绍兴府山阴人，嘉靖十七年进士；张旦（1508—？），字子明，南直隶扬州府宝应人，嘉靖十四年进士;冯焕(1502—?),字养晦,南直隶淮安府山阳人,嘉靖十七年进士;林应箕(1510—?),字辉南,福建兴化府莆田人,嘉靖十七年进士;胡宗宪,嘉靖十七年进士,介绍见嘉靖三十九年条;白若圭(1512—?),字德纯,南直隶常州府武进人,嘉靖十七年进士。

吴春(1512—?),字以容,江西广信府贵溪人,嘉靖十七年进士,为内阁首辅夏言婿,师事东廓、王畿。

"岷川"即刘大直(?—1553),字养浩,号岷川,四川华阳县人,嘉靖十四年进士,为官有善政,嘉靖三十二年卒于巡抚贵州右佥都御史之任上。

"梧冈陈子"即陈尧,介绍见嘉靖二十七年条。

进京后,接王畿所寄其与洪垣往复论学书,就"先天后天之疑"致书洪垣,论良知学体用一源。

《邹守益集》卷一〇《简洪觉山》:高邮邂逅,殊未尽承新得,入京以多务驱驰,非病体所耐,因缺于奉候。龙溪寄所往复简,乃知高明于良知有先天、后天之疑,此于意见,将无有所倚否?微有所倚,便非肫肫恻怛之本体,故有许多枝节出来,此未可以为语病而忽之也。君子之学,莫若廓然而大公,物来而顺应。大公者,良知之体;顺应者,良知之用;原无许多包藏粘带、窒塞偏枯不停当处。譬诸水之过颡在山,而认以为水之咎,水其受之乎?长安之别十有六年,事体礼数日与昔异,所赖同志四集,时相儆惕,磨偏去蔽,勃勃向切实平易处,庶不负师训友箴耳。(525—526页)

按:"长安之别十有六年",东廓此次进京据嘉靖三年因大礼议被贬出京有十六年;"入京以多务驱驰",可知上书写于京师;"所赖同志四集,时相儆惕"指东廓在京师与王门同道讲学论学;"高邮邂逅,殊未尽承新得"当指东廓北上京师途中与洪垣匆匆邂逅;"龙溪寄所往复简"指东廓进京后接王畿所寄二人往复论学书简,乃就其疑而论之。

是年其他著作：

《野亭少傅刘公摘稿序》（卷二）。《鉴文祖言》（卷四）。《宣城县昌黎别业记》（卷六）。《鉴塘说》（卷九）。《简上许松皋年伯》（卷一〇）。

嘉靖十九年庚子（1540），五十岁

先前，朝廷令詹事府左右春坊、司经局、国子监等官员议已故大儒薛瑄从祀文庙事，邹守益应诏上疏，请薛瑄从祀孔庙，赞同者共二十三人。三月初八诏下，未准。

《明世宗实录》卷二三五，嘉靖十九年三月庚子（按，初八）条：先是，御史杨瞻、樊得仁奏故礼部侍郎薛瑄国朝大儒宜从祀文庙。诏下儒臣议。时尚书霍韬，侍郎张邦奇，詹事陆深，少詹事孙承恩，祭酒王教，学士张治，詹事府丞胡世忠，庶子杨维杰，谕德龚用卿、屠应埈，洗马徐阶、邹守益，中允李学诗、秦鸣夏、闵如霖，赞善阎撲，司直谢少南、吕怀，编修兼校书王同祖、赵时春，编修兼司谏唐顺之、黄佐，侍讲胡经二十三人议宜祀。庶子童承叙，赞善浦应麒议宜缓。赞善兼检讨郭希颜以瑄无著述功，议不必祀。给事中丁湛等请从众议之多者。霍韬又欲黜司马光、陆九渊，吕怀欲将道统正传皆进之庙堂，系于四配下。至是礼部集议以请。上曰：圣贤道学不明，士趋流俗，朕深有感。薛瑄能自振起，诚可嘉尚。但公论久而后定，宜候将来。童承叙、浦应麒议是。司马光、陆九渊从享与四配等位次，俱历代秩祀，又经我太祖钦定，俱照旧，不许妄议。时御史吕光洵上从祀议，上摘疏

中有不敬语,夺俸二月。(4806—4807 页)

邹德涵《文庄府君传》:寻应诏议薛文清从祀,时有病瑄著述者,故其疏曰:"瑄纵不能中行,犹庶几为狷者。以著述病瑄,是责于瑄大浅矣。"(1363 页)

《邹守益集》卷一《薛文清公从祀疏》:司经局洗马兼翰林院侍读臣邹守益谨奏:为钦奉圣谕以议祀典事。近该御史杨瞻、樊得仁建议,要将礼部侍郎兼翰林院学士薛瑄从祀孔子庙廷。礼部复题,奉圣旨:"着翰林院詹事府左右春坊、司经局、国子监堂上官人各上议。钦此。"臣仰窥圣心,主张斯道,鼓舞来学,博采舆论,慎重祀典,敢不竭图末议,以备采择……我列圣以道德礼乐化成天下,文章政事之臣,咸足以匹休往古。然勃然以理学为宗,实自瑄倡之。瑄之深造自得,于濂洛静虚动直、大公顺应之旨,未敢妄许,然其自幼至老,笃志力行,惓惓亦自以复性为教。考其出处进退之间,不折节于权奸,不谢恩于私室,不曲法于贵近,不慑志于临刑,不濡滞于相位,一时翕然尊信,以"薛夫子"目之,此岂可以声音笑貌取者! 揆之于古,其近于狷者之流乎? 世之议瑄未宜列于从祀者,或以其见理未莹,不足以传斯道,则虽颜曾而下,已有不得其宗者,是责于瑄者大备矣。或又以其少于著述,不足以羽翼圣经,则虽颜曾之得其宗者,视后儒已有所不逮,是求于瑄者又大浅矣。夫祀典之重,莫严于孔庙,非所进而进之,是为俎豆之玷;可以进而难之,亦适以阻进修之路。斯二者,失中均也。皇上懋隆敬一,以建中和之极,折衷群论,自有天则。臣以为进瑄从祀,树之风声,以昭国家之盛,其于世教未必无补。谨疏。(16—17 页)

按:薛瑄(1389—1464),字德温,号敬轩,山西平阳府河津人,永乐十九年(1421)进士,官至礼部右侍郎兼翰林院学士。成化初,谥文清。隆庆五年(1571)从祀孔庙。薛瑄学宗程朱,是明代前期理学的主要传播者。

  三月二十九日,升太常寺少卿兼翰林院侍读学士,掌南京院事。监察御史毛恺奏:守益为名儒宿学,不当投之散地,请留侍东宫。因遭夏言嫉恨,谪为宁国府推官。

  《明世宗实录》卷二三五,嘉靖十九年三月庚申条:庚申(按,二十九日),升司经局洗马邹守益为太常寺少卿兼翰林院侍读学士,掌南京院事。监察御史毛恺因奏:守益名儒宿学,宜留侍东宫,不当投之闲散。上以恺阻议成命,干预夺,调宁国府推官。(4812页)

  邹德涵《文庄府君传》:未几,出掌南翰林事。御史毛公恺上疏曰:"以辅佐之器,置在南服,是远贤也,不可。"时贵溪当国,恨之,因疑府君厚毛公,令间己宠。于是谪毛公典史,而疑府君,人多为解之,贵溪不释也。(1363—1364页)

  《明史》卷二八三《邹守益传》:明年,迁太常少卿兼侍读学士,出掌南京翰林院,夏言欲远之也。御史毛恺请留侍东宫,被谪。(7270页)

  作《医说留别长安诸友》,论中行之德。告别同道,携家眷离京。

  耿定向《东廓邹先生传》:居顷之,升太常少卿兼侍读学士,掌南院。盖当事者忌而远之也。毛介川上疏留,亦调外任。先生出京时,著《医说》为同志留别,略云……先生出京。(1384页)

  《邹守益集》卷八《医说留别长安诸友》:东廓子曰:善教者之淑群才也,其犹医之疗病乎?善学者之淑其身也,其犹抱病而求疗乎?嗟夫,中行之德邈矣!有能自易其恶、自至其中,亦足以慰吾思矣。夫直而不至于温,不足以为直;宽而不至于栗,不足以为宽;刚而不免于虐,简而不免于傲,不足以为刚且简。唐虞教学之方,其医学具可覆也。审声视色,察脉参藏,寒则温之,热则凉之,俾阴阳顺适,精气和平,而各反于元神之中,则天下无夭札矣……聚首未几,抗旌以南。因留别语,以为摄生之助。在《易》有之,"无有师保,如临父母"。文王之圣,正从亦临亦保中来。故缉熙敬止,寿跻百年,而陟降上帝,与天无疆,是为圣神中行之极。(447页)

别前,应王榳之请作《同野说别京中诸同志》,申中和、戒惧之义。

《邹守益集》卷八《同野说别京中诸同志》:君子明德之学,以天下为度内,非意之也。明德之本体,原自刚健,原自精明,以直养而无害,则覆载若天地,照临若日月。故在贤则尊之,在众则容之,在善则嘉之,在不能则矜之,夫是之谓大同之学。一为私欲所挠,则忿懥而不知其美,好乐而不知其恶,故系小子,系丈夫,虽过不及有差等,其乖于中和一也。抑乡原之同流俗,亦众所同说也,而终不可以入道,彼其媚世一念,已增本体之障,故非刚健精明、肫肫无倚者,不足以上达天德。在《易》之《同人》,以离遇乾,文明以健,而曰"同人于野",曰"君子为能通天下之志"。文王、周公,其善发天地日月之蕴乎!天无私覆,地无私载,日月无私照,呜呼,至矣!益再入长安,获从诸同志切磋所闻,及陟南都,相与依依不能释也。王虞部榳持"同野图"以征别言,舟中书此归之,以求正于同志诸君子。夫迹有聚散,心无聚散。果能戒慎恐惧,须臾勿离,则常健常明,可以考三王而俟千圣,矧一南北之隔,何异几席间?如其未也,犹不免"同人于宗"之吝!(452—453页)

按:王榳(号同野),时任工部郎中,①简介详嘉靖二十三年条。

---

① 见《明世宗实录》卷二三九,嘉靖十九年七月条。

六月,抵南都。因途中酷暑,王夫人病卒,东廓命邹美扶柩归安福。

宋仪望《邹东廓先生行状》:六月,履任。会途次酷暑,王夫人病渴,不起。时季子善侍侧,二子义、美寻自讦所奔至,乃命美扶柩归。(1370 页)

时南京吏部右侍郎费采将北上考绩,东廓应南京兵部尚书湛若水之命,为作《少宰钟石费公考绩赠言》,发"良臣以仁天下为绩"、"绩考于独,谓之几"等义。

《邹守益集》卷四《少宰钟石费公考绩赠言》:钟石费公将考少宰绩于京,属吏朱子希皋(按,朱时任南京吏部司务)绎旧典,萃四司,以请于太宰甘泉先生。先生命于某曰:"子于予同道,于少宰同年,咸同馆也,其无让于同心之言!"……夫明主无绩,以得良臣为绩;良臣无绩,以仁天下为绩。《泰》之九二,竭股肱以翊宗子也,而其目曰包荒,曰用冯河,曰不遐遗,曰朋亡,昔之嘉靖殷邦者,尝用之矣。同心匡辟,一夫其辜,包荒之量也;瞑眩瘳疾,冯河之勇也;俊乂旁招,不遐遗之明也;私昵弗及,朋亡之公也。故殷武之颂,曰"天命降监",言时宪也;"下民有严",言从乂也。夫是以赫赫濯濯,以缵禹之绩。公与先生切磋斯道久矣,其素所蕴蓄也,有良臣之望!……(东廓)曰:"昔者闻之,考于简牍易,考于事功难;考于事功易,考于精神命脉难。故综核方严,伪增受封,简牍焉尔矣。愠喜不形,旧政必告,事功焉尔矣。君子之视《履》,而元吉也,其惟考于独知乎!故绩考于谱,谓之孝;绩考于史,谓之忠;绩考于独,谓之几。知几,其仁矣乎!"(152—153 页)

按:"钟石费公"即费采(1483—1548),字子和,号钟石,江西广信府铅山人,正德六年进士(与东廓同年),官至礼部尚书,赠太保,谥文通。费采时任南京吏部右侍郎,①据文义,此时湛若水尚未致仕,故推知此文作于东廓到南京之后、湛若水致仕回乡之前。

七月,湛若水致仕回乡,东廓、王畿等在南京送行,作《四友轩赠言》。

湛若水:《湛甘泉先生文集》,卷二八《归去纪行略》:嘉靖十九年五月二十八日,致仕命下。越六月十有三日,得邸报……七月初二日,出石城门,登舟。(1页)

《邹守益集》卷二《四友轩中赠言》:大司马甘泉湛先生莅政而优,日与四司马之属讲道于四友轩中,焚香尽炷而后退。诸僚欣欣相属,以为得师也。未几,公致其仕以去。四司之僚吴子麟、吴子藩、张子邦瑞、陈子一贯、王子畿、苏子木、陈子锭、赵子维垣、赵子伊,怅然叹曰:"吾辈何以用吾情也?"乃诣邹子曰:"愿得一言以发明吾道之光,且使吾辈永有所箴规。"(87—88页)

按:王畿时任南京兵部武选郎中。

十月,前任南京国子监祭酒马汝骥升礼部右侍郎,行前,东廓为作《赠宗伯西玄马子北上序》,发"戒慎以止中和"之旨。

《邹守益集》卷三《赠宗伯西玄马子北上序》:大司成西玄子马子陟宗伯以北,其乡之仕于金陵者司谏渭北高子十人俨然来征言……东廓邹子瞿然曰:"予乌知礼乐?闻诸师曰:'中和者,礼乐之则也;戒慎者,中和之功也;位育者,中和之敷也。礼乐之用广矣大矣,而一言以蔽,曰中和。'予尝验之矣。戒慎之功为欲所迁,则有所忿懥好乐,而滞吾大公之体;亲爱贱恶以辟,而窒吾顺应之用。故立大本而经纶大经,终无以达于天德。古之君子,出门使民,造次颠沛,参前倚

---

① 见《明世宗实录》卷二二六,嘉靖十八年七月条。

衡,无往非中正和乐之融彻,故以亲父子而仁,以肃君臣而义,以礼朋友而信,以兴俊民而章,以治神人而和,以抚夷貊而宾。故曰礼仪三百,威仪三千,发育万物,峻极于天。中和之德也,其尽矣乎!不本于中,而索诸外焉,是弗集义而袭以取也,故玉帛钟鼓,在圣门已慨之,其所由来渐矣。"(147—148页)

按:"西玄马子"即马汝骥(1493—1543),字仲房,号西玄,陕西延安府绥德人,正德十二年进士。嘉靖十九年十月由南京国子监祭酒升为礼部右侍郎。[①] 谥文简,著有《西玄集》八卷。传见王维桢《赠礼部尚书谥文简侍郎西玄先生马公汝骥行状》(《国朝献征录》卷三五)、《明史》卷一七九。

十一月,改南京国子监祭酒,与开罪夏言有关。

《明世宗实录》卷二四三,嘉靖十九年十一月己亥条:己亥(按,十二日),改太常寺少卿兼翰林院侍读学士邹守益为国子监祭酒。(4897页)

宋仪望《邹东廓先生行状》庚子条下:十二月,升南京国子监祭酒,今相南渠李公为司业。(1370页)

邹德涵《文庄府君传》:(夏言)寻以其奏议托府君为序,府君又峻却之,由是衔府君益力。未几,改南祭酒。(1364页)

按:宋仪望《行状》及罗洪先《墓志铭》中,东廓任国子监祭酒的时间均为十二月,当为到任时间。

"南渠李公"即李㮄(1503—1587),本名吕㮄,字汝立,号南渠,冒姓李,浙江绍兴府余姚人,嘉靖十一年进士。嘉靖十七年至二十四

---

① 见《明世宗实录》卷二四二,嘉靖十九年条。

年任南京国子监司业。① 累官吏部尚书,武英殿大学士,晋阶光禄大夫,加太子太傅,在内阁十三年,依附严嵩。后因严嵩事败,不复起用。卒赠太傅,谥文安。著有《期斋集》十四卷,传见王世贞《太傅吕文安公传》(《弇州续稿》卷七一)。

任南京国子监祭酒期间,兴教化,仿湛若水任祭酒时所定学规立《号朋簿》,并刻其在广德州所刻之《训蒙诗要》、《谕俗礼要》、《燕射礼仪》以教诸生,端严士气。次年离任前,又作《南雍述教》,申"胄子之教"义,并以"戒惧"之学勉诸生。

耿定向《东廓邹先生传》:寻南京国子监祭酒。先生遵成宪,申章矩,立号册,俾出入相友,淑慝相规劝,歌诗习礼,六馆士相庆得师。(1385页)

宋仪望《邹东廓先生行状》庚子条下:先生相与兴起教化,申明约束,端严士气,一时士习丕然为之一变。虽外夷业国学企武臣辈,亦津津受学不已。(1370页)

《邹守益集》卷一七《号朋簿》:今会馔已废,堂班不久,而退居之后,无联属防检,宁免暴寒之患?查照甘泉湛公签立相近号舍,十人为朋,各给号朋簿一扇,务使出入相友,德业相勉,过失相规,疾病相恤,有无相济,一人过恶发露,或私自逃回,同朋须先呈白,否则一同罚跪。每晚于廊下歌古诗一章,讲书一段,或考究史传、兵法、屯田、水利各一款,仍将每日歌何诗,讲何书,备写于簿,以俟讲院对众稽考,相与发挥大义,期臻实效。诸生其及时自新,日就月将,庶几磨砻偏驳,熏烝中和,以上寻隆古胄子之教,为昭代作人光。无玩无怠!(826—827页)

---

① 见《明世宗实录》卷二一二,嘉靖十七年五月条;卷三〇二,嘉靖二十四年八月条。

《邹守益集》卷一七《南雍述教》：东廓子之莅南雍也，宿业自厉曰："胄子之教湮矣，予将何以振之？"乃谋于南渠子，属两厅六堂之彦，取甘泉公遗规，分号为朋，分朋为班，使之德业相勉，过失相规，授诸钟鼓而歌咏之，稽诸经史而讲绎之，颁诸冠昏燕射而肄习之，复以期观光之堂，考其勤惰而劝惩之。诸生瞿然而请其义。东廓子曰："二三子亦知胄子之教乎？夫直而欲其温也，宽而欲其栗也，刚而欲其无虐，简而欲其无傲也。此岂工辩博、骛词藻、测度摹仿所能融化也？夫亦反求诸吾之性情而已矣。降衷以生，性周弗中也；感物而顺应，情周弗和也；而或失则直，或失则宽，或失则刚且简者，气习之偏焉耳。故自易其恶，自至其中，唐虞至于濂洛，希圣之正脉也。能者矫其偏以自进，则曰智曰艺，皆可以成人；不能者执其长以自是，则好仁好直，终不免于有蔽。古之人洒扫应对，琴瑟简编，咏诗习礼，事贤友仁，无非戒惧之流行，所以潜消其粗鄙，默化其怠荒，俾熏蒸于中和而不自知，故以亲父子，以睦兄弟，以忠君上，以信宾友，以发育万物，峻极于天，是之谓笃恭而天下平。二三子试即咏诗习礼时验之，其心体收敛而不放，则其声气盎然而成章，其仪节粲然而中规中矩。急之则躁，缓之则惰，将入于过与不及而弗可掩矣。"诸生忻然，退而服行之。取广德所刻《礼要》、《诗要》、《燕射仪节》，协力而登诸梓，人分一帙，以归告其乡，且列师生姓字籍贯为《嘉会录》，以纪一时之盛。刻甫成，而予以自陈南归，不及躬观其成也，因述所教，以属于南渠子，俾与群彦懋终之。诸生果能戒惧勿离，相勉相规，以求光我高皇丰镐之化，异时按编而稽之，曰孰能直而温，孰能宽而栗，孰能刚而无虐，孰能简而无傲，予虽考盘涧阿，预宠嘉矣。不然，将与虚言弥文等耳。能无大惧已乎？（827—828页）

按：东廓所立《号朋簿》是效仿湛若水任南京国子监祭酒时所制

定的学规。①

任南京国子监祭酒期间,不顾夏言反对,讲学不辍。

邹德涵《文庄府君传》:府君曰:"士习未正,时予之辜。"拳拳明约束诲道之,一时在大学者皆有省。贵溪谓其同年之南者曰:"而寄言邹司成,吾授渠国学师,未许渠讲学也。"府君曰:"宁不为国学师,未可废吾讲学也。"竟讲学不止。(1364页)

王杏由广德任职岳州,遣广德彭、杨二生至南京向东廓请记,作《复初赠言》,发复初、止至善之旨。

《邹守益集》卷三《复初赠言》:予判广德,作复初书院以迪于士民,别来岁星一周(按,十二年)矣,而鲤湖子(按,王杏)以柱史至,亟求而振厉之。于是涣者萃,颓者兴,阙略者完。予起废南都,相晤而笑曰:"子之取善于予也,其犹燕之取士于隗乎?取士于隗而天下之士至。取善于予而天下之善至矣。"鲤湖子曰:"吾闻诸师友矣,目之初罔不明也,乃或障之;耳之初罔不聪也,乃或塞之;心之初罔不睿智也,乃或蔽之。君子去蔽以复其初也,若除目之沙尘而拔耳之木楔也。其未除而拔也,其有不戚然隐乎?比其复也,其有不跃然快乎?吾方从事焉而未能也。"继而与南野子、龙溪子日究斯道,政教日有闻。三载绩成,庶士庶民相率诣行台挽留之。未几,有岳州之命,皇皇焉无以援也。乃属彭杨二生汇群善,走南雍以征言……东廓子曰:"……目复其初,则明不可胜视矣;耳复其初,则聪不可胜听矣。钧是聪明也,而障以塞之,于是乎洁无以隩身,敏无以集事,礼无以交众,惠无以逮下,刚无以詟强御,而教无以敷成人小子。故古者明德亲民之学,以至善为止。至善也者,帝衷之初也。切而磋之,琢而磨

---

① 《号朋簿》见《湛甘泉先生文集》卷一九《途中进申明学规疏》,13页。

之,蕴之为恂慄,发之为威仪,则盛德至善,斐然而不能忘。充鲤湖子之学也,其取善于卫武而后快乎?若然者,将柱史不为华,倅州不为卑,佐郡不为钝,而陟岩廊不为利,无往非进德居业之地,善不可胜用矣。"二生归以告诸师,诸师拜而致之侯,侯拜而受之,曰:"吾将终身从事焉,以无忘兹复初!"(118—119页)

按:王杏于嘉靖十六至十九年任广德州判官(见嘉靖六年条)。

是年或稍后,致书福建提学副使马津,释"己",云"克己复礼,即是修己以敬工夫"。

《邹守益集》卷一〇《简复马问庵督学》:……屯命所遭,荆室遂至于大变,而病体亦几危始安……常考圣门所说"己"字,未有以为私者。曰君子求诸己,曰古之学者为己,曰正己而不求于人,皆指此身而言。此章凡三言"己"字,而训诂不同,似亦未安。故常谓克己复礼,即是修己以敬工夫。敬也者,此心之纯乎天理而不杂以人欲也。杂之以欲,便为非礼。非礼勿视听言动,便是修己以敬之目。除却视听言动,便无身矣。不杂以欲而视听言动焉,则目善万物之色,耳善万物之声,言满天下无口过,行满天下无怨恶,即是修己以安百姓。故曰天下归仁与笃恭而天下平,无二涂辙。(529页)

按:"马问庵"即马津,字宗孔,号问庵,南直隶徐州人,正德十二年进士。正德间曾任江西余干县令,宸濠反,从阳明征讨。时任福建提学副使。传见《江南通志》卷一六三《人物志·儒林一》。

"荆室遂至于大变"指王夫人卒,故推是书作于此年或稍后。

是年其他著作:

《锡封赠言》(1539—1540年,卷三)。《赠虞衡叶子之雷州序》(卷三)。《如皋县新迁儒学记》(卷七)。《王汝颐字说》(1540—1541年,卷九)。《赠侯舜举》(1539—1540年,卷一七)。

嘉靖二十年辛丑(1541),五十一岁

年初,致书王艮弟子、吏部文选司员外郎林春,论为学工夫,言"只一点障碍,不免许多眩惑","是中精明,着纤毫不得"。

《邹守益集》卷一一《简林子仁》:善山北上,寓布候贺矣。闻晋陟铨司,握天下人才而举错之,平日所学,正在此时展布。若视时前却,便是自生障碍。只一点障碍,不免许多眩惑。只如在山中时,视他人握铨衡,快意不快意,何等伶俐直截!缘是中精明,着纤毫不得,故毛犹有伦,终与无声无臭殊科。何如何如?数载邱壑,日与诸同志切磋斯学,以大公顺应为宗旨,一旦冒膺重任,渴欲与成人小子共图之。故聚讲观光,佥立号朋,期于规过劝善,无忘素志,至于利钝毁誉,非所敢预料也。病体不耐劳,痔疾复发,而归葬之怀,不能自遏。拟专僮以病求归,以襄丧事,以养残齿。三十年世味已备尝之矣!(562—563 页)

按:"林子仁"即林春(1498—1541),字子仁,号东城,南直隶泰州人,嘉靖十一年进士(会试第一名),官户部、礼部、吏部主事,吏部文选司员外郎等。林春早从王艮问学,入仕后与王畿、唐顺之、罗洪先过从密厚,列入《明儒学案》卷三二《泰州学案一》。著有《林东城文集》两卷,传见唐顺之《吏部郎中林东城墓志铭》(《荆川集》卷一〇)。

上书提到"归葬之怀,不能自遏",指嘉靖十九年东廓夫人王氏去世而未能亲自归葬之憾,又提到东廓在南京观光馆讲学、立《号朋簿》规范诸生事,可知是书写于东廓任南京国子监祭酒期间。"晋陟铨司"指林春升吏部文选司员外郎之事。据其同事许谷所作的《林

东城文集序》载,林春任职仅十个月便卒于任上,①唐顺之所作《墓志铭》载其去世时间是嘉靖二十年十一月二十日,以此推知其任职时间在是年初,东廓此书当作于是年初。

致书王慎中,论为学工夫,言"是中隐微,着一毫意见才力不得"。

《邹守益集》卷一一《简王遵岩》:君子所性,弗加弗损,若桓圭钱镈、赤舄扉履,交移于手足,而手足固自一也。抑三仕三已,色无喜愠,犹未许其仁,是中隐微,着一毫意见才力不得。更望与念庵、荆川二兄磋磨之!弱体不耐剧任,而归葬未遂,倍郁哀惊!所赖师友之训,素位以学,方倡率诸生规过劝善,以期无负高皇丰芑之泽,而力未逮也。高明何详教之!(563页)

按:王慎中(1509—1559),字道思,号遵岩、南江,福建全州府晋江人,嘉靖五年进士,官至河南布政使参政。王慎中擅文,为"嘉靖八才子"之一,亦是与唐顺之齐名的古文运动代表人物,与王畿、罗洪先、邹东廓等阳明学者过从甚密。著有《遵岩集》二十五卷。传见《明史》卷二八七。

上书提到"归葬未遂"、"率诸生规过劝善",可知作于东廓任南京国子监祭酒时期的嘉靖十九至二十年,且编排顺序在东廓文集中的《简林子仁》之后,姑系于此。

四月五日,九庙灾。世宗令两京文武大臣自陈,邹守益上疏言"大戊高宗反妖为祥,在主上一念转移之间",陈上下交修之道。夏言趁机构罪,世宗大怒,六月,落职闲住。

《明史》卷一七《世宗本纪》,嘉靖二十年夏四月条:辛酉(按,五

---

① 林春:《林东城文集》,民国九年海陵丛刻本,卷首。

日),九庙灾,毁成祖、仁宗主。(230页)

《明世宗实录》卷二五〇,嘉靖二十年六月癸酉(按,十八日)条:国子监祭酒邹守益以疏辞乖刺,特令冠带闲住。(5023页)

邹德涵《文庄府君传》:九庙灾,府君上疏曰:"大戊高宗反妖为祥,在主上一念转移之间。"贵溪逢上怒,构之,诏闲住。时吕公柟为吏部侍郎,亦罢归。南都为之语曰:"九庙火,不为灾,二君子去,朝大灾也。"(1364页)

罗洪先《东廓邹公墓志铭》:辛丑,九庙灾,上时政,拳拳解譬,冀有感动,语太直,致竟解官。(1376页)

《邹守益集》卷一《九庙灾自陈疏》:南京国子临祭酒臣邹守益谨奏:为自陈不职乞赐罢黜以弥天变事。准南京礼部祠祭清吏司手本"准礼部咨开监察御史党承赐等题为答天戒、严交修以隆圣治事,节奉圣旨:'是。宗庙灾变,朕心震惊,所宜痛加修省,以实事天。两京文武大臣著自陈时政阙失,著各衙门条奏。务切民瘼国体,不许虚应故事,泛滥弥文。该衙门知道。钦此。'钦遵。"备行到臣。臣闻隆古交修之训,曰:"后克艰厥后,臣克艰厥臣,政乃乂,黎民敏德。"曰:"先王克谨天戒,臣人克有常宪,百官修辅厥后,惟明明。"故君而克艰,则能以天之心为心,是谓善事其天;臣而克艰,则能以君之心为心,是谓善事其君……历观史册,鉴戒甚明,或多难以兴邦,敬胜怠也;或无灾而殒祚,怠胜敬也。故修养之所以引年,国祚之所以祈天永命,常人之所以至于圣贤,其任重道远,决诸一念之真纯而已矣,决诸真纯之一念无或转摇而已矣。迩者天心仁爱,火及宗庙,往古灾变,于今为烈……若保此真纯,无或转摇,雍雍在宫,肃肃在庙,不显亦临,无射亦保,务以上天之心为心,则知人安民,命德讨罪,绥万邦而抚四夷,若决江河,沛然无俟外求矣!臣感极而泣,仰屋窃叹,以为皇上忧勤如此其切,孝诚如此其至,凡厥臣工,休戚一体,股肱当竭其謦力,耳目当竭其聪明,务以陛下之心为心,无或有怀私售欺,以便身图,而负国恩,庶几各守常宪,以尽修补之义。其能者宜洗心尽瘁以共济艰大,而不能者宜引咎求退,无窃禄位而靡民膏脂……

奉圣旨:"邹守益假以自陈,言词乖剌,着冠带闲住。"(18—19页)

夏,在南京新泉书院与即将赴任吉安知府的何其高、赴任云南南雄府的曹忭聚讲作别,作《新泉聚讲赠言》,勉以"弗诱弗讦,天则常存"等言。

《邹守益集》卷一七《新泉聚讲赠言》:同志诸君子聚讲于新泉之馆,时蜀之彦白坡何子、自山曹子,语及于蜀之故……其夏,白坡子擢守吾吉安,而自山子守楚雄。将别矣,同志诸君子相率以征赠言。曰:……今之吉安、楚雄,非昔之袁与静江已乎?方同志之聚于新泉也,心无妄思,口无妄言,身无妄动,亦见宾承祭时也;其立其舆、其出门其使民,果能如其昭融而弗离已乎?离也者,无他也,诱于外而讦于内焉耳。弗诱弗讦,天则常存,则廓然大公,所存者神;物来顺应,所过者化;是邹鲁射法之蕴也。(811—812页)

按:"白坡何子"即何其高(1493—?),字抑之,号白坡,四川保宁府阆中人,嘉靖十一年进士,二十一至二十四年任吉安府知府。① 何其高与东廓多有交游,东廓曾作《医喻寿何白坡郡侯》、《寿对赠白坡郡公》,②何任吉安知府期间亦曾参与青原山讲会。③

"自山曹子"即曹忭(1499—?),字子东,号自山,四川重庆府巴

---

① 见万历《吉安府志》卷三《秩官表》,27页。
② 二文分别见《邹守益集》卷五,272、282页。
③ 见《邹守益集》卷二六《白坡郡侯同诸生邀游青原山》,1228页。

县人。嘉靖八年进士，传见《四川通志》卷八《人物·重庆府》。

应天府府丞李舜臣升太仆寺卿，是年夏将北上，为作《赠愚谷李先生擢太仆正序》。

《邹守益集》卷三《赠愚谷李先生擢太仆正序》：嘉靖辛丑夏，愚谷李先生由应天丞简命太仆正以北，府学之师胡君儒，偕诸寮率诸生诣观光堂而请曰……（149页）

按：李舜臣（1499—1559）字懋钦，梦虞，号愚谷、未村居士，山东青州府乐安人，嘉靖二年以会试第一成进士，历官江西按察司佥事提调学校、南京尚宝司卿，十八年至二十年任应天府府丞，二十年升太仆寺卿，不久致仕归里，专力于学。李舜臣尤精经学，为当时著名学者，著有《愚谷集》十卷等。

秋，遍游金山、焦山、张公洞、玉女潭等镇江、常州诸名胜，作诗《焦山纪游》、《题张公洞》、《金山与宋行甫、刘用夏诸生夜话》等，感怀落职，有"十八年来梦正劳，谁料一担纳行李"，"人生尘梦几时了"，"划然一啸两俱忘"等句。

宋仪望《邹东廓先生行状》辛丑条下：……遂落职闲住。先生乃遍游金、焦、张公洞、玉女潭诸胜。（1370页）

《邹守益集》卷二六《焦山纪游》：诸生清兴殊未已，挂帆直入焦山寺……十八年来梦正劳，谁料一担纳行李。天生神物必有对，金鳌浮玉自宾主。日月递送无尽灯，潮汐时写元声谱。豪来留滞不知归，况遇良朋开樽俎。漏深欲起三诏翁，燃藜洞石筹今古。（1226页）

《邹守益集》卷二六《题张公洞》：优恩幸许返初服，秋高潦清天宇肃。铿然桃竹一入手，山英水伯归约束。金焦收拾纳囊中，更从玉女访张公……乃知万事皆前定，行使止尼非人为。人生尘梦几时了，朝市山林递相矫。划然一啸两俱忘，浩浩谁立万物表？（1226—1227页）

按：以上名胜均在镇江府、常州府。

《江南通志》卷一三《舆地志·山川·镇江府》：焦山在府东北九里大江中，旧传以东汉焦光隐此，得名……与金山对峙，相去十五里。(《文渊阁四库全书》507册，542页)

《江南通志》卷一三《舆地志·山川·常州府》：张公洞在宜兴县东南五十五里，相传以为风雷所开，高六十仞，周五里，三面皆飞崖绝壁，惟穴其北向……《风土记》云，张道陵尝修道于此。故名。(同上书，440页)

《江南通志》卷一三《舆地志·山川·常州府》：玉女潭在荆溪县（宜兴县界南即荆溪县界北）张公洞西南三里，深广逾百尺，旧传玉女修炼于此。(同上书，446页)

按：《金山与宋行甫、刘用夏诸生夜话》见《邹守益集》卷二五。

在常州武进县，与同年邹輗、武进县令徐良傅等同谒邹輗先祖、北宋邹浩墓。作《谒道乡邹忠公墓下奠文》、《同少初徐子、南江邹子及诸生谒忠公墓下》等诗文。

《邹守益集》卷三《寿年友宪伯南江子八十序》：予与晋陵南江邹子敏行同第于辛未……予自南雍归，南雍之士送于晋陵(按，即武进)，而予友少初徐子理邑政，乃约南江子祇谒忠公墓下。仰瞻晬容，旁睨宰木俎豆，咏歌眷眷，不能别，时南江子寿七十矣。相与握手执袂，以无怍忠公为赠处之祝。(96页)

按：《谒道乡邹忠公墓下奠文》、《同少初徐子南江邹子及诸生谒忠公墓下》分别见《邹守益集》卷二〇、卷二五。

"邹子敏行"即邹輗(1481—?)，字敏行，号南江，南直隶常州府武进人，正德六年进士。

"少初徐子"即徐良傅(1505—1565),字子弼,号少初,江西抚州府东乡人,嘉靖十七年进士,阳明学者,时任武进县令,官至吏科给事中。后因得罪夏言而被革职,此后乡居二十余年,筑室拟岘台,以讲学、著述而终老。徐良傅精通《尚书》,著有《爱吾庐集》八卷、《枪榆集》,汤显祖、谢廷谅等皆出其门下。传见汤显祖《徐子弼先生传》(《汤显祖全集》卷五一)。徐良傅曾参与嘉靖二十八年的冲玄会。《邹守益集》收录有《答徐子弼》(卷一〇)一文。

"邹忠公"即邹浩(1060—1111),字至完,号道乡,北宋常州晋陵(即今武进)人,元丰五年进士。官至吏部侍郎,谥忠。

在常州无锡,订无锡邹氏与㵉源邹氏之联宗,应太学生邹尚之请为无锡邹氏先祖邹璋作《桂堂处士遗像赞》。

《邹守益集》卷一九《桂堂处士遗像赞》:嘉靖辛丑之秋,予自南雍得请而归,始克订宗盟于泰伯之乡。大学生尚出所藏五世遗像而观之,皆有名公题赞,而桂堂处士独缺焉。尚率其侄仪、子侨,欣然请曰……(920页)

按:"桂堂处士"即无锡邹氏先祖邹璋(1360—1432),字伯惟,人称桂堂处士。传见钱福《桂堂处士邹公墓表》(《钱太史鹤滩稿》卷五)。

泰伯之乡即无锡泰伯乡。

明中叶以来,宗族势力不断扩大,其中之一的表现即是联宗合族的流行。

至浙江衢州。知府王仲锦、推官刘起宗聚诸师生,延请东廓于衢麓讲舍讲学。东廓作诗酬之。应会间衢州孔氏族人之请,为其家塾作《衢州府孔氏家塾记》,论圣人之正宗、良知之宗旨。

《邹守益集》卷二六《衢麓讲舍与诸师诸生论学,奉酬西岩、初泉二郡候》：前年讲学祥符寺，兹辰复聚讲舍中。正派直寻濂洛蕴，高楼上与奎璧通。忆从方策见岳麓，先民协力开圣学。直道绵绵还三代，再喜衢麓振空谷。孔颜授受有真传，天下归仁非夸言。良知拈出性善诀，手挽赤日回虞渊。由来风教属儒吏，后兴亦非豪杰士。一匡九合震须臾，杏坛陋巷昭百世。只今家塾创圣宗，儿童彬彬俎豆风。愿将愤乐千年秘，共取循良第一功。(1227页)

《邹守益集》卷六《衢州府孔氏家塾记》：益归自南雍，刘子偕郡守王子，聚诸师诸生切磋于衢麓讲舍，携孔氏童子四十余人，歌《鹿鸣》、《伐木》之章，恍然若游洙泗，聆丝竹也。孔族之彦，曰说、曰彦缋、曰彦才、曰彦统、曰承智、曰弘毅，俨然征言以纪其成。益惕然避席而对曰：二三子，圣人之正宗也，四方于是乎观训。圣门之训子弟，具有成法矣。曰入孝出弟，谨行言言，爱众亲仁，而余力以学文。文也者，将以博古今、广闻见也，而以余力从事，其诸良知之宗旨乎！孩提知爱，及长知敬，众所同好也，弗孝弗弟焉，斯恶之矣；言而忠信，行而笃敬，众所同好也，弗谨弗信焉，斯恶之矣；嘉善尊贤，容众而矜不能，众所同好也，弗爱弗亲焉，斯恶之矣。故即良知之同好而充之，善其有不积乎？即良知之同恶而去之，恶其有不化乎？若知善而著，知不善而掩，而徒博古今、广闻见，俨然自附于孔氏之徒，其为侮圣言也滋甚。昔在复圣公，立大中以诏常道，援天而受诸人，曰天命谓性；推人以还诸天，曰上天之载。而其审几之功，自戒惧以至育万物。自无恶于志，以至刑百辟，首末无二涂辙焉。兹避狂以趋圣之彀也。学射者弗志于彀，众必哂之，羿之后而弗至于彀，人其将谓何？二三子其乘良师帅鼓舞之机，夙兴夜寐，以自尽其天聪天明，以自树于正宗，相在尔室，尚不愧于家塾！(378页)

《浙江通志》卷二八《学校·衢州府》：衢麓讲舍，在郡治北。《衢州府志》：明嘉靖戊戌（按，十七年），李遂来守，率六库诸生发明心学，联以讲会，士民欲承公教，构讲舍。（《文渊阁四库全书·史部》519册，736页）

《浙江通志》卷二八《学校·衢州府》：克斋讲舍，在龟峰之麓。《西安县志》为郡守李公遂建……邹守益、陈九川、钱德洪、王畿、王玑尝会讲于此。（738页）

按：衢麓讲舍又名克斋讲舍。阳明《年谱附录一》嘉靖十三年条载："三月，门人李遂建讲舍于衢麓，祀先生。"①此与《浙江通志》所载建立讲舍时间有出入。查万历《湖州府志》，李遂于嘉靖十三年至十四年任湖州府同知，②《明史本传》亦载其"谪湖州同知，三迁衢州知府"，查康熙《衢州府志》之《秩官表》，李遂任衢州知府的时间是嘉靖十七年至十九年。③ 故知李遂十三年时尚任湖州府同知，十七年起任衢州知府并建衢麓讲舍。《王阳明全集》所载时间有误。

"郡守王子"即王仲锦（1495—？），字絅之，号西岩，吉水人，嘉靖八年进士，二十至二十二年任衢州知府，即李遂继任。传见《浙江通志》卷一五五《名宦十》。

"初泉"、"刘子"即刘起宗（1504—？），字宗之，号初泉，四川重庆府巴县人，嘉靖十七年进士，十九年至二十一年任衢州府推官，④多与阳明弟子交游，后任宁国知府，并请东廓讲学于水西精舍（参嘉靖三十三年条）。传见《明史》卷二一〇。东廓作于嘉靖二十六年的

---

① 《王阳明全集》卷三六，1330页。
② 见万历《湖州府志》卷九《守令》。
③ 见杨廷望纂修：《衢州府志》（清康熙五十年修，光绪八年重刊本），卷一二《府官》，30页。
④ 以上王仲锦、刘起宗的职务及任职年限均同上注。

《岷川说赠刘司谏》载:"初泉刘子,予畏友也,别亦六载矣。"① 以"六载"推算,二人相见于嘉靖二十年,即指是年的衢州精舍讲会。

归安福后,买安福县东之东阳峰石屋山,在石屋洞左构东阳行窝,洞右为彭簪之石屋山馆。彭嵘、彭沧等协助督建东阳行窝。作《祭石屋山文》。

宋仪望《邹东廓先生行状》:既归,遂卜筑东阳行窝,四方学者日众。(1370页)

《邹守益集》卷九《东泉说》:东阳石屋之胜,夙所钟爱,其峰峦峭拔,离立云表,如端人伟士垂绅正笏,凛然无所附丽,而望之者屏气竦息,知其不可夺。其岩洞爽豁,俯瞰平畴,如巨德雅量,兼包并蓄,高朗整秩,文采粲然。儿童走卒,欢然交趋,而不可狎。年友石屋彭子解组靖州,构书舍于大洞之右。予自南雍归,与涵山仰子、石峰刘子信宿而乐之,遂以大洞之左让予卜筑行窝焉。(464页)

《邹守益集》卷二三《明故东泉彭君世翘墓志铭》:嘉靖辛丑,予归自南雍,访年友石屋子于二洞之间,爱其胜而欲卜邻焉。石屋子立卖山契,授予以寻乐之馆。东泉君世翘告石屋子曰:"德星之聚荀陈,岂当擅之?吾乡以善俗,吾子姓以进德,其咸有赖焉。"力与鹅溪彭子经纪其成。暇时则就玩易、聚乐之堂,闻善言往行以自淑。(1059页)

同治《安福县志》卷五《学校·书院》:东阳行窝,在治东,明嘉靖间邹守益建。题其堂曰"聚乐"。(78页)

同治《安福县志》卷一八《艺文·杂著》,彭簪《东阳行窝券》:某有山一片,在石室大洞之左,前临流水,后倚岩壁,左右界沟堑。山人

---

① 《邹守益集》卷八,451页。

作令衡山时,因东阳庵人法达买倪湛之业,欲以为园,即所谓寻乐园者。同年,国子祭酒邹先生东廓,爱此山奇胜,且不鄙山人,愿为卜邻。山人大喜,遂以此片山奉为别业。可垣,可登,可亭,可树,可尽植花草以易荆棘。山人时扣垣肩,与先生寻乐于后壁岩窦间,正不失名园意。其价自道眼观之,不啻千金,自俗眼观之,不值一文。山人结屋山中,归来已三、四年。虽乐闲静,亦恐离索。得先生作别业于此,开径往还,谈道论心,足矣。先生暂息复起,有门人弟子为之守藩篱,获猿鹤,植桃李,爱惜春风,聚而讲学,丽泽及邻,以俟先生于相业即成之后,退而休焉。毋徒以山中宰相为美,此则山人拳拳意也。(493页)

《邹守益集》卷二〇《祭石屋山文》:嘉靖辛丑,某谨以牲醴,遣门人彭沧、儿善,告石屋山之神而言曰:古之仕而归者,必有名山以藏修,先哲以依归,良朋以切磋,是以志意凝定而行谊日修。某赖父师之训,窃愿学而未之能也。兹蒙优恩放归,得遂此愿。惟东阳诸峰,岩洞尤美,而忠文诸公,遗韵炳炳。年友彭子簪许以卜,邻乡之俊髦若周子旦、彭子荣等,咸欣欣而愿助焉。是用卜日兴工,为门,为亭,为讲舍,为燕居,为垣墙,期与同志缉熙此学,庶几挽回古道,无荒废此生。神其昭格,俾克有成。谨告!(954页)

按:"世翘"即彭嵘(1476—1551),字世翘,号东泉,出安福松田彭氏,热心讲会。《邹守益集》收录有《东泉说》(卷九)、《明故东泉彭君世翘墓志铭》(卷二三)。

"鹅溪"即彭沧,介绍见嘉靖十三年条。

"石屋彭子"即彭簪(1478—1550),字世望,号石屋,出安福东乡松田彭氏,正德二年(1507)举人。罢官归,约于嘉靖十八年于东乡松田附近东阳峰之石屋筑书屋隐居其中,因以自号石屋山人。彭簪曾听过阳明论学,①并与江右王门诸子多有往来,彭簪长东廓十五岁,在嘉靖时期王学的传播时代可称长者,他与安福另一位乡耆刘晓是安福讲会的推动者。②彭簪山居十二年而逝。传见同治《安福县志》卷一一《人物·儒林》。东廓与彭簪交往甚密,《邹守益集》收录有《答石屋年兄》(卷一一)、《奠彭君石屋先生文》(卷二○)、《托石屋年兄料理行窝》、《石屋翁约登高徽州泰和诸生侍游四首》、《同石屋及诸生待月池上》(均见卷二五)、《简石屋主人买山卜行窝》、《玩易堂呈石屋年兄》、《会石屋年兄于舟遂携诸友步入青原》(均见卷二六)等诗文。

东廓的东阳行窝,又名聚乐堂。而彭簪的石屋山馆则有玩易草堂、卧云亭之建筑。③

石屋为东阳峰西顶(又名石屋山)的山洞,距安福县东十里。

《江西通志》卷九《山川三·吉安府》:东阳峰在安福县东十里,磅礴高耸,四面形体各殊,顶有巨石,可坐数十人……西有石岩如屋,旧刻"石屋洞天"四大字。(《文渊阁四库全书·史部》513册,312页)

万历《吉安府志》卷一二《山川志》:石屋居东阳之西顶,趾

---

① 见《王阳明全集》卷三五《年谱三》,嘉靖六年十月条,1309页。
② 刘晓(1481—1562),字伯光,号梅源,正德八年举人,出安福南乡巨族三舍刘氏,与刘邦采、刘文敏同族。刘晓于正德九年阳明任南京鸿胪寺卿时师事之(见《王阳明全集》卷三三《年谱一》,1237页)。后于家乡建梅源书屋举讲会(见《三舍刘氏六续族谱》卷三○《家传八》,28—29页)。彭、刘推动讲会事见《邹守益集》卷三《贞寿篇》:"安成惜阴之会,云蒸星繁,视异邑为盛。而好学好礼、不以流俗自寿者,益得二翁焉:曰石屋彭子世望,曰梅源刘子伯光……石屋翁以己酉季冬寿升七衮。庚戌季夏,梅源翁亦升七衮矣。"(110页)
③ 聚乐堂又见《邹守益集》卷二五《奉怀云东龙司马·一》:"我构聚乐馆。"(1196页)同治《安福县志·彭簪传》载:"既乞归,筑玩易草堂、构卧云亭于石屋。"(201页)

皆石,北向,豁然中空,平如广堂,光明周正,可坐百余人。洞角开一窍,攀缘而上,有径自山顶出。其下有东阳行窝、石屋山馆。(同上注,187页)

同治《安福县志》卷二《舆地·山》:石屋山,在东阳西,一峰特辣如飞。盖石洞北向,高敞光明,可坐百余人。旧刻"石屋洞天"四大字。中祀唐令刘像。后有隙,莫测浅深。洞右有小洞,名圆应岩,门窗俨然,四壁如画。最后一穴名思元洞,又百余武名七星洞。洞幽甚,列炬照之,有石林、丹灶等迹在焉。花草萌茸,清泉萦绕,宛如仙境,并有了岩、牧岩、天犀岩,风穴翠壁,俱称佳胜。(35页)

同治《安福县志》卷一七《艺文·序》,杨士奇《中溪八景诗序》:安成彭氏,世居邑东中溪之上,据山水之胜。其居之东,曰"东阳峰",有巨石。将雨,则云气自石出,土人尝视为雨候。其南有石岩如屋,高广可数丈,中祀唐安福令刘像。志云,像死为神,祀以祈灵云。南又有白马峰,以刘像尝乘白马驻此。峰特高诸山,先得旦日。稍西,曰"黄牛岭"。昔有仙人骑黄牛于此,得名。山趾磅礴而高峻绝出。当日暮景暝,独受返照,屹立类金璧可玩。岭之巅,旧有台。相传尝有三仙人止此,民筑台祀之。台之废,而至今或见有夜光如灯,煜煜其上者。居之北有潭,在石榴峰之麓。昔有没而渔者,见阴洞有石床,老人卧其上,盖龙所居也。东北有玉泉井,甘冽而源深厚,夏旱不竭。南有蜜湖,广数百亩,产菱藕鱼虾之利,而深不可测,有蛟潜其下。好事者析为"八景"。(399页)

东阳行窝建成,时与同志讲学其中。于青山绿水间"无往非学,无往非乐",为东廓归田后的主要生活。

《邹守益集》卷二六《石屋题刻并序》:吾邑多佳山水,顺流十五里,岩壑尤美。友人刘肇衮、彭簪列居之,夙命山灵,以待同志。秋风时来,衣冠四集,由石峰转层岩,历东阳以入石室。抚景对时,更觞互歌,鄙诈尽遣,形神俱融。怅嘉会之不早也,因赋诗以告来者。时同游王蓟、王钊、王仰、王学益、王世俊、刘琼治、周业孔,地主则彭延彰、彭璜、周旦,凡六日而归。(1214页)

《邹守益集》卷二三《明故东泉彭君世翘墓志铭》:……(彭世翘)暇时则就玩易、聚乐之堂,闻善言往行以自淑。四方诸君子若莲坪甘子、双江聂子、洛村黄子、南野欧阳子、念庵罗子、镇山朱子、善山何子、明水陈子翱翔丘壑中。(1059页)

《邹守益集》卷一一《简复久庵黄宗伯》:益自弛担山中,卜行窝于东阳石屋之胜。春暖秋清,时携童冠升衡山,寻石鼓、岳麓遗芳,间与双江、明水、南野、念庵聚讲华盖,入梅陂,徘徊武功,尽濯吝鄙,幽玩神明,乃知天壤之间无往非学,无往非乐。(570页)

按:以上前两条所述年代不可考。不过可以确知的是,《邹守益集》中提到"行窝",有确切时间记载的都在东廓归田后,①则行窝即指东阳行窝,是东廓归田后经常聚讲的主要场所之一,不但是本地学者、也是江右王门诸子乃至外地学者的聚讲之地,颇负盛名。②

"镇山朱子"即朱衡(1512—1584),字士南、惟平,号镇山,吉安府万安人,嘉靖十一年进士,官至工部尚书兼都察院左副都御史。著

---

① 如卷一一《简复久庵黄宗伯》:"益自弛担山中,卜行窝于东阳石屋之胜。"(570页)
② 《邹守益集》书信中多次提到行窝(见卷一〇《简介溪相国》,535页;卷一一《简聪弟道契》,575页)此外,《邹守益集》中有多首写东阳行窝、石屋的诗作如《东阳行窝怀李可亭使君》、《双江念庵二兄聚行窝简诸同志》、《次莲坪东阳行窝韵》(均见卷二五)、《归至石屋饮荷露二首》、《石屋山谢送酒诸姻友》(均见卷二六),外地学友来访的例子,如《石屋翁约登高,徽州、泰和诸生侍游》(卷二五)。

有《朱镇山先生集》,传见《明史》卷二二三、于慎行《荣禄大夫太子太保工部尚书镇山朱公行状》(《国朝献征录》卷五十)。东廓与朱衡为姻家,其幼女许配朱衡之子朱维京,朱衡亦参与讲会。《邹守益集》收录有《简朱镇山督学》(卷一二)、《同晴川诸君别镇山秋卿北上二首》(卷二六)等诗文以及东廓为其父朱鹏所作的《万安朱芙江翁家传》(卷一九)。

东廓归田后与友人的通信中常常出现"无往非学,无往非乐"之语,①游历讲学成为其主要生活内容。邹德涵《文庄府君传》载:"府君自以身弃草莽,不得亮弼左右……唯有倡绝学以正人心最巨。于是以身任立人达人之事,日以其学为教,不少倦",②宋仪望《邹东廓先生行状》载:"先生以身弃草莽,不得进辅天子,弼亮左右,所藉以明己志而酬主恩,惟有培养人才、讲明学术为生平实际。每岁出青原、白鹭,郡中先后来集。已,同志又建连山、复真书院,先生岁主教其中。其在各邑以企、抚、虔、南昌、袁、广、江、浙、徽、宁诸郡或一至再至,未有厌倦。至赴冲玄、齐云、象山、庐岳、天真诸会,动经数月,其答同志、企门人问辨,皆随器成就,因事辨析。其言明白简易,学者多所启悟",③耿定向《东廓邹先生传》载:"若越之天真,闽之武夷,徽之齐云、宁之水西,咸一至焉。而境内之青原、白鹭、石屋、武功、连山、香积,岁每再三至。远者经年,近者弥月,常会七十,会聚以百计;大会凡十,会聚以千",④均概括了东廓归田后以"无一日众不与聚,

---

① 又见《邹守益集》卷一一《简复梅养粹》(574页)、《简聪弟道契》(575页)等。
② 《邹守益集》卷二七,1364页。
③ 同上书,1370页。
④ 《邹守益集》卷二七,1391页。

先生亦无一日不与众偕同"、①以"培养人才、讲明学术"为主旨的生活。

是年其他著作：

《重刻唐宋白孔六帖序》（卷二）。《资治通鉴补刊序》（1541年或以后，卷二）。《义城黄姻家寿言》（卷三）。《郑氏寿亲祝言》（卷三）。《赠黄门石川何子守衡州序》（卷四）。《赠掌教林子》（卷四）。《赠大司寇北川周公考绩序》（卷五）。《原懿驰祝》（卷五）。《三畏堂说》（卷八）。《明故封奉直大夫刑部员外郎范翁惟忠墓志铭》（卷二二）。

嘉靖二十一年壬寅（1542），五十二岁

暮春，举九邑青原之会。与欧阳德、罗洪先、甘公亮、黄弘纲、朱衡等赴会，后同游石屋、东阳行窝、玄潭等处。是年，致书门人周怡，言"吾辈病痛，尚是对景放过"，以工夫"须臾不离"相勉。

《邹守益集》卷一一《简周顺之》：归家与旧游再聚于复古。暮春，九邑聚于青原，而莲坪、洛村、南野、念庵、镇山咸集。历石屋，徘徊行窝，将升武功，遇雨，始散去，期以清秋偿之，遂了祝融之约……吾辈病痛，尚是对景放过，故辨究精博，终受用不得，须如象山公所云，关津路口，一人不许放过，方是须臾不离、致知格物之学。会同志诸君子，幸交儆之！先室（按，王夫人）宅兆已卜于敝都中，葬期在冬月。（564页）

《欧阳德集》卷三《寄黄久庵》：某去冬阕服后，新春会东廓、念庵

---

① 耿定向：《邹文庄公年谱序》，《邹守益集》卷二七，1356页。

诸兄于青原,寻同游石屋、玄潭。夏初始归。(97页)

按:欧阳德于嘉靖十八年(1539)丁父忧,①故"去冬阙服"指辛丑年。欧阳德继续留养其母至嘉靖二十五年(1546),②此间"自乡出邑城,会友讲学,倾城士友往会"。③

玄(元)潭为吉水县名胜。光绪《吉水县志》卷八《古迹》:"(玄潭)在县北五十里仁寿乡,赣江之东,上有崇元观。"④

吴震《明代知识界讲学活动系年》中,在是年暮春九邑青原会外又单列一会:"邹东廓、聂豹、罗洪先等在江西吉安府举'九邑大会'",⑤文献依据是胡直《欧阳乾江先生行状》(《衡庐精舍藏稿》卷二四):"壬寅,公(欧阳德)外艰服阕,偕永丰聂公、安成邹公、吉水罗公出会九邑同志。"因暮春九邑青原会的相关文献中未见聂豹之名,故吴著以胡直《欧阳乾江先生行状》所记为另一会。然聂豹早在去年冬十一月就至平阳(在山西)任知府,次年底方回乡,⑥似不可能在家乡参与讲会;且暮春九邑青原会未见聂豹之名,亦可为旁证,故推断胡直《欧阳乾江先生行状》所载欧阳德"外艰服阕"之后参与的青原会即是暮春之会,而聂豹并未参与此会。

夏五月,继娶李冬英。

---

① 见欧阳德《族兄西洲先生墓志铭》:"嘉靖己亥,某遭先大夫丧,里居。"《欧阳德集》卷二五,659页。
② 见聂豹《南野欧阳公墓志铭》:"丙午以荐起。"《欧阳德集》附录,848页。
③ 胡直:《困学记》,《明儒学案》卷二二,520页。
④ 光绪《吉水县志》载,崇元观(又名玄潭观、元潭观)建于东晋义熙二年(406),为纪念许逊在此冶剑斩蛟,兼祀风雨。许逊斩蛟之宝剑供奉于玄潭观中:"长仅尺许,似铜非铜,似铁非铁……成化间为中官取去。观后有试剑石,方丈许,中分为二,即许逊试剑处。潭北有雪浪阁,明罗洪先葺之,为读书讲学之地。"(107页)
⑤ 吴震:《明代知识界讲学活动系年》,103页。
⑥ 见吴震:《聂豹略年谱》,《聂豹罗洪先评传》(南京:南京大学出版社,2001年)附录,309—311页。

宋仪望《邹东廓先生行状》:壬寅五月,娶今夫人李氏。(1370页)

按:李氏,名冬英(1526—1577),出安福巨族瓜畲李氏,祖父李教(号石山),父李随(号守朴)。传见朱衡《明故封恭人加封大淑人李氏墓志铭》(《澈源邹氏七修族谱》卷八)。

逾月,至安福西乡讲学。

耿定向《东廓邹先生传》:自南雍免归,纳玺之嘉礼甫成,逾月即出西里讲学。(1391页)

《邹守益集》卷二六《同涵山游西里,宿刘生德茂兄弟家·一》:已从石屋振尘衣,又上羊江觅钓矶。西泛东游无挂碍,君王恩赐早旋归。(1293页)

按:"西里"即安福西乡。明代安福在行政区划上分为十三个乡,但时人习惯性地以县城为中心,按东南西北四个方位分作东、南、西、北四个乡,方志中亦如此使用。如万历《吉安府志》:"欧阳晓,安福西里人。"[1]再如同治《安福县志》:"(周惟中)西乡龙冈人……与刘元卿、刘孔当(按,二刘出西乡南溪刘氏)倡学西里。"[2]

与罗洪先、唐顺之相期于是年秋游衡山。

《邹守益集》卷七《待廓堂记》:壬寅之秋,东廓子与念庵子、荆川子期游于衡山。时茶陵罗子钟构书屋于云阳之紫微峰,执讯而告,俾为东道主。(402页)

按:同游计划未实现。东廓于明年游衡山,罗洪先则于嘉靖二十四年携门人门人尹辙、王托、刘天健等游衡山。[3]

罗洪先赴复古书院访东廓,论学数日。

---

[1] 卷二七《隐逸传》,398页。
[2] 卷一一《人物·儒林》,205页。
[3] 见胡直:《念庵先生行状》,《衡庐精舍藏稿》卷二三,529—530页。

罗洪先:《念庵文集》卷八《答复古问》:嘉靖壬寅,余访东廓先生于复古书院。自是丙午、庚戌,凡三至。至则邑之诸乡先生咸在,门人弟子从而列坐者又若干人。相与问难,必数日乃能去。"(《文渊阁四库全书·集部》1275册,179页)

安福城东有东山寺、东山塔。塔于正德年间颓圮。是年,安福知县李一瀚重修东山塔。东廓会讲于东山塔院,名"东山会"。

王时槐:《友庆堂合稿》卷三《东山会田记·甲辰》:昔邹文庄公亲受学于越中王先生之门,归而以所闻示邑之仕绅耆旧,诸文学后进咸翕然兴起者,发蔀启扃,而人睹日月之重辉也。于是联诸同志会集于东山塔院,已而门下于塔院之后特建讲堂,月举二会,轮直具膳以为常。公殁,令子若孙太常宪佥迄今太史侍御世遵行之弗替也。盖肇自嘉靖壬寅,既历六十有余年矣。(239页)

同治《安福县志》卷二《舆地·古迹》:东山塔,在东城内,宋宣和间建。明嘉靖壬寅,李一瀚倡士民重建。高十二丈。邑人赵可与有疏勒塔内。万历间知县闵世翔又修之。(42页)

同治《安福县志》卷三《营建·寺观》:东山寺,在城东塔右。(57页)

康熙《安福县志》卷一《地理志·古迹》:(东山塔)正德间颓。嘉靖壬寅,县令李一瀚倡士民重建。(《中国方志丛书》771号,台北:成文出版社,64页)

按:李一瀚重修此塔,似与东廓于此倡讲会有关。据刘元卿《题东山会志》载,该会又名"东山会",自嘉靖壬寅持续至东廓孙邹衮所在的万历年间,历时六十多年,且一直由邹氏子孙主持。①

---

① 见《刘聘君全集》卷一二,292页。相关研究见吕妙芬:《阳明学士人社群》,117—118页;吴震:《明代知识界讲学活动系年》,104页。

归田后,与安福知县李一瀚论政,《政对赠景山李侯》论为政之要在于"戒惧以中和、中和以位育",《时中说赠景山李侯》论"时中之政"。

《邹守益集》卷四《政对赠景山李侯》:古之论政,孰为要? 曰:其修己以安百姓乎!曷谓修己? 曰:戒惧以中和。曷谓安百姓? 曰:中和以位育。蕲修己而不事于安人,则溺为虚寂;蕲安人而不本于修己,则荡为术数。故君子之守,笃恭而天下平,是为施博之要。曰:今之为政者,期以速化也,往往以圣谟为阔于事情。曰:子不观人之理其家乎? 易田畴,固垣宇,衣食其家众,而诗礼其子弟,其回顾却虑,亹亹求累世之安。而宿蘧庐者,率因陋就简,或以粉饰于一时。是故古之为政者若治其家,而后世若治其蘧庐,兹久速之别也已。悲夫,学之不讲,而俗以蘧庐视吾民也! 古者明德亲民之泽,宣畅于朝著,而布濩于闾党,上下相爱,不啻父兄子弟,胥劝勉,胥规戒,以同升于大猷。故如保赤子,吏以厚下也;乐只父母,民以报上也。嘻,其几神矣!……出门如宾,使民如祭,立参于前,舆倚于衡,则居敬行简,可以赞天地而育万物,吾道其尚有赖乎!(195—196页)

《邹守益集》卷八《时中说赠景山李侯》:东廓子语景山李侯曰:"杨氏为我,其衣葛乎? 墨氏兼爱,其衣裘乎? 子莫执中,其衣单夹乎? 单夹酌葛裘之中而用之,亦良策矣,而盛暑严寒,咸有所不利。惟圣门无意无必,大公而顺应,故暑而葛,寒而裘,温凉而单夹焉,是之谓时中。自其中之一定而不易,命之曰经;自其中之屡迁而不居,命之曰权。"李侯曰:"权与经,将无异乎?"曰:"无以异也。权者,称锤也。物以钧来,则应以钧;物以石来,则应以石;物以铢两来,则应以铢两;其屡迁而不居,即其一定而不易者也。"侯忻然曰:"吾乃今知时中之学。昔之论政者,则何纷乎?"曰:"其纷也者,皆意必也。

曰'治大国如烹小鲜',曰'其政闷闷,其民醇醇',此衣葛说也。曰'火烈民望而畏之,水则玩而狎',此衣裘说也。曰'就不欲入,和不欲出',曰'缘督以为经',此衣单夹说也。圣门之论政,可以折渻矣。曰'无适无莫,义之与比',是平天下之大经大权也。"侯忻然曰:"吾乃今知时中之政。"(460页)

按:"景山李侯"即李一瀚(1505—1567),字源甫,号景山,浙江台州府仙居人,嘉靖十七年进士,官至都察院左副都御史,传见吴时来《明左副都御史景山李公墓表》(光绪《仙居县志》卷一一)、康熙《仙居县志》卷九《名贤列传》。李一瀚于嘉靖十八至二十二年任安福知县,①后任江西监察御史、江西按察司佥事,为官清廉有善政。②李为阳明学者应良门人兼侄婿,③故亲近王学,以上二文当作于李一瀚任安福知县期间,具体时间不详,姑系于此。

八月,礼部尚书严嵩兼武英殿大学士入阁参预机务,仍掌礼部事。

《明世宗实录》卷二六五,嘉靖二十一年八月癸巳条:癸巳,上敕吏部曰:成国公朱希忠、驸马崔元、辅臣翟銮、大宗伯严嵩,日侍朕躬,

---

① 李一瀚的任职时间参见万历《吉安府志》卷三《秩官表》(38页)、《邹守益集》卷五《福邑粮总录序》(257页)。
② 见万历《吉安府志》卷三《秩官表》(38页),卷七《秩官·政绩》(98页)。
③ 应良(1480—1549),字符忠,号南洲,浙江台州府仙居人,正德六年进士,历官翰林庶吉士、翰林编修、广东右布政使等。传见邹守益《应方伯良墓志》(王寿颐等修纂:《光绪仙居集》,卷四《文外编·碑志》)、郑录勋修、张明焜纂:《仙居县志》(清康熙十九年刻本),卷九《名贤列传》,10—11页。应良于正德七年受业于阳明(见《王阳明全集》卷三三《年谱一》该年条),与东廓为同年进士,嘉靖二年又同为翰林院编修(见《明世宗实录》卷二六豉靖二年闰四月条),大礼议时二人政治立场一致,应良"不阿忤旨,杖阙下,几无生"(康熙《仙居县志》卷九《名贤列传》,11页),故相友善。东廓称"守益与良同道而相长,异姓兄弟也。"(《邹守益集》卷二一《封翰林院编修前分宜县典史应翁墓志铭》,964页)

忠勤周辫,希忠、元各加太保,銮加少傅兼谨身殿大学士,嵩兼武英殿大学士,入阁办事,仍掌礼部事。(5259页)

  按:严嵩(1480—1567),字惟中,号介溪,江西袁州府分宜人。弘治十八年进士,嘉靖五年后以礼部尚书兼翰林学士,以献媚世宗,是年八月入阁,二十三年九月兼吏部尚书、谨身殿大学士,十二月加少傅。① 二十四年七月加太子太师,②八月加少师,出任内阁首辅,独揽政事。③ 二十六年十一月晋为华盖殿大学士。④ 二十七年十月,夏言弃世,严嵩及其子严世蕃更加恃宠擅权,相济为恶,不断遭弹劾。嘉靖四十一年,世宗令严嵩致仕还乡,严世蕃死于狱中。⑤ 继而严嵩遭削籍抄家。著有《钤山堂集》三五卷等,传见王世贞《大学士严嵩传》(《国朝献征录》卷一六)、《明史》卷三〇八。《邹守益集》收录有《简介溪相国》(卷一〇)《答严介溪宗伯》(卷一二)、《洪阳洞次介溪相国韵二首》(卷二六)等诗文。

  是年其他著作:

  《华秀彭氏族谱序》(1542年以后,卷五)。《江汉复修二堤记》(卷六)。《待廊堂记》(卷七)。《张石盘字二子说》(卷九)。《明故知巴东县事默庵周君合葬墓志铭》(卷二二)。

---

① 见《明世宗实录》卷二九〇,嘉靖二十三年九月戊午条;卷二九三,嘉靖二十三年十二月己巳条。
② 见《明世宗实录》卷三〇一,嘉靖二十四年七月甲子条。
③ 见《明世宗实录》卷三〇二,嘉靖二十四年八月辛卯条。
④ 见《明世宗实录》卷三三〇,嘉靖二十六年十一月癸巳条。
⑤ 见《明世宗实录》卷五〇九,嘉靖四十一年五月壬寅条。

嘉靖二十二年癸卯(1543),五十三岁

春,与甘公亮等游衡山诸名胜,谒诸先正词,有《南岳讽咏稿》。游石鼓书院、岳麓书院,与甘公亮讲学石鼓书院旬日,湘中诸生自远而集,申周敦颐无欲之旨,又申慎独之旨。著《教言》二十五篇。

耿定向《东廓邹先生传》:明年癸卯,游南岳。申濂溪无欲篇示楚学者。又曰:除却自欺便无病,除却慎独便无学云。(1385页)

宋仪望《邹东廓先生行状》:癸卯春,游衡岳,登岳麓诸峰,谒诸先正词,有《南岳讽咏稿》。(1370页)

《邹守益集》卷二三《明故征仕郎真定府冀州判官吉潭周翁墓志铭》:嘉靖癸卯,予游衡山,访石鼓、岳麓之胜,湘中诸生自远而集。(1053页)

《邹守益集》卷一四《简敬所王督学二章·一》:入春升祝融,沂石鼓,泛岳麓,尽搜衡山之胜,觉得戒惧中和真是位育根本。近取诸饮食,过则饱,不及则饥,得中焉则和;远取诸风雨,过则潦,不及则旱,得中焉则和。故不能戒惧以学,则不能大公以中,不能大公以中,则不能顺应以和。其于范围天地,曲成万物,将可同年语乎?(712页)

《邹守益集》卷六《刘氏小宗祠义田记》:东廓子偕莲坪子游于衡岳,刘君崇简以文甫趋会于石鼓,切磋义利之辨。(340页)

光绪《湖南通志》卷二一一《人物志·五十一·流寓》:邹守益,江西安福人。嘉靖中讲学石鼓,著《教言》二十五篇。(《续修四库全书·史部》666册,611页)

李安仁:《石鼓书院志》,上部《人物志·寓贤》:邹守益条:登南

岳,访文定公遗址,至书院,和昌黎韵。会诸生讲论旬日,学有本源。闻者诚服。复还岳筑二贤祠于祝融峰之侧。甘公亮条:与东廓游至书院,和昌黎韵,同讲旬日。(《续修四库全书·史部》720册,644—645页)

按:石鼓、岳麓书院在衡山。

> 彭簪编:《衡岳志》卷二《书院》:石鼓书院在回雁峰下石鼓山。宋初赐额。与岳麓、白鹿、睢旸并为四大书院。岳麓书院在岳麓峰,宋祥符间赐额。(明嘉靖七年刻本,3页)

东廓讲学石鼓书院之教言未见于东廓文集,《邹东廓先生语石鼓诸生二十五篇》收入李安仁《石鼓书院志》上部《述教志·寓贤教言》。① 又据光绪《湖南通志》卷六九《学校志八·书院二·衡州府》载:"东廓书院在衡山县祝融峰下,明嘉靖中邹守益建。"②然未知具体时间。

《南岳讽咏稿》未见东廓文集。

自南岳归,途经攸县,讲学于金仙洞,语诸生格致之旨。与县令徐希明有诗唱和。

《邹守益集》卷七《复古堂记》:东廓子出游衡山,穷石鼓、岳麓之胜,取道攸邑,历漕湖,以宿乌兜。(414页)

耿定向《东廓邹先生传》癸卯条下:归,历攸邑。诸生听讲于金仙洞。语诸生格致旨,谓子臣弟友,庸德庸言,至于相顾而愧愧,是圣门致知格物工课云。(1385页)

同治《攸县志》卷六《山川》:金仙洞在东江乡献花岩下,内有奇

---

① 《续修四库全书·史部》720册,655—660页。
② 《续修四库全书·史部》663册,105页。

像如佛,漕溪水伏流洞内十五里,至禹门洞始见。安城邹东廓诗云:"九曲溪声伏石流,金仙玉洞冠清游。诸君共作行窝计,更约年年一月留"。邑令徐希明次韵:"岩花高献俯清流,揽胜石贤几度游。坐我半朝催去速,起行还为白云留。"(赵勤修,清同治十年刻本,6页)

按:《邹守益集》中未收此诗。

安福知县李一瀚刻《安福邑粮总录》,备载以往丈田之绩,东廓作《福邑粮总录序》,论安福政事。

《邹守益集》卷五《福邑粮总录序》:嘉靖壬辰,安福举丈田之典,历三年,几毁而获成……岁壬寅,届造册之期,而景山李侯实来,守己爱民,惓惓然以松溪为准,周爰咨度,知群情之皇皇也,亦皇皇焉图之。遴能以团局,矢神以祓志,冒暑以终事。于是粮以丈收,而悍独无抑矣;户以实核,而飞诡无隙矣;甲以产均,而强弱无失所矣。癸卯,迫试事,亟刻粮总于梓而户授之,复以里甲均徭规则附焉。曰:"使官有所程,民有所稽,而胥史无所摇,以永松溪子之志。"父老喜曰:"休哉,侯之福我也。十年之后,吾属有隐忧焉。"复相率诣东廓子征言,以告后之继景山侯者。东廓子曰:"父老将何忧焉?夫皇之建极,以福民也。公孤至于大夫师长,所以承而宣之也。故不匮其财曰富,不伤其生曰寿,不扰其安曰康宁,不弛其教曰好德,不亏其天彝曰考终。繄古之道也,而知恤者鲜矣!吾邑之运,既否而将亨,虚赋核矣,积寇扫矣,群役平矣,乡约立矣,书院创矣。嗣是而勤恤之,以移于百世,虽三代不难复也。懿德之好,旷世且相感,况履诸君子之绪,口碑炳炳,而忍于自外,以病吾邑乎?"(257—258页)

长子邹义中举,北上赴会试,未中。

《澈源邹氏七修族谱》卷八,何子寿《明故承直郎顺天别驾里泉

邹先生墓志铭》：嘉靖癸卯，领乡荐，甲辰上春官，不偶。（45 页）

致内阁首辅严嵩书。

《邹守益集》卷一〇《简介溪相国》：兹长儿义得举北上，谊当趋见长者，谨布贺以谢……顷者聂子平阳之功，明公表荐之，豪杰欣然有展布四体之愿，而当事者例谪之。闻者愕悚。引伸触类，则相国所以旁求而翕受，宜不可后。尝读汉武之纪，好儒术则有伏、董，好文词则有枚、马，好武功则有卫、霍，好刑名则有张、赵，好农则有赵过，好朴直则有霍博陆。四海大矣，惟上所以风之耳。益弛担以来，结行窝于石屋，以缉旧学。入春获偿衡岳之游，将以次历名山，了夙缘，咏歌皇极，敢忘大造。（535 页）

致兵部尚书毛伯温书，论及政事。

《邹守益集》卷一〇《简东塘司马》：宋之备边，初无关隘，而讲水利，开地网，树林木，犹能以限胡骑。今边关如故，而岁纵骄虏大斩吾赤子，若探囊取物，屡足而自返，仁者所痛而义士所愤！天佑宗社，改弦而新之，所望大展素抱以主之，以对群望，以一洗死者之冤而再振生者之气。夫贿赂不通，则贪夫自革；请托不行，则谄夫自敛。贪者革则廉正奋矣，谄者敛则朴实生矣。于以变剥削为温饱，变因循为振作，变奔溃为固御，变死伤为凯旋，事半古人而功倍之矣……长儿义得举，幸托令孙世讲之末，凡百幸垂指教之！（530 页）

按：《简介溪相国》、《简东塘司马》二书从文义看，当因邹义北上京师会试，东廓托其转呈在京师为官的江西同乡严嵩、毛伯温的。

丈田毕后，东廓协力安福民生问题，举其大者有"清邑税、复沙米、减额外机兵、复水夫常数，及议带征"等。[①] 其中复沙米、复水夫

---

① 宋仪望：《邹东廓先生行状》，《邹守益集》卷二七，1371 页。

常数及差役带征事则集中于嘉靖二十一至二十三年,故于是年及下年述之。

沙米指明初赋役制度所规定的新开发土地的租税,较一般土地租税低。嘉靖十七年,吉安知府何其高将沙米税额与其他土地征收的税额等同一致,①导致安福每年上缴税额增加五百余两,至二十一年时,上缴税额累计增加两千余两,百姓归怨为丈量加赋所致。是年,东廓致书都察院巡抚江西右副都御史汪玄锡申诉,请复沙米旧额。

《邹守益集》卷一一《简巡抚汪东峰年兄》:往岁敝邑之凋瘵极矣,幸而丈量告成……维是水推沙塞之米,国初以来,岁额一千余石,每石止纳银贰钱五分,与官米同解。自嘉靖十七年偶尔除之,与重粮均派,每年多征银伍百余两。积四年,则多征贰千余两矣。父老不知其由,咸归怨于丈量。丈量所以求核虚赋,非以加赋于民也。及考季同知申文,亦言通融均派,正欲使一县均派沙米轻粮之惠。而奉行不明,反均派一县远运重粮之苦。覆盆之冤,将何以自白?如蒙睿照,断令每粮一石均派沙米三升有奇,不许那移名目,以溥实惠而杜后患。其一应兑淮南京等项科则,悉查粮储道旧刊《督赋条规》,无致改轻换重。而禄米有加,亦止在存留内均派。则民困日苏,吏蠹日清,而不肖亦得免于丈量加赋之怨。(554页)

"汪东峰"即汪玄锡(1477—1544),字天启,号东峰,南直隶徽州府休宁人,正德六年进士,嘉靖二十年至二十一年任都察院巡抚江西

---

① 事见《简任竹坡宪副》:"白坡郡侯匀粮之说,初本公心,特未察粮则之重轻、旧额之多寡,故利害相悬,遂至此极。敝邑之奏,吏胥吴庚辈非以求胜也。"(《邹守益集》卷一一,568页)又见《议沙米事宜》:"嘉靖十七年戊戌……与重粮均派,岁多征银五百余两,推求其故,曰'丈量之后,地皆成熟'。"(《邹守益集》卷一四,705页)

右副都御史。① 传见《邹守益集》卷二一《户部左侍郎东峰汪公墓志铭》、《明史》卷二一三。

复沙米事在汪玄锡处未得解决。二十二年，张岳继任巡抚江西右副都御史。东廓就沙米、差役带征②等事一并向张岳申诉。张对沙米一事提出四点质疑，东廓有回书，作《议沙米事宜》、《再复五条》等，逐一解释。

《邹守益集》卷一一《简张净峰中丞·二》：吾邦之敝久矣……以敝邑观之，丈量幸成矣，而沙米未复，犹孤国初宽恤之典；夫役渐平矣，而带征未行，终滋后来负蹭之苦。不及明公一言之，嗟其何及矣？夫以夫役带粮征收，万姓之庆、百年之利也，而藩省吏胥至于郡县，一旦尽失其渔猎之局。故凡言夫役带征不便者，皆为吏胥游说耳。敝邑自丈田以来，钱粮无分毫不完者。纵不能行于一省，犹得试于一邑，以永新带征七年为比，其可乎？沙米之说，向具三说以请，而词未达意，不足以动大人君子之听。谨以古井兄归所示来教，逐一对答。（546—547页）

《邹守益集》卷一四《议沙米事宜》：一、天下利病须究根源，则得失可否，粲然自辨。如沙塞米一事，先查其当除不当除之由，始可得而议矣。安福岁额沙塞米一千二百余石，自国初百七十年，未之改也。自壬辰丈量至于丁酉，亦未之改也。嘉靖十七年戊戌，偶尔除之，与重粮均派，岁多征银五百余两。推求其故，曰"丈量之后，地皆成熟"，不知丈量之举，为核虚赋乎？为求加赋乎？如以为核虚赋，则核虚矣，又何加焉？如以为赋可加也，则安敢赞一辞！一、古人立

---

① 见《明世宗实录》卷二四七，嘉靖二十年三月条；卷二七〇，嘉靖二十二年正月条。
② "差役带征"指将差役折成银两随粮税一同征收，以免胥吏盘剥。

法,最为精详。安福高山峻岭,溪流易涨,水推沙塞,岁无常所,东打则西埋,西崩则东垫,故国初悬岁额一千余石,名曰以恤民隐也;额无定户,曰附有司权之也;额有定而不使过不及焉,曰以防吏奸也。往岁官得其人,则均派一邑,民皆沾惠;或不得人,则权豪猾胥共握高下之柄。故去任李知县一翰,博询民宜,恳申崬峰中丞,行所司查处,议于槩县民粮,每石派沙塞米三升一合,一洗高下其手之蠹,虽非事实,正自公平。今若令岁岁告明踏勘,则是为权豪猾胥开骗局也。魏晋九品之法,上品无寒门,下品无世族,以中正司之,其弊尚尔,况无中正乎? 一、法贵均平,乃为一视之仁。当峡江奏复沙米,安福县亦申文求复,王粮储道梃语同官曰:"永新、新淦,当一体复之。"同官笑曰:"彼不奏告,那得许多闲工夫? 管他!"遂以中止。今四县果以丈量而除,则均宜查复,缘派之于四十八州县,为利甚微,而除之于四县,为害甚切矣。夫峡江之奏沙米复旧额也,永宁之奏水夫变旧额也,变旧额者得之,而复旧额者不得焉,人其谓何? (705—506页)

《邹守益集》卷一四《再复五条》: 一、来谕:"丈田分为三等,下田地瘠收薄,沙塞在内。"今考丈田初议,以水色为优劣。下田正在山脊高峻,则沙塞之害,乃上、中二项受之耳。国初悬此沙米以广优恤之恩,故丈田时亦悬此粮,正欲与槩县共之,非敢创立,以纷更旧规也。一、来谕:"若旧因粮重,特设此以苏之,则他县粮更有重者,又为人赔重,亦非所安。"今考安福北接分宜,西升武功,高山峻岭,水多冲泛,故设此恤典,非为粮里也。国初论县分粮,犹人家论子分产,各有定额,不相推移;兄之轻不能以予弟,弟之重亦不能以累兄。如安福未丈田时,沙塞之利,固在安福也,岂劳他邑赔重乎? 今夺其折银之利,而加远运之害,乃是为他邑赔重耳。一、来谕:"西南山涧冲击,东北溪水泛荡,则固有坐落主名,又安可均之槩县?"审如此论,则十年攒造之间,止水泛一次可也。敝邑山溪之泛,岁三四次,或五六次,惟今年大旱,乃止一次耳。姑以每岁二次例之,则壬辰至甲辰十三年间,造二十六次,中间造册主名亦须二十六番。其多寡之争,强弱相吞,智愚相诳,非独吏胥骗局,且为一邑厉阶矣!一、来谕:"姑息峡江,致此纷纷。"今考四县沙米,皆其定额,祇因丈田以核虚赋,乃遂遭加赋之苦。今以峡江之复为非乎,则求复分受产额,未尝妄累于人,本自公平,初非姑息;若以峡江之复为是乎,则一视之仁,请及敝邑!或疑沙米之利,士夫私之,则派之概县,万目共睹。吾谁欺?欺天乎?一、敝邑虚粮,至七八千石,粮里当役,往往逃亡。丈田既成,万姓便之,而奸诡权豪,恶其害己,百计阻挠,明公所睹闻也。丈田时桑丝失查,后乃加派夏麦项下,多征银三百余两,至今怅恨,无以救之。若复失沙米旧额,岁又加征四百余两,则谏愿愈有以借口,将为异日翻异丈粮之梗。以公扶护善类,主张清议,是以敢尽言之。(692—693页)

　　按:"张净峰"即张岳(1492—1553),字维乔,号净峰,福建泉州府惠安人,正德十二年进士。嘉靖二十二年至二十三年任右副都御史巡抚江西。① 官至都察院右都御史,赠太子少保,谥襄惠。张岳曾谒阳明于绍兴,与语多不契,往往攻击王学,宗程朱之学,列入《明儒学案》之《诸儒学案中》。张岳擅经术,著有《小山类稿》、《张净峰文集》等。传见徐阶《明故资政大夫总督湖广川贵军务都察院右都御史赠太子少保谥襄惠净峰张公墓志铭》(《世经堂集》卷一七)、聂豹《襄惠张公神道碑》(《聂豹集》卷七)、《明史》卷二〇〇。《邹守益集》有东廓为张岳作的《庆司马净峰公平徭序》(卷五)。

---

① 见《明世宗实录》卷二七〇,嘉靖二十二年正月条;卷二八八,嘉靖二十三年七月条。

明年,门人黄国奎将出任郓城县令。是年末,黄来辞行,为作《郓城赠言》,以"纳诸事于忠信"勉之。

《邹守益集》卷四《郓城赠言》:庐陵黄子聚游于山房,切磋忠信之学……遂擢令郓城。岁云暮矣,趋而请别言。东廓子曰:子不闻大道之得失乎? 忠信,其自慊矣;骄泰,其自欺矣。故知至而至,知终而终,盛德大业,岂有加忠信之外者? 昔在洙泗之间,自叙功课,则有成说矣。曰子臣弟友,庸德庸言,兢兢业业,不敢于过,至于相顾而恓恓。恓恓者,忠信纯粹,不失其天真而已矣。唐虞之敷五典,曰有亲,有义,有别,有序,有信。有也者,对无而言之也。有也者,其天真也;无也者,其物诱也。养之庠序,树之官长,道之以政,齐之以刑,节之以礼,和之以乐,所以纳诸事于忠信也。是以海隅苍生,举思洗濯物诱,以精白于天真。及教之湮也,浮词剿说,蕲猎世资,而簿书期会,粉饰目前,争取办而上最。故事亲而夷,从兄而阋,报国而欺,抚民而罔;天下贸贸然以伪相率而莫之挽也,斯道将何赖乎?……黄子兹行,执所学以往,至之终之,予知其必有济矣! (164页)

张盛铭等纂:《郓城县志》,卷四《政教志》:黄国奎,江西庐陵人,由举人嘉靖二十三年任。(清康熙五十五年刻本,5页)

按:"黄子聚"即黄国奎,字子聚,吉安府庐陵人,嘉靖十六年举人,官京兆治中。[1] 黄国奎是东廓亲家黄国用之弟,从学于东廓,[2]其子庠生黄中敷娶邹善长女。

李一瀚归乡守丧,于西川(号)临时代理县事,任职八月。期间至东廓山房问政,答以"政者,正也"。于去任前,为作《誉善篇》。

---

[1] 见《江西通志》卷五四《选举六》。
[2] 见《见大楼铭并序》,《邹守益集》卷一九,928页。

《邹守益集》卷四《誉善篇》：圣门之教，曰斯民三代，谁毁谁誉？兹直道之昭也。毁则溢恶矣，誉则溢美矣，美恶之情相悬也，而均之为溢，则均之害于直。然而有试而誉者，急于进善也。蒸民秉彝，好是懿德，迎其志而诱奖之，则天机油然将日茁而莫能御，其鼓舞风化之大枢乎！圣门之学，视天下犹一家，若父兄子弟，恐恐然弗入于善也，故达而在上，则以赏以罚，使百姓迁善远罪不自知；穷而在下，则以美以刺，而风之所及，亦如之。正学不明，横议蜂起，往往至于沮淑而骄愿，将直道其遂湮乎？予归自南雍，方庆景山李侯守己爱民，以松溪为师……甫三年，(李一瀚)闻丧，戒行……白坡郡公闻之，选于僚幕，得西川于子，俾视县篆。西川趋山房而问政焉。东廓子曰："政者，正也，在帅之以正焉耳。正莫若仁，正莫若义，而不正莫若利。好仁则爱，爱则弗酷；好义则介，介则弗婪；故曰抚曰后，言交孚也。好利则酷且婪，而民无所措手足，故曰虐曰雠，言交戾也。夫景山之得于民，无他术焉，亦曰守己爱民而已矣。"……(西川)署政凡八月……会新尹潘侯(按，潘玙)至，襆被将归……(228—229页)

按：李一瀚的离任时间当在嘉靖二十二年，①下任潘玙任安福知县的时间为嘉靖二十三至二十六年(见后考证)，故推知于西川任职并造访东廓的时间当在是年。

嘉靖二十三年甲辰(1544)，五十四岁

春，吉安一带大旱，夏秋无收。东廓上书巡按江西监察御史魏谦

---

① 《福邑粮总录序》："癸卯，(李一瀚)迫试事，亟刻粮总于梓而户授之。"(《邹守益集》卷五，257页)

吉建言献策：或买北方之米、或截留上年南京仓米用以救急,或改重灾县所应纳之税米为纳银,或将吉安"过湖过江之银"留与本府及安福用以赈济等。安福县令潘玙纳其言并奏上级官府,得允准实施,度过危机。

同治《安福县志》卷一《天文志·灾异》：(嘉靖)二十三年大旱,疫,二麦不收。(30页)

《邹守益集》卷一一《简槐川柱史论旱灾》：今岁旱魃为虐,比旧酷甚。自夏徂秋,豆粟皆空。疫疠乘之,十室而七,畏避传染,医药不逮,至有阖室皆死者。且方数千里,四顾彷徨,无所仰瞻。小民日夜枵腹,睨得赈恤。忽闻催征,心胆俱丧。然使鬻卖秤贷,银犹可输。若逼以纳米,计无从出。弱者必填沟壑,强者且取货于萑苻,其为隐忧,真可流涕！方今北方米价甚贱,若得折兑折淮,为利甚切。倘以奏报不及,则姑截嘉靖癸卯南京仓米,通留省下,令各县完粮里长各行对运兑淮之数,不足者令各县以预备仓谷补完。止令每石征银伍钱,转补南京。南京积米甚多,限亦可宽。又不获已,则如湖广事例,令灾重府县纳银,而官买于灾轻之地。惟明公留神裁之。至于安福过湖过江之银,常年一千二百余两。支用之余,例作本县存留。近年布政司请于龙洲公,解作南昌府师生、军卫,计吉安一府已万两矣。夫各府皆有师生,皆有军卫,瘠此肥彼,情理岂宜？如蒙镜台查勘,断令今年旱灾,准留吉安及本县赈济,再不转解使司,亦敝府救荒之一助也。(567—568页)

《邹守益集》卷一四《简潘瑞泉邑侯论旱灾》：去岁(按,嘉靖二十三年)之荒极矣！赖使君恳于当路,得沐优恩,折兑淮、减南粮,救之以赈济,加之以赈粜,而复为粥以活饿莩,是以未填沟壑者,欣欣然冀得更生。(696页)

"潘瑞泉"即潘玙,号瑞泉,四川成都府成都人,嘉靖二十年进士。据万历《吉安府志》卷三《秩官表》,潘玙于二十一年至二十六年知安福县,①然据东廓所作《瑞泉问答赠司寇潘大夫北上》载,潘玙在任三年,于嘉靖二十六年离任,②且其前任李一瀚的离任时间当在嘉靖二十二年以后,其后又有于西川代理县事八月,故推知潘玙的任职时间应在嘉靖二十三至二十六年,《吉安府志》所载可能有误。

携夫人及子邹美等赈饥、建义仓,与乡人商定"春散秋敛"、"约保分督"之制,作《书乡约义谷簿》载其事。

宋仪望:《邹东廓先生行状》:甲辰、乙巳,连岁大饥。先生率诸子出粟赈赡其乡,又数为书请粜于郡邑,乞发于当道,甚至为粥以饷饿莩。既又创义仓,岁计赢余,以赡宗戚乡人。贫窭不能自活者,则多方恤怜之。(1371页)

《邹守益集》卷一七《书乡约义谷簿》:甲辰、乙巳,连岁大荒,赈籴不给,饿莩相望。益与西涧封君间议劝同约量出义谷,贮于石云、实成二寺,以救贫乏。春散而秋敛之,有耗而无息。岁则公而敏之者司之,散以三月。约相近以执役,以革私也。敛以八月,约下年同事以核实也。散敛必以时,约保分督,勿得后期,以防惰也。其有私以市恩、虚以贸利、惰以驰事者,会约之日,议轻重举罚;能效其职者,庆以酒,登于善籍。凡我同约,协心义举,自劝自规,共成善俗,神明其相之! 其有富而吝于出谷,贫而顽于偿谷,皆神所弗佑也!(818页)

《澉源邹氏七修族谱》卷八,朱衡《明故封恭人加封大淑人李氏墓志铭》:公(按,东廓)出谷倡诸郎及乡中伤义者赈之,淑人设粥饲

---

① 见万历《吉安府志》卷三《秩官表》,38页。
② 见《邹守益集》卷四,227页。

老稚……疫继作……淑人为迎医设药。(36页)

《潋源邹氏七修族谱》卷八,邹德泳《明乡进士今赠中宪大夫大常寺少卿昌泉府君墓志铭》:乙巳,邑中大饥。(邹美)设粥分粟,赈活甚众。施椁瘗莩,至捐室中簪以佐其费。(52页)

是年,吉安府下帖文,将安福县水马夫役名额比之明初旧额增加一百三十五名,合计比明初多缴银万金,理由为"论粮均差",即税粮高则差役亦多,加之是年及下年安福接连受灾,民不聊生,百姓纷至官府申诉。东廓两次致书巡按江西监察御史魏谦吉,请复水马夫役旧额,建言官府实施保甲法以保地方治安。同时,致书江西巡抚张岳申诉复水马夫役旧额事。

《邹守益集》卷一一《简魏槐川侍御二章·一》:安福水马夫役,自国初至嘉靖三年,旧额共一百五十八名,上下相安,莫或纷更。嘉靖十三年,偶加三十三名,民已不堪命矣。兹遇金替之期,父老佥呈,求复旧额。而本府帖文,坐派本县各项水马夫共二百九十三名,比嘉靖三年加派一百三十五名。询求其故,则以论粮均差为词。夫论粮均差,则当求粮之根源。若粮科有轻重,则差役有多寡。如庐陵一县,每亩不过五升,轻者乃四升、三升耳。而安福每亩乃至九升六合三勺,则论田科粮,几于倍之。国初百余年来,名公硕辅斟酌编差,岂独偏厚于安福耶?今一旦无故尽取而纷更之,每名之费动逾百金,百名则费逾万金矣。敝邑受万金之害,则他邑受万金之利。明公可以洞烛其由矣。仰赖台下电照斧断,与净峰公督令驿传道,力赐处豁,是敝邑剥肤余喘,何幸而获帖席更生也!旱势日炽,民生日窘。将来枵腹待毙,盗贼必起。惟君子早图救之!(566页)

《邹守益集》卷一一《简魏槐川侍御二章·二》:顷以水夫重役,借达邑人倒悬之情,明公优礼而矜允之。急归走报,传语万姓,津津然咸有更生望之矣……夏旱不支,秋旱乃复。及以生之家观之,乞米买谷,皇皇不给。则小民枵腹待哺,饥寒迫身,盗贼必起。惟公与净峰公及早图之,于以救垂绝之生而靖未萌之变,善类所胥祝焉。保甲之法,阳明公常颁行之。程松溪作县,于乡约中举焉。互相检察,互相应援。行之半载,牛无一被盗者。近净峰公已举之矣,得从台下严督郡县,无为虚文,而申屠牛之禁,则官吏振奋,权豪敛避。此救荒备盗之要策。幸秉义裁之。末由躬谢,伏楮驰怃。《苦旱》小诗,录上求教。(566—567页)

按:"魏槐川"即魏谦吉(1509—1560),字子惠,号槐川,北京真定府柏乡人,嘉靖十七年进士,二十三年前后任巡按江西监察御史。① 传见《畿辅通志》卷七三《名臣》。《邹守益集》还收录有《简槐川柱史论旱灾》(卷一一)、《赠别槐川魏柱史四首》(卷二五)等诗文。

东廓致书张岳见《邹守益集》卷一四《简张净峰中丞论水夫事》,内容与致魏谦吉书基本一致。书云:"水马夫役十年重设……嘉靖十三年,偶加三十三名……近奉本府帖文,坐派本县各项水马夫共二百九十三名……"(690—691页)故知此书作于二十三年。

东廓论沙米、水马夫役事又有《又简水陆事》一书(《邹守益集》卷一四)。

致书江西按察司副使任辙,比照庐陵县再申安福水马夫役之不合理,请复旧额。

《邹守益集》卷一一《简任竹坡宪副》:潘尹(按,潘玙)莅任,备道明公轸念敝邑水夫之苦,而欲救恤之,万民欣欣相告,咸有更生之

---

① 见《明世宗实录》卷二九三,嘉靖二十三年十二月条。

庆矣。槐川公回简,许复旧额。而布政司嘉靖三年夫额具存,共壹百五十三名,成案可覆。以使君之至明至断,智刃一决,群纠立判矣。安福九升重粮,旧额原少,一旦而增之,则士夫之言非私也,一邑之公害也。庐陵五升轻粮,旧额原多,一旦而减之,则士夫之言非公也,一邑之私利也。利归庐陵而害归安福,安福虽敝,将以死争之,安能俯首代庐陵役,无后言乎?明镜在上,妍媸莫遁。若欲为调停之说,是为妍媸调停,妍媸两失其真矣。白坡郡侯匀粮之说,初本公心,特未察粮则之重轻、旧额之多寡,故利害相悬,遂至此极。敝邑之奏,吏胥吴庚辈非以求胜也。譬诸市有推人落井,人因扯其裾而不释,自是畏死求生迫切之情,得人之一引手焉,免其落井之厄,将拜赐以归,而奚暇顾推医治者罪之轻重也?郡侯方怒其路马之齿,岂可激以取戾?惟大君子俯察之。《苦旱》小诗,寄上求教。(568页)

按:"任竹坡"即任辙(?—1552),字子明,号竹坡,四川重庆府巴县人,嘉靖五年进士,时任江西按察司副使。① 官至巡抚贵州都察院右副都御史。

从"《苦旱》小诗"推知此书作于嘉靖二十三年。《苦旱二首》见《邹守益集》卷二五。

致书江西布政司参议王梃,请以旧额沙米征税,并请水马夫役比照永新之制论量带征。

《邹守益集》卷一一《简王同野少参》:沙米之事,以使轺北上,遂尔动摇。非净峰公能受尽言,将复为猾胥骗局矣。今科派在迩,愿留神共恵。所论《督赋条规》,抑斋左辖亦许查议。特恐大拜在即,又

---

① 见《江西通志》卷四七《秩官·明》;《明世宗实录》卷二九八,嘉靖二十四年四月条。张艺曦《王学、家族与地方社会——以吉水、安福两县为例》将任辙误置为任忠(142页)。

成画饼。不若查复旧刻,可以旦夕充饥肠也。何如何如?水夫带征,一洗昔日种种病窦。除士夫至生员照例优免,每民粮壹石不过出银三分五六厘。永新行之,其利粲然。净峰、槐川、竹坡诸公皆洞烛矜允,行府核查。如果安福钱粮并无拖欠,准与带征。今查自丈量十余年以来,无升合不完,具勘申请矣。原野公处烦仁言之利,比照永新,论量带征,如柴薪皂隶事例,不立首名,募人雇役。雇役者造册在官,无得贻累万姓,百世之感也!永新、安福在山中,利于雇役;庐陵、吉水、万安、泰和在水次,利于差役。惟垂仁裁之。旱疫,余黎饥莩日甚。荒期尚远,为忧未已。(569 页)

按:"王同野"即王梴(1498—?),字子长,号同野,浙江宁波府象山人,嘉靖十一年进士,嘉靖二十一年至二十四年任江西布政司参议。①《浙江通志·王梴传》载:"(王梴)升江西参议,督粮储,行一条鞭法,夙弊尽革。"②

申诉得张岳、魏谦吉、任辙等省府官员允准。是年,安福沙米旧额得恢复,水马夫役数额有所减低,差役带粮征收得以实施。东廓致书都察院左副都御史周煦、江西按察司副使李征,言及此事。

《邹守益集》卷一二《简周弓冈都宪》:水陆加役得就轻减,比嘉靖十三年名数虽加,而银数亦少六十余两……今沙米以复,水陆又随粮带征,合邑自庆小康矣。而谗讪交兴,至今未息……年来旱魃异常,疾疫乘之,环东南数千里茫茫无乐土。(603—604 页)

《邹守益集》卷一四《简李原野宪副论征带事》:敝邑驿递夫役,旧累为首一户,而津贴之粮,徒悬虚数,及于见官承役,需索无艺,故

---

① 见《明世宗实录》卷二九七,嘉靖二十四年三月条。
② 卷一六八《人物三·循吏二·宁波府》,《文渊阁四库全书·史部》523 册,456 页。

往往至于破家亡身。一遇编佥,钻刺乾没,费数千金,为吏胥骗局,而小民反受其殃。深忧远虑,以为莫若论粮带征,其劳均乎! 佥解本府转发驿递,如柴薪皂隶事例,不立首名,募人雇役,可以一洗独累、需索、钻刺、乾没种种病症,而士夫至于生员,照例优免。每石带征不过三分五六厘,是贵贱贫富均利也。近年永新带征,其利可考,故具达净峰、槐川二公,转行竹坡使君,俱蒙矜允,行府县查勘,如果常年钱粮无欠,准与带征。今已查复达于台下,得蒙批照永新带征事例,万姓百世之感也! 安福、永新,僻在山中,与驿递远,故利于雇募。庐陵、吉水、泰和、万安,住居水次,与驿递迩,故利于充当。明公洞烛而区画之,彼此各得所矣。年来旱魃异常,重以疾疫,入春淫雨伤麦,而秋苗以寒殒,是天灾凡四罹矣! 赈济虽施,所及有限,荒期尚远,为忧未已。先忧之志,何以终苏之!(700—701 页)

按:"李原野"即李征(1507—?),字诚之,号源(原)野,湖广常德府桃源人,嘉靖十一年进士,时任江西按察司副使。李征历官浙江布政司参政、江西布政使等,后因开罪严嵩而罢归。著有《元光诗文稿》等。

"周弓冈"即周煦(?—1545),字启和,号弓冈,出安福横龙周氏,正德十六年进士,嘉靖二十年起任都察院左副都御史,逝于任上。①

《简周弓冈都宪》提到旱灾,当作于嘉靖二十三年,《简李原野宪副论征带事》提到二十四年春涝,故知解决沙米、水马夫役、差役带粮征收诸事在二十三年至二十四年初解决。

年末,与聂豹、陈九川、欧阳德、罗洪先等聚讲华盖山。

---

① 见《明世宗实录》卷二五三,嘉靖二十年九月条。

《邹守益集》卷一四《简张净峰中丞论水夫事》：岁宴访双江兄，陟华盖。（690页）

《邹守益集》卷一一《简复久庵黄宗伯》：春暖秋清，时携童冠升衡山，寻石鼓、岳麓遗芳，间与双江、明水、南野、念庵聚讲华盖，入梅陂，徘徊武功，尽濯吝鄙，幽玩神明，乃知天壤之间无往非学，无往非乐。（570页）

《聂豹集》卷六《礼部郎中陈明水先生墓碑》：丙申冬，（陈九川）过予白水山中……既又同予与东廓君，为华盖山之游。（213页）

按：据《简张净峰中丞论水夫事》所载，嘉靖二十三年安福水马夫役重设，东廓致书向官府请求复水马夫役旧额事，故知游华盖山在此年。再从《简复久庵黄宗伯》看，聚讲华盖的时间与古城、梅陂之会（二十四年）相若。

"华盖"指华盖山，江西华盖山不止一处，据东廓《尚古说》云："予尝偕双江子游华盖，宿官庄，升所谓'尚古堂'者。"①"尚古堂"为乐安黄氏之堂，故知此"华盖山"在乐安附近，为道教名山，跨抚州府崇仁、乐安、宜黄三县，且乐安紧邻吉安府，最为便近。

《江西通志》卷一〇《山川四·抚州府》：华盖山，在崇仁县南一百十里，一曰宝盖山，崒崿修广，跨崇（仁）、乐（安）、宜（黄）三邑之境……晋王郭二仙自玉笥经麻姑、军峰、西华等山，最后过此，喜而留焉，修炼功成，遇浮邱公于此。元康二年壬子乘鸾升去。（《文渊阁四库全书》513册，333页）

会讲于安福北乡，发《易·损卦》旨。

---

① 《邹守益集》卷九，472页。

耿定向《东廓邹先生传》：甲辰，会北里。发《易·损卦》，旨云：惩忿则火不炎上，窒欲则水不下流，是谓水火既济、长生久视之方。(1385页)

东廓得安福北乡门人相助，在北乡建连山书院，有"自强楼"、"玩易"等建筑，成为又一讲会之所。

同治《安福县志》卷五《学校·书院》：连山书院在治北六十八都桑田，嘉靖二十三年邹东廓避暑胡仙仰，下游桑田诸胜，雅爱连山，欲筑书院以玩易。北里同志赞成，颜其堂曰"自强楼"，曰"玩易"。岁时坐讲，远方及各乡同志往来研究无虚日。(79页)

同治《安福县志》卷二《舆地·古迹》：桑田，县北五十里。(40页)

同治《安福县志》卷二《舆地·山》：胡仙仰山，在治北四十里，其高峰曰黄公洞，有真济泉……明王学夔、邹守益、刘阳讲学于此。下有连山，守益门人为建连山书屋。(38页)

按：连山书院是东廓夏季时常避暑并讲学之地。如《简复董生平甫》云："近复避暑于武功、连山之间。"① 东廓又著有《连山次三峰柱史勉同游显甫匡甫国辅国矩》(卷二五)、《连山书屋温乡约简诸生二首》、《连山新作书屋简晋坛三峰诸君》(均见卷二六)等诗作。

阳明弟子曾才汉任茶陵州守，刻《诸儒理学语要》于洣江书院，请东廓、罗洪先、欧阳德等作序。是年或稍后，东廓作《诸儒理学语要序》，述儒家学脉，批门户之见，申戒惧之旨，以"超然寞曰，直求天真"、"左右逢源"为学的。

《邹守益集》卷二《诸儒理学语要序》：东廓子曰：嗟乎，自子思、

---

① 《邹守益集》卷一一，573页。

孟氏没，而真儒几无传矣！非无传也，传之者弗真，则醇疵相杂，犹无传也。扬子云曰"通天地人曰儒"，其言是也。《太玄》准《易》，载酒问奇，果且以是为通乎哉？天之高也，星辰之远也，广谷大川异制，民生其间异俗，刚柔、轻重、迟速异齐，将奚而通之？语不云乎，"闭门造车，出门合轨"，言规矩同也。故善学者，操规矩以出方员；不善学者，执方员以拟规矩。夫无思无为，常寂常感，天然自有之规矩也。中以言乎体也，和以言乎用也，戒惧以言乎功也，位育以言乎变化也。故曰祖述宪章，上律下袭，如天地覆载，如四时日月错行而代明。曰杀而不怨，利而不庸，过化存神，上下与天地同流，其天德王道之大成乎！以训诂者尚其专，以词章者尚其华，以著述者尚其博，以勋业者尚其成。其经营布置，层方叠员，非无可观也，而天规天矩，偏倚乖戾，贸然莫或图之。至元公、淳公，始克续不传之脉，揭圣之可学，则以一者无欲为要；答定性之功，则以大公顺应，学天地圣人之常。揆诸邹鲁，何异代而同符也！以横渠之精思力践，妙契疾书，而犹不免于出入，明睿考索之箴，吾儒醇疵之几也。明睿者，其屡空乎！考索者，其亿中乎！亿中之敏，若善射覆者，十发而九中，然犹不免于亿也；屡空者，若置覆洞然，心目无俟推测而得矣。洛中高弟，宣畅师说，各以所闻，不免抵牾。而建安、清田流派，至分门立户，几若不相容。然后之学者，沿旧则信耳以自是，党同则动气以相角，其能超然窠臼，直求天真，吾见亦罕矣。呜呼！安得江汉以濯，秋阳以暴，渊渊浩浩，折群淆以一学术乎？嘉靖甲辰，吾友曾明卿氏守茶陵，出其平日所抄诸儒要言，于宋自濂溪公而下，得十人焉；于国朝自阳明公而上，得五人焉。刻之洣江书院，以嘉惠诸生，其用心亦良苦矣。凡我同志，相与反身而求之，戒惧勿离，以深造集义之节度，则规矩诚设，左右逢源，得手应心，不言而喻。夫是之谓知言。（80—81页）

按:"曾明卿"即曾才汉,字明卿,号双溪,吉安府泰和人,嘉靖七年举人,阳明弟子。① 曾才汉为罗洪先弟子曾于乾(字思健,号月塘,1520—1562)族叔,曾同在本乡举乡约。② 东廓另著有《荒政篇》表彰曾才汉的荒年善举。③

曾才汉同时亦请罗洪先、欧阳德为《诸儒理学语要序》作序,见雍正本《念庵文集》卷一一、《欧阳德集》卷七。

曾才汉任茶陵州守期间,刻项乔所作《举业论》以广其传,东廓应曾之请作《题举业详说》,释德业、举业并行不悖,圣俗之别在"诚不诚之间耳"。

《邹守益集》卷一八《题举业详说》:东廓子曰:举业之学,其弗明已乎! 圣门之论德业,具有成规矣,曰忠信以进德,修辞立诚以居业。德也者,以言乎蕴于中也;业也者,以言乎见于外也。宣之为言词,动之为威仪,措之为事功,皆业也。故知至至之,知终终之,合知行,贯动静,历壮老穷通,只此一大事。夫是以口代天言,身代天工,举天地万物,皆忠信恻怛、裁成辅相出来,是之谓至诚尽性、日新富有之学。言辞者,业中之一,而举业者,又言语中之一耳。学之弗讲,往往疲精竭神,涉经猎史,汩没于举业,以徼时好、跻世资,至于士失己而民失望。故有识隐忧,力辟时文,以为坏人心术,与杨、墨、佛、老同科。嗟乎! 举业何尝戾圣学也? 是尧舜,非桀跖,崇仁义,贱诈力,洋

---

① 介绍详见吴震:《明代知识界讲学活动系年》,118—119 页。吴书以曾才汉为嘉靖进士,存疑。查万历《吉安府志》卷七《选举表四》,曾才汉为嘉靖七年举人,未见名列进士表中,另曾才汉名列《湖广通志》卷二八《职官志》右参议条:"曾才汉,太和进士",佥事条:"曾才汉,太和举人"分巡湖北道驻常德府条:"曾才汉,太和进士",记载不一。
② 胡直《亡友月塘曾君墓志铭》:"从叔松山封君、双溪少参二公申订罗文庄公《云亭乡约》,乡人尊行数十年。"(《衡庐续稿》卷八,745 页)。
③ 见《邹守益集》卷六,339—340 页。

洙泗家法,而夷考其行,则戛戛不相入,是何异优孟之学孙叔敖,抵掌谈笑,宛然复生,而精神命脉,霄壤庋矣!故尝断之以二言曰:言行相顾,便是圣学;言行不相顾,便是俗学。圣之与俗,无他,诚不诚之间耳……往岁甘泉湛公揭二业合一论,亢举业以与德业并,伤世之迷而诱之以入圣学也。吾友瓯东项子迁之,刻《举业论》于渤海,拳拳以求放心为根本,而举朱子忘己逐物、贪外虚内为瞑眩之药。甚矣,瓯东子之志似甘泉也!比执枾事于楚,复以体则加详说焉。茶陵守曾才汉氏欲广其传,走伻以示山中,因述所传,以质诸项子,且与举业有志于圣学者共趣避之。(877—878页)

按:"瓯东项子"即项乔(1493—1552),字迁之,号瓯东,浙江温州府永嘉人,嘉靖八年进士,官至广东布政司左参政。与阳明学者邹东廓、王慎中、唐顺之、罗洪先、欧阳德等友善。著有《瓯东私录》十卷,①传见罗洪先《广东布政司左参政项公乔墓表》(《国朝献征录》卷九九)、《浙江通志》卷一八二《人物六·文苑五》。

阳明弟子徐珊任辰州府同知,于虎溪山寺后建虎溪精舍,祀阳明。东廓为作《辰州虎溪精舍记》,论中和、戒惧之旨,赞阳明功德。

《王阳明全集》卷三六《年谱附录一》:二十三年甲辰,门人徐珊建虎溪精舍于辰州,祀先生。精舍在府城隆兴寺之北。师昔还自龙场,与门人冀元亨、蒋信、唐愈贤等讲学于龙兴寺,使静坐密室,悟见心体。是年,珊为辰同知,请于当道,与诸同志大作祠宇、置赡田。邹守益为作《精舍记》,罗洪先作《性道堂记》。又有见江亭、玉芝亭、鸥鹭轩,珊与其弟杨珂俱多题志。(1337页)

《邹守益集》卷七《辰州虎溪精舍记》:阳明王夫子自会稽谪龙

---

① 《瓯东私录》今版名《项乔集》,上海:上海社会科学院出版社,2006年。

场,道出辰阳。辰阳之胜,曰虎溪山寺,世称二十六洞天。因宿僧舍弥月。有古松甚奇,大书其轩曰"松云",复留诗于壁。一时从游诸彦……嘉靖辛丑,余姚徐子珊来丞郡事,与诸大夫诸士宣畅先师之训,思表懿范,以风来学,乃协谋鸠工,作虎溪精舍于山寺之后……以甲辰某月告成,合诸大夫诸士而落之……遂协谋执讯以问记于山房……益也不敏,预闻先师之绪言矣。天命之性,诚也;率性之道,诚者也;修道之教,诚之者也;戒慎恐惧,须臾不离,诚之者之功也。不睹不闻,昭其寂矣;莫见莫显,昭其感矣;常戒常惧,常寂常感,以亲父子,以肃君臣,以信朋友,以发育万物而峻极于天,是谓中和位育之学。善学者自修其道,自尽其性,自至其命,则经纶大经,立大本,知化育,与至诚同神而并化。以古所称百辟之刑,不显惟德,百姓之安,修己以敬,圣圣相传正脉,若是其易简也。而不善学者,顾以繁难杂之,汩没于传注,支离于度数,摹拟于事功,精力愈竭,岁月愈迈,而漠然于性命无关,故真伪错杂,学术遂为天下裂。非濂洛之真,力排异说,揭学圣之要,辨定性之功,则绵绵一线,几于无所矜式。先师之学,其继濂洛而兴者乎!迹其力谏以祛奸,恺悌以宜民,运筹以翦寇,诛乱贼以安宗社,诱掖善类以继往而开来,虽颠沛逆旅中,澹然不以约乐滑和,皆修道以仁之实功也。皇上初正大统,清明如神,嘉唐虞,乐商周,以昭敬一之训,使夫子而入对也。明良相逢,将身亲见之。而在廷媢忌,置诸留都,起诸广东西,曾不得一日以入长安。及功成身瘁,复巧词交构,褫其世袭之典,虽祭葬且削之,视伴食者犹弗逮焉,甚者迁怒以为世禁。迺赖天子明圣,洞烛淑慝,拔奸如脱距矣。意者斯道其将倡乎!(397—399页)

是年或稍后,广东廉州知府胡鳌建崇正书院,内设克复堂,东廓为作《克复堂记》,论"克己复礼"即"修己以敬","修身之为克己",

以《易经》"复卦"论"仁"。

《邹守益集》卷六《克复堂记》：吾友鹿崖胡子之守廉也……稽往牒，询学宫故址，迤玄妙观以构书院，名之曰"崇正"。继复思曰："学之正脉，宜莫若颜子"，名其堂曰"克复"。日与四库之秀竭才勿罢，以风于齐民。会门人赵子可旦陟丞郡治，瞿瞿交赞也。乃执讯以请，俾迟方知圣学授受之蕴……儒先成说，乃以己为私，以归仁为效，于心恒疑之。子所雅言，曰为己，曰正己，曰求诸己，皆对人而称也。"问仁"一章，凡三言之，而二以为私己，一以为真己，则何居？果以归仁为效，则畏于匡，微服于宋，绝粮于陈蔡，匪直不与，而顾戕之，其果吾道非耶？盖圣门尝发于君子之问矣。克者，修治之义也。礼者，天然自有之敬也。克己复礼，其修己以敬乎！天下归仁，其安人安百姓乎！故视听言动，己之目也；非礼勿视听言动，修己之目也。除却视听言动，便无身矣。圣人系《易》，以《复》之初九归诸颜氏子，而其《象》曰："不远之复，以修身也"，则修身之为克己，其较章明已乎！身外无仁，故曰仁者人也；仁外无心，故曰仁人心也。知此者，其知授受之蕴矣。明命赫然，兢业万几，放勋则天，重华协帝，性之也。盘铭月书，乃复其初。圣敬日跻，执竞惟烈，反之也。其知之而成功，一也。廉郡虽邈，其视听言动，将异于邹鲁乎？廓然虚中以下仁，是曰休复；挺然中行而弗滑群议，是曰独复；胙然笃恭而不息，是曰敦复；斐然进取而弗能守，是曰频复；冥然习俗，甘谓不能以自贼，是曰迷复。诸士子之请事于斯堂也，其为休、为独、为敦、为频、为迷，在敬择之矣！（365—366 页）

按：胡鳌于二十三起年任廉州知府，①故推知此文作于是年或

---

① 见张堉春、陈治昌纂修：《廉州府志》（清道光十三年刻本）卷一六《秩官表》，15 页。

稍后。

是年其他著作：

《慈寿诗册序》（卷五）。《永丰县重修儒学记》（卷六）。《复古堂记》（卷七）。《读先德世延卷》（卷一八）。

嘉靖二十四年乙巳（1545），五十五岁

是春淫雨成灾，至稻粮无收。东廓致书巡抚江西右副都御史虞守愚请求赈济，致书安福县令潘珏出谋划策。

《邹守益集》卷一四《简虞东崖中丞论赈粜事》：去岁旱魃异常，重以疫疠，入春以来，淫雨不止，麦穗既枯，稻秧复坏，是四灾相仍也。中人之家，孑然无以聊生，矧于惸独？今采蕨既竭，至拾地菇、摘野菜，甚者不忍言，茹蚯蚓矣，此古今载籍所未睹闻！仁人在高位，宁不思所以救之？古之救荒三策，出官帑曰赈济，劝富室曰赈贷，取诸有余而平价贸易之曰赈粜。吉郡之荒，庐陵、安福、吉水为甚，泰和次之，余邑犹可自济，永宁则有积谷矣。永宁之民，谷贱愿粜，而县闭之，犹可说也；湖广鄞县商人挑谷至地名龙头，积千余金，亦从而闭之，进退维谷，鄞之商何罪乎？今邻国不能相恤，惟有仰救于大府。大府仓谷尚有余积，若出陈而粜，入新而籴，民沾谷贱之惠，而官收常平之储，古所谓惠而不费，策之良也。大府俯从民愿，具申镜台，得赐速批，早一日则民受一日之泽。仍希禁约领官，就旱甚乡都，粜与贫下人户，无使富豪奸之，幸莫大焉！至于续报饥民，名数虽多，然人面鹄形，憔悴万状，有司见其觳觫，难于斥逐，令莩道衢，填沟壑，老弱接踵，而壮者散之四方，亡无乐土，死期逼迫，何所不至？公保厘南国，以一身系安危，所以纾宵旰南顾，当有定筹，愿及早加之意耳。事出

专启,不尽所怀。(697—698 页)

《邹守益集》卷一四《简潘瑞泉邑侯论旱灾》:去岁(按,嘉靖二十三年)之荒极矣!……不意一雨愆期,万目觖望。早稻含穗者半就损伤,而晚稻则吐花而旱,蝨虫乘之,遂无结成,其灾甚于旧岁。旧岁之荒,小民犹有钗珥可用,衣裳可典,牛猪可准折,今则磬然矣!凤储既竭,新债日迫,中人之产,十室九空。其闭籴索价、坐拥利权者,特豪家猾贾耳……如俯采狂言,以为非一己之私,亟报旱伤,求如旧岁多折兑淮南粮之例,而赈济之颁,务核虚实,赈籴之分,务酌多寡,日夜讲究,次第举行,庶哺赤子之乳而并生之。其万姓之感,世世且永藏焉!抚按郡公处,当为一邑请命。(696—697 页)

按:"东崖中丞"即虞守愚(1483—1569),字惟明,号东崖,浙江金华府义乌人,嘉靖二年进士。嘉靖二十一年至二十三年任右副都御史巡抚南赣,此后至二十五年二月任巡抚江西右副都御史。① 官至刑部尚书。所著有《四书一得录》、《东崖文稿》、《虔台拙稿》等。传见嘉庆《义乌县志》卷一五《人物志·政事》、《江西通志》卷五八《名宦二》。《邹守益集》还收录有东廓为其父母所作的《义乌虞氏东山阡表》(卷二四)。

暮春,因安福饥荒至吉安郡城请赈。时安福县令潘玙、庐陵县令吴祯、吉水县令王霁亦至郡城请赈。值吉安知府何其高寿辰,东廓应三县令之请,作《寿对赠白坡郡公》,言"为生民立命曰寿,为天地立心曰仁"。

《邹守益集》卷五《寿对赠白坡郡公》:邑令潘子玙问寿之道。邹

---

① 见《明世宗实录》卷二六〇嘉靖二十一年四月条;卷二九一嘉靖二十三年十月条;卷三〇八嘉靖二十五年二月条。

子曰:"益也闻之,寿莫如道。道也者,率性而已。性也者,天地万物一源而已。知天地万物之一源者,可以语仁,可以语寿矣。隐居求志,求此仁也;行义求达道,达此仁也。求仁为能自寿,达仁为能寿天下。故天子公孤者,天下之命也;方伯连帅者,省之命也;刺史者,郡之命;令者,邑之命也。为生民立命曰寿,为天地立心曰仁。"异日潘子谒郡,以告于庐陵吴子祯,吉水王子霁,相与鞿然曰:"……惟我白坡何公,察于旱疫之实,恤我三邑,尤加笃焉。我余黎是以获延更生之命。今淫雨弥月,麦枯而苗仆,所望公之日笃其泽也。暮春之吉,适岳降之寿,愿徼司成氏以祝之。"邹子适求赈粟于公,乃遂言曰:……(281—282页)

按:"吴子祯"即吴祯(1507—?),字元吉,南直隶常州府无锡人,嘉靖二十年进士。二十二至二十五年任庐陵县令。"王子霁"即王霁(1506—?),字汝明,湖广黄州府黄陂人,嘉靖二十年进士,二十至二十四年任吉水县令。①

何其高邀东廓至迁址重建的白鹭洲书院聚会,并嘱作记。作《聚秀楼记》。

《邹守益集》卷六《聚秀楼记》:初,江文忠公万里守吉,创书院于白鹭洲……皇上嗣统,锐志唐虞之学。而致斋黄公宗明祗若德意,兴复文庙讲堂,寻以擢去,而水害亦未息。郡之诸荐绅暨诸文学,议徙慈恩寺……白塘何侯其高至,题其议,慨然任其成。请于当道,报允。考图拓基,度材庀役。堂曰崇正,阁曰云章,东西斋曰尊德,曰集义。而前构俯江之楼,因为出入关焉……守益以荒政入府,侯集群僚醴

---

① 吴祯任职年限见万历《吉安府志》卷七《秩官表》,34页。王霁任职年限见光绪《吉水县志》卷二五《秩官志》,254页。

宾,登兹楼而乐之,请名之曰聚秀。(371页)

按:白鹭洲书院位于赣江中白鹭洲上,因不敌水患,嘉靖二十一年夏,何其高迁书院于郡城南慈恩寺废基上,逾年告成。① 何嘱邹东廓、聂豹、欧阳德等作记。聂豹作《道心堂记》,② 欧阳德作《集义堂记》。③

"守益以荒政入府",表明东廓作记的时间在发生饥荒的乙巳年。

春夏间,与欧阳德、王贞善、郭治、康恕、曾忭、陈昌积、王愁诸同志聚泰和梅陂、古城寺,订各县"递举一会"之制。古城会上,应王贞善之请,为其父作《古城寿言》。不久,致书王畿,言"此生惟此一事,先师未了公案,须同集下手"。

《邹守益集》卷二《古城寿言》:嘉靖乙巳之夏,东廓子与同志聚梅陂,历古城,纵言及于风俗……自斋王子避席而请曰……邹子曰:"范以基倡,倡以基教。崇卑广狭异也,而机缄则一。翁(按,王自斋父)之子若孙暨我同会,人人醒其醒,贞其贞,寿其寿,则光邦家,茂德音,以保艾尔后,岂系有位者专之?"于是中洲子、东沔子、武山子、前川子、龙江子、两湖子搴衣起曰:"吾乃今闻寿之义矣。人人有寿于己者,顾弗求耳。八月四日翁维寿期,吾辈其如期相率寿翁,且求以自寿。"(86—87页)

《邹守益集》卷一八《书曾前川子家藏颖滨帖》:嘉靖乙巳夏,予与西昌诸君子聚古城寺,切偲戒惧之学。(880页)

《邹守益集》卷一四《简蔡可泉督学二章·二》:春间与南野诸君

---

① 事见同治十年刊本《白鹭洲书院志》卷五,罗钦顺《城南白鹭洲书院记》。
② 见《聂豹集》卷五,120—121页。
③ 按,万历《吉安府志》卷三四《附录三》(516—517页)有收录,未见《欧阳德集》。

聚梅陂，历古城。（711—712 页）

《江西通志》卷一一二《吉安府·寺观二》：古城寺，在泰和县下睦，即梁李迁仕筑城处。唐上元间建，宋治平间修葺。（《文渊阁四库全书》516 册，682 页）

冉棠修、沈澜纂：《泰和县志》，卷二八《杂记·寺庙》：古城寺，在三十九都。《弘治志》：在下睦乡。（清乾隆十八年刊本，《中国方志丛书》838 号，台北：成文出版社，1441 页）

《邹守益集》卷一一《简复王龙溪》：流光易迈，精义无穷，自分此生惟此一事，窃愿共图之！先师未了公案，须同集下手，庶几可成，不然，终成画饼耳。如何如何？三月，赴梅陂之期，遂历古城寺以归。南野、前川诸同志大家砥砺，交有儆发。已订各邑递举一会。（572 页）

按："自斋王子"即王贞善（1491—1558），字如性，号自斋，吉安府泰和人，嘉靖七年举人，授海阳知县。王贞善从学阳明于虔台。传见《邹守益集》卷二一《海阳令自斋王君墓志铭》。王贞善之子王一视、王一俞同学于邹东廓、罗洪先之门。① 东廓与贞善兄王贞吉（号修斋，正德十一年举人，官至太仆少卿）有交游，为作《赠郡侯修斋王君之浔州序》（《邹守益集》卷四），贞善弟王贞誉、王贞启亦从学东廓。贞善族弟王宗尹（？—1555，字商甫，号劈泉，嘉靖七年举人，官常德府同知）也是阳明学者，参与梅陂、云津、古城等讲会。②

"中洲子"即郭治，字昌修，号中洲，吉安府泰和人，正德二年举人，历官孝丰知县、嵩明知州、郁林知州等职。郭治于正德十三年阳

---

① 见光绪《吉安府志》卷三一《人物志·儒林》，1015 页。
② 参见《海阳令自斋王君墓志铭》、《常德府同知劈泉王君墓志铭》，均见《邹守益集》卷二一。

明在赣州虔台时从学之,①与东廓交往甚密。《邹守益集》中收录有为郭治所作《乾乾所箴并序》(卷一七)、《书郭中洲待漏像自赞后》(卷一八)、《宿郭中洲乾乾所》(卷二五)、《寄刘归安维中兼简郭中洲昌修》(卷二六)等诗文。

"东沔子"即康恕(1495—1569),字求仁,号东沔,吉安府泰和人,嘉靖元年举人,曾参与青原、云津等讲会。传见胡直《康东沔先生偕配胡孺人合葬墓志铭》(《衡庐续稿》卷九)。

"前川子"即曾忭。"两湖子"即陈昌积(1501—?),字子虚,号两湖,泰和人,嘉靖十七年进士,官至尚宝司少卿兼翰林院学士。著有《陈两湖集》三十四卷、《龙津原集》六卷等。邹守益集收录有《简陈两湖》(卷一二)一书。

"武山子"、"龙江子"不详。

以上梅陂、古城会时间记载稍有出入,合而观之,当在春三月至夏季的春夏间。

梅陂,据光绪《泰和县志》,仙槎乡十八都有"梅陂"。② 梅陂渠位于今泰和县苏溪镇的蜀水中游。梅陂讲会上,东廓著有《同五山、中洲、自斋、狮泉、南野、石竹及诸友题梅陂岩石》(《邹守益集》卷二五)一诗。

"西昌"即王憝,字宜浚,号西昌,吉安府泰和人,东廓同年王思季弟。《邹守益集》收录有东廓曾为其所著的《果斋铭》(卷一七)。

八月,游武功山。

---

① 见《王阳明全集》卷三三《年谱一》,正德十三年"七月,刻古本《大学》"条,1253—1254页。
② 宋瑛、彭启瑞等纂:《泰和县志》(清光绪五年刊本,台北:成文出版社,《中国方志丛书》841号)卷二《建置略·水利》,362页。

《邹守益集》卷一三《简贺义卿·七》：衡山之后，复升华盖。八月决策入武功。（636页）

《江西通志》卷九《山川三·吉安府》：武功山，在安福县西，根盘八百余里，跨吉、袁二郡，界接长沙，最高者为白鹤峰，相传有武氏夫妇远来修炼，夫止卢萧，妇止西昌，遂以武公名山，故泰和有武姥山云。及陈武帝时，山神阴助王师平侯景之乱，更名武功。高逾三十里……（《文渊阁四库全书·史部》513册，317页）

按：东廓游华盖山在二十三年底，故推知游武功山在是年。

武功山为佛道二教胜地，是东廓与同志经常聚讲、避暑之地，东廓著有《武功游机心潭及龙窟》、《约同志游武功》、《武功山游勉同志二首》、《游武功上西石屋山》、《避暑武功次平川郭郡侯韵》、《登武功绝顶结茆以观日出》（均见卷二五）、《乘夜趋武功》、《携三儿及二孙德源德浚避暑武功二首》、《诸友同升武功二首》（均见卷二六）等多首诗作。

秋，与欧阳德等同赴聂豹之约，与永丰士子宋龙、聂静等会讲于永丰崇玄宫，应宋龙之请为其父寿作《崇玄寿言》。

《邹守益集》卷五《崇玄寿言》：乙巳之秋，南野子偕赴崇玄之期，诸缙绅、诸俊彦毕集焉。相与步玉皇阁，历迎仙，卧白云深处，探长生久视之术……时宋生龙方寿其亲，谋于同志曰："吾父有六十之庆……"于是钟子纽、曾子袞、程子玿、聂子静、艾子朴、郭子汝霖、汤子梦鲸、程子庆、曾子濂等，具好义翁之素，以请曰……（287页）

《邹守益集》卷一四《简蔡可泉督学二章·二》：入秋同赴双江之约，集崇玄……（711—712页）

按：宋龙，永丰人，嘉靖十六年举人；聂静（1507—？），字子安，聂豹兄之子，永丰人，嘉靖十四年进士；艾朴（1507—？），字子文，永丰人,嘉靖十四年进士;郭汝霖(1510—1580),字时望,号一厓,永丰人,嘉靖三十二年进士,官至南京太常寺卿,著有《石泉山房文集》十卷;曾濂(1516—?),字子溶,永丰人,嘉靖三十二年进士;钟纽(钮),字千钧,号东岭,永丰人,嘉靖七年举人,官知县。曾衮、程珩、汤梦鲸、程庆不详。

崇玄会后,与同志聚于复古书院文明堂,又聚于安福广恩寺。

《邹守益集》卷一四《简蔡可泉督学二章·二》:春间与南野诸君聚梅陂,历古城,入秋同赴双江之约,集崇玄,归而与同志聚于文明,又聚于广恩,萃涣振颓,亦觉有儆惕。得大炉锤一镕铸之,当沛然矣。(711—712页)

按:"广恩"会,东廓《答彭子阊》云:"广恩之会,晦朔已七改矣。每与显甫、国矩辈切磋……"①"显甫"指彭显甫,"国矩"指彭国矩,均为安福东廓门人。《答本固宗兄》云:"青原会后,同志皆有振颓合涣之兴,故北会于广恩,中会于明伦,南会于槎源。"②又据同治《安福县志》载,广恩寺为安福治北的宝珠寺所统辖。③故"广恩"当指位于安福北乡的广恩寺。

十一月,致书吕怀,言戒惧中和是位育根本。

《邹守益集》卷一一《简吕巾石司成书》:生自驰担山中,旧游时集……觉得戒惧中和真是位育根本。近取诸饮食,过则厌,不及则馁,得中焉则和;远取诸风雨,过则潦,不及则旱,得中焉则和。故不能戒惧以学,则不能大公以中;不能大公以中,则不能顺应以和。其于范围天地,曲成万物,将可同年语乎?……乙巳十一月望日,守益

---

① 《邹守益集》卷一三,651页。
② 同上书,678页。
③ 见卷三《营建·寺观》,56页。

再拜。(562页)

按:吕怀是年任南京国子监司业,①故上书称其"司成"。

聚师友会于安福富池寺,申志不逾矩之学。

耿定向《东廓邹先生传》:乙巳,会富池。申师训云:圣门志学是志不逾矩之学。吾侪讲学以修德,而日用逾矩处乃安之,何以主善协一?秉彝之良,必不能安,自戒自惧,顾明命而顺帝则,此是时时下学时时上达,时时无愧怍,准四海、俟百世,合德、合明、合序、合吉凶,只是一矩云。(1385页)

按:"富池"当指安福县西之富池寺。

> 同治《安福县志》卷三《营建·寺观》:富池寺,在治西,唐僧琛建寺……统院八。(56页)

是年底或明年,永新知县沈珠迁南京国子监监丞,临行,为作《赠艾陵沈侯陟丞成均序》,论"中和"、"和中之治"。

《邹守益集》卷五《赠艾陵沈侯陟丞成均序》:吾友艾陵沈子,令永新之五年,陟成均②教事,以行,诸大夫、诸士暨诸文学,以类赠言焉……东廓子曰:……以予考于胄子之教也,中和命脉,其犹可循乎!天地之中,蒸民胥受,然而有直者焉,有宽者焉,有刚且简者焉。气机纷扰,而过不及乘之,若病者之寒热虚实,症人人殊。善医者泻实补虚,损有余而补不足,俾苛毒除,元气融,而各获永其天年。圣人易恶至中之教,温以疗直,栗以疗宽,无虐以疗刚,而无傲以疗简,其岐黄正派乎!是以蕴于志,形于歌,宣于五声,和于六律,被于八音,情深而文明,气盛而化神,无往非中和之布濩。以报郊社,以事宗庙,以御

---

① 雷礼《国朝列卿纪》卷一五五:"二十四年,(吕怀)升南京国子监司业。"
② 按,成均,泛称官设的最高学府,此处指南京国子监。

邦国,以达蛮荒,以施于禽兽草木,廓然与天地同节而同和,是之谓天下和中。和中之治,自平中出之;平中之德,则自易恶至中基之。易恶至中之教不明,则严毅慈顺,犹倚于一偏,而强梁邪佞,往往陷于大愿,若砒附投热,硝黄投寒,药愈速而病愈剧。洙泗之间,医道中兴,曰智,曰不欲,曰勇,曰艺,才质悬矣,而文以礼乐,通一无二。礼者何? 中而已;乐者何? 和而已。如秪以弦歌干扬,则童者舞之,尊俎笾豆,则有司掌之,将何以称成人之盛德大业,富有日新已乎? (252—253页)

按:"艾陵沈子"即沈珠,字汝渊,号艾陵,南直隶扬州府江都人,正德十一年举人,湛若水弟子,嘉靖二十至二十四年知永新县。[①] 传见《江南通志》卷一六三《人物志·儒林一》。

是年或稍后,致书程文德,论濂溪易恶至中之旨。

《邹守益集》卷一一《简程松溪司成二章·一》:濂溪易恶至中之旨,正是传得圣门文以礼乐一派丹诀……弟近年升衡山,聚华盖,徘徊武功,入梅坡,以历古城,良朋四集,天机相触,亦不让观光境界也。(571页)

是年其他著作:

《简徐少湖少宰》(卷一一)。《别邑博阮子》(卷一八)。《吏部右侍郎欧阳恭简公墓志铭》(卷二一)。《明故征仕郎真定府冀州判官吉潭周公墓志铭》(卷二三)。

---

① 见万历《吉安府志》卷三《秩官表》,38页。

嘉靖二十五年丙午(1546),五十六岁

与罗洪先、钱德洪、王畿等大会于青原,与会者达百数十人。之后,东廓举讲会于白鹭洲书院,发孟子大丈夫之旨。

耿定向《东廓邹先生传》:丙午,大会于青原。遂会白鹭,发孟子大丈夫旨。(1385页)

胡直:《衡庐精舍藏稿》,卷二三《念庵先生行状》:钱绪山德洪偕龙溪邀会如青原,士友同声至者百数十人。先生(按,罗洪先)多告以去欲除根之方。(530页)

钱德洪访复古书院,安福学者张鳌山等与之论学。

《王阳明全集》卷三七,钱德洪《答论年谱书·八》:又丙午年,游安福复古书院,诸友说张石盘初不信师学。人有辩者。张曰:"岂有好人及其门耶?"辩者曰:"及门皆好人也。"张曰:"东廓岂及门乎?"辩者曰:"已在赣及门矣。"又曰:"舒国裳岂及门乎?"曰:"国裳在南昌及门矣。"张始默然俯首,后亦及门。是年,石盘携其子会复古。(1376页)

按:"张石盘"即张鳌山,字汝立,号石磐(盘),出西乡梅溪张氏,正德六年进士,历官御史、南直隶提学等,传见罗洪先《明故文林郎监察御史致仕石盘张君墓志铭》(《罗洪先集》卷二二)、同治《安福县志》卷一〇《人物·名臣》,张鳌山平宸濠乱时曾与东廓等一同赴义军。张曾师事邹贤①及西乡学者李宗栻,后师事阳明。张在西乡

---

① 见《邹守益集》卷二二《明故知巴东县事默庵周君合葬墓志铭》,1040页。

建兼山书屋讲学,①与东廓多有往来,②其次子张秩从学于罗洪先。③张鳌山是嘉靖年间安福西乡著名的阳明学者。东廓的讲学活动除县城外,主要集中在澈源邹氏所在的北乡和东乡,西乡讲学活动不多。直至万历年间,西乡讲学活动才由刘元卿等人倡起。④

罗洪先访复古书院。

罗洪先:《念庵文集》卷八《答复古问》:嘉靖壬寅,余访东廓先生于复古书院。自是丙午、庚戌,凡三至。(《文渊阁四库全书》1275册,179页)

按:以上两条均未见东廓之名,据文义看,东廓应参与了复古会。

是年其他著作:

《赠大岳牧沅溪何公巡抚山东序》(卷五)。《贵州佥事提督学校义城黄君墓志铭》(卷二一)。

嘉靖二十六年丁未(1547),五十七岁

正月初一日,与罗洪先会于恩江乐丘。

罗洪先:《念庵文集》卷一〇《跋郑少谷与傅丁戊畅叙幽情卷》:明年丁未元夕,余与东廓诸君会于恩江乐丘,共坐山楼。(《文渊阁四库全书》1275册,207页)

光绪《吉水县志》卷五《山川》:永丰水,一名恩江,源出县东北乐

---

① 见同治《安福县志》卷一〇《学校·书院》,78页。
② 见《邹守益集》卷一〇《简张石盘汝立》,491页;《邹守益集》卷九《张石盘字二子说》,487—488页。
③ 见同治《安福县志》卷一一《人物·儒林》,204页。
④ 相关研究见张艺曦:《王学、家族与地方社会——以吉水、安福两县为例》(台北:台湾大学出版社,2006年)第三章第四—六节,216—262页。

安县一百三十里,过永丰县西南,流五十里,经邑折桂乡流五十余里,经县治南入赣江。(《中国方志丛书》767号,台北:成文出版社,第1册,320页)

按:恩江为赣江东岸支流,流经乐安、永丰、吉水,在吉水境内注入赣江。二人会面之地有可能在吉水。乐丘,待考。

正月十三日,吉安王门同志约于青原,为聂豹祝寿。东廓作《双江聂子寿言》,针对聂豹"归寂说"提出"学无寂感"。

《邹守益集》卷三《双江聂子寿言》:双江聂子文蔚守平阳,陟潼关宪使,扑被径归,荐者与媚者持三年而始白。天官卿请于上,有召命矣。岁在丁未,月正十有三日,跻度之庆,郡之同志约于青原,联舟于文江,谋祝寿筵觞……有谈寂感之几者曰:"双江子之志卓矣……及闻阳明先师之学,精思力践,若虞机张而省括度也。晚而自得,恍然有悟于未发之中,而深惧以义袭为格物。其有意于寂以妙感已乎?"益曰:"学无寂感,寂感以言乎所指也。譬之日焉,光其体也,照其用也。而以先天后天分,是以体用为先后也。夫倚于毁,则绝物;倚于誉,则合污;倚于出,则溺而不止;倚于处,则往而不反;倚于寂,则不能以有为为应迹;倚于感,则不能以明觉为自然。故曰'德輶如毛',言未化也;'无声无臭',则至诚而化,焉有所倚?是之谓肫肫维仁……"(112—113页)

春,游泷冈。

按:见《邹守益集》卷二六《春游泷冈,夏升匡庐……》。"泷冈"在永丰,参见嘉靖十三年条。

夏,与刘邦采等同游庐山,往返两月余。在庐山,谒周敦颐墓,聚讲于白鹿洞书院,揭周敦颐"易恶至中"语、朱熹"凡近脱,游高明"四语、陆九渊"喻义喻利"讲义,末申《中庸》戒慎之旨。又著《学圣篇》

开示学者。作诗《白鹿洞步韵》。

耿定向《东廓邹先生传》：丁未，游庐山。开讲于白鹿洞，揭濂溪"易恶至中"语是圣学正脉，举晦庵"凡近脱，游高明"四语是唤醒来学趋避关头，举象山"喻义喻利"讲义是指出本心、斩截支离葛藤。末申《中庸》戒慎不睹不闻，裁成辅相，举从中和流出，乃是学术王霸诀窍云。又著《学圣篇》，略云：无欲为要，是希圣希天、彻上彻下语。古圣于逸乐声色罔游罔淫，不迩不殖，犹恻恻劝规如是，吾侪不猛洗刷而依违其中，安望其入圣域而达天德哉？（1385页）

《邹守益集》卷一一《简刘狮泉君亮》：匡庐往返，寝食共之，受教凡两越月……（579页）

《邹守益集》卷一五《示诸生九条》：近谒莲华墓，宿郁孤祠。（729页）

《邹守益集》卷一一《复张西盘太宰》：近出游匡庐，凝神元公及考亭象山之绪，思与二三子服膺弗失，以无负此生。（578页）

按：白鹿聚讲语内容即《邹守益集》卷一五《白鹿聚讲四条上蒙泉姜公》。

《学圣篇》不见于《邹守益集》，文集中与耿定向所引《学圣篇》内容基本一致者，见《邹守益集》卷一五《示诸生九条·四》："《圣学》①之篇，以一者无欲为要，是希圣希天、彻上彻下语。罔游于逸，罔淫于乐，不迩声色，不殖货利，古圣精一克一工课，犹恻恻劝规如是，吾侪自省何似？而依违逸乐货色中，不猛洗刷，将无以拔于凡民，安望与千圣同堂、两仪并位乎？故不从无欲而学，终不足以全归无极

---

① 周敦颐《通书·圣学第二〇》："圣可学乎？曰：可。曰：有要乎？曰：有。请闻焉。曰：一为要。一者无欲也。无欲则静虚动直。静虚则明，明则通；动直则公，公则溥。明通公溥，庶矣乎！"

之贞。近谒莲华墓，宿郁孤祠，汗背竦发，思与同志服膺之。"（729页）故推测《示诸生九条》可能为东廓在白鹿洞书院聚讲时开示诸生者。

《白鹿洞步韵》见《邹守益集》卷二五。

游匡庐毕，与刘邦采取道瑞州归，与当地学者况维垣及门人廖暹、瑞州府推官潘仲骖等论学。潘仲骖建尊道书院以倡学，东廓由潘邀入书院，为作《尊道书院记》，论尊道之教，发戒惧、无欲、定性之旨。

《邹守益集》卷六《尊道书院记》：尊道书院在瑞州市南玄妙观右，旧为广福寺……嘉靖己丑，改为小学，并其名亡矣。丁未，天泉潘侯自翰林左迁，量移推郡政……书院无所居，至借于玄妙观。侯毅然振兴，鸠工市材，咸乐义助……越三月而焕然落成……东廓子发状叹曰：富哉，尊道之教乎！二三子信以老氏之徒能尊其师耶？尊以文，弗尊以实，是狎而侮之也。春台大牢，熙熙欣欣，遨游醉饱，莫知其所归。而致虚极、守静笃，澹兮以为无味，将孰识其真？吾儒通弊，则何以异于是？广厦细旃，摘经猎史，绳趋矩步，嘉唐虞而乐商周，其器与文足观矣。反而验诸圣门，果庸德之行，庸言之谨，慥慥而相顾否？果博我以文，约我以礼，竭吾才而卓尔否？果如临深渊，如履薄冰，启手足而知免否？果戒慎不睹，恐惧不闻，致中和而位育否？果非仁无为，非礼无行，孳孳为舜而自反否？果能此学矣，则德自我修，道自我凝；礼仪威仪，无一而非仁；发育峻极，无一而非天。是为尊道之至，待人而后弘。训诂尔，词章尔，经义尔，记诵愈博，辨析愈精，执柯伐柯，睨而视之，其为狎与侮也滋甚！学圣之要，一者无欲；定性之学，大公顺应。至于先立其大而致良知，不剿群说，不眩旧习，虽所入有异，而所趋则同。其尊敬捧持，充实光辉而不可御，此七君子者由此其选也。……益客岁偕刘子邦采游匡庐,取瑞以归,与况子维垣、廖子暹切磋全生全归之学。而潘子篝灯连榻,三宿不能别,曰:"骖也亦愿请事焉。"方延客书院,规摹草创而别。(336—338页)

《江西通志》卷二一《书院一·瑞州府》:尊道书院,在府治南,旧为广福寺,嘉靖已丑改为小学。丁未,知县潘仲骖建有亭堂号舍,置田赡来学者,邑人谢与栋讲学其中,邹守益记。(《文渊阁四库全书》513册,696页)

"天泉潘侯"即潘仲骖(1513—?),字时乘,号天泉,浙江湖州府乌程人,嘉靖二十年进士,耿定向弟子。传见《江西通志》卷六〇《名宦四》。《邹守益集》收录有东廓为其所作的《直斋箴并序》(卷一七)。

返安福,刘邦采来书,回书《简刘狮泉君亮》,言"形色天性,初非嗜欲",言匡庐之行"如镕金,镕一番又精一番"。

《邹守益集》卷一一《简刘狮泉君亮》:匡庐往返,寝食共之……归来暑与旱并,疾疢日作,迄今犹未愈,遂稽驰谢。所示"在家非不学,回头不似在山时",诚然诚然!至云"商量家事,矛盾则有我,合同则留情,自是对景增减,又安能与千圣同堂?天地并位,即此鞭车,便是警牛"。拜赐多矣!若以货色名利比诸雾霭魑魅,则有所未稳。形色天性,初非嗜欲,惟圣践形,只是大公顺应之,无往非日月,无往非郊野鸾凰。若一有增减,则妻子家事,犹为雾霭魑魅,心体之损益,其能免乎?凡人与圣人,对景一也,无增减是本体,有增减是病症。今日亦无别法,去病症以复本体而已矣。昨语莲坪子,此行如镕金,镕一番又精一番,古人所以望道未见,欲从末由,正为实见得与博闻亿中袭取殊科。世人眼浅,欲速见小,烧茆作低银,取快一时,运用于九转七返火候,缩手不敢承当,正为少千载志,不肯买纯阳真丹耳。

吾兄立千载志决往,敢不策杖以从!(579页)

秋,应巡抚南赣右副都御史朱纨之邀至虔州,与朱纨、江西布政使司参政张永明、江西按察司副使高世彦、赣州郡守林功懋、虔台邑令俞大本等会晤切磋,论学论政。值朱纨将调至浙江提督浙闽海防军务,为作《虔州申赠》、《中丞秋崖朱公自虔之浙赠言》、《秋厓朱中丞燕静观堂水阁》等诗文,发无欲、戒惧、学政匪异辙、万物一体之旨。

《邹守益集》卷四《赠竹溪林郡侯考绩序》:往岁受学阳明先师于虔……逾二十有八年,秋崖中丞复修先师之绪,相邀切磋焉。时白坪高子在监司,竹溪林子在郡,思斋俞子在邑,咸相率饬躬砥节,聚好去恶,以锡福于士民。(184页)

《邹守益集》卷三《虔州申赠》:中丞秋崖朱公之莅虔台也……未几,公移阃于浙江,兼理福建,以靖乱阶……公遣舟以迎,适馆授粲,论学于学圣之堂。益曰:"学至无极翁,精矣。匪圣奚学?匪天奚希?一者其本体也;无欲者其功也。罔游于逸,罔淫于乐,不迩声色,不殖货利,古圣精一克一工课,犹恻恻劝戒若是,吾侪自省何似?而依违逸乐货色中,不自洗刷,将奚以拔于凡民,翘日与千圣同堂、两仪并位?故戒慎不睹,恐惧不闻,其无欲之学乎?上天之载,无声无臭,其无极之贞乎?"公曰:"嘻,纨尝两宰州治,三历部署,五莅藩臬,思以政为学而莫予助也。惩忿窒欲,迁善改过,敢不乾乾弗息,以对越明命!"翌日,燕静观堂,而论政焉。益曰:"政者,正也。以吾之正,正天下之不正,犹执矩于此,以方天下之不方而已矣。夫漳之海寇,与宁绍相剽劫也;处之矿徒,与建宁纠串也;皆屠贩逋逃,捐生以徼无涯之欲。古之训曰:'民之多辟,无自立辟;绥猷无主,有欲乃乱。'皆自上任之。衅端初萌,玩愒弗报,权贵聚蔽,骇缩罔诘,肘腋耳目,漏泄情实,簿书相谩,胜败弗核;而甚者利之,以拂民性而蓄其身。犯是五蠹,又奚尤于群盗?故匪廉、匪明、匪正、匪慎、匪断,举弗矩也。公执素矩以往,其患弗方乎?"公曰:"嘻!纨尝仰愧国恩,俯惧庭训,永感母氏之烈,思以学为政,而凛乎无税驾也。今齿发日迈,遗大投艰,敢偭规矩以自弛晚节!"益曰:"公勉之矣!学与政,匪异辙也;古与今,匪异性也。多欲之蠹为跖,以涓诸物;无欲之醇为舜,以同诸天。伯益、仲虺,在公握其机。用赞尧汤,于以弘移孝之模,而裁成辅相,身亲见之。谨拭目以祝!"公戒行有期矣。藩臬之彦,临溪张子永明、白坪高子世彦,肃币以赆,公拜手却曰:"玉帛,古以将敬也,而世以为赐,是货之也。"张子顾高子曰:"善而中丞公之教也!赠以财,孰若赠以言?"乃诣濂溪祠以征言……(99—100页)

《邹守益集》卷四《中丞秋崖朱公自虔之浙赠言》:阳明先师之莅虔也,益再趋而受学焉,与四方同志切磋郁孤、通天之间。后二十有八年,秋崖朱中丞复修其政教……益执讯以候,将寻旧游,公遣身命伻以迎,曰:"愿宣畅师训,与士民共之!"会浙中有海盗,天子命移闽于浙侯代,戒行矣……大人之学,以天地万物为一体,其精神高朗,血脉周贯,举毛发齿甲,靡不测怛……迹秋崖公之素履,其志于一体之学乎!(193—194页)

《邹守益集》卷二六《秋崖朱中丞燕静观堂水阁》:方塘弥弥突高阁,红尘四岸无处著。主人肃客静观堂,轻裘缓带谈油幕。平生最爱爱莲翁,翛然净解千绳缚。鸢鱼飞跃自天真,烦公指点孔颜乐。(1230页)

按:朱纨介绍详见嘉靖十一年条。朱纨于嘉靖二十五年九月擢右副都御史巡抚江西南安、赣州，①次年七月改提督浙闽海防军务巡抚浙江右副都御史。②

"临溪张子永明"即张永明（1499—1566），字钟诚，号临溪，浙江湖州府乌程人，嘉靖十四年进士，二十四年至三十三年先后任江西布政使司左参议、右参政。③官至刑部尚书、都察院左都御史。卒赠太子少保，谥庄僖。著有《张庄僖文集》五卷，传见《明史》卷二〇二。

"白坪高子世彦"即高世彦（1507—?），字仲修，号白坪，四川成都府内江人，嘉靖十一年进士，时任江西按察司副使。④著有《自得斋稿》。

"竹溪林子"即林功懋（1509—?），字以谦，号竹溪，福建漳州府漳浦人，嘉靖十一年进士，二十四年起任赣州郡守，传见同治《赣州府志》卷四二《府名臣》。

"思斋俞子"即俞大本，阳明弟子，介绍见下年条。

在虔州，重游郁孤台、通天岩，于通天岩画"侍游先师像"，作诗《重宿通天岩写侍游先师像谢少壑山人》。

《邹守益集》卷一一《简王石冈司马》：近上虔州寻阳明先师旧游，温郁孤、通天之盟。（578页）

《邹守益集》卷二六《重宿通天岩写侍游先师像谢少壑山人》：通天岩头披云游，矗矗英俊同冥搜。阳明仙翁提心印，挥霍八极与神谋。笑呼蔡子写生绡，元精淋漓烟雾浮。二十八年建瓴水，鹤驭高驼

---

① 见《明世宗实录》卷三一五嘉靖二十五年九月条。
② 见《明世宗实录》卷三二五嘉靖二十六年七月条。
③ 分别见《明世宗实录》卷三〇五嘉靖二十四年十一月条、《明世宗实录》卷四〇八嘉靖三十三年三月条。
④ 见《江西通志》卷四七《秩官》。

不可留。尚余丹方悬真境,金鼎石室风飀飀。恍然寘我仙翁侧,老笔不减顾虎头。古来千圣皆过影,聚散生死溟海沤。灵光一脉亘宇宙,陟降上帝君信不？写真何如识真真,脱屣缁尘娱丹邱。(1233 页)

在虔州,阳明学者董欧之子董谋之趋而问学,为作《赠董谋之》。

《邹守益集》卷三《赠董谋之》:予往岁受学虔州,与董子希永(按,名欧)切磋世讲之谊。后二十有八年,复寻郁孤、通天旧游,希永之冢子谋之趋而问学焉。(101 页)

虔州之行后,遂下万安,聚讲先天阁;至泰和,聚讲古城寺五日,后当地学者捐资修缮古城寺,作为常聚之所,为作《书古城敛义录》;冬,于安福资福寺聚讲,随后至永新希夷宫聚讲十日,作《寄永新希夷观同游二首》,访李俨;至庐陵圣化观聚讲;除夕,寄信及诗至京师与长子邹义,谓无意仕途,以"竟此学"为任。

《邹守益集》卷一八《书古城敛义录》:嘉靖丁未之冬,予自五云而下,复聚古城寺中,诸大夫诸士相与鞭辟于戒惧之学,以顾諟明命,凡五日而别。诸君子奋曰:"吾侪宜时会于兹,庶缉熙于光明,乃克有终。若暴寒相代,未有能生,是自贼吾身,自贼吾子弟。"乃携金入寺,修其坏,补其阙,为居肆成艺之永图。(880 页)

《邹守益集》卷一八《书曾前川子家藏颖滨帖》:嘉靖乙巳夏,予与西昌诸君子聚古城寺,切偲戒惧之学。丁未冬,复聚,规勉加密焉。(880 页)

《邹守益集》卷二六《春游泷冈,夏升匡庐,秋上虔州,寻郁孤、通天旧游,遂下万安聚先天阁,泰和聚古城寺,冬入资福寺,历永新聚希夷宫,庐陵聚圣化观。除夕,口占寄义儿京师二首》:而翁不向南雍回,尽教功名近上台。何似横飞周八极,直疑天意有安排。(1247 页)

《邹守益集》卷一三《寄伯子义·三》：近出会资福，遂过永新大会，众志咸奋然，务从事徙义改不善实际，以虚谈虚见愧悔，较诸万安、泰和贰会，亦各充然。若龙溪公至青原，便拟宜度岁寒矣。明春久住青原，竟此学，庶不负上天玉成至意。世间胜负，真是弈棋，惟全生全归一著，乃撑天柱地，百世不惑，可更让他人？（657页）

《邹守益集》卷一三《简贺义卿七章·二》：近聚贵邑希夷观凡十日，访南屏公（按，李俨），历樟、枧以归……今岁久住青原，旧游咸集。（635页）

《邹守益集》卷二六《寄永新希夷观同游二首》：一：希夷十日步虚声，时向城头看月生。童子放歌仙调永，乱离扫尽到清平。二：华山幽梦几回醒？大牢春台又絮羹。认取一阳真种子，莫谈火候煮空铛。（1249页）

按：《简贺义卿七章·二》所谓"贺义卿"即东廓门人贺世采（字义卿，永新人），"今岁久住青原"与《寄伯子义·三》"明春久住青原"为同一事，可知与贺义卿书作于嘉靖二十七年。

资福寺，为安福治东保安寺所统辖。

> 同治《安福县志》卷三《营建·寺观》：保安寺，在治东……统院九……资福，唐敕建。明徐曰仁、邹守益、朱世守、朱国璇俱有题咏。（56页）

另外，安福南乡亦有资福寺。《方山存塾诗稿序》载南乡学者朱禄致仕归乡后讲学乡里并与东廓等论学："（朱禄）归而睦族和乡，贞率诸子姓以究惜阴之旨。四方以讲学至者，馆粲切劘，老而不倦。益尝与三峰刘子阳趋讲资福,翁邀于庐峰之阳,亟谈世政。"①待考。

邹义在京师国子监学习,并授《春秋》,阐东廓学旨。

《澈源邹氏七修族谱》卷八,何子寿《明故承直郎顺天别驾里泉邹先生墓志铭》:丁未,就国学肄业。先生遂据所蕴,拥皋比,讲麟经……豪杰并起……先生阐发皆文庄公授受之旨。(45页)

是年其他著作:

《择言篇赠瑞泉潘侯》(卷四)。《瑞泉问答赠司寇潘大夫北上》(卷四)。《泰和高平郭氏族谱序》(卷五)。《岷川说赠刘司谏》(卷八)。《简王石冈司马》(卷一一)。《荣忠阡表》(卷二四)。

嘉靖二十七年戊申(1548),五十八岁

春,聚讲于复古书院、石屋山馆。

耿定向《东廓邹先生传》:戊申,会复古、石屋。友有嗟苦世界磨者,先生谓善学者以拂郁为玉成,不善学者以荣华为桎梏。知无入不自得,乃可以语须臾不可离学术云。(1386页)

按:《答石屋年兄》亦有"善学者以拂郁为玉成,不善学者以荣华为桎梏。知无入不自得,可以语须臾不离学术矣"②之语,推断此书作于是年。

夏,钱德洪、王畿聚讲复古书院,之后与东廓同聚青原会。

钱德洪《惜阴会语》:戊申与龙溪赴青原复古会,今九年而再至。(钱明编校:《徐爱　钱德洪　董沄集》,南京:凤凰出版社,2007年,

---

① 《邹守益集》卷三,144页。
② 《邹守益集》卷一一,539页。

177页)

《邹守益集》卷三《青原赠处》:(王畿、钱德洪)闻吾邦惜阴之会视四方为盛,冒暑跋涉,升九华,历匡庐,以至复古……(103页)

《邹守益集》卷一五《惜阴申约》:迩者绪山、龙溪二兄自浙中临复古,大聚于青原。(734页)

按:吴震《明代知识界讲学活动系年》中引上文《惜阴申约》内容,认为王畿、钱德洪与东廓共举的复古会亦在嘉靖二十八年,①然据钱德洪《惜阴会语》可知,王畿、钱德洪于二十七年访复古、青原(九年后钱再访复古),故似不可能仅隔一年第二次访复古,文献中亦未见相关记载。实则《惜阴申约》作于二十九年正月初八(见下年正月条),"迩者"指去年事。

春、夏,有青原会。夏季青原会,江西南昌、临川、瑞州、抚州、赣州等地学者与会。东廓于会上抵制虚谈。

邹德涵《文庄府君传》:岁戊申,往青原山,聚九邑大夫士为会,凡几千人。时方竞谈玄虚,府君曰:"即事即心,吾安知洒扫应对之外有形而上者乎?《中庸》三言微显,卒未有离显以谈微者,而今言微之微,何也?先师格物之说在耳,诸君其何忍背之?"自是学者不敢谈玄虚。(1364页)

《邹守益集》卷六《复修云津书院记》:嘉靖丁未冬……明年春,胥会青原。(353页)

唐枢《木钟台集》初集贞卷《辖圜窝杂著·青原易著》:予戊申春,与会于青原山中。邹东廓、刘狮泉、彭石屋诸公谕示数日。大要

---

① 见吴震:《明代知识界讲学活动系年》,153页。

以良知无圣愚古今,不容多事。①

《龙溪会语》卷一《水西会约题辞》:先是戊申春仲,余因江右诸君子期之青原,道经于泾。诸友闻余至,相与扳聚,信宿而别。(吴震编校:《王畿集》,南京:凤凰出版社,2007年,679页)

《邹守益集》卷一八《匡庐吏隐引》:适绪山、龙溪自浙中至,郡之士大夫与南昌、抚、瑞、临、赣之彦,声应气求。(885页)

《邹守益集》卷三《青原赠处》:(王畿、钱德洪)冒暑跋涉,升九华,历匡庐,以至复古,大会于青原。吉郡同志欣欣携子弟从之,而南昌、临、瑞、抚、赣之彦亦闻风骨集,相与宣畅格致宗旨。工夫缜密,本体精粹,人人若先师之临乎上也。龙溪子以病逾月而归。绪山子泝澄江,入五云以别。(103页)

罗洪先:《念庵文集》卷五《(戊申)夏游记》:(六月)二十五日,会于青原,四方及同郡之士先后至者百六十人,僧舍不能容。每日升堂,诸君发明良知与意见之害,退则各就寝所商确,俱夜分乃罢……七月二十三日解会。(140页)

王时槐《王塘南先生自考录》:嘉靖二十七年戊申条:钱绪山、王龙溪二先生自浙来,东廓先生邀入青原大会,九邑缙绅士人皆集,与会者七八百人。其(按,疑为"某")徒步往听教。(民国九年重刻本,顺)

按:结合以上诸条文献记载来看,应有春、夏两个青原会,东廓均参与。春季青原会具体时间不详,盖有邹东廓、刘邦采、彭簪、唐枢、刘魁(刘魁赴会事见下条)等人参加;夏季青原会据罗洪先所记,自六月二十五日持续至七月二十三日,与会者共达一百六十人。是会

---

① 转引自吴震:《明代知识界讲学系年》,143页,"予"即唐枢,号一庵,湛若水弟子。

有邹东廓、罗洪先、王畿、钱德洪、王时槐等参加，但罗洪先与邹德涵所记"千人"、王时槐所记"七八百人"有出入，待考。

去年冬，刘魁放归泰和，率族人修复先祖所创之云津书院。是年，东廓访刘魁于云津书院，为其《洗心卷》题诗。遂入梅陂，共聚青原。是春青原会上，刘魁请东廓为云津书院作记，作《复修云津书院记》，以"存诚闲邪、内省不疚"与同志共勉。

《邹守益集》卷二六《洗心卷》：一：洗心何在在云津，川泳天飞不爱尘。退省卷端光世业，难兄难弟大家春。二：天恩频至锻元城，代岳先行铁更铮。圣学一脉传赣水，良心无欲自生生。晴川年兄北归，予访之云津之上，遂入梅陂，以聚青原。其弟长吾出示《洗心卷》，海内名流，渢渢盈帙，即其代狱先行，此心可对神明矣。江汉以濯，秋阳以暴，夙夜自省，尚光于师训。（1252页）

《邹守益集》卷六《复修云津书院记》：嘉靖丁未冬，年友晴川刘子焕吾蒙恩归澄江之上，巫茸先世书院，偕从兄龙、弟元率侄师洋、章干、儿年等，藏修其间。澄江之耆旧及俊髦欣然咸从之游。明年春，胥会青原。手状修复颠末以请曰："云津书院在龙洲之浒，宋嘉定间魁十世祖逢原翁以聚徒受业，而曾进士历记之……"闻诸晴川子曰："自吾闻良知之旨以'毋自欺'三字，符始而不敢欺，继而不能欺，终而不忍欺。"兹其存诚闲邪之门乎！维帝降衷，物与无妄，性近习远，始漓其真。掩恶著善，乃驱于罟擭，不有先觉，沦胥以败。自怨自艾，自成自道，将谁任其责？凡我同游，来咏来歌，内省不疚，以免愧怍。果能旦昼所行，夜可告天，如清献乎？果能平生所为，举可语人，如涑水乎？果能力行七年，表里如一，刀锯临之，鼻息若雷，如元城乎？若犹未也，是未得其门，忍自逸豫？如曰能之，则升堂入室，尚有愢愢翩翩在。（353—354页）

《江西通志》卷二一《书院一·吉安府》：云津书院，在泰和县龙洲上，宋嘉定间邑人刘逢原建。逢原锐意正学，乡人争师之。(《文渊阁四库全书》513册，702页)

按："晴川刘子"即刘魁(1488—1552)，字焕吾，号晴川，吉安府泰和人，正德二年举人，受学于阳明，卒业于东廓。因上疏谏世宗在禁中建"雷坛"而获罪，嘉靖二十一年下诏狱，二十六年冬放回。列入《明儒学案》卷一九《江右王门四》。传见周怡《刘晴川先生传》(《周讷溪公全集》，《讷溪先生文录》卷七)、《江西通志》卷七八《人物》。《邹守益集》收录有《简晴川诸君定粮额增减事》(卷一一)、《简刘晴川》(卷一二)、《谢晴川年兄惠巾履》、《次白沙先生云津韵呈晴川年兄》(均见卷二五)、《用韵致晴川》、《睡起呈晴川狮泉诸君》、《赠晴川年兄兼讯顺之司谏二首》、《方竹杖托平川寄晴川年兄》(均见卷二六)等诗文以及为刘魁兄刘克所作的《刘养吾传》(卷一九)。

夏季青原会后，与钱德洪等别，作《青原赠处》，载天泉证道之论学内容，申戒惧、慎独之旨。

《邹守益集》卷三《青原赠处》：阳明夫子之平两广也，钱王二子送于富阳。夫子曰："予别矣，盍各言所学？"德洪对曰："至善无恶者心，有善有恶者意，知善知恶者是良知，为善去恶是格物。"畿对曰："心无善而无恶，意无善而无恶，知无善而无恶，物无善而无恶。"夫子笑曰："洪甫须识汝中本体，汝中须识洪甫工夫。二子打并为一，不失吾传矣。"逾年，先生薨于南安，不及稽二子之成也。而二子交砥互砺，以求不坠遗绪。闻吾邦惜阴之会视四方为盛，冒暑跋涉，升九华，历匡庐，以至复古，大会于青原。吉郡同志欣欣携子弟从之，而南昌、临、瑞、抚、赣之彦亦闻风胥集，相与宣畅格致宗旨。工夫缜密，

本体精粹,人人若先师之临乎上也。龙溪子以病逾月而归。绪山子
泝澄江,入五云以别。同志瞿然赠处之义,益拜手绎以所闻,曰:良知
之旨,其天命之性乎! 是性也,不睹不闻,无声无臭,而莫见莫显,体
物不遗。不睹不闻,真体常寂,命之曰诚;莫见莫显,妙用常感,命之
曰神。常寂常感,常虚常灵,有无之间,不可致诘,命之曰几。性焉安
焉,知几其神,以止至善,天运川流,不舍昼夜;复焉执焉,见几而作,
迁善改过,雷厉风飞,不俟终日。有所忿懥好乐则不寂,不寂则挠其
体;亲爱贱恶而辟则感不通,不通则窒其用。慎哉,其惟独乎! 独也
者,几也。于焉戒慎,于焉恐惧,日瑟僴,日赫喧,日精微,日广大。礼
仪威仪,无适非仁;发育峻极,无适非天。是为诚立神通、全生全归之
学。世之拟议言动,绳趋矩步,而贞纯未融,其蔽也支;独抱玄机与造
化游,而人伦庶物脱略未贯,其蔽也虚;皆师门所弗与也。况于矮人
观场、狂犬逐块、游骑无归,愈测度而愈远,愈勤瘁而愈悖,愈担当而
愈猖狂。其获罪于天命也滋甚。凡我同游,无智愚,无仕隐,无耄倪,
从精神命脉处自怨自艾,自成自道,夙兴夜寐,无负此生,以慰二君子
千里枉教之志。浙中诸友寄声胥勉之。异时泛天真,谒兰亭,历赤
城、石梁,放于东海,归探鹅湖、象山遗迹,共结江浙一社,以服膺师
训,庶无为兹会玷。二君其有以处我! (103—104 页)

仲春,李俨合永新南乡十四姓举乡会于葛泉,定每月一会、每姓值一月制。至是年秋,已举八次。九月,东廓为李俨贺寿,作《乡会祝言》。

《邹守益集》卷三《乡会祝言》:禾邑之南乡,山环水抱,风气完
固,世族相望,淳厖未斵。乃嘉靖戊申仲春十日,柱史南屏李君大合
同乡吴、龙、尹、张、贺、段、洪、周十四姓之彦,胥约于葛泉,以迪德规
过,兴利除害,取法前哲,斟酌时义。有会誓,有会规,有会条,期以濯

摩礼义,同升于古道。每月一会,每姓直一月。至于秋,凡八举矣。少长咸奋,强弱得所,税赋以时,而盗贼屏息,公庭无讼牍焉。季秋二十九日,届柱史初度辰,同会之俊髦于者艾曰:"柱史式克寿吾乡,吾乡盍图以寿柱史?往者丈量之疏,苏我民瘼;讲学之约,迪我士习;揽辔之风,丕振于南畿。维兹司成东廓子,同讲于年谊,同启于昊天,同事于广德,是宜徽言以为祝。"……东廓子欣然曰……(102页)

按:乡会性质的讲会主要目的在于和睦乡里、稳定社会秩序,与以学者士人为主的学术类讲会不同。东廓对于此类乡会颇为重视,多有题记(如为油田彭氏在广法寺举行的惜阴会作《书广法文会题名》,见嘉靖十三年条),在东廓看来,这是阳明学"万物一体之实学""小试于乡"①的体现。

仲冬,吉水县令王之诰召集吉安府九邑士人聚讲于龙华寺,历十余日,东廓、罗洪先与会。会后,东廓与王之诰会于文江,应王之请,将讲语录为《龙华会语》,发明"戒惧中和"、"学无分动静"、"徙义改不善"、"为善是从天命之性不睹不闻真体戒惧"等义。次年,罗洪先作跋《书龙华会语后》。

耿定向《东廓邹先生传》戊申条下:其年九月,会吉水之龙华,语罗文恭及诸同志云:"古人发育峻极,只从三千三百充拓,不是悬空担当。三千三百,只从戒惧真体流出,不是枝节检点。自天子至于庶人,一是皆有中和,一是皆有位育。中和不在戒惧外,只是喜怒哀乐、大公顺应处;位育不在中和外,只是大公顺应与君臣父子交接处"云。又云:"学分动静、分有无,不是圣门正脉。仰观于天常运,俯察于地常流,内省于良知昭然,常虚常灵。日入虞渊,未尝不照;水潜深

---

① 《乡会祝言》,102页。

潭,未尝不流;心遇岑寂,未尝不知。故慎独之学,通乎昼夜。独知不慎,迷缪天则,更何言学?"(1386页)

《邹守益集》卷一五《龙华会语》:圣门讲学,以修德为命脉,以徙义改不善为下手实功……孳孳为善,是从天命之性不睹不闻真体戒惧,故造次颠沛无须臾离,不缘闻见起灭。择善而从,此善是闻见中得来,于真体尚隔一层。学者以良知为主,则闻见皆良知运用;以闻见为主,则良知随闻见转移。分动分静,不是圣门脉络……良师帅讲学于龙华,正欲脱俗习而复帝衷……文江罢会,登舟矣,西石王使君连榻舟中,持卷告诸君子共录切磋之语,曰:"将月为会,以缉熙于光明。"谨僭书为乘苇先。(730—732页)

罗洪先:《念庵文集》卷八《书龙华会语后》:嘉靖戊申仲冬,西石王君聚九邑士友于龙华,旬余而后别。将别,求东廓先生之言以为久要。先生于是追录其讲语,条列而联次之,以致切磋之意。明年,持示不肖,俾续其后。(167页)

按:"龙华",指位于吉水县城南坊的龙华寺。邹元标《仁文会约序》说到万历年间当地士人于江阳(玄潭)、龙华聚会之事,并云:"龙华为城古刹。"[1]又据光绪《吉水县志》:"龙华寺在县南坊,南唐太保间敕建,名龙光寺……明正统间释南浦复奉诏敕建,易名龙华。"[2]之所以选择此地聚讲,当出于龙华寺位于吉水县城内、交通便利、便于召集、便于安排食宿等方面之考虑。嘉靖中至万历年间,龙华寺一直是当地士人的聚讲之地。

"西石王使君"即王之诰(1521—1590),字告若,号西石,湖广荆

---

[1] 邹元标:《愿学集》,《文渊阁四库全书》1294册,146页。
[2] 卷一四《建置·寺观》,166页。

州府石首人,嘉靖二十三年进士,二十四年至二十九年知吉水县。①官至刑部尚书,谥端襄。传见《明史》卷二二〇。王之诰亲近王学,曾与罗洪先论学,并赞助重修了本县雪浪阁作为讲学场所。②《邹守益集》收录有《赠西石王使君北上二首》(卷二五)、《过文江西石王邑侯留谈江干二首》(卷二六)等诗作。

龙华会的时间记载不一。耿定向记载为九月,与罗洪先所云"仲冬"有出入,故吴震认为九月和仲冬各有一会。③然据东廓《龙华会语》:"文江罢会登舟矣,西石王使君连榻舟中,持卷告诸君子共录切磋之语曰:将月为会,以缉熙于光明",④与罗洪先所记一致,且天台所引东廓之语正是《龙华会语》之内容。因此,笔者以为只有一会,耿非当事人,时间记载或有误。

龙华会后,与刘阳至石莲洞,并宿于此。作诗《同刘三峰自龙华宿念庵石莲洞》。

《邹守益集》卷二七《同刘三峰自龙华宿念庵石莲洞》:海天秋月十日坐,更蹑怀濂阁上卧。老来已破卢生枕,连榻共商希仙课。夜静月彩悬冲融,石作莲花碧璁珑。梦入月岩见老仙,禹畴羲画春蒙蒙。(1231页)

光绪《吉水县志》卷八《地理志·古迹》:石莲洞在县西北七十里同水乡,明罗洪先辟,下如覆盂,有堂有奥……(罗洪先)与王龙溪、钱绪山、何善山、黄洛村往复讲学于此。(120页)

---

① 见万历《吉安府志》卷三《秩官表》,34页。
② 见胡直《念庵先生行状》:"(王之诰)以先生(按,罗洪先)聚讲无所,遂修玄潭之雪浪阁。既成,集士友大会。"(《衡庐精舍藏稿》卷二三,530页)。
③ 见氏著:《明代知识界讲学活动系年》,141页。
④ 《邹守益集》卷一五,730—732页。

与刘邦采等讲学于庐陵县永和之青都观。

王时槐:《王塘南先生自考录》,嘉靖二十七年戊申条:是时,邹东廓先生同刘狮泉先生讲学于永和之青都观,先兄(按,王塘南兄王时松)往听讲。(民国九年重刻本,10页)

梅大鹤修、王锦芳纂:《庐陵县志》,卷三九《寺观志》:清都观,在县南十五里儒林乡永一都永和镇……南唐太保间有石基崇高,号西台。宋太平兴国初,道士萧德元结宇台上,水旱祈祷辄应……治平中改赐今额。(清道光五年刊本,《中国方志丛书》953号,台北:成文出版社,第8册,3083页)

堂弟邹守临选为贡元,作《江西戊申同贡录序》。

《邹守益集》卷三《江西戊申同贡录序》:石城许大夫新莅学政,合江右诸士子而甄别之,拔其尤以贡于天府……诸生退而为《同贡录》,叙少长,纪里籍,列三世,以逮昆弟与嗣,将世讲之。而命予弟临曰:"子,贡元也。其得司成氏弁诸首简,以为兹录重。"叔父贵复督之。益乃拜手言曰……(93—94页)

《邹守益集》卷四《江西同贡观光录序》:嘉靖戊申,石城许子督贡事,以予弟守临为贡元,予为作《同贡序》。(205页)

南安知府陈尧迁长芦都转盐运使,为作《赠梧冈陈郡侯陟长芦都运序》,论戒惧中和之学。

《邹守益集》卷四《赠梧冈陈郡侯陟长芦都运序》:通州梧冈陈子,始见于金陵,切琢修己安人之学。比升进士,历司空郎,再见于长安。同会七十余人,以不违如愚,退省足发相规劝焉。及出守天台,移南安,三见于虔台……逾二年,拜长芦都运之命……益瞿然曰:"……圣门之学,曰戒惧中和。中和位育,举天地万物,咸归吾裁成辅相中,其诸大车以载,辕坚马良,利有攸往乎!辑柔君子,不遐有怨,屋漏不显,尚亦无愧,其诸脂毂秋骥,通昼夜弗懈乎!富贵贫贱,夷狄患难,罔有徼倖萌怨尤,其诸飘风冻雨,严雪烈日,山泽原隰,而驱驰以范乎!夫陈子之自司空郎,而台、而南安、而长芦,皆晴潦原隰之殊也,其正己而自得,一而已矣……"(219页)

按:"梧冈陈子"即陈尧(1502—1576),字敬甫,号梧冈,南直隶扬州府通州人,嘉靖十四年进士,历官工部主事、台州知府、南安知府、长芦都转盐运使、广西左布政使、四川巡抚、刑部左侍郎等,为官有善政,著有《梧冈文正续两集》九卷等,传见王世贞《陈司寇传》(《弇州史料》后集卷三)。过庭训《本朝分省人物考·陈尧传》载其"以文学饰吏治,所至辄聚徒讲业",①曾参与东廓在南京、北京的讲学活动。王銮《南安府儒学科贡题名记》载陈尧于嘉靖丁未八月任南安知府,②过庭训《陈尧传》载其于嘉靖戊申转长芦都转运使,故知上文当作于是年。

是年其他著作:

《岳牧寿母》(卷五)。《吉水白沙陈氏族谱序》(卷五)。《周甥双寿祝言》(卷五)。《答石屋年兄》(卷一一)。《书冈石屏》(卷一七)。《明故山东都转运使封应天府尹饬庵欧阳公墓志铭》(1548—1549年,卷二二)。《明故石首顾斋王大夫墓表》(卷二四)。

嘉靖二十八年己酉(1549),五十九岁

正月初八,聚讲于复古书院,批评"因循"、"忽实修而崇虚谈"之

---

① 《本朝分省人物考》卷二《北直隶顺天府二·陈尧传》,《续修四库全书·史部》533册,62页。
② 刘节编纂:《南安府志》(嘉靖刻本)卷二五《艺文志二》。

风,订惩戒制度,即《惜阴申约》。

耿定向《东廓邹先生传》:己酉,会复古,作《惜阴申约》,略云:惜阴之会始丙戌,到今同会之友,精进者少,因循者众。喜怒屡迁,而自以为任真;言动多苟,而自以为无伤;子臣弟友、宗族乡党,多少不尽分处,而自以为无败亏。知者不肯言,言者不肯尽,而闻者亦不肯受,不几于相率而为善柔乎?循是以往,坐枉此生,上以贻玷师门,下以疑误后学,中夜思之,猛自怨艾可也。(1386页)

同治《安福县志》卷一八《艺文·杂著》,邹守益《惜阴申约》:吾邑惜阴之会始于丙戌,复古之创始于丙申……自今以往,共订除旧布新之策。人立一簿,用以自考;家立一会,与家考之;乡立一会,与乡考之。凡乡会之日,设先师像于中庭,焚香而拜,以次列坐,相与虚心稽切居处果能恭否,执事果能敬否,与人果能忠否。尽此者为德业,悖此者为过失。德业则直书于册,庆以酒;过失则婉书于册,罚以酒。显过则罚以财,大过则倍罚,以为会费。凡与会诸友,各亲书姓名及字及生辰,下注"愿如约"三字。其不愿者勿强,其续愿者勿限。时嘉靖己酉正月八日。(491页)

按:《惜阴申约》见《邹守益集》卷一五,然缺"时嘉靖己酉正月八日"句。

春,袁州郡守刘廷诰、同知林大有、推官高跃等至复古书院向东廓问学,论及慎独、万物一体之旨。刘廷诰请东廓赴袁州讲学,次年成行(见下年条)。

《邹守益集》卷一七《题春台会录》:嘉靖己酉之春,袁州刘郡守见峰、林贰车东庐、高节推九冈,俨然问学于文明,相与商榷先师慎独宗旨及万物一体之义……乃即昌黎书院修葺旧拓新,将清秋延予于原道阁……会予赴冲玄之约,不果行。(820页)

按："文明"指复古书院文明堂。

"刘郡守见峰"即刘廷诰（1512—?），字汝卿（《浙江通志》作汝钦），号见峰，浙江宁波府慈溪人，嘉靖十七年进士，二十六至二十八年任袁州知府。传见《浙江通志》卷一六八《人物三》。

"林贰车东庐"即林大有（1515—?），字端时，号东庐，广东潮州府潮阳人，嘉靖十七年进士，嘉靖二十七年任袁州府同知。《邹守益集》收录有《廉说赠东庐林郡侯之任于闽》（卷九）及为其宗族所作《潮州林氏祠堂记》（卷七）。

"高节推九冈"即高跃（1508—?），字文化，号九冈，四川成都府绵州人，嘉靖二十六年进士，嘉靖二十六至二十九年任袁州府推官。①

春，与钱德洪、俞大本、赣州知府林功懋等聚讲于庐陵县永和，为张元冲（时任江西右参政）祖母寿辰作《达寿说》，又为林功懋作《赠竹溪林郡侯考绩序》，发"独知"、"慎独"之旨。

《邹守益集》卷八《达寿说》：浮峰张侯元冲，密迩学于先师，以天子谏官，旬宣吾江右……嘉靖己酉之春，大恭人唐寿登八十有五，同胥庆以慰望云……绪山子相聚永和，称大恭人之寿曰……（446页）

《邹守益集》卷四《赠竹溪林郡侯考绩序》：往岁受学阳明先师于虔……逾二十有八年，秋崖中丞复修先师之绪，相邀切磋焉。时白坪高子在监司，竹溪林子在郡，思斋俞子在邑，咸相率饬躬砥节，聚好去恶，以锡福于士民。又二年，竹溪子以绩最考入京，会绪山钱子自韶

---

① 刘廷诰、林大有、高跃介绍分别见康熙《袁州府志》卷五《郡官》，《北京图书馆古籍珍本丛刊·史部》30册，113、115、121页。

东下,俞尹迎请……绪山子会于永和,同志胥集……东廓子曰:"……闻诸师友曰:君子之志学也,若泉之浚源也。泉不浚,则科弗盈;志不立,则章弗成。独知者,其源也;慎于独知,无众寡,无小大,无须臾可离,是浚源泉以达诸海也。不动而敬,不言而信,其天德之纯;不赏而劝,不怒而威,其王道之孚乎!夫是以渊渊浩浩,上下与天地同流。竹溪子其懋之!"(184页)

按:"绪山钱子自韶东下"是指去年钱德洪至广东请湛若水为其父撰写墓志铭,是年,钱德洪自广东北返,路经庐陵。之后钱在南昌举讲会,与会者达数百人。①

"思斋俞子"即俞大本,号思斋,浙江绍兴府余姚人,嘉靖四年举人,与钱德洪为姻亲,于正德十六年阳明归余姚省祖茔时由钱德洪带领从学阳明。② 时任虔台邑令。林功懋介绍见嘉靖二十六年条。

张元冲于嘉靖二十八年左右至三十年任江西右参政,③继任广东提刑按察司按察使、江西左右布政使,三十九年以都察院右副都御史巡抚江西。④

去年底,聂豹自狱中获释,是年正月,归永丰。五月端阳节,东廓、罗洪先至永丰与聂豹会晤,登巘山凌空阁,东廓作诗《同念庵登双江凌空阁用白沙公韵》、《宿凌空阁呈双江念庵诸同游》、《次双江兄归田志喜韵》。罗洪先、聂豹各有唱和。

宋仪望:《华阳馆文集》,卷一一《双江聂公行状》:至丁未岁……

---

① 见吴震:《明代知识界讲学活动系年》,156页。
② 见《王阳明全集》卷三四《年谱二》,该年九月条,1282页。
③ 按,见《江西通志》卷四十七"右参政题名",又,张元冲任广东提刑按察司按察使的时间在嘉靖三十年(见《广东通志》卷三七"提刑按察司按察使"题名及附注),以此推知其任江西右参政的起止时间。
④ 见《明世宗实录》卷四八四,嘉靖三十九年五月条。

执政夏公(按,夏言)入谤者言,拟旨逮先生锦衣狱。既被拷,无所验。明年九月,又奉钦依行巡按御史覆勘……于是谤事悉明白矣。寻得旨,落职南归,时己酉春正月也。(《四库全书存目丛书·集部》116册,736页)

《邹守益集》卷一一《简张净峰中丞·一》:端阳候双江兄归,登凌虚(按,疑为"空"字之误)之阁。重阳前出游冲玄……(546页)

《邹守益集》卷二六《次双江兄归田志喜韵》:从今担住师门托,一点灵光万古神。(1314页)

《邹守益集》卷二六《同念庵登双江凌空阁用白沙公韵》:同游莫作闲登陟,不著丝毫眼自明。(1314页)

《邹守益集》卷二六《宿凌空阁呈双江念庵诸同游》:男儿事业无疆界,已许冲玄著脚牢。(1314页)

按:"候双江兄归"指聂豹获释回乡。

凌空阁为聂豹于永丰巇山所建。《江西通志》卷九《山川三·吉安府》:"巇山在永丰县北十五里,五峰森列,上有凌空阁、寓仙馆、注生堂、文昌祠。"[1]宋仪望《双江聂公行状》:"先生始居双溪之里,号双江山人,其后躬耕白水之阳,建凌空阁于巇山,有飘然出尘之想。"[2]《聂豹集》收录有《九日登凌空阁限杜韵三首》、《登凌空阁三首》(均见卷一二)等诗。

罗洪先《登双江公凌空阁》有云:"来往便当乘鹤背,爱君身已刍尘埃。"见隆庆本《念庵罗先生文集》外集卷一四,下标干支年号"己酉"。

---

[1] 《文渊阁四库全书》513册,315—316页。
[2] 《华阳馆文集》卷一一,741页。

夏,祁门谢显等至复古书院向东廓问学,切磋两月。作《寄题祁门全交馆》,发戒惧以致中和之旨,勉诸同志"胥劝胥规,洗刷旧症,直达天德"。

《邹守益集》卷一七《寄题祁门全交馆》：新安诸同志春会于福山,在婺源;秋会于斗山,在歙西。全交馆在祁门,亦以近胥聚。皆甘泉大宰公所命云。嘉靖己酉,谢子显率其弟铉,偕江生山、韩生一之,不远千里,冒盛暑以入复古,切磋两月而未能别。东廓子曰："久矣,予之困于岐路,盖三十年而未能一也。年来升衡岳,历匡庐,徘徊石屋,取善青原、云津、梅陂、龙化之间,赖二三君子著实箴砭,于发愤竭才、任重道远,始觉有进步处。愿为诸同志诵之。"天命之性,纯粹至善,昭昭灵灵,体物不遗,而无形与声,不可睹闻。于焉戒惧,于焉恐惧,常寂常感,常中常和,以察人伦,以明庶物,以赞化育,而峻极于天,合德合明,更无别项脉路。圣门忘食忘忧,以濯以暴,拳拳服膺,兢兢知免,不以陋巷易箦摇眩,是为蝙蝙肫肫、全生全归之学。此学不受世情点污,不赖博闻充拓,不须忆中测度,不可意气承担,不在枝节检点,亦不借著述继往开来。凡有所倚著,便涉声臭。江门一脉,掀翻千古,去耳目支离之用,全圆融不测之神,其诸所授于楚云而以为衣钵者乎! 尝拟登九华,放齐云,以止于新安,而谢子乃先施之,虚以好善,勤以自检,其敢以有隐! 凡我同游,胥劝胥规,洗刷旧症,直达天德,务求为直为谅,以自远于善柔,庶毋负甘泉公全交之训。若劝而未纯,规而未净,群集丛谈,虚度光阴,则纵情欲,执己见,症候虽异,皆象山所痛慨于师友也。师友因循德业,玩愒道术,将为天下裂。后来豪杰贸贸,其何以取衷焉? 谨寄题前楹,以为同馆箴。(814—815页)

按：吴震《明代知识界讲学活动系年》据此段文献,认为东廓是年"举会于复古,并游衡山、石屋、青原、云津、云津、梅陂、龙化等地,遂举'斗山会'、'水西会'",①笔者认为,"年来升衡岳……"之"年来"并非指的是"嘉靖己酉",而指"近年来",据前文考订,"升衡岳"在嘉靖二十二年春,"历匡庐"在二十六年,"徘徊石屋,取善青原"指石屋山馆(含东阳行窝)讲会、青原讲会,是东廓时常举会之所,为统说;"云津"、"梅陂"之会在二十七年,"龙化",似指二十八年龙华寺讲会。此外,"斗山会"、"水西会"为徽州府诸子所举之会,是年东廓并未参与,故唯复古会属实。

吉安知府靳学颜与东廓论学,别后有数条相问,东廓回书《简两城靳郡侯》,并将与诸生论学内容数条附上,言"寂感无时,体用无界"以及"戒惧于事、戒惧于念、本体戒惧"三个层次。夏,致书聂豹,并寄《录诸友聚讲语答两城郡公问学》。

《邹守益集》卷一一《再简双江》:炎威方炽,宾座未散……两城公相晤论学,别后有数条相问,大意主于收视敛听,一尘不撄、不波不兴为未发之时。当此不撄不兴,意尚未动,吾儒谓之存存,存存则意发即诚。弟答之曰:收视是谁收?敛听是谁敛?即是戒惧工课。天德王道,只是此一脉。所谓去耳目支离之用,全圆融不测之神,神果何在?不睹不闻,无形与声,而昭昭灵灵,体物不遗,寂感无时,体用无界,第从四时常行、百物常生处体当天心,自得无极之真。谨录上求正,暇时幸批教之!……日与狮泉图之冲玄,若未能行,须聚首玄潭……(541—542页)

《邹守益集》卷一一《简两城靳郡侯》:其曰"以意对出言处事看,则意似静;以意对寂然不动看,则意似动。寂感相形,而名义攸立",

---

① 氏著:《明代知识界讲学活动系年》,153页。

似犹以未发已发分动分静,于所谓戒慎恐惧便是已发者异矣。其曰"收视敛听,不攖一尘,不兴一波。观此不攖不兴,意尚未动,在吾儒谓之存存,存存则意发即诚"。似诚意之前有入微一段工夫,于所谓诚意是尽头者又异矣。未发之中,不宜与夜气例看,不远之复,不可与闲居为不善论分量,惜不得促席一尽之也。往时与诸生商量,亦有与尊见相发明者,录上求正。(538页)

《邹守益集》卷一五《录诸友聚讲语答两城郡公问学》:……四时常行,百物常生,而天心无言,万古寂然。故未发是发之主宰,寂感无时,体用无界……不睹不闻,真体常中,莫见莫显,妙用常和。未中未和,安得谓之神?戒慎恐惧之功,命名虽同,而血脉各异。戒惧于事,识事而不识念;戒惧于念,识念而不识本体。本体戒惧,不睹不闻,帝规帝矩,常虚常灵,则冲漠无朕,未应非先,万象森然;已应非后,念虑事为,一以贯之。是为全生全归,仁孝之极。(733—734页)

按:《再简双江》之"日与狮泉图之冲玄",指东廓与刘邦采于是年秋同赴冲玄会事,故知东廓致书聂豹、靳学颜当在是年。

"两城靳郡侯"即靳学颜(1514—1571),字子愚,号两城,山东兖州府济宁州人,嘉靖十四年进士,嘉靖二十五至二十九年任吉安知府。① 官至吏部左侍郎。著有《靳两城先生集》二〇卷,传见《明史》卷二一四、万历《吉安府志》卷一七《贤侯传》。

七月,东廓孙、邹善次子邹德溥出生。

《澈源邹氏七修族谱》卷八,叶向高《宫洗泗山公墓志铭》:生嘉靖己酉七月二十七日。(105页)

秋,王畿、钱德洪赴冲玄会,道经睦州,王畿为《邹东廓先生续摘

---

① 见万历《吉安府志》卷三《秩官志》,27页。

稿》作序,赞其惟师说是守。

王畿:《龙溪王先生全集》卷一二《邹东廓先生续摘稿序》:嘉靖乙酉秋,予偕绪山子赴冲玄之会,道出睦州,少府对崖周子示予以东廓先生之集,曰:"此第三续稿也。"且属之言。予惟先生之集传于人久矣,初稿刻于广德,次刻于维扬,今复刻于睦州,虽其前后所见不无浅深精粗之异,而修词命意,一惟师说之守,则先后反复,未尝有所变也。(505页)

按:"嘉靖乙酉"为嘉靖四年(1525),王畿方二十八岁,且后文有"先师云云",知此文当作于阳明卒后,故"乙酉"为"己酉"之误。

东廓文集主要的刊刻情形,前后经历五次、有五种版本:东廓弟子程宽所作《东廓邹先生文集后序》云:"门人蓬莱陈辰始类其《初稿》以梓,诸同志又摘其言之切要者一百二十四篇梓之,名曰《摘稿》,而晚年所著录未备也",①王畿谓"初稿刻于广德,次刻于维扬,今复刻于睦州",目前存世的《邹东廓先生摘稿》九卷,卷前林春所作《邹东廓先生摘稿序》载:"今刻一百二十四篇,乃先生所存手稿,觉山洪侍御按扬求得之",②结合以上文献可知,东廓文集的第一次刊刻即《初稿》(今佚),由门人陈辰编辑整理,王畿谓"初稿刻于广德",指东廓任职广德的嘉靖四年至六年间《初稿》在广德刊刻;第二次刊刻即林春作序的《邹东廓先生摘稿》九卷本一百二十四篇,即由湛若水弟子洪垣于嘉靖十六年以御史巡按两淮盐政期间,得东廓所寄之手稿(参该年条),在此基础上命人搜集整理,于十七年刊刻于

---

① 《邹守益集》卷二七,1341页。
② 《邹东廓先生摘稿》卷前林春序,2页。该书今存于台北故宫博物院,台湾"中央"图书馆、哈佛燕京图书馆藏有微缩胶片。

扬州,即王畿所谓"次刻于维扬";①第三次刊刻即《邹东廓先生续摘稿》(今佚),即王畿作序之版本,嘉靖二十八年刊刻于睦州;②此后,东廓文集又有两次重要的刊刻:第四次是嘉靖三十七年由刘佃(时任建宁知府)汇选、东廓门人董燧(时任建宁府同知)编次、东廓门人程宽校雠的《东廓邹先生文集》十二卷在福建建宁刊刻,即《四库提要》所题之本,③流传最广,今收入《四库全书存目丛书》的《东廓邹先生文集》十二卷本即是据此本于隆庆六年翻刻的版本,然其并未收录东廓全部作品;第五次是万历年间由东廓次子邹善编辑、门人周怡、宋仪望等校订的《东廓邹先生遗稿》十三卷(今存光绪十三年重刻本),此本收罗最全,收录有东廓晚年的著作,更多保存了邹氏著作之原貌。④

重阳节前,赴冲玄会。先至吉水县,与聂豹、罗洪先等会于玄潭,论寂感异同等。

《邹守益集》卷一五《冲玄录》:双江聂子偕诸君聚玄潭,论寂感异同。曰:"于穆不已,天道无停机;戒惧不离,圣学无停机。故四时常行,百物常生,无往非太极。礼仪三百,威仪三千,无往非真性。"(740页)

《邹守益集》卷一一《简张净峰中丞·一》:昨归自象山……重阳前出游冲玄,偕念庵诸君聚于玄潭。(546页)

按:东廓所作的《冲玄录》记载了此年赴会冲玄、一路讲学的语

---

① 《邹东廓先生摘稿》林春序之序末题"嘉靖戊戌(按,十七年)九月既望"(2页)。
② 董平先生在《邹守益集》的《编校说明》中以为王畿作序者即是《东廓摘稿》(2页),盖忽略了"续摘稿"之"续"字。
③ 《四库全书总目提要·集部·东廓集》条:"《东廓集》十二卷……是编为嘉靖中所刊,题建宁府知府刘佃汇选,同董燧编次……"
④ 相关考证参董平《邹守益集》之《编校说明》,3—4页。

录,包括会前先至吉水玄潭——途经南昌——龙虎山冲玄观——金溪——抚州府城的讲会语录(考订见后),其中"双江聂子偕诸君聚玄潭"放在《冲玄录》的第一条,而语录整体排列顺序大致与行程一致。故知玄潭会当为东廓是年秋历时三月讲会游学活动的第一站。从上引两条文献看,聂豹、罗洪先二人参与了玄潭会,但之后,二人并未与东廓同赴冲玄会。①

赴冲玄会途中,道经南昌,与裘衍、王臣等当地学者聚讲南昌清真寺、天宁寺,升龙沙,论"心体自然"等。作诗《鲁冈、瑶湖、华厓诸君聚天宁,遂升龙沙》。

耿定向《东廓邹先生传》己酉条下:其年,大会南浦。诸公论心体自然。有友云:"真性超脱之几,须从无极太极悟入。"先生曰:"只从四时常行、百物常生处见太极,礼仪三百、威仪三千处见真性。见得真性本体,而日用应酬凑泊不得,非下学上达之旨也。"又述"晦庵尝云:'有天地后此气常运,有此心(按,当为"身")后此心常发。惟当于常运处见太极,于常发处见本性。若离常运而求太极,离常发而

---

① 按,吴震《聂豹略年谱》中据此条确认聂豹于是年参与冲玄会(《聂豹罗洪先评传》附录,315页),然玄潭与冲玄确为两地,不可忽略;此外,在吴震《明代知识界讲学活动系年》的嘉靖二十八年条下云"陈明水访聂双江,后同赴冲玄会,并出访湛甘泉",其依据是聂豹《礼部郎中陈明水先生墓碑》:"己酉,(陈九川)复就余山房……自是赴冲玄大会,自是出访甘泉老谱杰。"(《聂豹集》卷六,213页)然据文义,并不能知是陈聂二人共赴冲玄会,若是,就文义,则二人亦当同访湛若水诸人,然聂豹并无访湛若水之事。再者,时聂豹"归寂说"已遭王门诸子反对,聂豹遂有厌会情绪,恰巧罗洪先(冲玄会的发起者)因岳父归空事而未能是年冲玄会(见《(戊申)夏游记》,《念庵文集》卷五,138页),王畿等便以为罗洪先未至是因聂豹劝阻之故,为此罗洪先致书王畿解释说:"双江公未尝相尼也。弟昔束装赴冲玄,双江托以传语执事印正此学,此意固拳拳然也。"(《答王龙溪》,《念庵文集》卷三,49页)从"托以传语执事"看,亦可知聂豹并未赴冲玄会。

求真性,恐不免佛老之荒唐',①此语甚精确"云。(1386页)

《邹守益集》卷一五《冲玄录》:鲁江裘子、瑶湖王子偕诸君聚清真,论心体自然……南昌同游,自天宁升龙沙,立高阜上,叹沙聚甚奇。(741页)

《邹守益集》卷二六《鲁冈、瑶湖、华厓诸君聚天宁,遂升龙沙》:仙侣相招嚥绛霞,泠泠风驭踏龙沙。天机为露真面目,万顷湖光印月华。(1256页)

按:耿定向《东廓邹先生传》"有友云真性超脱之几……"之答问,与东廓《冲玄录》之"少初徐子至自东乡"条相同、《东廓邹先生传》之"又述"晦庵尝云"与《冲玄录》之"介庵章子问静中体认"条相同,②从《冲玄录》的记载看,后者是在冲玄会上东廓分别与徐良傅(少初)、章衮(介庵)的论学内容,故疑耿定向所记"有友云真性超脱之几……"以下并非是东廓在南昌的论学内容。

"鲁江裘子"即裘衍,字汝忠,号鲁江,江西南昌府新建人,正德十一年举人,阳明巡抚南赣期间师事之。官至南京工部郎中。著有《瘝歌亭稿》八卷等,传见万历《南昌府志》卷一九《人物传》。《邹守益集》收录有《简裘鲁江》(卷一二)、《聚讲洪南草堂寄裘鲁江张材庵王瑶湖诸同志》(卷二六)等诗文。

"瑶湖王子"即王臣(1493—1552),字公弼,号瑶湖,江西南昌府南昌人,嘉靖二年进士,阳明弟子,传见《邹守益集》卷二一《广西参议瑶湖王君墓志铭》。《邹守益集》还收录有《聚讲洪南草堂寄裘鲁江张材庵王瑶湖诸同志》、《次瑶湖王子睡起书感》(均见卷二五)及

---

① 原文见《晦庵集》卷三二《答张敬夫问目》:"有天地后此气常运,有此身后此心常发,要于常运中见太极……"耿定向所谓"有此心(按,当为"身")后此心常发",有误。
② 见《邹守益集》卷一五,742、745页。

为其母所作的《封大宜人张氏墓志铭》(卷二三)。

天宁寺在南昌。《江西通志》卷一一一《寺观一·南昌府》:"天宁寺在省城德胜门外,旧名光孝寺。"①万历《南昌府志》卷二三《杂录类·寺观·新建县》:"天宁寺,德胜门外二铺。"②

"清真",可能指"清真寺"。同治《南昌府志》卷一四《典祀·寺观·南昌县》载:"清真寺,在广润门内。"③未知是否,待考。

仲秋,浙江、江西、南直隶阳明学者大会于冲玄。与王畿、钱德洪、黄直、王臣、陈九川、洪垣、徐良傅等聚讲于龙虎山冲玄观、上清东馆等地。冲玄会上,作诗数首。

《邹守益集》卷一六《广信讲语》:先师云亡,浙、江为大会,以振微言。己酉会于冲玄。(726页)

王畿《龙溪会语》卷一《冲玄会纪》:戊申之夏,既赴冲玄之会。秋仲,念庵诸君送余南还,相与涉鹅湖之境,步象山之墟。慨流光之易迈,叹嘉会之难数。间乘入龙虚(按,当为"虎"之误)山,得冲玄精庐,乃定为每岁江浙大会之约,书壁示期。今兹仲秋,复偕绪山钱子,携两浙、徽、宣诸友,如期来赴。东廓丈暨卓峰(按,黄直)、瑶湖(按,王臣)、明水(按,陈九川)、觉山(按,洪垣)、少初(按,徐良傅)、咸斋诸兄先后继至,合凡七十余人。辰酉,群聚于上清东馆,相与䌷绎旧闻,商订新得,顾证密语,合异为同。(吴震编校:《王畿集》,南京:凤

---

① 《文渊阁四库全书》516册,662页。
② 范涞修,章潢纂,万历十六年刊本,台北:成文出版社,《中国方志丛书》810号,1752页。
③ 许应鑅修,曾作舟纂:《南昌府志》(同治十一年刊本,台北:成文出版社,《中国方志丛书》812号),1356页。

凰出版社,2007年,681页①)

按:此前一年青原会后,为给江浙同志觅讲会之所,八月,罗洪先与王畿携王訫、贡安国、王汝舟②等诸生同趋龙虎山,游冲玄观、爱山楼等地,并留壁题,罗洪先《(戊申)夏游记》中有详细记载。③ 王畿《冲玄会纪》所述为简略缘起。

《邹守益集》卷二六有《访真人府,明水、绪山、龙溪、觉山、少初、及江懋恒、刘渊化、汪希文、沈子静、何伯循、洪子明、谢惟仁、张景仁、程汝一、郑子畏、谢济之、谢惟近、周有之、王以忠、王仲大、江叔源、张道亨、洪仲诚、钱贞民、钱容民升御书楼》一诗。"真人府"即龙虎山天师府,所列诸人为冲玄会友。又据《冲玄录》所载人名,讲会同志还应有范存所、裴鲁江、刘让甫、濮致昭、陈崇吉、余子庄、黄惟德、王汝敬、王时茂、杨一宁、甘瀹之、杨淑文、张汝愚、吴疏山、章介庵、王东石等。

冲玄会期间,东廓作诗《上清宫遇濮冬官致昭话旧》、《次洪觉山冲玄赴会》、《赠王仲时》、《次瑶湖王子睡起书感》等(均见《邹守益集》卷二六)。

冲玄会的时间,据东廓所记,在九月重阳节前为出发之日;又据罗洪先《(戊申)夏游记》载:"明年九月,东廓诸君将赴约(冲玄会),予以外父太仆曾公十月归窆,拟毕事而行。比束装,闻会解。"④罗洪

---

① 四库存目本《龙溪集》之《冲玄会纪》比之《龙溪会语》之《冲玄会纪》其简略,如记载冲玄会缘起云:"己酉仲秋,先生(按,王畿)偕绪山钱子携浙徽诸友赴会冲玄,合凡百余人,相与绅绎参互。"
② 王訫,字有训,号未庵,泰和人,布衣出身,罗洪先弟子。王汝舟(1516—1567),字济甫,号安吾,南直隶宁国府泾县人,布衣出身,师事欧阳德、邹东廓、王畿、钱德洪等。
③ 见《(戊申)夏游记》,雍正本卷五,140页。
④ 《念庵文集》卷五,138页。

先岳父下葬于"十月己酉",①即十月十三日,以此推知冲玄会可能在当年九月中旬以后至十月初,时间在十日以上;②《冲玄会纪》所谓"辰酉,群聚于上清东馆",当为每日辰时(相当于今七点至九点)至酉时(相当于今十七点至十九点)于上清东馆聚讲,因《道山亭会语》载龙溪等在苏州聚讲时的情形即云:"辰而入,终酉而出,诸友听专气肃……"③可知"辰酉"指当日的时辰。

冲玄会,在贵溪县龙虎山。龙虎山位于江西广信府贵溪县,为道教正一派道场。"冲玄",指龙虎山冲玄观;"上清东馆",盖指上清宫的某部分建筑。

> 《江西通志》卷一一《山川五·广信府》:龙虎山,在贵溪县南八十里,两峰相峙,状若龙虎,《道书》第三十二福地,汉张道陵于此炼丹……上清宫则在龙虎两岐之间,前对琵琶诸峰,右为仙岩。(《文渊阁四库全书·史部》513册,363页)

> 《广信府志》卷二《建置·寺观·广信府》:冲玄观,在龙虎山。元元贞间建。(蒋继洙修、李树藩纂,清同治十二年刊本,《中国方志丛书》106号,台北:成文出版社,181页)

冲玄会上,与王畿论学,论"意见、言诠"等。会后,作诗《别龙溪兄归越》二首。

> 《邹守益集》卷一五《冲玄录》:龙溪王子曰:不落意见,不涉言诠,如何?曰:何谓意见?曰:隐隐见得自家本体,而日用凑泊不得,

---

① 见《明故中大夫太仆寺卿三符曾公合葬墓志铭》,《念庵文集》卷一六,346页。
② 陈九川《简罗念庵》书中云,冲玄会停留"旬余",且因事提前返回,引文见本年"聚讲拟岘台"条。
③ 王畿:《龙溪会语》(万历四年泾县查氏刻本)卷一,15页。

是本体与我终是二物。曰：何谓言诠？曰：凡答问时言语起头处，末稍有结束处，中间有说不了处，皆是言诠所缚。曰：融此二证何如？曰：只方是肫肫皓皓实际。(746页)

《邹守益集》卷二六《别龙溪兄归越·二》：一：归驾侵星出上清，贺湖梅岭不胜情。人人自有归家路，茆店依依未问程。二：贺湖梅岭擅千春，归梦骎骎亦动神。记取师门文命脉，绝无声臭是天真。(1258页)

冲玄会后，取道金溪县，与金溪诸同志论学。谒陆九渊墓，作《奠青田墓文》，论圣学真伪之辨。又聚讲望仙观、陟仙峰，观陆九渊翠云寺题壁，作诗《翠云寺观象山先生遗迹》。临别，作诗《别金溪诸同游》。

《邹守益集》卷六《金溪龚氏先祠记》：浙江同志胥会于冲玄，金溪诸友趋以切磋，遂谒青田，聚望山、陟仙峰，观萃云题壁而别。(350页)

《邹守益集》卷九《慈乐说》：予赴冲玄会，取道金溪，以谒青田，而诸同志招予于望仙，以切磋所闻。(463页)

《邹守益集》卷二〇《奠青田墓文》：呜呼，真伪之辨，圣门心学之大关！号为士者，举能言之，至于举趾发轫，先辨只今毫厘千里，类多浮泛。只今精专洁净，则卑以升高，迩以行远，日用酬酢，三千三百，无往非帝则之真纯。只今夹杂影射，则卑迩者安小成，高远者骛玄虚，虽终身勤勤痒痒，犹是悬想冥行，不免人为之伪妄。故穆穆敬止，亦临亦保，愓愓相顾，庸德庸言，位育原于戒惧，舜跖分于善（按："善"，当为"义"之讹）利，古圣授受正脉，不费辞说，不籍测度，不落枝节。自元公、淳公而后，如先生之默契独断、超然群淆者鲜矣！沧溟浩浩，自一勺始；泰华巍巍，自一篑始；此与自迩自卑，异代同符。

而易简支离之争,遂为来学口实。然浮气之悔,去短之谕,白鹿聚讲,精神融液,深中隐痼,昭示无疆,其天之相斯文乎!某也幼承严训,即闻先立其大之旨;比入仕版,渐缪世态。赖先觉大呼以醒,悔往追来,因循暮齿,有志未成。兹者江浙同志举冲玄之会,陟降应天,履綦可想;瞻望鹅湖,风韵未泯。凤夜切磋,不敢以旧习浮说眩此一脉,皆先生之赐也……(943 页)

《邹守益集》卷二六《翠云寺观象山先生遗迹》:翠云题壁见青田,正是淳熙己酉年。会取川增为善意,千秋觌面领真传。(1259 页)

《邹守益集》卷一一《简陈春元崇吉》:望仙聚讲,翠云出游,备征君子缁衣之爱。(548 页)

按:《邹守益集》卷二六收录有《自上清过金溪,与介山林尹话旧》一诗,"自上清过金溪"可知,东廓的回程路线是自龙虎山上清宫出发,至金溪,之后取道抚州府城。(见下条)

金溪,即抚州府金溪县。陆九渊故里。

《大清一统志》卷二四六:陆九渊墓,在金溪县东延福乡。(《文渊阁四库全书·史部》479 册,652 页)

望仙观为道观,在金溪县。

《江西通志》卷一一二《寺观二·抚州府》:望仙观,在金溪县南。(《文渊阁四库全书·史部》516 册,691 页)

陆九渊著有《题翠云寺壁》。[①]

《别金溪诸同游》见《邹守益集》卷二五。

[①] 见《陆九渊集》(北京:中华书局,1980 年)卷二〇,251—252 页。

金溪会后,至抚州府城,十一月,与陈九川、章衮等聚讲拟岘台。逾樟源岭,与陈九川别于文殊寺,作诗《明水姻家别文殊寺》。取道丰城返回,作诗《勉丰城旧游诸友》。

陈九川:《明水陈先生文集》卷一《简罗念庵》:往秋力疾赴冲玄之会,栖居旬余,而盟主(按,罗洪先)不至,曷副初心?东廓、绪山、龙溪诸公相继聚首,丽泽正深,而弟以孤侄之疾,星驰先归,未及终教。粗顽矿质,自违大冶,怅恨如何。所幸东廓来抚,尚得细质耳。(《四库全书存目丛书·集部》72册,28页)

陈九川:《明水陈先生文集》卷四《陕西提学副使介庵章公墓志铭》:"嘉靖二十年冬,介庵先生章公弃陕西提学副使,挂冠归临川。二十八年十二月十有八日卒,春秋六十有一。……卒之前一月,东廓邹子来会,同声毕集。君抱疾周还,商议累日,证悟性情,尽消凤解,欣然以为道合也。"(同上注,71页)

按,章衮卒前一月即十一月,故拟岘台会的时间在是年十一月。

《邹守益集》卷一五《冲玄录》:明水陈子至冲玄,复聚拟岘,逾樟源岭,别于文殊寺,拥衾箴砭。曰……(746—747页)

《邹守益集》卷二六《明水姻家别文殊寺》:秋净冲玄笑口开,节移长至尚徘徊。疏钟初曙文殊寺,霁月频分拟砚台。利绝一原真易简,金从百炼可迟回?采芝更忆通天句,白首相传黄绮来。(1318页)

《邹守益集》卷二六《勉丰城旧游诸友》:龙光曾订圣门传,又历青田理旧缘。分得只今真伪诀,莫从鹘突误残年。(1259页)

按:樟源岭是抚州府城西北通往丰城的驿道。

《江西通志》卷一〇《山川四·抚州府》:樟源山,在府城西北三十里,丰城驿道也。(《文渊阁四库全书》513册,332页)

"介庵章公"即章衮(1487—1549)字汝明,号介庵,江西抚州府临川人,嘉靖二年进士,官御史、南畿督学、陕西提学副使等。著有《章介庵集》一一卷等,传见陈九川《陕西提学副使介庵章公墓志铭》(《明水陈先生文集》卷四)。章衮与陈九川、罗洪先、邹东廓等阳明学者多有论学之往来,《邹守益集》收录有《简介庵章》(卷一二)、《复章介庵》(卷一六)等文。

东廓离开金溪后取道丰城,当走赣江水路返安福。

是年底返回安福。致书张岳,论"万物一体",言冲玄之行"切己箴砭,日就笃实",已窥为学脉络。

《邹守益集》卷一一《简张净峰中丞·一》:昨归自象山,询诸同游,咸以为帝王之度,万物一体,虽鸟兽鱼鳖,举俾在并生化育中,岂忍与匹夫为仇。悠疾于顽,而吾黎庶军旅,挽粟负戈,劳顿疲疫,恝然不相融贯,纵使得其地,役其人,亦将奚裨?……颁历使至,具感掺存,详询军政,罢兵积谷,民亦劳止,迨可小康。仰冀为宗社生灵长顾却虑,以幸斯文。端阳候双江兄归,登凌虚之阁,重阳前出游冲玄,偕念庵诸君聚于玄潭,切己箴砭,日就笃实,于圣门庸德庸言,惴惴皜皜,窥见脉络。(546页)

按:"昨归自象山"指是年东廓于金溪游历陆九渊遗迹事。

《江西通志》卷一一《山川五·广信府》:应天山,在贵溪县西南七十里,连冈叠阜,自闽而来,为诸山之宗。宋陆九渊建精舍读书其中,以山形如象,更名象山。(《文渊阁四库全书》513册,363页)

"颁历使至"指是年底颁发历法事,可知此书作于是年底,所记交游事均在是年,故知此书当作于冲玄之行后。

冲玄、金溪之行，前后三月。会后集讲会论学语，录为《冲玄录》。

《邹守益集》卷三《赠闇斋罗郡侯》：予赴会冲玄，凡三月始归。（139页）

按：《冲玄录》所收讲语共三十一条，①每条记录一人论学问答，有姓名的人物共三十一人，其特点有二：一是所录并非都是冲玄会上的论学内容，而是包括会前、会中、会后的语录：如"双江聂子偕诸友聚玄潭，论寂感异同"条，是赴冲玄会前、在吉水玄潭会上与聂豹、罗洪先的论学内容；又如"南昌同游，自天宁升龙沙（在南昌），立高阜上，叹沙聚甚奇。曰……"条，是冲玄会前东廓在南昌龙沙会的讲语；又如"金溪诸友游紫玄洞天，入翠云寺，观象山先生题壁，发明只今真伪之旨。曰……"条，则为冲玄会后东廓之讲语。二是《冲玄录》并非全部为东廓讲语，"双江聂子"条、"存所范子"条、"鲁江裘子"条、"南昌同游"条、"刘让甫"条、"谢惟仁"条、"濮致昭"条、"江懋桓"条、"周有之"条、"觉山洪子"条、"少初徐子"条、"陈崇吉"条、"张景仁"条、"余子庄"条、"黄惟德"条、"王仲大"条、"王汝敬"条、"金溪诸友"条、"瑶湖子"条、"王时茂"条、"杨一宁"条、"甘瀹之"条、"杨淑文"条，为东廓论学或答诸子问；而"卓峰黄子"条、"张子汝愚"条、"绪山钱子"条、"疏山吴子"条、"介庵章子"条、"东石王子"条、"龙溪王子"条、"明水陈子"条则为东廓与诸子共同论学之内容，也反映其他人的一些观点。

冬，吉安府同知罗尚絅视篆安福，东廓趋见，罗问当地政情于东廓。三月后，罗离任，为作《赠闇斋罗郡侯》，以戒惧之学相勉。

---

① 见《邹守益集》卷一五，740—747页。

《邹守益集》卷一八《题彭泽去思记赠龙陵刘郡侯》：嘉靖己酉冬，吉郡诸邑令述职于京，闇斋罗郡侯署篆吾安福。（837页）

《邹守益集》卷三《赠闇斋罗郡侯》：予赴会冲玄，凡三月始归。归而闇斋罗郡侯视篆吾邑，亟趋而谒焉。侯倾盖询土俗民宜，恻恻里甲小日之病，若癉痌在躬者……甫三月，当道檄以督兑于省，庶士庶民皇皇然弗能留也……圣门相传一脉，戒慎恐惧，懋建中和之极，故敦化川流，裁成辅相，赞化育以与天地参，由此其选也。方欲与侯切磋之，而式遄其驾矣，庸采舆论以纳属车，且以为辎轩告。（139—140页）

按：《赠闇斋罗郡侯》载罗"尝两柄冠县，怀远教铎……陟判于杭……起，复邅补吾吉"，查光绪《冠县县志》，有罗尚綗于嘉靖间任冠县教谕；①查万历《杭州府志》，罗尚綗于嘉靖二十三年任杭州府通判，②万历《吉安府志》载罗尚綗于二十五年以后任吉安府同知，③故知"闇斋罗郡侯"即罗尚綗，号闇斋，④福建福州府闽县人，举人。《邹守益集》卷二六收录有《迎春睡起简罗闇斋使君二首》，当为次年春所作。

怀德祠历时多年，是年由江西右参政张元冲责成吉安知府靳学颜、庐陵知县李儒烈等建成，祀阳明。作《怀德祠记》。

《邹守益集》卷七《怀德祠记》：正德庚午，先师阳明王公自龙场量移庐陵……凡八月，而邑民有百年之思……嘉靖丙申，少湖徐子阶

---

① 见梁永康修、赵锡书纂：《冠县县志》（清光绪十年修、民国二十三年排印本，台北：成文出版社，《中国方志丛书》029号），卷六《职官志》，660页。
② 见陈善等修：《杭州府志》（万历七年刊本，台北：成文出版社，《中国方志丛书》524号），卷一四《守令表二》，1045页。
③ 见万历《吉安府志》卷三《秩官志》，27页。
④ "闇"，《邹守益集》作"闇"，有误。查四库存目本《东廓邹先生文集》，作"闇"。据《赠闇斋罗郡侯》云"抑令先公之命名也，以闇然日章为驰驱之范，而侯揭以名斋"，知罗尚綗之名号取自《中庸》所引《诗经》"衣锦尚綗"及"君子之道，闇然而日章"之义，今改。

以翰林视学政。士民合辞以请……时彭山季子本、梦山翁子溥咸以谪至,翕然役其劳,择城南忠义祠之右而祠焉……未几,各升任去,而楼居高亢,风雨凭陵,垣颓阶圮,同志兴慨,议敛私钱以葺。乃己酉之秋,浮峰张子元冲自司谏以参江西之政,肃谒谛览,曰:"吾责也。"进郡守靳子学颜、邑令李子儒烈,而告之曰:"夫崇德表烈,千载且不泯。故桐乡蒸尝,逾于子孙;武侯开济,古柏岿然;而濂溪像貌,烨烨郁孤台上。吾辈鉴于前政,而废坠之,人谓斯何?"乃贸才饬工,坚垣壁,治丹垩,甓楼墉,奠神座,而命节推王子问伐石以纪成绩……公殁八年而祠始建,又十有四年而祠始完……先是,季子创祠右店屋,以居诸生之守祠者。后政不相能,入之于官,寻以归华山曾氏。曾氏闻浮峰子之议也,举而纳诸祠,曰:"孔化固淑艾者也。纵不能助,忍裂之乎?"至是而祠规始备,法当附书。(387—388页)

按:李儒烈(1510—?),字忠甫,浙江嘉兴府海盐人,嘉靖二十六年进士,二十六至二十九年任庐陵知县。①

怀德祠是东廓等聚讲场所之一,如《书桂公辅楗卷》载:"桂生公辅自贵溪来学于彭山子,集郡之同志会讲于先师怀德祠下,因书是卷……"②

永新县学兴文阁重修,为作《永新重修兴文阁记》。

万历《吉安府志》卷三五《纪述下》,《永新重修兴文阁记》:永新兴文阁在儒学明伦堂之后,成化间邑令马侯克昌属义民张宁创构,割田为岁葺计。嘉靖甲午,邑之荐绅甘子公亮、李子俨率诸生举惜阴大会,而徐侯丙主之,相与切偲于阁中,焕然壮也。岁久滋敝,而邑庠科

---

① 见万历《吉安府志》卷三《秩官志》,34页。
② 《邹守益集》卷一七,813页。

第适乏,诸生皇皇焉。己酉夏,钧州徐侯衍祚莅邑,亟商于司教赵子锡,图修复之。而义民之孙万浚偕其侄曰朴、曰应、尧克,绍祖志而任之,规制宏丽,材良而甓固,黝垩丹臒,视昔费倍焉。以辛亥夏告成。子侯侯录其功,请于中丞张公、柱史曹公,以奖厥义。而赵子暨其寮章子文澜、郫子骥率左生、宋生,谒言以纪成绩。(566 页)

按:《邹守益集》卷六所收此文(347—348 页)有缺,无此段文字,《吉安府志》所收之文最后标注有"书嘉靖二十八年"。

是年或稍后,江西清军监察御史孙慎赠田与复古书院,至复古与东廓及诸生论不逾矩之学,论时政,东廓作《复古书院赠言》。

《邹守益集》卷三《复古书院赠言》:联泉柱史孙侯聚于复古,切磋絜矩之义……东廓子离席而拜曰:益也学于师友三十余年,使君何取善之笃、入道之敏也?圣门志学,以不逾矩为准。贤智而过,愚不肖而不及,遵道而行,半途而废,皆逾也。故立与不惑,知天命而耳顺,精神命脉融结凝聚,以依中庸而达帝则。故天命谓性,指降衷也;戒慎不睹,恐惧不闻,指实功也。自矩之大公曰中,自矩之顺应曰和,自大公顺应之,裁成辅相,发育而峻极曰位育。若然者,质诸鬼神,俟后圣,举幽明,古今而无二矩。夫是以无恶无射,以有誉于天下。使君奉天子命以按南服,将清戎伍,备胡虏而兼理匠班军料,以济百乏之需,投大遗艰,其亦絜之以吾矩而已矣。益不佞,谨为群情诵之。如使清戎而果足以充伍备虏,虽损于民,犹可也;长解督迫,鸡犬弗宁,而新军入卫,旋踵逃归,万民荼毒而国家无一矢一戈之利,窃悲夫割服以啖腹,而腹未得饱也。如使匠存而追逋班,虽急其后嗣,可也;匠亡矣,而摊于里甲,是驱里甲而逃亡也。皮之不存,毛将安傅?宁无动魏文侯之叹耶?如使运军以口粮备料价,限以年,可也;逋以三十年而偿以一旦,马力穷矣,而求不已,必逸必攫,将不待颜氏子而后知之矣。天子建中和之极以驭万邦也,宰执者,其工师也;台谏者,议工师而赞之也。稽诸往牒,方员隆污,其亦可鉴哉!露台惜金,后宫衣绨,虽纯驷不具,米石万钱,而终臻贯朽粟腐之休;柏梁竞丽,五利兆诞,虽告缙钱引株送绣,斧击断而弗能靖。轮台一诏,宿疴尽扫;少主一图,国脉潜回。如层雾积霾,复睹炎光之烈。故循规履矩,迄可篚篚;削而批之,立以苦窳;矫而复之,犹可救补。当局群工,宁无远猷辰告者乎?使君勖哉!见宾承祭,须臾勿离,集众思以广忠益,责难明良,诚立神应,俾好仁好义,兴孝兴弟,式绍隆古之化,而外本内末一洗而融之,是万邦黎庶举沐浴五福而拯于六极也。复古善类,其邛首胥祝焉!维兹复古,松溪大宰肇其基,少湖相国翊其成,而使君慨然增田以嘉惠我诸生,其焉能谖之!(98—99页)

按:"联泉"即孙慎,号联泉,北直隶保定右卫人,嘉靖二十三年进士,二十八年至三十一年任江西清军监察御史。①

"益也学于师友三十余年",从正德十四年从学阳明算起,《复古书院赠言》当作于嘉靖二十八年,结合孙慎在江西的任职时间,故推断二人论学时间在此年或稍后。

是年其他著作:

《金溪龚氏先祠记》(卷六)。《慈乐说》(卷九)。《简刘两江》(卷一一)。《鹅溪彭君丽川墓志铭》(卷二三)。《龙坞阡表》(卷二四)。

嘉靖二十九年庚戌(1550),六十岁

二月初一,寿六十。吉安府九邑士大夫及门人亲友赴复古书院,

---

① 见《明世宗实录》卷三四九,二十八年条;卷三九一,三十一年条。

作仁寿之会,千余人与会。门人周怡派从弟周戒之(字)往贺。作诗《谢复古诸友仁寿会》。

《邹守益集》卷一一《简陈大蒙》:仲春诞日,诸友作仁寿之会于复古,四方同志亦辱临之。(550页)

宋仪望《邹东廓先生行状》:岁庚戌,先生年六十,九邑士大夫以及门生亲识俱赴复古书院为寿,无虑千余人。(1371页)

《邹守益集》卷二六《谢复古诸友仁寿会》:桑弧初度中和节,玉瓒谁开仁寿筵?一堂风尘闻天籁,千里云帆枉列仙。瑟僴歌传淇上竹,经纶绪在舜廷弦。自惭两负趋庭梦,再拜群英共著肩。(1318页)

周怡:《周讷溪公全集》,《年谱》嘉靖二十九年条:二月初,东廓寿六十。先生作文致祝。尔时与东廓相违二十年。(28页)

按:是年罗洪先亦访东廓于复古书院(参见嘉靖二十一年、二十五年条罗洪先访复古书院条),不知是否此时。

东廓门人周怡派从弟周戒之前来祝寿事见《邹守益集》卷二六《周司谏顺之遣从弟戒之来寿,晴川子同戒之以往,别于青原二首》。周怡著有《寿东廓师六十叙》(见周怡:《周讷溪公全集》,《讷溪先生文录》卷三),并邀请东廓至徽州讲学,秋冬季成行,见后条。

祝寿会上,悟得"赤子之心,正是对境充养"。

《邹守益集》卷一二《简陈西山》:时适赴泰和,与晴川、南野诸君切磋云津、海智间……去年初度,同志胥临,悟得赤子之心,正是对境充养。入夏,必避暑武功山间。(606页)

按:云津、海智会在明年(见后文),故"去年初度,同志胥临"指是年复古仁寿之会。

暮春三月,应袁州府同知林大有之邀,携门人周戒之、黄旦、彭国矩、张道甫及子邹美、邹善至袁州讲学。越钤冈山,游洪阳、石乳二

洞；在袁州，集府城及宜春、分宜、萍乡、万载诸县士友聚讲于宜春台。凡十八日而归。临别，当地士子效仿《惜阴申约》定春台讲会制，以每季仲月望日为期，大会三日，每月各以居住相近者为小会。东廓作《题春台会录》，申戒惧之旨，勉诸生劝善规过。作诗《春台别胡重斋、胡桐溪、俞万溪、洪双野及宜春、分宜、萍乡、万载诸友二首》，申致良知、戒惧之旨。作诗《宜春台步阳明先师三韵》。

《邹守益集》卷一一《简陈大蒙》：诸友作仁寿之会于复古……会毕，即游春台，探洪阳、石乳二洞，宿原道阁，遂入青原……（550页）

《邹守益集》卷二三《万载石崖龙君墓志铭》：庚戌三月，予偕同志升春台，历天龙岩，探洪阳、石乳二洞……（1068页）

《邹守益集》卷一七《题春台会录》：嘉靖己酉之春，袁州刘郡守见峰、林贰车东庐、高节推九冈俨然问学于文明，相与商榷先师慎独宗旨及万物一体之义，三君退而喜曰："是义也，当与袁之庶士庶民共闻之。"乃即昌黎书院修葺旧拓新，将清秋延于原道阁，曰："学道爱人，于潮州其光乎！"会予赴冲玄之约，不果行。既而九冈以忧归，见峰以述职行，而东庐视篆，命邑博洪子诣山房以申前请。乃庚戌暮春，予与周戒之、黄朝周、彭国矩、张道甫及二儿美、善命驾铃冈，游洪阳、石乳二洞，以升春台，宿文公祠。郡博胡子、俞子暨四邑之彦，切磋所闻，期以洗刷俗习而刮露天机，始知千古六经之蕴，不赖词章，不靠闻见，不费测度，只从天命之性，精明真纯，视于无形，听于无声，真阳一复，生意四达。人伦庶物，三千三百，无往非盎然仁体，由皋、益、伊、傅、箕、周、孔、孟，经天纬地，尽从此戒惧一脉敦化而川流。修此曰惠迪，悖此曰从逆，吉凶影响，无不自己求之者。诸同志悔望追来，以为未之前闻也。凡十有八日而归。归之日，诸生谢性之、龙起文、颜端俨等……乃效《惜阴申约》，订大会于春台，岁以仲月之望

为期，凡三日夜方散。每月各以居相迩者为小会，规过劝善，悉如规约。走僮冒雨以会录求训诫于首简。(820页)

《邹守益集》卷四《学道篇赠立山袁郡侯》：往岁游春台，谒昌黎公祠，诸师诸生问学道爱人之旨。东廓子曰："道也者，其天地万物一体之原乎！学道者，其体天地万物，范围而曲成之功乎！古之学也，与道一，一故凝；后之学也，与道二，二故离。唐虞至于成周，其修德以凝道，可稽也。礼仪三百，威仪三千，赫喧宣畅，无非瑟僴之弥纶……昌黎公生于八代之衰，而毅然诵说周公孔子，以翼圣学，排佛老，方煽其忠诚义概，至于开衡云，化潮鳄，俎豆巍巍，旷千载而莫与京，亦曰自学道爱人得之……"诸师诸生欢然若有奋也。(201页)

《邹守益集》卷二六《春台别胡重斋、胡桐溪、俞万溪、洪双野及宜春、分宜、萍乡、万载诸友二首》：一：白发寻春未叹迟，个中春意主翁知。记取师门三字诀，前川风月不须疑。二：前川风月不须疑，尘土埋头几自知。冰薄渊深千载业，莫教笑杀《伐檀》诗。(1260页)

按："钤冈"，即分宜钤冈山，是安福至袁州府城的路经之地。

《江西通志》卷八《山川二·袁州府》：钤冈山，在分宜县水南二里。新泽水出于右，长寿水出于左，夹于山末，故曰钤山。(《文渊阁四库全书》513册，288页)

"春台"即宜春台，韩文公祠建于台上，均为袁州府城名胜。

《江西通志》卷三九《古迹二·瑞州府》：宜春台，《府志》："在府城东南隅。"《城塚记》："汉宜春侯刘成于城中立五台，其最胜者宜春也，高五十余丈，植桃李以万计。"(《文渊阁四库全书》514册，294页)

《江西通志》卷一〇八《袁州府·祠》：韩文公祠，旧在府学西,宋州守祖无择建,祀昌黎,以李翱、皇甫湜、卢肇、郑谷配,自为记……明正统间,巡抚韩雍、知府姚文迁于宜春台今址。钱习礼记。嘉靖间,知府刘廷诰改为昌黎书院。(《文渊阁四库全书》516册,573页)

据《题春台会录》可知,去年知府刘廷诰改台上之韩文公祠为昌黎书院。上文所谓"宿原道阁"、"宿文公祠"即宿于昌黎书院,也即是说,"春台会"会址在昌黎书院。

《宜春台步阳明先师三韵》见《邹守益集》卷二六。

在袁州,与子邹善、邹美,门人及当地士子游石乳洞、洪阳洞,又游慈化寺,天龙岩等,作诗数首。

《邹守益集》卷一二《复吴疏山》:暮春出游春台,探洪阳、石乳二洞,历慈化、天龙以归。(594页)

按:洪阳洞在袁州府分宜县,石乳洞在府城东三十里。

《江西通志》卷八《山川二·瑞州府》:洪阳洞,在分宜县西十五里袁岭、三峰之麓,世传葛洪及娄阳所居。石乳洞,在府城东三十里,深一里许,滴乳坚凝,成观音、罗汉像。(《文渊阁四库全书》513册,293—294页)

东廓游洪阳、石乳二洞时,有当地士人王前川等陪同。见东廓诗《庚戌暮春,携门人周戒之、黄朝周、龙起文、张道甫及二儿美、善游洪阳、石乳二洞,时王前川、朱宾溪、俞万溪、王立斋、李翠峰、洪双野同游》。①

"慈化"即慈化寺,"天龙"即天龙岩,在袁州府城。慈化寺、天龙

---

① 《邹守益集》卷二六,1234页。

岩相距不远。

东廓游慈化寺、天龙岩之诗作,见《邹守益集》卷二六《游慈化,同诸生及谢性之、刘子荣、子荨、彭国辅、国矩、阮祖征宿阳节之庄》、《同诸生及余汝德慈化夜坐》、《东庐林郡侯遣谢刘诸生侍游慈化及天龙途中代训》、《游天龙岩》。

在袁州,万载县门人龙跃延将东廓邀至其家。龙跃父子仿程文德所定乡约,于家族中行家约。作诗《赠龙生起文乃翁石崖》、《观龙生起文家举乡约》等。

《邹守益集》卷二三《万载石崖龙君墓志铭》:万载龙生跃之入大学也,从游于长安,嗣是卒业于复古。庚戌三月,予偕同志升春台,历天龙岩,探洪阳、石乳二洞。生延入其家,率昆弟子姓仿松溪程侯乡约,以联属其宗,而推乃翁石崖为约长……既别,月举家约,长幼数千指,肃然和洽,无复干有司者。(1068页)

按:龙跃,字起文,万载人。《邹守益集》还收录有《复龙起文》(卷一一)、《赠龙生起文乃翁石崖》、《观龙生起文家举乡约》(均见卷二六)等诗文。

夏,与罗洪先、何廷仁、刘魁、陈九川等聚讲青原山,约会玄潭,聂豹亦参与玄潭会。又入复古书院,游石屋,与何廷仁、陈九川、彭簪、刘邦采、刘月川、刘阳等论及聂豹"归寂说",作诗《善山明水石屋狮泉三峰诸君游二洞用明水韵》。会后致书陈柏(大蒙),言与同志交砥互砭,"直觉纤毫查滓无容脚处"。致书聂豹批驳其说,主张"寂感无二时,体用无二界"。

《邹守益集》卷一一《简陈大蒙》:诸友作仁寿之会于复古……会毕,即游春台,探洪阳、石乳二洞,宿原道阁,遂入青原,泛玄潭,以入石屋。交砥互砭,直觉纤毫查滓无容脚处,方夙夜从事,而未能也。

(550页)

《邹守益集》卷三《庐陵下村周氏谱序》:(周氏族谱)至庚戌春而告成。适青原举大会,俨然以首简来命某也。(142页)

按,是年青原会又见罗洪先诗《午日青原山中共善山晴川东廓明水诸公燕序》。①

《邹守益集》卷一二《复吴疏山》:暮春出游春台……夏月聚青原,泛玄潭,遂同善山、明水入复古,别于石屋二洞。(594页)

曾同亨:《泉湖山房稿》,卷四《陈明水先生年谱序》:嘉靖庚戌,先生(按,陈九川)来赴予邑江阳之会。(14页)

按,"江阳之会"即是玄潭会。

《江西通志》卷二一《书院一·吉安府》:"江阳书院,在吉水县五都元潭,明邑人建,祀罗文恭洪先。"(《文渊阁四库全书·史部》513册,704页)

《邹守益集》卷一一《再答双江》:枉顾文明,具感眷爱。约聚玄潭,倍沐切砥。别后善山、明水历石峰,入复古,以游二洞。而石屋、狮泉、月川、三峰诸君冒暑咸集,反复此义,以为寂感无贰时,体用无二界,如称名与字然,称名则字在其中,称字则名在其中。故中和有二称,而慎独无二功。今执事乃毅然自信,从寂处体处用工夫,而以感应运用处为效验,无所用其力。虽素所知爱,环起而议之,若无一言当意者?窃恐有隐然意见默制其中而不自觉,此于未发之中,得无已有倚乎?良知二字,精明真纯,一毫世情点污不得,一毫气质夹杂不得,一毫闻见推测穿凿附会不得,真是与天地同运,与日月同明。

---

① 见雍正本《念庵文集》卷二二,514页。该诗在隆庆本《念庵罗先生集》中标干支年号为"庚戌"。

故至良知工夫,须合得本体做。不得工夫,不合本体;合不得本体,不是工夫。吾侪自鸡鸣而起至于日昃,自日昃至于鸡鸣,果能戒慎恐惧,保此本体,不以世情一毫自污,不以气质一毫自杂,不以闻见推测一毫自凿,方是合德合明,蝙蝙肫肫宗旨。若倚于感则为逐外,倚于寂则为专内,虽高下殊科,其病于本性均也。何如何如?……挥汗布启,不觉狂直。有所未安,无靳批示。(542—543页)

按:"枉顾文明"可能指此年二月聂豹至复古书院(文明堂)为东廓祝寿事;"约聚玄潭"指聂豹参与了是年玄潭会。

耿定向《东廓邹先生传》庚戌条下:时聂双江豹有归寂说,先生致书,略云:"良知一字,与天地同运,日月同明,寂感无二时,体用无二界,惟能戒惧保本体,不以世情一毫自污,不以气习自杂,不以闻见推测自凿,方是合德合明、蝙蝙肫肫宗旨。若倚于感则为逐外,倚于寂则为执内,病于本性均也。"(1387页)

按:"陈大蒙"即陈柏,字或号大蒙,吉安府人,阳明学者。《邹守益集》收录有《己酉新春和大蒙陈子柏韵》(卷二六)等诗文。

《善山明水石屋狮泉三峰诸君游二洞用明水韵》见《邹守益集》卷二六。

孟夏,收陈九川寄聂豹书。稍后,有《复陈明水惟浚》一书,言"日见得从前测度想象,自以为功而不知反,增一层障蔽"。

《邹守益集》卷一〇《复陈明水惟浚》:孟夏拜所寄双江处书,拳拳示以"处患难工夫,非以能恬然安受为难,须加反躬省过,方始有进步"。此是吾明水经验得效,方敢不祗奉周旋,古人所谓"因心衡虑而后作",作者,言良知之奋发不可屈挠也;"征色发声而后喻",喻者,言良知之明觉不可障蔽也。若弗作喻,乌在其为增益不能乎?岘台再会,同志感兴,而吾兄所得,亦复不浅,其谓决去壅遏,则本体原自流行,至其精明广大处,又见日有不同。向看他人沉溺,若不相关,今却有不容已,谨贺明水之日新日富矣!以往来乏便,未即具复。平崖使至,乃喻为疮疾所困,而养火山间,友朋离索,殊无日新之益,此却正好商量。古人自成自道,本体常自流行,若以友朋为盈涸,则所指奋起精明,或是意气景象,而非本体矣。如何如何?讲学之风,大患在空言。象山对症之剂,原与同志大家服食之。归自青原,杜门静养,日见得从前测度想象,自以为功,而不知反增一层障蔽。今之空言而无实行者,正坐测度误之也……力疾挥汗,不尽瞻跂。(510—511页)

按:"岘台再会"指去年与陈九川等第二次聚讲拟岘台之事(第一次在嘉靖十六年,参该年条),"归自青原"指是年与陈九川等聚讲青原会,故知上书作于是年青原、复古、石屋等会后。

季夏,为推动安福讲学活动的两位乡耆彭簪、刘晓七十寿作《贞寿篇》。

《邹守益集》卷三《贞寿篇》:安成惜阴之会,云蒸星繁,视异邑为盛。而好学好礼,不以流俗自寿者,益得二翁焉:曰石屋彭子世望,曰梅源刘子伯光……石屋翁以己酉季冬寿升七袠。庚戌季夏,梅源翁亦升七袠矣。同志征言以寿,乃书以为宾筵祝。(110页)

冬,应门人周怡之邀赴泾县水西讲会,出游徽州、宁国、池州,与刘邦采携门人朱调、王一峰、朱震及二子邹善、邹美一路聚讲。行程路线:①祁门—休宁—歙县—泾县—青阳县九华山。一路多申不逾矩、戒惧之说。

---

① 东廓文集中对此行并无完整的行程路线叙述,笔者据多篇文献之上下文义推出行程顺序。

《邹守益集》卷三《寿莲坪甘郡侯先生七十序》：嘉靖庚戌之春，益周一甲子……其冬，予与师泉刘子及朱生调、王生一峰、朱生震、二儿美、善，餐霞于齐云，卧雪于九华，乘风泛月于长江鄱湖之上，紫阳、化城，若见羹墙；斗山、水西，若奏韶夏，然后知向者浅之为游也。(130页)

在祁门，应王大中、方汝修之邀，会讲于东山书院，论富贵利达之关，并订立会约。作诗《登东山书院，汪希文、应夫、绎夫、钦夫、程原静、谢实卿同游，汪望竹送酒》。与祁门诸友同游栖真岩，作诗《祁诸友约游栖真岩》。

《邹守益集》卷一六《书婺源同志会约》：婺源王生等趋学于复古，订齐云之游，予携二儿泛番湖，历东山书院，相与剖富贵利达之关……既而，邑之诸生以次集于齐云。(781页)

《邹守益集》卷一五《书祁门同志会约》：王子大中、方子汝修请予升东山讲座，相与剖富贵利达之关。齐景千驷，不及饿夫；管仲一匡，取羞童子。诸友欣然若有契也。(735页)

耿定向《东廓邹先生传》：庚戌，先生年六十，其年至祁门，会讲于东山，举"齐景千驷，不及饿夫；管仲一匡，取羞童子"，以破世贪富功利之关。友举考亭"勿为婴儿，而为大人"语，因引孟子语丈夫有曰大、曰小、曰贱三品申之，订会约云。(1387页)

《江南通志》卷九〇《学校志·书院·徽州府》：东山书院在祁门县眉山，明正德末知府留志淑因东岳庙基为书院，以祀朱子，集诸生讲肄，后圮。嘉靖间知县陈光华重建，更名曰环谷书院，后知县尤烈修而广之。(《文渊阁四库全书·史部》509册，534页)

按：《登东山书院，汪希文、应夫、绎夫、钦夫、程原静、谢实卿同游，汪望竹送酒》、《祁诸友约游栖真岩》见《邹守益集》卷二六。

在休宁,东廓与祁门等地诸生游齐云岩,聚讲建初寺,登玉几山,作诗《建初寺同狮泉诸友及二儿拜长至》、《休宁登玉几山诸友同酌南熏楼》。临别,作诗《迎和门别休宁诸友》。

《邹守益集》卷一六《书婺源同志会约》:历东山书院,相与剖富贵利达之关……既而,邑之诸生以次集于齐云,复以次集于建初。(781页)

按:"齐云"即齐云岩,在休宁县。

《江南通志》卷一五《舆地志·山川五·徽州府》:齐云岩,在白岳西北。路回如线,游者缘梯以升,所经胜处极多。乃至于岩,黟、祁、歙、婺之山一目可尽也。(《文渊阁四库全书》507册,516页)

"建初",指休宁县建初寺。

《江南通志》卷四七《舆地志·寺观五·徽州府》:建初寺在(休宁县)忠孝乡,唐咸通九年建。(《文渊阁四库全书》508册,469页)

《建初寺同狮泉诸友及二儿拜长至》、《休宁登玉几山诸友同酌南熏楼》、《迎和门别休宁诸友》见《邹守益集》卷二六。

在徽州府城歙县,谒紫阳书院,作《奠徽国朱文公文》。

《邹守益集》卷二〇《化城寺奠阳明先师祠》:泛鄱湖,蹑齐云,谒紫阳书院,聚讲斗山、水西之间……(946页)

《邹守益集》卷二〇《奠徽国朱文公文》:益自童年,先大夫授以濂溪六君子赞,慨然有景星乔岳之仰。及升南宫,列仕籍,窃余膏以自润,而继往开来之绪,判然若不相属也。受教先觉,始知反身以求。而茧丝牛毛之间,尚若有未释然者。及考晚年,深悔定本之误,刊落枝叶,收功一原,深有契乎玄天无言之脉,然后知世之尊信,尚醨糟粕而弃其醇也。往聚青原,梦与同志聚讲,举小成虚远之旨以为劝诫,寤而惕然曰:"此考亭公神明训我也!"世之安于小成者,沾沾自足而不求极致,故行而不著,习而不察;其骛于虚远者,嘐嘐自衒而不察实病,故人伦不察,庶物不明。其能切磋琢磨,瑟僩赫喧,以求大中至正者,鲜矣。晚景侵寻,猛自怨艾,取善四方,不遑宁处。出游新安,余韵洋洋,耆旧俊髦,翕然砥砺。瞻紫阳之旧宫,观泮水之遗衣,七斗钟秀,五溪汇清,俨然先生之临乎上也。采采频藻,骏奔门墙,谨陈所学而质焉。惟先生之灵,不鄙而相之,启我同志,以续遗休。(941—942页)

耿定向《东廓邹先生传》庚戌条下:先生往梦考亭举小成虚远之旨为劝戒,寤而惕然,至是为文以奠。中云:"安于小成者,沾沾自足而不求极致,至于不著不察。骛于虚远者,嘐嘐其学而不察其病,至离物而遗伦。晚景侵夺,猛自怨艾,以是取善四方,不遑宁处"云。(1387页)

按:东廓梦朱熹之事,清代沈佳《明儒言行录》有记,[①]盖出自以

[①] 沈佳《明儒言行录》卷八:邹文庄公守益,王文成公高足弟子也。年七十,时在青原,梦朱子曰:"小成与虚远,子当发明之。"公曰:"何也?"朱子曰:"事小成者,微有践履,不曾穷尽心性,行不著,习不察,于无声无臭之旨失矣。务虚远者,侈求幻妙,不慎操履,无庸德之行、庸言之谨,于有物有则之旨荒矣。"公醒而书壁曰:"考亭神授警策如此,余虽年迈,敢不自勉!愿诸同志共加深省!"因为文奠朱子,备载《东廓文集》。世儒分宗朱王,彼此反訾,曾不闻朱子自谓"青田原无陆子静,新安原无朱晦庵"之言乎!东廓师文成,晚年服膺朱子,至形梦寐,亦是觑破龙溪一辈虚远之病,故痛切警之耳。可知朱、王原无同异,末流偏病,互相救药施。四明谓:"天下病虚,朱子救之以实;天下病实,阳明救之以虚。"此公论也。泾阳谓:"世人讲学,其高者只一段光景,次者,只一副意见,下者,只一场议论而已。"又曰:"宗考亭者,其蔽也拘;宗姚江者,其蔽也荡。拘者人情所厌,顺而决之为易;荡者人情所便,逆而挽之为难。与其荡也宁拘。"此并勘定卓吾一派人矣。然正未可以邢恕议伊川也。(《邹守益集》卷二七,1401页)

上文献,然其所记有误,如将梦朱熹年龄写为七十岁,以此认为东廓晚年服膺朱熹,进而发"朱、王原无同异"之论。沈佳宗朱熹学,故有是见。然据《奠徽国朱文公文》,梦朱熹事当在东廓六十岁以前。且东廓所理解的朱熹,所谓"及考晚年,深悔定本之误,刊落枝叶"仍是以阳明《朱子晚年定论》所肯定之朱熹;而东廓晚年所汲取朱熹者,在其不骛于虚远、行著习察的笃实之风,观《奠徽国朱文公文》可知之。

徽州(旧称新安)乃朱熹故里,后人为纪念朱熹,先后在徽州府城建有两个紫阳书院。

《江南通志》卷九〇《学校志·书院·徽州府》:紫阳书院,在府城外紫阳山麓,自宋淳佑六年郡守韩补始建于城南门外,理宗赐额曰紫阳书院。元至元间,迁于南门内之江东道院,改道院为书院。延佑二年,又迁于南门外故址之左,后毁于兵。明洪武初,邑人重建于歙县学右。成、弘、正、嘉间,知府王勤、彭泽、熊桂,知县林腾蛟、戴东旻先后修葺。然历年久,仅存朱子像而已。而紫阳山麓之书院,则正德时知府张芹创建,嘉靖间知府何东序修葺,集七学之士讲读其中。(《文渊阁四库全书》509册,533页)

观《奠徽国朱文公文》"瞻紫阳之旧宫"语,东廓所谒似是正德时期重建于旧址之书院。

在歙县,访师山书院,谒元儒郑玉祠,作诗《谒师山书院勉郑生景明诸友》勉门人郑烛等士友。后七年,作《重修师山书院记》。

《邹守益集》卷七《重修师山书院记》:(师山书院)经始于丁亥之春,迄庚寅秋而成。予游九华,历齐云,趋谒(郑玉)祠下,庠生烛率其耄倪以俟……(郑)昆等以丽牲之碑为请,而觉山洪侍御垣、周潭汪中丞尚宁,让溪游参藩震德,交为速之,以章前哲而振来学……嘉靖丙辰(按,三十五年)冬,文始成。丁巳春,始立石。(422页)

《江南通志》卷九〇《学校志·书院·徽州府》:师山书院,在府城西十里,元郑玉构精舍于师山,有三乐堂、极高明轩,著《春秋阙疑》于其中,后人因之为书院。(《文渊阁四库全书》509册,534页)

按:《谒师山书院勉郑生景明诸友》见《邹守益集》卷二六。

在歙县,访斗山书院,举讲会,徽州六邑同志来会,订立徽州府讲会会规,由祁门、歙县、婺源、休宁诸邑士子轮流主持。其后于泾县水西会上,为斗山讲会作《斗山书院题六邑会簿》,发"不逾矩"之义。临别,作诗《斗山聚讲勉同游诸友二首》。

《邹守益集》卷一五《斗山书院题六邑会簿》:予携王甥一峰、朱甥震及二儿美、善与狮泉刘子游齐云,谒紫阳祠,以宿书院。六邑同志咸集,依依不能别。至度翚岭,冒雪冲泥,聚水西之崇庆,出六邑大会簿订轮年之约,以征言。首祁门,次歙,次婺源,次休宁,周而复始,期以共明斯学,毋愧于先哲。东廓子扬于众曰:……志学者,志不逾矩之学也。矩者,天然自有之善也。可欲惟善,而举天下之物无以尚之,此尚志说也。由是而立,由是而不惑,至于从心所欲而不逾矩,则大而化,圣而不可知,亦曰欲仁而志之熟而已矣。(736—737页)

《邹守益集》卷二六《斗山聚讲勉同游诸友》二首:一:新安自昔文昌薮,岁晏初分斗柄光。莫道微阳才一线,春回万象自苍苍。二:夜看斗柄中天起,皓月刚垂蝙蝠机。万象异同皆影响,自家姤复究危微。(1271页)

按:斗山书院在府城东斗山顶。

《江南通志》卷九〇《学校志·书院·徽州府》:斗山书院,

在府治东斗山之颠,明湛若水曾讲学于此。嘉靖十年,知府冯世雍葺为精舍,万历间改为书院。(《文渊阁四库全书》509册,534页)

"六邑"指徽州府下辖六县:歙县、休宁、婺源、祁门、黟县、绩溪。

在歙县,应洪垣之请,为婺源讲会作《书婺源同志会约》,勉诸生"以大丈夫自期"。

《邹守益集》卷一六《书婺源同志会约》:觉山洪郡侯趋别斗山,持其邑之会约以相示,规过劝善,期以共明斯学。东廓子曰:善而二三子之志也……其亦有不迁于饥饱,不怵于宠辱,不摇于毁誉,毅然以大丈夫自期者乎?孟氏之论丈夫,则有三品矣。居广居,立正位,行大道,嚚嚚然一穷达而齐得丧,命之曰大;入能谏于君,出能轻于爵禄,而必信必果,不免于悻悻,命之曰小;营营垄断,左右周利,以为子孙计,而不恤其躬,命之曰贱。二三子之切磋于斯也,其为大、为小、为贱,必居一于此矣。果能同理而不甘于同俗否?果能求天知而不急于人知否?果能以千万世为度而不谋一时否?若其未能,则自怨自艾,以拔于凡民;如曰能之,则自成自道,以全归于天地。予虽别,尚日望之。无为景公、仲父所笑,以续尔乡先哲之休!(781页)

在歙县,应王大中、方汝修之请,为祁门讲会作《书祁门同志会约》,勉诸生"以大丈夫自期"。

《邹守益集》卷一五《书祁门同志会约》:祁门汪子希文、谢子惟仁会冲玄而归,率郡中同志会于常清宫,复定邑中之会,春秋在范山书屋,夏冬在全交馆,相与拜圣像,宣圣谕,劝善规过,期以笃实辉光,共明斯学。予游齐云,以谒紫阳,诸友翕然咸集。而王子大中、方子汝修请予升东山讲座,相与剖富贵利达之关……将别斗山,出会约以征言。东廓子曰:善而二三子之志也!……(735页)

按:《书祁门同志会约》"东廓子曰"以下内容与《书婺源同志会约》内容一致,略去。

斗山会后,门人贡玄略、王惟一、谭见之自斗山书院将东廓迎至泾县水西寺,于水西之崇庆寺集宁国府六邑学者聚讲七日,几二百人。为水西讲会作《书水西同志聚讲会约》,言希圣希天、全生全归之学。会间作诗《雪中度翚岭赴顺之周司谏诸友水西之约》、《雪中聚讲水西寺和岩潭王郡侯韵》。

《邹守益集》卷一五《书水西同志聚讲会约》:周子顺之遣其弟戒之贻予寿言,且订会期。予许以雪舟之约。及期,泛番湖,入新安。贡子玄略、王子惟一及谭子见之候于斗山,乃逾翚岭以入崇庆,则积雪载途矣。诸友不期而至者几二百人。而戚子补之、张子士隆、王子惟贞咸以次切磋焉,七日而别。董子叔鼎、文启惟学、吴子从木、张子士仪、王子济甫偕同游以请会约之言。东廓子曰:……古之君子,戒慎不睹,恐惧不闻;执玉捧盈,临深履薄,不忍以一刻自陷于跲。故礼仪三百,威仪三千,无往非纯粹至善之流行。富贵必于是,是曰不淫;贫贱必于是,是曰不移;夷狄患难必于是,是曰不屈。将贞观贞明与天地日月同神而并化,是谓希圣希天、全生全归之学。凡我同游,胥训戒,胥劝勉,日就月将,以无负斯会。(737—738页)

按:水西会是集宁国府六邑(宣城、南陵、泾县、宁国、旌德、太平)士友每年春秋两季聚集的大型讲会,据东廓《水西精舍记》载,该会是在嘉靖二十七年青原会上由钱德洪、王畿、邹东廓偕同宁国府贡安国诸生商议,借泾县水西三寺举之,次年王畿即主盟水西会,旬日方散。此年则由东廓主盟。后因人多而僧舍狭,终在嘉靖三十二年建成水西精舍(见嘉靖三十三年条)。之后水西会一直持续至晚明万历年间,相继由王畿、钱德洪、罗汝芳、查铎、萧良干等主盟。①

《雪中度翚岭赴顺之周司谏诸友水西之约》、《雪中聚讲水西寺和岩潭王郡侯韵》均见《邹守益集》卷二六。

王岩潭即王廷干(1516—?),字维祯,号岩潭,南直隶宁国府泾县人,嘉靖十一年进士,湛若水门人,历官九江知府等。传见《江南通志》卷一六七《人物志·文苑三》。《邹守益集》收录有东廓为其所作的《赠岩潭王郡侯入觐序》(卷五)。

王惟一、谭见之、张士隆,待考。

水西会上,应张槐等广德籍士人之请,为复初书院讲会作《书广德复初诸友会约》,申戒惧、瑟僩、全生全归之旨。

《邹守益集》卷一五《书广德复初诸友会约》:东廓子曰:广德,予谪宦试政地也;复初,予缔构造士所也……予自紫阳历水西,广德张生槐与会者十人,持会约以征训言,期以守于永久……古之人戒慎恐惧,须臾不离,正目而视,倾耳而听,惟恐一毫亏其帝降之初,以亲父子,以肃君臣,以别夫妇,以序少长,以达于邦国。天下三千三百,无往非盎然仁体,是谓中和位育之矩。尔多士其肯请事于斯以对于师友乎?客岁,遇濮子致昭于上清,举"瑟僩"二字以为千圣正脉。尔多士自省自悟,切磋琢磨之功,果严密乎?粗疏乎?武毅乎?怠缓乎?夙兴夜寐,畏天之威,会友辅仁,胥劝胥戒,庶以全生全归,无愧尔复初!(739页)

水西会后,由泾县出发至池州府青阳县九华山化城寺,谒仰止祠,祭阳明,集诸生讲学。作《化城寺奠阳明先师祠》,反省自身"摹拟于见闻,倚靠于思索,包漫于世情"之弊,以"立真志,修实行"与同

---

① 相关研究见吕妙芬:《阳明学士人社群》,192—204页。

志共勉。作诗《化城谒阳明先师祠,霁,遂游瑞光》。

《邹守益集》卷一一《简翠厓黄柱史》:比入新安,历水西,升九华,谒先师祠于化城之上,诸生四集。(552页)

《邹守益集》卷二〇《化城寺奠阳明先师祠》:昔授学师门,纵言及于山水,曰:平生之游,九华为胜。"每歌诗章,览图籍,慨然欲一造焉……泛鄱湖,蹑齐云,谒紫阳书院,聚讲于斗山、水西之间,以趋祠下……忆书院初成,执笔以纪成绩,脱俗学之支离,辟异端之空寂,亦自以为勉志希圣,不萦于尘,可以无愧师门矣,而切己内省,不免摹拟于见闻,倚靠于思索,包漫于世情,与不睹不闻真体,判然弗能凝也。方与同志猛自怨艾,取善四方,不遑宁处,期以洗刷旧习,深造天真,而道之云远,欲从末由,中夜耿耿,无以报罔极之德。肆兹同游,不期而集,骇(按,疑为"骏"之误)奔门墙,胥出矢言,各立真志,各修实行,从日用常行之际,以直造先天未画之前。不忍以卑迹自安,不敢以虚玄自鹜,务以自别于禽鸟,而全归于天地。惟夫子之神,洋洋格思!胥诱其衷,俾克有成,无为兹山羞。谨告!(946—947页)

《邹守益集》卷二六《化城谒阳明先师祠,霁,遂游瑞光》:瑞光楼对五钗松,宿雾初开日正中。可是师门怜绝学,暾然拈出致知功。(1274页)

按:化城寺在九华山上,仰止祠在化城寺西,参见嘉靖十四年条。

《江南通志》卷四七《舆地志·寺观五·池州府》:化城寺在青阳县九华山,晋隆安五年杯渡禅师创寺于此,名九华……(唐)建中初刺史张岩奏定,寺名曰化城。(《文渊阁四库全书》508册,478页)

东廓在池州还著有《寄王大忠方汝修时寓青阳妙立寺(四首)》、

《九华遇雪》、《池口玩月甚佳》(均见《邹守益集》卷二六)等诗。

在化城寺,为阳明弟子施宗道所藏《阳明夫子行乐图》题辞。

《邹守益集》卷一九《题阳明夫子行乐图》:此阳明夫子行乐,而徐曰仁、季惟乾从游图也。青阳施友宗道,宝而藏之。其子良臣携观于化城。敬为之赞曰:郁郁者松,瀺瀺者水。风乎舞雩,从者二子。吾崇吾德,吾修吾慝,吾辨吾惑,庶无负致良知宗旨。(919页)

按:施宗道,青阳人。"宸濠忠泰之变"期间,阳明于正德十五年正月避居九华山月余,时县学生施宗道、江学曾、柯乔等从阳明游。①

是年春,邓鹤至安福见东廓。冬,随东廓、周怡同游九华山。游九华毕,东廓邀邓鹤等同回太平县紫云庵过年。

邓鹤《南询录》:春,登南岳衡山,过慈化寺避暑,往江西安福县,落东山塔。塔僧涵溶问渠何之?渠曰:"往见东廓。"……抵青阳山,遇程融山,闽县人,署青阳学事。是晚寻向寺中作礼云,适间肉眼不识,因问从来。渠曰:"从邹东廓游九华山。"……廓翁把渠送付周都峰(按,周怡),邀回太平县紫云庵同过岁。(转引自吴震:《明代知识界讲学活动系年》,169—170页)

按:邓豁渠(1489—1578年前后),初名鹤,号太湖,又号豁渠,四川成都府内江人。早年师事赵贞吉(1508—1576,字孟静,号大洲),后弃举业出家。列入《明儒学案·泰州学案一》。著有《南询录》,传见耿定向《里中三异传》(《耿天台先生文集》卷一六)。

吴震《明代知识界讲学活动系年》载"是年春,邓豁渠往江西,访邹东廓,东廓将豁渠托付给周都峰",然时间有误。结合上述东廓行程顺序可知,邓鹤于是年春至安福见东廓,冬,随东廓、周怡同游九华

---

① 事见《邹守益集》卷六《九华山阳明书院记》。

山。故"东廓将豁渠托付给周都峰"一事不在是年春,而在同游九华山时。

徽州、宁国、九华之行,历时三月,岁末始返。

《邹守益集》卷一一《简双江聂司马》:九华出游,以岁尽始归。(543页)

《邹守益集》卷二〇《奠彭君石屋先生文》:九华出游,三月始返。(948页)

按:是年东廓聚讲极多,按时间顺序为:二月初一复古会——暮春,至袁州(游洪阳、石乳二洞,慈化寺,天龙岩等,聚讲春台,凡十八日而归)——夏,聚讲青原山、玄潭——盛夏,聚讲复古书院、石屋——冬,出游徽州、宁国、池州,行程三月:祁门(东山书院会,游栖真岩)——休宁(游齐云岩、聚讲建初寺)——歙县(斗山书院会)——泾县(水西会)——登九华山,祭阳明,聚讲化城寺。

冬,彭簪去世。回安福后,作《奠彭君石屋先生文》。

《邹守益集》卷二〇《奠彭君石屋先生文》:鹿鸣之谊,四十有五年矣;洞门之卜,邻十有一年矣!……而九华出游,三月始返,曾不获与公一诀也……(948页)

是年前后,江西监察御史曹忭巡按吉安府,东廓、聂豹、罗洪先邀其在白鹭洲书院论学。临别,东廓作《絜矩篇赠纪山曹柱史》,发"絜矩"、"不逾矩"之旨,作诗《次纪山曹柱史白鹭书院韵》。

《邹守益集》卷四《絜矩篇赠纪山曹柱史》:上帝降衷,而蒸民受之,天然自有之矩也。从容中道,执两端以用中于民,是为自诚明之性。反身而未诚,或过焉,或不及焉,择中庸而服膺之,以复其天则,是为自明诚之教。是矩也,放之则弥六合,礼仪三百,威仪三千,与覆物载物同化;卷之则藏于密,戒慎不睹,恐惧不闻,与无声无臭同神。

矩之为德,其盛矣乎!故圣门之志学,以不逾矩为极则,而平天下之至德要道,不出于絜矩。子之事父,臣之事君,方员不可胜数矣,而所求乎子,即事父之矩也,所求乎臣,即事君之矩也。上之使下,下之使上,方员不可胜数矣,而所恶于上,即使下之矩也,所恶于下,即事上之矩也。语有之:"闭户造车,出门合辙",言矩之一也。故质鬼神而无疑,幽明一矩也;俟百圣而不惑,古今一矩也。君子之学,本诸身,征诸庶民,举天地万物而纳诸裁成辅相之中。矩行于家曰齐,矩行于国曰治,矩行于天下曰平。若工师之建清庙,门堂寝室,栋宇桁栌,巨细长短,殊制异态,无一不协于轨则,而主宰纲维,举自吾矩时措之。世固有眩规矩而责方员者矣,求诸人而无诸己,非诸人而有诸己,其弊也自用自专,以蓄其身;世固有秘规矩而略方员者矣,有诸己而不屑求诸人,无诸己而不屑非诸人,其弊也自私自利,而未可以兼善天下。呜呼,斯道何由而明且行乎?斯士斯民,何由而闻大道,蒙至治乎?柱史纪山曹侯,以三楚之隽,读书中秘,慨然有志于守约施博之学。其按吾江右也,缵白湖胡侯(按,胡彦,号白湖)之绩,而敷皇极以锡福焉。其言曰:"无虐惸独,而畏高明",兹王道之无有作好作恶者也。出按吾吉,揭絜矩之训,以嘉惠诸生。予与双江子、念庵子过澄江,邀而论学于白鹭书院,眷然干旌好善之风。将行,语介川子征所以别,故述所闻,以纳虎贲……(199—200页)

按:"纪山曹柱史"即曹忭(1512—?),字子诚,号纪山,湖广荆州府江陵人,嘉靖二十年进士,二十九年以监察御史巡按江西。又任江西左布政使、按察使等职。①《次纪山曹柱史白鹭书院韵》见《邹守益集》卷二六。

---

① 见《江西通志》卷四七《秩官·明》巡按监察御史、左布政使、按察使条。

是年,东廓等吉安阳明学者上书江西省官员请求重新核查赋役。嘉靖二十四、五年前后,东廓曾向巡按江西监察御史魏谦吉、江西左布政使何鳌申诉此事,未及解决,便以二人离任而未果。二十七年聚讲云津书院时,东廓再次与王门学者商议此事,欲以正德十六年由朱节、陆溥刊刻的《督赋条规》作为江西一省的赋役依据。是年,东廓联合聂豹、罗洪先等阳明学者上疏都察院巡抚江西右副都御史吴鹏,作《论重刻督赋条规事宜》,致书都察院巡抚江西右佥都御史张时彻请求重刻《督赋条规》;是年出行经省城南昌时,东廓向巡按监察御史曹忭申诉此事,得委派罗尚綗至吉安府重新清查赋役。东廓派门生刘寅计算粮税,协助斯事,终使载有新赋役标准的《派粮节略》得以刊刻,为安福每年节省三千余金。

《邹守益集》卷一四《简张东沙司马》:承惠赋役总册,具征大臣经纶之绪,使官有所稽,民有所考,案不重校,文不烦悉,而可洗过征加派之蠹,甚盛典也。中间欲有请正处,而难为轻改,未能悉数。且以过江过湖一项言之,旧规刻自陆原博少参,止派四钱,近乃增作六钱。旧规过江不支过湖,过湖不支过江,其余剩之银,解官领回,作月粮及存留支销。今乃先解布政司,不知作何支用?以弊邑计之,可逾千金,以吉郡计之,可逾万金。往者侵欺之弊虽不能免,然余剩之银犹有文卷可查,其作正支销,犹有楚弓楚得之利。今尽数起解,虽足以革侵欺,然月粮存留不免尽征于民,是敝邑失千金而敝郡失万金,皆在一岁额征之内,故新派粮则比旧日重。向告于槐川柱史(按,魏谦吉)及沅溪岳牧(按,何鳌),欲厘正之,而未及行,相继以去。今则相沿以为习惯,亦无复知之者。明公不鄙迂言而试查之,能慨然发还郡邑,郡邑之泽,岁省千金万金,其感当何以为报耶!秋尽,升九华,若公辕尚留,当详以求正。(689页)

《邹守益集》卷一四《论重刻督赋条规事宜》：江西一省粮则、禄米、兑军甚重，淮安次之，南京又次之，存留则轻矣。往年近省富民贿通吏胥，将兑淮重派加于远邑，官府见升斗之同，不知轻重之异，往往得遂其奸。白浦朱道长按临，力陈此弊，遂行少参陆原博通查一省粮派，刻为《督赋条规》，颁行各县，虽猾胥奸民，无从高下其手。迩来既去其籍，旧蠹日滋。如蒙亟访旧刻，再加查算，刻布府邑遵守，则合省万姓可得数十年之利。（701 页）

按："白浦朱道长"指朱节（1475—1523），字守忠，号白浦，浙江绍兴府山阴人，正德九年进士，正德十六年时任江西刷卷监察御史。朱节是阳明弟子，列入《明儒学案》卷一一《浙中王门学案一》。

"陆原博"即陆溥，字原博，浙江杭州府钱塘人，正德三年进士，正德十六年时任江西布政司左参议。传见《浙江通志》卷一五八《人物一》。

《邹守益集》卷一一《简晴川诸君定粮额增减事》：客岁（按，嘉靖二十七年）聚云津，曾面议赋役总册所刻粮额于旧额有增减，南、新二县独受其利，而各郡县分受其害。即与双江、念庵舟中联名达于默泉中丞。比游九华，过省城，备告纪山（按，曹忭）、东石（按，王蓂）诸当道，会委闇斋（按，罗尚纲）别驾清查。今清查已明，已造册以呈，皆刘友寅甫之劳。特恐南、新财力两便，未易改正。谨托刘友以册奉览，而议颠末，洞然增减利病之源。诸君子一体休戚，必协谋有以援之矣。国朝田额，俱有旧章。一百七八十年，名公钜卿宦于江右者何限？南、新二县高位丰赀者何限？咸未有轻改也。三五年来，递减递加，奏请未闻，已可骇叹。矧明刻五钱八分之内，不行实纳，暗加一万余两以派各县。而吏胥因缘为奸，又侵渔一万余两，何以堪之！得达群公，洞然颠末，当必有慨然任其责者。而南、新虽有财力，蕳然内

疲,亦无所逞其辨矣。若终于不明,则明刻诸梓,上诉诸朝,厘巨蠹以苏群困,亦义之所不容默也。惟诸公秉义裁之。(539页)

《邹守益集》卷一二《简欧三溪》:吴公(按,吴鹏)厘一省粮额之蠹,得刘寅甫任其劳,减暗加者万余金。今已刻《派粮节略》,吾邑可岁减三千金。若明加者可改,又可减一万余金。(620页)

罗洪先《与台省诸公论核丁书》:二十九年刊行《派粮节略》。(《江西通志》卷一四〇,《文渊阁四库全书·史部》518册,157页)

按:张时彻介绍参嘉靖十一年条。张于嘉靖二十八年至二十九年任都察院巡抚江西右佥都御史。①

"沅溪岳牧"即何鳌(1497—1559),字巨卿,号沅溪,浙江绍兴府山阴人,正德十二年进士,阳明弟子,官至刑部尚书,卒赠太子少保。著有《沅溪诗集》七卷,传见李本《资政大夫刑部尚书赠太子少保沅溪何公鳌墓志铭》(《国朝献征录》卷四五)。嘉靖二十四年至二十五年何鳌任江西左布政使,②东廓申诉当在这一时期。之后何鳌擢都察院右副都御史巡抚山东,东廓作《赠大岳牧沅溪何公巡抚山东序》(《邹守益集》卷五)。

"默泉"即吴鹏(1500—1579),字万里,号默泉,浙江嘉兴府秀水人,嘉靖二年进士,二十九年至三十年任都察院巡抚江西右副都御史。③官至吏部尚书。著有《飞鸿亭集》二十卷。传见董份《明故光禄大夫太子太保吏部尚书默泉吴公行状》(《董学士泌园集》卷三十一)。《邹守益集》收录有东廓为其著的《保厘贺言》(卷四)一文。

按《邹守益集》卷二六《滕王阁呈默泉、纪山、东石诸公》一诗为

---

① 见《明世宗实录》卷三四六,嘉靖二十八年三月条;卷三六一,嘉靖二十九年六月条。
② 见《明世宗实录》卷二九八,嘉靖二十四年四月条;卷三〇九,嘉靖二十五年三月条。
③ 见《明世宗实录》卷三六二,嘉靖二十九年闰六月条;卷三七三,嘉靖三十年五月条。

是年东廓在南昌时所作。

《派粮节略》刊行后,安福"过江"一项派粮依旧,至嘉靖三十八年何迁任都察院巡抚江西右佥都御史时,东廓再次致书申诉。见该年条。

是年其他著作:

《寿年友宪伯南江子八十序》(卷三)。《续刻思贤录序》(卷三)。《永丰六一书院记》(卷三)。《简双江聂司马》(卷一一)。《简陈春元崇吉》(卷一一)。《简陈大蒙》(卷一一)。《复吴疏山》(卷一二)。《户部左侍郎东峰汪公墓志铭》(卷二一)。

嘉靖三十年辛亥(1551),六十一岁

春,与诸生会讲于安福东山文塔,为门人方任作《赠大参近沙方子荣陟归寿序》。

《邹守益集》卷三《赠大参近沙方子荣陟归寿序》:黄州方子志伊自南宫受学于主客……嘉靖辛亥之春,简命陟山东大参,专理苏松四府粮事。而予游九华始归,与诸生会于东山之文塔。方子肃使以别,且告归省,为具庆之寿。(129页)

按:此会即东山会,参嘉靖二十一年条。

"近沙方子"即方任(1495—?),字志伊,号近沙,嘉靖十一年进士,湖广黄州府黄冈人,东廓任南京礼部主客司郎中时期受学门下,后任江西右布政使、右参议、按察使副使等职。[1] 传见雷礼《国朝列卿纪》卷一百。

---

[1] 见《江西通志》卷四七《秩官》。

至泰和,与刘魁、欧阳德、郭应奎、王贞善、曾忭等当地学者聚讲云津书院、海智寺。

《邹守益集》卷一二《简陈西山》:时适赴泰和,与晴川、南野诸君切磋云津、海智间……入夏,必避暑武功山间……(606页)

《邹守益集》卷二六《晴川、平川、自斋、石竹、格斋、前川、鉴斋诸君聚海智寺,南野少宰议作江楼》:海智从容十日留,朔风卷雨聚名流。晚年嘉会能知几?早筑江门白尺楼。(1281页)

按:现有文献未载云津、海智会的具体时间,笔者认为举于是年之依据在于:云津书院建成于嘉靖二十八年春,刘魁去世于嘉靖三十一年,二会必举于此间;而欧阳德于嘉靖二十九年夏因丁母忧归乡,持服未终,便于三十一年春北上任职,故时间范围可进一步缩小至二十九年至三十年间;①而二十九年东廓行程极密,似不可能赴泰和,故推断二会举于是年;再结合东廓"入夏,必避暑武功山间"语,亦能与下条相应。

海智寺,在泰和县,欧阳德尝讲学、静修于此。②

夏,携诸生及三子邹义、邹美、邹善,孙邹德涵、邹德浚避暑武功山百余日,发明《孟子》"牛山"章。期间于"默识"有悟,教语多主默识。作诗《携三儿及二孙德源德浚避暑武功二首》,言"年来会得全归脉"。

《邹守益集》卷五《武功寿言》:嘉靖辛亥,东廓子携诸生及三子

---

① 见徐阶《文庄欧阳公神道碑》:"嘉靖壬子春三月,持服未终,召拜礼部尚书兼翰林院学士。"(《欧阳德集》附录,844页)
② 按,《欧阳德集》卷六《家书抄·七》:"对江海智寺傍近,不妨买一庄,吾将于寺中杜门谢客……"(206页)胡直在二十六岁时即曾于海智寺从学欧阳德,其《困学记》云:"走拜先生(按,欧阳德)家,从游海智寺月余。"(四库本《明儒学案》卷二二)。

避暑武功之上，期以充养灵根，刊落枝叶，庶几全归，而未逮也。纵言及牛山之木……(295—296 页)

耿定向《东廓邹先生传》：辛亥，避暑武功，与学者发明《孟子》"牛山"章。问："谁为斧斤牛羊？"诸生有以声色货利对者，曰："此公刘、太王兴王之具，而可咎也？"或以妻子为累者，曰："操井臼，承宗祀，此孝养之资，而可咎耶？"诸生以斧斤牛羊，其咎在己，先生然之，曰："知自由己，而后自成自道，自暴自弃更无躲避处。"时先生教语多主默识，曰："默识是不厌不倦宗旨。子思戒惧不闻不睹，正是默识工夫，此从唐虞相传道心惟微来。末章'上天之载，无声无臭'，正发此默识极则"云。有以出处尝先生者，先生云："顺逆境界，只是晴雨，出处节度，只是语默。此中洁净，乃无往不洁净也。"(1387 页)

邹德涵《文庄府君传》庚戌条后：明年，走武功山中，坐百余日。一夕，喟然叹曰："夫学欲与神明伍，难矣哉！圣人之学，肫肫乎，渊渊乎，浩浩乎，而何所倚也！学非此则不可以教，教非此则不可以学。"于是与其门人言曰："孔子七十而不逾矩，吾其七十志于学。"始，不知者谓府君谦也。(1365 页)

《邹守益集》卷一二《简聂双江·二》：去夏避暑武功，始透曰："默而识之，是不厌不倦根基。"(584 页)

《邹守益集》卷二六《携三儿及二孙德源德浚避暑武功》：一：三代冠裳太极宫，萧萧盛暑领熏风。真机喜悟牛山木，不落桓家稽古中。二：不落桓家稽古中，纷纷龙断自争雄。年来会得全归脉，培溉无忘奕叶功。(1279 页)

按：《简聂双江·二》书作于嘉靖三十一年，见下年条。

武功会上，门人萧以训请东廓为其母作寿文，其年冬，著《武功寿言》。

致书吕怀,言避暑武功所获,反省以往"闻见思索"、未承担"真体"之弊,称"于全生全归脉络有循循进步处"。

《邹守益集》卷一二《简吕巾石馆长》:年来取善四方,归而避暑武功,觉得从前浮泛,犹靠在闻见思索科臼,于胝胝嚙嚙真体,未可承担。日夜怨艾,反观内省,始于全生全归脉络有循循进步处。(614页)

按:所谓"取善四方"指上年出游事,"归而避暑武功"则指是年,故推断此书作于是年。时吕怀已致仕归乡,①故上书不称官名而称"馆长"。

是年或明年,致书欧阳瑜,申戒惧之旨,言"于全生全归、安身立命处,觉有进步"。

《邹守益集》卷一二《简欧三溪》:张琼州归,获拜手教,时方会九峰,耄倪咸集,亟读传观,咸以奋励。古之学术,素位而行,不论出处,不分顺逆,只是戒惧勿离,参前倚衡,裁成辅相,尽从此关窍流出……吴公厘一省粮额之蠹,得刘寅甫任其劳,减暗加者万余金。今已刻《派粮略节》,吾邑可岁减三千金。……避暑武功,翛然有以自适,于全生全归、安身立命处,觉有进步,追悔虚见浮谈,真是耽阁光阴!(620—621页)

按:此书提到的吉安府清查赋役事在嘉靖二十九年,避暑武功在三十年,而"方会九峰"指九峰会,文献有明确时间的九峰会在三十一年。故推断此书作于是年或下年。

八月,甘公亮寿七十,为作《寿莲坪甘郡侯先生七十序》,批俗学"包谩于世情,倚靠于气习,充拓于才艺",有"事功、闻见、测度、著述

---

① 吕怀于嘉靖三十一年致仕,见雷礼《国朝列卿纪》卷一五五。

之杂",发戒惧中和之旨。

《邹守益集》卷三《寿莲坪甘郡侯先生七十序》：献岁辛亥八月之吉,莲坪公周甲子又十年矣。诸友议所以寿者。《诗》不云乎,木瓜琼瑶,公既投予以琼瑶矣,予何以报之？其诸报以纯亦不已之学乎？天道之枢,为物不二。曰于穆不已,故四时常行,百物常生,无往非无极之贞。圣德之要,为功不二。曰纯亦不已,故礼仪三百,威仪三千,无往非无欲之纯。学之未能希圣希天,病根安在？正坐不纯而杂焉耳。包谩于世情,倚靠于气习,充拓于才艺,于是乎有纷华之杂,有事功之杂,有闻见之杂,有测度之杂,有著述之杂。故其下者,夸千驷以为富,耀一匡以为烈；而其高者,博闻强览以为博,冥探力索以为精,夜半双睫,早了六经,以为继绝学。其于圣□憴憴相顾,皜皜不可尚,判若不相关矣。圣门端本澄源之学,戒慎恐惧,须臾不离。视于无形,听于无声,以保天命之纯而不使一毫杂之。从日用常行之内,以直造先天未画之前。故大公为中,顺应为和,参天地为位,尽人物为育。若然者,章矣而不见,变矣而不动,成矣而无为。是之谓不显惟德,与无声无臭同神而并化。以古所称万寿无疆,非由此其选乎！(131页)

是年春起,吉安府判官刘廷宾代理安福县事六月,有善政。期间曾至复古书院与东廓论学。临别,东廓作《题彭泽去思记赠龙陵刘郡侯》。

《邹守益集》卷一八《题彭泽去思记赠龙陵刘郡侯》：嘉靖己酉冬……逾二年,辛亥春,旧尹以调去,而龙陵侯实来署吾邑事……凡六月……会新尹视政,民相率攀挽送之,眷然不能释也。将别,出《去思记》一帙以示,曰："愿有以嗣教之！"……某尝侍侯复古,议尊经之阁,从容请曰："当官而洁者,或不能委曲以事上,故上有隐憾；

直躬而行者,或不能博大以尽下,故下有余抱。圣门之教,义以为质矣,而礼行孙出,瞿瞿然以成其信;质直而好义矣,而察言观色,虑以下人,闵闵然惧其无以通天下之志。是以上下咸宜,而家邦必达。"侯欣然曰:"是药石也,敬当书绅,以无忘至爱!"(837—838页)

按,"龙陵刘郡侯"即刘廷宾,号龙陵,广东广州府南海人,举人。嘉靖二十八至三十年前后任吉安府通判,①有善政。传见万历《吉安府志》卷一七《贤侯传》。

潜江县学建成,为作《潜江县重修儒学记》,申"志不逾矩之学"。

《邹守益集》卷六《潜江县重修儒学记》:(潜江县学)经始于庚戌秋某月,越辛亥冬某月落成……邑博士谭子世美、周子文达子纲属于引礼,诣山房以请曰……学者,志不逾矩之学也,所求乎子,天然之矩也,能以事父,则不逾矣;所求乎臣,天然之矩也,能以事君,则不逾矩矣。故庸德必信,庸言必谨,一毫不敢放过。至于相顾而愧愧,则礼仪三百,威仪三千,质鬼神,俟后圣,举幽明古今而无二矩……(342页)

致书监察御史提督南畿学政黄洪毗,反省以往"包谩于世情,摹拟于见闻,倚靠于思索"之弊,"于愧愧皜皜真体,判然未之能凝"。

《邹守益集》卷一一《简翠厓黄柱史》:比入新安,历水西……岁暮所迫,遂泛大江以归……益从事此学三十三年矣,中间探讨服行,立朝居乡,未尝敢废背。然向里洗涮,不免包谩于世情,摹拟于见闻,倚靠于思索,于愧愧皜皜真体,判然未之能凝也。方夙夜怨艾,取善四方,以图不虚此生。(552—553页)

按:东廓所谓"从事此学三十三年"是从正德十四年师事阳明算

---

① 见万历《吉安府志》卷七《职官表》,27页。

起,至嘉靖三十年,共三十三年。故推知此书作于是年。

"翠厓黄柱史"即黄洪毗(1506—?),字协恭,号翠厓(岩),福建兴化府莆田人,嘉靖十七年进士,曾任江西按察使副使,时任监察御史提督南畿学政,①是水西书院的倡建者之一,参嘉靖三十三年条。《邹守益集》还收录有《翠岩黄使君赠二儿北上次韵》(卷二六)一诗。

是年,刑部主事吴维岳恤刑江西。作《复吴峻伯秋官》一书,论学政合一,言"圣门相传功课,只在自家性情上理会"。

《明世宗实录》卷三六八,嘉靖二十九年十二月丁丑条:遣刑部郎中黎尧勋……吴维岳、徐文通……往各处恤刑,尧勋北直隶……维岳江西,文通四川……(6588—6589页)

《国朝献征录》卷六十三,汪道昆《都察院右佥都御史霁寰先生吴公维岳行状》:虑囚江西,囚得从末减者万五百……期月,而遍部中,法无不当。(《续修四库全书·史部》528册,495页)

《邹守益集》卷一三《复吴峻伯秋官》:圣门相传功课,只在自家性情上理会,故戒惧中和,中和位育,原无先后次第。自其修己谓之学,自其安人安百姓谓之政,谓之仕。后世乃以简册为学,而以簿书文法为仕,宜其判然不相入也。往岁练塘陈子自闽执讯山中,以为仕学合一,于师友恒闻之,及莅官临民,终不免为二。仆曰:所恶于上,无以使下;所恶于下,无以事上;即此是学,即此是政。高明仕学之疑,尚是先入之言累之耳。果能戒惧勿离,以为安身立命之地,出门如宾,使民如祭,立参于前,舆倚于衡,则刀尺在手,锦缊随宜,明鉴诚悬,紫朱莫眩。古之人裁成天地,曲成万物,更不从外面帮贴,只从好

---

① 见《明世宗实录》卷三五五,嘉靖二十八年十二月条。

恶中和运用。(638页)

按:"吴峻伯"即吴维岳(1514—1569),字峻伯,号霁寰,浙江湖州府孝丰人,嘉靖十七年进士。官至巡抚贵州右佥都御史。吴维岳尝与李攀龙等倡诗社,为"嘉靖广五子"之一,精于诗文,著有《天目山斋岁编》二十四卷等。传见汪道昆《都察院右佥都御史霁寰先生吴公维岳行状》(《国朝献征录》卷六三)。

"秋官"指刑部之官,故知上书写于吴任刑部主事时。因恤刑江西属短期出任之差,吴的任命时间在二十九年底,在江西办案当在次年。吴与东廓的交游仅见于上书,故推测当写于是年。

是年其他著作:

《保厘贺言》(1550—1551年,卷四)。《简陈西山》(卷一二)。《东泉彭君世翘墓志铭》(卷二三)。《万载石崖龙君墓志铭》(卷二三)。《封大淑人欧阳母萧氏合葬墓志铭》(卷二三)。

嘉靖三十一年壬子(1552),六十二岁

春,与同志聚讲东山寺。时门人董燧在枝江县建文昌精舍,应会上讲友之请,作《枝江县文昌精舍记》,论"道无二致,学无二功"。

《邹守益集》卷六《枝江县文昌精舍记》:乐安董子燧切磋于青原、复古之间,嘉靖庚戌秋,筮令枝江,以所学迪于士民。顾库序就圮……旧有文昌祠,改为精舍……越二年壬子春,邑博士蔡子文清……具状以征言于石,而庠生王弼、邹鲁、董魁、李显等介董君静合词以请。时方聚讲东山,同志咸造……燧闻之矣,道无二致,学无二功。盈宇宙间,一气耳。统体曰天,主宰曰帝,功用曰鬼神,命于人曰性,率性曰道,修道曰教,善养曰浩然之气。故出王游衍,无敢逸豫,

所以事天；小心翼翼，陟降左右，所以事上帝；斋明盛服，所以事鬼神。圣学自迩自卑之功，立爱惟亲，立敬惟长，而通于神明，光于四海。古之人受命如舜，无忧如文，继志述事如武王，周公郊焉，格而庙焉，缘其仁孝真纯，长长幼幼，运天下于掌。祖述宪章，上律下袭，敦化川流，渊渊浩浩，虽明王不作，直与千圣同堂、两仪并位，是谓合德、合明、合吉凶之学。董子之学于青原、复古也，其有异闻乎？举斯学以迪士民也，其有异矩乎？（358—359页）

按：董燧（1503—1583），字兆明，号蓉山，江西抚州府乐安县流坑人，嘉靖十年举人，官至南京刑部四川司郎中。董燧曾师事湛若水、欧阳德、邹东廓、王艮等，与钱德洪、王畿、陈九川、罗洪先游，并在其家族中开展道德教化，协助官府清赋役、举丈田等。① 其族人董兆时、董明建等均师从东廓，《邹守益集》中收录有《与董生兆明》《与董生兆时六章》《勉董明建兆明诸友丈量》《答明建司元司宪兆明书》（均见卷一〇）以及为其宗族所作的《乐安董氏新谱序》（卷三）等文。

春，欧阳德由礼部侍郎起为礼部尚书，北上前至石屋与东廓告别；夏，周怡远聚复古，同志咸集；秋仲，与罗洪先、周怡、刘阳聚讲安福北乡九峰庵，作诗《周顺之司谏聚刘氏九峰庵念庵三峰同游二首》。

《邹守益集》卷一二《简聂双江三章·二》：南野兄北上，执别石屋……今夏顺之司谏远聚复古，同志咸集，贴身刷洗，更觉从前浮泛，犹有世情支撑。秋仲，念庵同住九峰，感慨甚切。已约入南岳、匡庐，

---

① 参梁洪生：《江右王门学者的乡族建设——以流坑村为例》，《新史学》第8卷第1期，43—87页。

幽探归宿。(584页)

周怡:《周讷溪公全集》,《年谱》嘉靖三十一年条:之安福,遂访东廓。时东廓元配王宜人卒有一纪……特设奠,为作墓表。往吉水,又会念庵罗公洪先,时已八月矣。(30页)

《邹守益集》卷二五《周顺之司谏聚刘氏九峰庵,念庵、三峰同游二首》:一:凉飔祛残暑,新月穿丛薄。谁知千里驾,践此九峰诺?桐江来匹马,三峰理旧屩;锵然童冠间,陟降有余乐。丈夫贵识真,勿受利名缚。矢言舂陵派,千古尚可作。二:侃侃忠愍仙,三庵振教铎……(1207页)

按:上书作于是年。所谓"南野兄北上"指欧阳德召拜礼部尚书兼翰林院学士之事,参嘉靖三十年云津、海智会条。此外,此年聚讲九峰之事又见《邹守益集》卷二二《明故福建左布政使东潭萧公墓志铭》:"明年壬子冬十月某日,卜吉于其山之原。益与罗宫赞洪先聚讲九峰,诸孤持曾方伯存仁状,征铭。"(1018页)

是年徐阶入阁。以礼部尚书兼东阁大学士,参与机务,①开始陆续举荐王门学者。

有关"九峰"的记载不多,"忠愍"是刘球(出安福北乡茨溪刘氏)谥号,以此推知"九峰"当为安福北乡茨溪刘氏的家祠或家庙。胡直《念庵先生行状》又载:"(罗洪先)访周讷溪怡于九峰庵",②当指此年事。九峰庵是东廓与学者经常聚讲之所,如《简魏水洲·三》:"近与同志会于九峰,复会于青原。"③《赠郑景明归徽》:"东廓

---

① 见《明世宗实录》卷三八三,嘉靖三十一年三月辛卯条,6773页。
② 《衡庐精舍藏稿》卷二三,531页。
③ 《邹守益集》卷一二,588页。

子与同志再会九峰之上。"①

坦陂木桥位于安福北乡,乃沟通吉安往袁州之要道,常被冲垮。是年冬,得安福知县汤宾支持,东廓门人黄旦召集安福士民募捐,以石为基,以木为梁,重修坦陂石桥。东廓作《修坦陂石桥义籍》征募,作《告坦陂桥神文》。嘉靖三十五年,石桥又被冲垮。东廓等奔走出力,再次促成安福士民重修石桥。修成,作《重修坦陂桥成祭文》。万历年间,邹善再倡修。

《邹守益集》卷一八《修坦陂石桥义籍》:坦陂之桥,连年修以木,辄被水患,思以石修之……黄子朝周(按,黄旦)奋然思纠众力以协义举,同志咸赞之。乃请交川汤使君主于上,而亲诣尚义之家,各量力登籍,择约中能者任其劳……天有显道,福善祸淫;民有秉彝,好善恶恶。愿充拓善心,以舍善财,共登于福缘!(840—841页)

《邹守益集》卷二〇《告坦陂桥神文》:惟兹坦陂,北里通津,历分宜城以达湖、湘、云、贵,而岁架以木,旋以潦败,劳力费财,于众罔济。恒思以石为基,以木为衢,而惧其难成也。乃者邑南停桥肇以石,远迩翕然,迄底成绩。是用疏告同志,共图义举,秉彝好德,视义如归,谨召匠斫石,卜日始事,斋祓积诚,以告于神……(954页)

《邹守益集》卷二〇《重修坦陂桥成祭文》:壬子之冬,始筑墩以石,计可永逸,而丙辰泽水,复尔大溃。中夜思之,未可以废前功,乃复为题辞,上说下劝,左支右撑,期于有成。赖郡公主之,邑令丞赞之,石墩式坚,木架亦巨。谨协众斋祓,祇告于明神……(953页)

同治《安福县志》卷二《舆地·桥梁》:"坦陂桥,在治北,明嘉靖间邑人黄旦督修。万历间,邑人邹善复倡修焉。"(46页)

---

① 《邹守益集》卷二,70页。

按:"交川汤使君"即汤宾(1524—1585),字继寅,号交川,北直隶河间府南皮人,欧阳德弟子,嘉靖二十九年进士,三十年至三十二年知安福县。① 官至都察院右副都御史。

聚讲复古书院。有语戒惧于事为、念虑、心体三个层次,以戒惧于心体为究竟。

耿定向《东廓邹先生传》:壬子,会复古。示学者曰:"戒惧之功虽同,而血脉各异。戒惧于事与念,皆未也。惟戒惧不睹不闻者,念虑事为,一以贯之,是为全生全归,仁孝之极"云。(1387页)

是年其他著作:

《寿大司马两洲王公七十》(卷三)。《简日门胡翰林》(卷一一)。《简聂双江三章·二》(卷一二)。《明故福建左布政使东潭萧公墓志铭》(卷二二)。

嘉靖三十二年癸丑(1553),六十三岁

参与青原讲会。会上乐安诸生论及虚粮之弊。其后,东廓致书并作诗《勉董生明建兆明诸友丈量》,勉乐安门人协助丈田。又致书江西按察使马森、巡抚江西右副都御史翁溥等官员,派门人董焕、陈廷谏至省府申诉,请求尽快在乐安丈田,得允准。乐安县令郭謪派士子到安福咨询经验,推行丈田。其后,江西省府委派遣抚州府推官曹灼核查丈田,弥补隐漏。丈田历经四月十八日,于次年完成。马森又命乐安继任县令王鼎继续完成归户、差役编派等事。事成,东廓作《抚州府乐安县丈田记》。

---

① 见同治《安福县志》卷七《秩官·纪名》(92页)、《秩官·政绩》(98页)。

《邹守益集》卷七《抚州府乐安县丈田记》：嘉靖癸丑，同志聚于青原，切磋万物一体之学。乐安诸友言其邑虚粮，而倒悬不可解。好义者吁天阊，求丈量苏之，而所司惮烦劳，废阁几案，至鬻产市屋，无告也。时今中丞钟阳马公分守湖东，执讯告曰："仁人在高位，敢为邑人请命！"公恻然达于中丞吴公、柱史吴公及藩臬之长，咸檄郡督县，亟行之。邑君郭子諴谋诸邑士夫，谴诸生诣安福问已试之政，而属其丞、簿、尉，分乡以抽丈，分局以收册，树疆界，均官民，奠寄庄，期年而完矣。顾躬抽未遍，则田有隐漏；收册未严，则弓有洗改；于是四隅群嚚以愬，冀败其成。而诸生丘嵩等，呈扶公道，以成义举。中丞陈公、柱史高公及守、巡、粮储诸公，遴委抚州节推曹子灼，覆丈之⋯⋯凡四月十八日而完，以杜洗改。虽山田或租入不敷，然弓口视前，似增四分之一。邑氓亦欣欣感矣！顾归户、类姓二册未及攒造，里甲水陆差役未及编派，诸生詹仪等，呈留曹子以终其惠，而新尹王子鼎至，中丞马公、柱史徐公佥以委之。王子日夕皇皇，刷弓口以归户，俾收除无漏；酌粮亩以编甲，俾贫富无枉；而水陆机兵，率以丈田派征，一洗百余年之蠹。里有新役，粮有定规，督其新赋而缓其宿逋，邑之贫困，脱然若沈疴之去体，而其诡且悍者，亦帖然革面矣。（389—390页）

《邹守益集》卷一〇《勉董明建兆明诸友丈量》：荒年可闵，方修乡约以为弭盗救殍之策，同室一体，真有不容已者。若自处饱暖而不恤人之饥寒，自图安佚而坐视人之颠危，此惟无恻隐之心者能之。故不仁则以邻为壑，仁则以推沟为己任。乐安之焚溺极矣！极则变，变则通，其不能通者，只是未能绝去不仁之念，而侥幸目前利耳。仁者乐天，知者畏天，不仁不知，以天道为茫昧，孰知上帝临汝，神明洋洋在上、在左右耶？（533页）

《邹守益集》卷二五《勉董生明建兆明诸友丈量》：千古一体学，痛痒切发肤。八年不入门，微禹吾其鱼。时当救焚溺，宁复顾毁誉？殷勤赠处谊，订顽日卷舒。(1162页)

《邹守益集》卷一一《与钟阳马公书》：江右之民瘼，莫苦于虚粮。词讼日繁，追征日逼，逃亡日滋，皆虚粮之枝蔓流毒也。欲疗虚粮之痼，莫要于丈量……敝邑与永丰、永新二十年来，得以官无僻敛、民无遗负，而流徙渐归者，皆丈量之遗惠也。安乐虚粮比永丰犹甚，尚义者具奏，以求丈田。而有司因循，莫任其劳。上官文移往返，动经数载。至始事者卖产鬻媳，事竟未举，为义者惧矣！双江、明水诸君每谈而悲之。今幸司徒氏颁允丈量，天假良机。明公以一体一家之学适司其柄，梦山公同道主张之，此乐安更生之缘也。向所谓大端大要切于民瘼，此正案牍上现在症候。愿留神图之。董生燧、陈生廷谏趋见，以达群情，谨为先容。(559—560页)

《邹守益集》卷一一《与梦山公书》：双江、明水往岁同游太华，闻乐安以苦于虚粮，欲求丈量，以救逃亡。今又逾数载，逃亡甚矣。秋间，为达下情于分守马钟阳公，亦欲查行。董生燧、陈生廷谏等翕诉台下，求更生之路，专委能吏及时举丈，不过数月，可惠百年。明公开诚布公，集众广忠，冀有以对群望。晦翁有言：凡民有冤抑，势可言于官者，则为言之。矧一邑万民之冤抑，积数载而无任之者。非公一体之学，将畴告之！(560页)

按："钟阳马公"即马森(1506—1580)，字孔养，号钟阳，福建福州府怀安人，嘉靖十四年进士，官至户部尚书，谥恭敏。马森少从阳明弟子林致之学，于南京太学为诸生时，尝从欧阳德、邹东廓、罗洪先讲学。著述有《恭敏公集》十卷等，传见王世贞《资政大夫户部尚书钟阳马公神道碑》(《弇州续稿》卷一二九)、屠隆《马大司徒传》(《白榆集》卷十九,明万历龚尧惠刻本)、《明史》卷二一四。马森于嘉靖三十二年三月至三十三年七月任江西按察使,①三十三年十二月至三十五年六月任江西左布政使,②三十五六月至三十七年二月任都察院右副都御史巡抚江西。③

"曹子灼"即曹灼(1512—?),字用晦,南直隶苏州府太仓人,时任抚州府推官。④

"邑君郭子譒"即郭譒,湖广益阳人,举人,嘉靖二十八年至三十四年任乐安县令。"王子鼎"即王鼎,广德州人,继郭譒任乐安县令。⑤

"梦山公"指翁溥,时任巡抚江西右副都御史。⑥

乐安丈田完后,仍有以旧册征粮编差之事,致书抚州府同知陈一贯,请其责令县官以新册执行。

《邹守益集》卷一一《与五山陈公书》:乐安虚粮,久陷焚溺,诸君子拯以丈量,始有更生之机。向睹明公批语,征粮编差,其称有弊都分,止许指实覆丈,惸独之逃亡者,相告复业,而奸宄之犯科者,亦禁不得肆,古者神明之政也!近闻奸民仍告旧册征粮编差,则数载垂成之绩,一旦破坏,是取既解之悬而复倒之,仁人所不忍也!敢望电照斧断,责之县官,悉照新册,弓步定编粮,不得迟延,以起奸谋。其指实有弊之都,择才能挨覆弓步,均于一邑,不许滥及无弊之都,则公之阴德被于百万惸独,惸独且弗谖矣!(561页)

---

① 见《明世宗实录》卷三九五、该年月条;卷四一二、该年月条。
② 见《明世宗实录》卷四一七、该年月条;卷四三六、该年月条。
③ 见《明世宗实录》卷四三六、该年月条;卷四五六、该年月条。
④ 见刘玉瓒修、饶昌胤纂:《抚州府志》(清康熙四年刻本),卷九《官师考》,33页。
⑤ 见同治《乐安县志》卷六《秩官志》,5页、康熙《抚州府志》卷九《官师考》,55页。
⑥ 见《江西通志》卷四七《秩官·明》。

按:"五山陈公"即陈一贯(1495—?),字鲁得、邦通,号五山,福建福州府福清人,嘉靖八年进士。嘉靖二十六至三十一年任抚州府同知,①有善政。传见《福建通志》卷四三《人物一》。

十月,陈九川寿六十,命邹善及孙邹德涵、邹德溥往贺,作《明水陈姻家寿言》,引《诗经》、《大学》论戒惧之学,以"先师之命,夙夜其保之"相勉。

罗洪先:《念庵文集》卷一五《明故礼部主客郎中致仕明水陈公墓志铭》:先生生弘治甲寅十月十六日,卒嘉靖壬戌八月某日,享年六十有九。(328页)

《邹守益集》卷三《明水陈姻家寿言》:益再见先师于虔,与明水陈子切磋通天岩中……暨各返初服,聚冲玄,历岘台,入青原、石屋之间,以戒惧之学不睹不闻为归宿。盖自正德庚辰至于嘉靖癸丑,凡三十有四年,而陈子寿登六十矣……刚柔者质也,易恶以至于中,则弗囿于质矣;夷险者境也,忍性以增不能,则弗夺于境矣。弗囿于质,弗夺于境,小心翼翼,昭事上帝,视于无形,听于无声,三千三百,出王游衍,其知神之所为乎!圣门称耄期好学,以武公为准,箓竹以继,缉熙屋漏,以先烈文。其《诗》曰:"神之格思,不可度思,矧可斁思。"非知微之显,灵光炯然,其孰能与于斯!故切磋琢磨,瑟僴赫喧,至有斐而不可谖。世之绳趋矩步,未能蝙蝠于中,忽恂慄者也;养心缮性而不屑于外,略威仪者也;举不足以语精一博约之神……先师之命,夙夜其保之!谨命儿善及诸孙德涵、德溥敬祝于宾筵。(108—109页)

聚讲于庐陵安塘圣化观,附近士绅咸集,安塘萧氏亦赴会。明年冬,应萧氏族人、门人萧良玉等人之请,撰《安塘萧氏祖祠记》,以良

---

① 见康熙《抚州府志》卷九《官师考》,29页。

知学告其族人。

《邹守益集》卷七《安塘萧氏祖祠记》:庐陵安塘之萧……历唐迄今,簪缨婵嫣,彬彬巨族也。嘉靖癸丑,予聚讲圣化观,环圣化之衣冠咸集,安塘耆倪与切磋焉。与之语爱敬知能之良,咸欣欣若有契也……(祖祠)经始于甲寅之春,落成于冬……祠成,门生良玉偕其兄赞端章甫趋安成以征记。东廓子曰:嘻,善而二三子之能致其良知!五方之孩提,无事于学习,而于亲无弗爱焉,是心安从生哉?天命之性,纯粹至善,受衷于常降,有非外物所能婴者。亲睦慎徽,尧舜之所以优入圣域。率是道也,三代之隆,言修行道,良知无所于翳也;合爱同敬,民胞物与,四海而亲昵之祖云乎哉!及良知之蔽于欲也,悖德悖礼,封闭吝骄,父母而燕越之祖云乎哉!孝子之于亲,生而致养,以爱日之诚焉;殁而致哀,以创巨之痛焉。及夫卜宅穸,封堂斧,色不接目,声不接耳,然而栋宇惟茸,寝庑惟奥,凡栖主妥神之具,罔敢弗虔;尤且晨昏必谒,出入必告,履端必参,时节必献,属属乎若祖考之生且存,无不用其爱敬者;岂特灌献之将,祝嘏之告,笾豆之陈而后有?是不容自已之心哉!是可以观本然之良知也!然是旨也,尔诸彦亦既昭揭之矣,抑果能著察否耶?雍之为义也,敬之至也;睦之为义也,爱之至也。率吾不容自已之良,以造于常爱常敬之极,视于无形,听于无声,一出言,一举足,战兢惕励,罔逸豫以自鳌,将天运川流,无往而非帝则之矩矱,则所以为享保者可以永,所以为启佑者可以绎,所以为崇正者可以砥而砺,矧行义之祀以昭德,无后之祀以广仁,有劳之祀以功能。敬尔子姓,陟降斯祠,顾諟明训,以毋负立名之义,上遡孔孟以达唐虞,衍圣学之绪于无穷,尚百世永永有光,奚假兰陵、金陵王业、相业,以夸诩观听哉?(401—402页)

按:安塘萧氏在庐陵,故知圣化观讲会亦在此地。从内容看,圣化观讲会属于乡会类型,在萧氏祖祠之类举行的"里中道会、文会"盖属同类。

安福知县汤宾在前知县李一瀚所造黄册基础上加以修订,再造黄册,巩固以往丈田成果。东廓应汤宾之请,作《安福三刻县总序》。

《邹守益集》卷三《安福三刻县总序》:安福之刻县总,自松溪程侯文德始。按丈田之籍而提其要,以周民数,以核赋税,以均事役。奸豪无所觊,贫弱无所疲,而胥吏无所摇,其古之遗乎!嘉靖壬辰(按,当为壬寅之误①),景山李侯一瀚届黄籍之卷,惓惓以松溪为法,复刻而户授之。邑之父老弟子沐浴庆泽,帖帖无后虞。岁壬子,交川汤侯宾释褐视篆,博谘故实,遴能以团局,矢神以袚志,酌粮以均甲,惓惓以景山为法,而属刘簿鳌日督其成。比膺召命,亟刻之梓,而告于益曰:"版籍情伪,南北异状也,而众言复渚之,虽夙夜从事,犹概然于中。暨按新籍督赋,挈然无升合爽,然后信旧政必告之为忠,而二三子之劳为有终也。愿徼言以告后之君子。"益拜手曰:兹总也,三刻矣,其世变风移之庆乎!……以松溪、景山二侯稽之,有刊以讪矣,有联名以毁矣,而口碑道载,帝赍三接。以今准后,虽百世可知也。后之君子,宪于交川,体信达顺,以迓续民命为天,肆吾邑无疆维庆,诸君子亦无疆惟休。汤侯入赞司徒,职版籍矣;程侯秉国钧,李侯柄言责,咸精白周礼,以翊皇极。执古之道,御今之纪,尚乐与万邦邱民庆之。古不云乎:"达于上下,敬哉有土。"(95—96页)

按:汤宾是年考满,东廓为作《述职归寿序》(《邹守益集》卷五)。

吴震《明代知识界讲学活动系年》据沈懋孝《沈太史全集》所收

---

① 《邹守益集》卷五《福邑粮总录序》:"岁壬寅,届造册之期",即指二十一年李一瀚造黄册之事。

《淇林馆钞·湖上读书堆六先生会语》载,是年夏四月,邹东廓、罗洪先等应胡宗宪之邀,会宿武林(今杭州)。唐枢、王畿、唐顺之、方湛一及邹、罗又会于当湖。① 然吴震《罗洪先略年谱》又在此条下注:"然而,是年罗念庵是否远游武林,查《念庵集》等,未见有其他记录。"②检诸《邹守益集》,亦未见有记录,存疑。

  是年或稍后,应门人朱调等请,为安福南乡大桥朱氏作《大桥朱氏族谱序》,以《易》理论"爱亲敬长以达诸万邦"之义。

  《邹守益集》卷三《大桥朱氏族谱序》:嘉靖癸丑……未逾年而梓成……而庠生调、耀、孟、瑮、恩,辄骈然征言于益,以范来胤……昔者圣人作《易》,以《同人》系《否》,所以昭倾否之方也。天下之情,扞格则为否,而贯属则为同。父而同于子则慈,子而同于父则孝,兄而同于弟则友,弟而同于兄则恭,宗族而同于宗族则睦。故上下左右前后,一是以同其好恶为准则,其《象》曰"类族辨物",所以审《易》而致其同也。《同人》之贞为离,其悔为《乾》。《乾》,天也;离,日也。覆之以公而照之以明,则刚健辉光,沛然保四海,而为《大有》之元亨。藩篱以梏之,蒮苇以蔀之,将胁弱暴寡,诈愚苦怯,缩然蓄缕于躬,而为《比》之"匪人无邦"矣。勖哉大桥,庆泽永矣!尊祖联族,训迪尔哲矣!无吝于宗,无僻于郊,无伏于莽,无乘于墉,以中正相克,而出门以通天下之志,则否倾而亨大有,其孰能御之哉!或曰:"谱止于宗,将非吝与?"曰:"万邦协和,自亲九族;万邦作孚,自刑寡妻。隆古大道之行,爱亲敬长,达诸万邦,浑然理一,谓之仁;粲然分殊,谓之义。若天覆帱而日照临也,是之谓大同。朱氏诸耆彦以治《易》有

---

① 见吴震:《明代知识界讲学活动系年》,190页。
② 《聂豹 罗洪先评传》附录,354页。

声,而切磋文明之学,敬以是赞之!"(128—129 页)

按:"庠生调"即朱调,字以相,出南乡大桥朱氏,校官,从学东廓、刘邦采,传见同治《安福县志》卷一一《人物·儒林》。

是年其他著作:

《刘氏小宗祠义田记》(1553 年前后,卷六)。《丹崖姚翁能近暨配欧阳孺人墓志铭》(卷二三)。

嘉靖三十三年甲寅(1554),六十四岁

六月十六至十九日,至吉水参与玄潭会。罗洪先、王畿、刘邦采及吉水、安福、泰和、永新学者三十三人与会。会上,王畿与刘邦采就"见在良知"问题展开争论,由罗洪先主持评议。别前,王畿作诗《玄潭次韵留别邹东廓丈》,东廓和诗《玄潭次龙溪见赠》。

罗洪先:《石莲洞罗先生文集》卷一二《甲寅夏游记》:(六月)十六日午后,泰和陈两湖遣使邀会玄潭。安福邹东廓、刘狮泉、刘月山、颜以宾、邹继甫、泰和郭平川、王有训、永新尹洞山、方崖及二任皆次第先至,予为地主。十九日如玄潭。是时邑中士友聚者,冷塘、龙山、道舆、子良与罗镇峰、周龙冈、谢潮溪、萧云皋,凡三十有三人。午,洞山先发,诸君聚雪浪阁下。龙溪时出警策语,且曰:"诸友会此一堂,试思即今饭次,自始至终此心皆不走否?各样杂念皆不起否?听某说话皆不忽否?此处做得主张,即不枉此会。不然,即是非徒无益,而又害之也。且此会父兄临之,师保勉之,犹不能定贴得下,闲居独处又安有振迅脱卸时耶?"时在坐者罔不敛肃。东廓公谓予曰:"狮泉与龙溪有未了语,待公而判。"予曰:"愿闻。"于是二兄各述所言,往复者二日。龙溪问:"见在良知与圣人同异。"狮泉曰:"不同。"曰:

"如何?"曰:"赤子之心,孩提之知,愚夫愚妇之知能。譬之顽矿,未经煅炼,不可名金,其视无声无臭、自然之明觉何啻千里!是何也?为其纯阴无真阳也。复其真阳者,更须开天辟地、鼎立乾坤,乃能得之。以见在良知为主,决无入圣之期矣。"龙溪曰:"指见在良知便是圣人体段,诚不可;然指一隙之光以为决非照临四表之光,亦所不可。"因指上天皑皑处曰:"譬之今日之日非本不光,却为云气掩映。指愚夫愚妇为纯阴者,何以异此?今言开天辟地、鼎立乾坤,未可别寻乾坤,惟扫除云气,即成再造之功,依旧日光照临四表。"龙溪因令予(念庵)断。予曰:"……(狮泉)分主宰、流行两项,工夫却难归一。龙溪指点极是透彻,却须体狮泉受用见在之说,从摄取进步,处处绵密,始是真悟,不尔只成玩弄。始是去两短,取两长,不负今日切磋也。若愚夫愚妇与圣人同异一段,前《夏游记》中亦尝致疑,但不至如狮泉云云大截然耳。千古圣贤汲汲诱引,只是要人从见在寻源头,不曾别将一心换却此心……不可直任见在以为止足。此弟与二兄实致力处耳。"午后雨稍止,诸君解会。(43—44页)

王畿:《龙溪王先生全集》卷一八《玄潭次韵留别邹东廓丈》:江馆兹辰喜再逢,前期翻忆负追从。短蓬欲返山阴棹,高阁犹惊日午钟。一点玄机开混沌,半生浪迹愧疏慵。从来澹泊方成学,未必才名拟卧龙。(《四库全书存目丛书·集部》98册,635页)

《邹守益集》卷二六《玄潭次龙溪见赠》:纯阳旧馆集章逢,自愧缑笙未易从。风御重来三伏驾,天机谁起五更钟?灵明一窍师传辟,瑟㑞新功病骨慵。长忆闇然连榻语,成名易世几潜龙?(1333页)

玄潭会后,致书门人贺世采,言王畿"发明师门灵明一脉,可谓恳到",中戒惧之旨。

《邹守益集》卷一三《简贺义卿七章·五》:龙溪兄初约聚青原,

继以倭寇促归,故止聚玄潭三宿。别去发明师门灵明一脉,可谓恳到。吾辈果能从灵明不昧自戒自惧,日用人伦庶物,无众寡小大,周敢瞒过,更无歇手处,亦无换手处,不患不笃实光辉。若自家肯瞒过,更无商量处矣。何如何如?……青原之聚,已订十一月了,南野、晴川二兄葬奠,不知能同往否?(635—636页)

按:"贺义卿"即贺世采,字义卿,嘉靖十六年举人,吉安府永新人,东廓弟子,与邹善为姻亲。传见同治《永新县志》卷一六《人物志·列传》。《邹守益集》中收录有《简贺义卿七章》(卷一三)及东廓为贺世采之母所著的《尚志堂寿言》(卷二)、为其祖母所著的《贺母王氏墓志铭》(卷二一)等文。

欧阳南野逝于嘉靖三十三年三月,[1]刘晴川逝于嘉靖三十一年,而王龙溪"止聚玄潭三宿"当指是年六月十六至十九日的玄潭讲会。合而观之,此书当作于是年的玄潭讲会后。

秋,应宁国知府刘起宗之请,作《水西精舍记》,申"戒惧"、"不逾矩"之旨。

《邹守益集》卷七《水西精舍记》:岁戊申(按,嘉靖二十七年),绪山钱君、龙溪王君赴会青原,诸生追随于匡庐、复古之间,议借泾邑水西三寺,以订六邑大会,延二君迭主讲席。益偕狮泉刘君冲雪临之。每会逾三百人,僧房无所容,乃诸生敛金构居于宝胜之左。而当道病其隘也,拓于殿之右,义民童生欣然各助费焉。壬子(按,嘉靖三十一年)之秋,初泉刘侯(按,刘起宗)来莅郡政……而精舍焕然以成。刘侯遣俞生堂、瞿生佑、王生汝身以征言曰……益也闻诸阳明先

---

[1] 见徐阶:《明故太子少保礼部尚书兼翰林院学士文庄欧阳公神道碑铭》:"甲寅三月二十一日,得疾卒。"陈永革点校:《欧阳德集》,附录,844页。

师曰:"孔门志学,便是志不逾矩之学。"旨哉,其言之也! 上帝降衷,而蒸民受之,良知良能,虚明贞纯,若耳提面命,嘘吸一体,无智愚贤不肖,举具是矩,患在于逾之耳。洙泗之兴,忘食忘忧,老至不知,亦曰祖述宪章,上律下袭,全生而全归之。故立者,以言其定也;不惑者,以言其纯也。不怨不尤,知我其天,则与天为一,而帝则在我矣。帝之则,其神乎! 明目不睹其形,倾耳不闻其声,而范围曲成,千变万化,充周不穷其用……二三子之切磋于师友熟矣,其亦思精于一乎? 孺子入井,怵然弗忍,帝矩之形也。纳交、要誉、恶其声,三者一不絜焉,则逾矣。万钟不义,惊然弗受,帝矩之形也。宫室、妻妾、识贫乏,三者一不絜焉,则逾矣。自戒自惧,自濯自暴,事上使下,从前先后,交左交右,三千三百,无非瑟僩之弥纶。是为下学上达,一以贯之之正脉……诸生所创,堂五间……合而题之曰"水西精舍"。其田界税米且勒于碑阴。嘉靖三十三年甲寅秋七月。(430—431页)

按:水西书院建成于三十二年八月,①嘉庆《泾县志》载:"水西精舍,在水西宝胜寺右……嘉靖壬子,督学御史黄洪毗、知府刘起宗、知县邱时庸建。"②

水西精舍建成,罗洪先有《熙光楼记》(见《念庵罗先生文集》内集卷三,明隆庆元年胡直序刊本),周怡著有《水西精舍记》(见《周讷溪公全集》,《讷溪先生文录》卷四)。

冬,聚讲东山寺,与诸生切磋为学之方。安福社布王钶等三人赴会,应其请,为作《社布王氏重修族谱序》,发"普爱敬以位育于一家"

---

① 罗洪先《熙光楼记》:"其役在嘉靖三十二年八月。"(隆庆本《念庵罗先生集》内集卷三)
② 李德淦修,洪亮吉纂:《泾县志》(清嘉庆十一年刊本),卷八《书院·水西精舍》,1页。

之谱论。

《邹守益集》卷三《社布王氏重修族谱序》：嘉靖甲寅冬，祠堂告成……命庠生士钶及汝深、钦鼎介彭生师存以请。时予聚讲东山，与诸生切磋为学之方。大上曰修性，次曰修行，次曰修文。修文者，以言辞容止为说也，其蔽也华而无实；修行者，以行谊事功为说，其蔽也实而无本。其惟修性乎，顾諟明命，戒惧不离，显仁藏用，举天地万物而位育之，是之谓合敬同爱之学。诸生瞿瞿若有感也。则复于三生曰：夫修谱之道，亦察于斯三者而已矣。谱也者，普也，普爱敬以位育于一家也。故缩（原注：疑为纵）而普之，自父祖以泝于始迁也，而众明于尊祖矣。衡而普之，自兄弟以歝于群从也，而众明于睦族矣。人人尊祖而睦族，则位育普于四海，犹运之掌也。教之隆也，以四海为兄弟；其壅也，以一家为秦越。臧否盛衰，降衷匪殊，学不学之别耳……行著习察，式好式乐，无饔飧而离，以肥其躬，以肥其家，以肥于邦国，古之盛德大业、发育峻极，由此其选也。（126—127页）

冬，为郭应奎作《平川郭郡侯寿言》。

《邹守益集》卷三《平川郭郡侯寿言》：嘉靖甲寅仲冬四日，泰和平川郭郡侯届六十之庆……于是族之庠生曰应贞、贞一、尚会走山房以请曰：吾兄励志古道，未第时从甘泉公以学，就官二十载，直己守道，随所至，辄有立……归家逾十载，养亲训子，睦族和乡，从青原诸君子切磋旧学，超然万物之表。是以愿一言以光寿筵。（125页）

按："平川郭郡侯"即郭应奎（1495—?），字致祥，号平川，吉安府泰和人，嘉靖八年进士，官至嘉兴府知府。师从湛若水，与阳明弟子多交游，归乡后倡建萃和书院讲学，并参与吉安府王学讲会。《邹守益集》还收录《简郭平川》（卷一一）、《呈平川郭郡侯》（卷二六）等诗文以及为其宗族所作的《泰和高平郭氏族谱序》（卷五）。

与罗洪先、刘狮泉、江汝珪等聚讲青原。会上，应元儒吴澄裔孙之请，作《重刻临川吴文正公年谱序》，发戒惧以致中和、事天事亲全归无二之旨。

《邹守益集》卷二《重刻临川吴文正公年谱序》：初，文正公年谱二卷，长孙当以肃政廉访托门人危学士素纂序，梓于世。自至正乙巳至嘉靖甲寅，二百五十年矣。裔孙㡇生朝桢复增历代褒典、诸儒奏议及叙跋与状碑，为四卷，捐赀而梓之，以首简征于青原……自古圣门以尊德性为宗旨，上帝以降，烝民以受，粹然至善，灵昭不昧，而随感随应，变动不居，轻重厚薄，天则炯炯。践此者为克肖，保此者为匪懈，而害此者为悖德。虽困勉之极，已百已千，只从此德性充之，初非遡流以求源……古之人高明博厚，悠久无疆，位育极功也，而本于中和。经纶大经，立大本，中和极则也，而本于戒惧。戒惧之著，察其神乎，离朱不见其形，师旷不闻其声，而礼仪三百，威仪三千，无非仁体之经纶。富贵不淫曰厚生，贫贱不多曰玉成，夭寿不二曰生顺而死安，是为事天事亲全归无二之学。泛滥于多歧，疑迷于影响，虽终身由之，犹未可以语上达，而况于精训诂，靡辞章，急功利，弗行弗习者乎？(73—74页)

按：隆庆本《念庵罗先生文集》外集卷一四所收诗作《午日青原山同东廓、狮泉、原山诸君再迭戊申韵》的干支年号为"甲寅"，①内集卷一《与王有训》(干支年号为"甲寅")又云因赶先忌，罗洪先在青原会停留八日便先行返回："青原八日，以先忌促归。一番会友，增一番感叹。"故知是年有青原会。

江汝珪，字懋桓，号原(元)山，江西广信府贵溪人，嘉靖四年举

---

① 同诗又见雍正本《念庵文集》卷二二，516页。

人,与聂豹、罗洪先、邹东廓等讲学,参与青原会、冲玄会、复古书院会等。《邹守益集》收录有《别江懋桓诸友》、《双江原山念庵及师泉梅源三峰诸君同宿文明用前韵》(均见卷二六)等诗。

苏州知府金城在吴县建成顾原鲁先生祠,祀元末隐士顾愚。应顾愚裔孙顾存仁之请,作《濂洛遗祠记》,发濂洛之蕴,论无欲、主敬、戒惧、中和之旨。

冯桂芬《苏州府志》卷三七《坛庙祠宇二》:顾原鲁先生祠,在斋门报恩寺东,祀元隐士顾愚,明嘉靖三十三年知府金城建。(清光绪九年刊本,《中国地方志集成·江苏府县志辑8》,南京:江苏古籍出版社,1991年,172页)

《邹守益集》卷六《濂洛遗祠记》:(顾愚)读书敝几,追濂洛之绪,时称原鲁先生……存仁起进士,为司谏,力搜先德之遗,于是三学诸生呈于郡,郡守金侯择吴县卧佛寺旧址给佃建祠,扁曰"濂洛遗儒"云。司谏君托吴郡博来凤执讯曰:"愿发濂洛之蕴以惠我骏奔而咏歌者。"……感无极之真,谁其辟之? 无欲之要,谁其揭之? 自秦汉以来,性命橐钥,不涉声臭,圣神毂率,不堕支离,于以绍洙泗而开伊洛,是元公之有大造于斯文也。主一谓敬,无适谓一,直以大公顺应发天地圣人之常视。戒惧中和,命词虽殊,而学脉融契。不睹不闻,恂慄瑟僴;莫见莫显,威仪喧哗,与于穆不已、博厚高明同神而并化。故不从无欲而学,终不足以全归无极之真。(349—350页)

按:顾愚,字原鲁,昆山人,元末隐士,宗濂洛之学,传见张昶《吴中人物志》(明隆庆张凤翼张燕翼刻本)卷六《儒林》。是年修祠,明人瞿景淳著有《原鲁先生祠堂记》(《瞿文懿公集》卷七),归有光著有《顾原鲁先生祠记》(《震川集》卷一六)。

顾存仁(1502—1575),字伯刚,号怀东,别号东白,南京苏州府太仓州人,嘉靖十一年进士,官礼科给事中、太仆寺卿等。著有《东白草堂集》四卷等,传见王世贞《中大夫太仆寺卿东白顾公神道碑》(《弇州续稿》卷一三〇)、《明史》卷二〇九。

是年或稍后,作《袁郡重修儒学门记》,申中和戒惧之旨。

《邹守益集》卷七《袁郡重修儒学门记》:嘉靖甲寅,袁侯袭裳莅治视学,顾瞻而慨之……于明伦堂之中,市民址而拓之,重门洞开,如砥如矢……乃俨然征言,以彰嘉绩而范来学。东廓子拜手以复曰:诸师诸生亦尝穷于中之源乎?降衷维上帝,受中维蒸民。养之以福曰协于中,败以取祸曰不协于极。千古圣哲,建学立教,一是以中和为的。典乐之教,直欲其温,宽欲其无栗,刚欲其无虐,简欲其无傲。声为律而身为度,无体之礼,无声之乐,肃肃雍雍,与天地同流。上律下袭,祖述而宪章之,曰智,曰不欲,曰勇,曰艺,随其才质而文以礼乐。礼乐者,非自外也,中和而已矣。自易其恶,自至其中,举刚柔善恶而陶铸之,是以善人多而朝廷正……世之豪杰,孰不欲发育峻极于天?而忽中和;孰不欲经纶大经,立大本?而忘戒惧。是欲升堂入室,观宗庙百官,而闭之门也。戒慎恐惧,须臾勿离,视于无形,听于无声,三千三百,无往非瑟僴赫喧工课。是谓出入以度,内外知惧,成性存存,道义之门。(394—395页)

按:"袁侯袭裳"即袁袭裳(1498—?),字子宜,号立山,四川眉州人,嘉靖十四年进士,三十二年至三十四年任袁州知府,[①]为官有善政,后升江西按察使副使。传见康熙《袁州府志》卷八《秩官列传》。《邹守益集》收录有东廓为其所作的《学道篇赠立山袁郡侯》(卷四)一文。

---

① 见康熙《袁州府志》卷五《郡官》,《北京图书馆古籍珍本丛刊·史部》30册,113页。

是年其他著作：

《艮山叔父寿言》（卷三）。《庆郡大夫新岑陶公①考绩序》（卷四）。

嘉靖三十四年乙卯（1555），六十五岁

春，巡抚南赣都察院右副都御史谈恺迁兵部右侍郎兼提督两广军务，行前致书东廓请教治理方略，时东廓在玄潭举讲会，未及回复。后作《赠司马谈公自虔台陟两广序》，言为政、治兵须遵循"一体之学"，"圣门自有节度"。

《邹守益集》卷四《赠司马谈公自虔台陟两广序》：嘉靖乙卯年春，十山谈中丞自虔台拜少司马之命，以兼督于广东西。将行，执讯山中，曰："生不敏，有志于学，维是阳明先生治虔，遗风善政未泯，生未及门而景仰之。循旧章，遵绪余，不必有所作为，而幸底宁谧。兹复役于南广，先生旧实经略之，窃图循守如虔，不识可以宁谧否？"时适聚同志于玄潭，未有以复也。巡守乐湖王君乔龄、让溪游君震得，考叙成绩，以征言曰……益拜手以复曰："……世之君子，往往以资习所近为学，而弗讲于大道之要。谨厚则以因循为老成，通敏则以急迫骛事功。于是乎有缩手前哲，觊旦夕之迁；有骋才鼓勇，举旧章而纷更之。虽高下殊科，于大公顺应悬矣。阳明先师辛勤一生，夫亦以伊洛为师。公不自用，而能自得师，执此以往，匪安匪舒，匪疢匪棘，矢文德以洽四海，召穆公之佐中兴，非由是其选乎？"客有笑而请曰：

---

① "新岑陶公"，陶大年，字长卿，号新岑，浙江绍兴府会稽人，嘉靖二十年进士。嘉靖三十至三十三年任吉安知府，见万历《吉安府志》卷三《秩官表》，27页。

"是稻粱也,于养元气几矣。方今寇势未靖,夷衅方獗,将药石针焫而急施之。"曰:"客不闻一体之学乎?荣卫弗调,凉燠弗节,然后内症瘣而外痈疡。故养元气而瘳群疴,虽危可以起;逞针焫而戕命脉,虽肥弗以延。夫寇也夷也,非吾之瘣与痈耶?其起也或激之,其入也或召之。益尝问兵法于先师,先师笑曰:'何必孙吴,圣门自有节度矣!省刑薄敛,深耕易耨,孝弟忠信,爱亲死长,则坚甲利兵,可持挺而挞,彼民之爱我也如父母,而视寇夷也若仇雠,则狙诈咸作使,而奚宁谵之弗济!'以史籍之睹记,其真诚恻怛,熏蒸融液,珠可以还浦,虎可以渡河,而况灵于珠与虎者乎?"(159—160页)

按:"十山谈中丞"即谈恺(1503—1568),字守敬,号十山,南直隶常州府无锡人,嘉靖五年进士。嘉靖三十二年至三十三年任都察院右副都御史巡抚南赣,三十四年起任兵部右侍郎兼都察院右佥都御史提督两广军务,兼理巡抚。①

春,与魏良弼等先聚玄潭,再聚讲复古书院,极论好学辨志之旨。

《邹守益集》卷四《赠司马谈公自虔台陟两广序》:嘉靖乙卯年春……时适聚同志于玄潭。(159页)

《邹守益集》卷二六《游安峰词并序》:嘉靖乙卯春,水洲魏子聚玄潭,以入复古。

耿定向《东廓邹先生传》:乙卯春,会复古,极论好学辨志之旨。曰:"求饱求安,是千罪万过之窠白。从古圣贤,皆从不求安饱锻炼出来。颜子之乐,从箪瓢陋巷中得;禹无间然,在菲饮食、恶衣服、卑宫室。"(1387—1388页)

---

① 分别见《明世宗实录》卷四〇〇,嘉靖三十二年七月条;卷四一七,嘉靖三十三年十二月条。

按:"水洲魏子"即魏良弼（1492—1575），字师说，号水洲，江西南昌府新建人，嘉靖二年进士，阳明弟子。列入《明儒学案》卷一九《江右王门学案四》。官至礼科都给事中，因劾张璁、汪鋐遭削籍归。此后居乡四十余年，讲学丹陵书院，与邹东廓、聂豹、罗洪先、王畿、钱德洪等往来论学。隆庆初，即家晋太常寺少卿致仕。天启初，追谥忠简。著有《水洲文集》等，传见熊佑《魏水洲先生行略》（《太常少卿魏水洲先生文集》附录，明万历三十五年熊剑化、徐良彦刻本）、《明史》卷二〇六。

复古会后，与魏良弼、裘衍及门人邱原高等游新建丹陵观、至德观、明觉精舍等地。端阳节，同游南昌西山安峰，作诗《游安峰词并序》。

《邹守益集》卷二六《游安峰词并序》：嘉靖乙卯春，水洲魏子（按，魏良弼）聚玄潭，以入复古。遂约丹陵之游。复由丹陵谒万寿宫，历至德观，至明觉精舍，鲁江裘子（按，裘衍）以端阳期升安峰绝顶。诸生邱原高、程金铉、金应龙、刘之英、甘一骥同游……弹琴歌诗，日昃不能归……乃各赋诗，而纪名于石。（1235—1236页）

《江西通志》卷一一一《寺观一·南昌府》：丹陵观，在新建县象牙潭，晋钟离权修道所，旧名钟王府，明魏恭简良弼讲学于此，为丹陵书院，后改为观。至德观，在新建县善政乡……晋永嘉间建。（《文渊阁四库全书》516册，663页）

《江西通志》卷七《山川一·南昌府》：西山，在府城西，距章江三十里……道家第十二洞天。（《文渊阁四库全书》513册，256页）

《江西通志》卷七《山川一·南昌府》：安峰在西山，孤峭入云，宛若削成，盖箫峰之亚也。（《文渊阁四库全书》513册，263页）

按：邱原高，字时让，福建漳州府漳浦人。《漳浦县志》："丘原高,年十二,补邑庠生……厌弃俗学。闻安成邹东廓、吉水罗念庵讲学江西,徒步从之。刻志苦思,屡空自如。邹罗二公深许之,有悟而归。与同志切磨,期以倡明斯道。"①

与李遂等聚讲丰城茫湖。此行出游三月,乃归安福。夏,有《简胡正甫》书。

《邹守益集》卷一二《简胡正甫》:与水洲、鲁江、克斋徘徊西山、茫湖之间,三月乃归。择乎中庸,服膺勿失,正是博文约礼实功。文便是《中庸》之川流,礼便是《中庸》之敦化,非二物也。若得高明披露之,正快事快事!善儿幸托骥尾,实望教督之,即亲受赐矣!浑汗布启,不尽所怀,珍爱珍爱!(622页)

《邹守益集》卷一四《芹曝末议达蔡可泉诸公》:客岁聚讲茫湖,克斋李中丞毅然有志天下之务……客岁聚讲西山,水洲魏司谏备言逆濠变卖店基田土……(707页)

按:"克斋"即李遂(1504—1566),字邦良,号克斋、罗山,江西南昌府丰城人,阳明弟子,嘉靖五年进士,官至南京兵部尚书。谥襄敏。著有《督抚经略疏》八卷等,传见《明史》卷二〇五。李遂与东廓有交游,将二子李栻、李材送至东廓门下。②《邹守益集》还收录有《克斋李中丞访山房蔡蓉溪绘对谈图》(卷二六)及东廓为其父(李万平)母所作的《诰封刑部郎中茫湖李公及刘大宜人合葬墓志铭》(卷二二)。

《简胡正甫》谓"与水洲、鲁江、克斋徘徊西山、茫湖之间",有同游南昌西山的魏良弼、裴衍诸人,推知聚讲茫湖当为是年春游的同一行程。茫湖在丰城,据罗洪先为李遂父李万平所作的《明故封文林

---

① 陈汝咸修,林登虎纂:《漳浦县志》(清康熙三十九年刊本,台北:成文出版社,1989年),卷一六《人物志下》,1181—1182页。
② 见《〈克斋李中丞访山房,蔡蓉溪绘对谈图〉后序》,《邹守益集》卷二六,1237页。

郎无锡县知县桂亭万公墓志铭》载:"李氏自临汝徙茫湖,在天福五年。处士从始至翁,二十有八世。"①可知茫湖为李氏家族在丰城的始迁地。据东廓为李万平所作的《墓志铭》载:"益与中丞(按,李遂)道义交,尝升堂谒封君(按,李万平),聚讲于祠中。其后拜石龙山(按,李万平墓葬地),徘徊信宿焉。"②可知东廓至少两至丰城,一次在李万平生前(李逝于嘉靖癸丑)即嘉靖三十二年以前,并于李氏家祠中聚讲;一次在李去世后,当为是年。《邹守益集》还收录有《寄龙光书院诸友二条》(卷一七)、《寄勉龙光书院会讲诸友二首》(卷二五)等诗文,龙光书院为丰城名胜,《江西通志》载:"龙光书院,在丰城荥塘剑池庙左,宋绍兴间邑人陈自俛建,四方来学者三百余人,悉廪之。朱子曾过书院,留居一月……明嘉靖十年知县沈熺奉提学徐一鸣檄,改建儒学西。"③万历《南昌府志》卷一〇《学校·丰城》载:"在儒学西旧有龙光书院,在县西十五里。"万历《南昌府志》卷三〇收录了东廓诗《寄勉龙光书院会讲诸友》的第一首。未知东廓讲学龙光书院在嘉靖三十二年抑或是年,待考。

《简胡正甫》谓"浑汗布启",知此书作于是年暑期。胡正甫即胡直,介绍见下年条。

去年,广东南雄知府高冕在府城建正学书院,是年建成。应高冕之请作《正学书院记》,论颜子之学,发有无合一之旨。

《邹守益集》卷六《正学书院记》:南雄府新作书院,崇正学也。正学而祀先师阳明王公,绎教思也。公以节钺提督南赣,总制广东西,南雄咸在属治……嘉靖癸丑,孝丰高侯冕以司寇郎来莅郡政……

---

① 雍正本《念庵文集》卷一五,335页。
② 《邹守益集》卷二二,1016页。
③ 卷二一《书院一·南昌府》,《文渊阁四库全书》513册,693—694页。

乃卜官地于郡城之南……经始于甲寅之冬,历乙卯夏,释菜而落成之。侯为之题曰"正学",走书伻千里,曰:"愿发先师之印,使岭南之士预闻之。"益也于师门无能为役,然尝绎其绪言矣。先师之训曰:"颜子没而圣学正派遂不尽传。"学者往往疑之。昔在洙泗之上,断断仁义,从游三千,速肖七十矣。勇可以治赋,艺可以足民,达可以专对,忠可以用矛,而礼可以接宾客,敬简可以南面,亲师取友,可以弹琴而治;然而求志达道,慨然以为未见,用之则行,舍之则藏,独许颜氏之子有之。圣学脉络之偏正,其有剂量矣。博文约礼,举从游速肖所共闻也,或疑其有隐,或诿于力不足,而请事竭才,师逸功倍,循循善诱,又从而庸之,是善学之蕴,具可覆也。天下之言学术多矣,要之不过二病。滞于有者,以功利词章为悦也;沦于无者,以空寂玄虚为悦也。有无之间,见与不见之妙,于高坚前后间,卓尔如有所立。谓之有,则非无也。谓之无,①则非有也。非真见圣道之全,其孰能默而成之?甚矣,中庸之难择,而一善之难得也!知视听言动一于天则,而不可顷刻离也,则知所以欲罢不能矣;知天则之无方无体,而不可以言象求也,则知所以欲从末由矣。先师之咏良知也,曰"无声无臭,而乾坤万有基焉",无而未尝无也。又曰"不离日用常行,直造先天未画",是有而未尝有也。博约正脉,跃如在前。千载绝学,谁为不负一生者?隐居以求,求此正也;行义以达,达此正也……(356—358页)

按:高冕(1508—?),字服周,号光州,浙江湖州府孝丰人,嘉靖二十年进士,阳明弟子。嘉靖三十三年起任广东南雄知府。② 著有

---

① "无",原误作"如",今改。
② 见《广东通志》卷二七《职官志二》。

《高光州诗集》二卷。

为庐陵、安福彭氏族谱作《彭氏族谱序》,发"同族一体"之论。

《邹守益集》卷五《彭氏族谱序》:嘉靖壬子,给事之孙用光与兄教授范,及沙溪之宗介绣请于族之长某某主其议,择子弟某某等订其籍,某某等任其劳,至乙卯而始成……知医者,其知谱乎!故家之有谱也,犹药室之有象人也。元首股肱,百骸九窍,毛发爪甲,举无弗备焉。然元精元神,主于视听言动,以变化周流,则非可以象求矣。夫谱者,叙尊卑,联亲疏,上下数百年,旁达数万指,一披图,视诸掌也。非其族而附贵富,是赘瘤骈拇也;举其族遗贱贫,是割肤裂指也。爱亲敬长以敦仁义之实,无尊卑亲疏,盎然一体而勿以痿痹隔之,其医之大成乎!今有一指瘇疡,一臓症瘕,虽愚且稚,犹思以瘳之。世之沾一命,据百亩,辄凌驾父兄宗党,嗤仁让而夸贪戾,其于痛首痒疥痤寒嗽上,症相寻也。处虚实,定逆顺,度节气,量药剂,仁爱而可托,聪达而可任,廉洁淳良而可信,其尚务默成而实践之乎!《汤液》一书,世传为阿衡作,然尧舜其君,唐虞其民,若挽市推沟,自任以天下之重。故能为良医者,可以为良相。老彭之寿,度越今古,亦善理其元精元神而已矣。(264—265页)

是年其他著作:

《赠瑞州庄琼泉郡侯入觐序》(卷五)。《宗藩义田记》(卷七)。《常德府同知劈泉王君墓志铭》(1555—1556年,卷二一)。《广西参议瑶湖王君墓志铭》(卷二一)。

嘉靖三十五年丙辰(1556),六十六岁

春,聚讲安福南乡招仙寺,南乡同志立各地小型讲会会规。其

后,南乡门人朱淑相至连山书院请东廓为当地"安和里小会"题辞,作《题安和里小会籍》,以"戒惧勿离,明物察伦"勉之。

《邹守益集》卷一八《题安和里小会籍》:安和里小会,槎江上城草堂陈山诸友所立也。嘉靖丙辰春,东廓子趋南里招仙之会,相与顾諟明命,以无忝所生,无为虚谈虚见,坐费光阴。同志翕然以奋,乃祝立各小会,缉熙此志。朱友汝治入连山,携所作条规以请言。于戏!天地全而生之,人全而归之,是为仁。父母全而生之,子全而归之,是为孝……咨尔诸友,戒惧勿离,明物察伦,期于慥慥,是为孝弟通神明之脉。(867页)

按:"南里招仙",当指安福南乡招仙寺。

同治《安福县志》卷三《营建·寺观》:"灵峰寺条":"在治南……统院十:招仙、麻仙……"(56页)

安和里,在安福治南三十六都兴德乡。

"朱友汝治"即朱淑相(一作叔相),字汝治,号松岩,出安福南乡槎江朱氏,师事东廓、刘邦采。曾在安福南乡建近圣书院(会馆)。传见同治《安福县志》卷一一《人物·儒林》、刘元卿《朱松岩先生传》(《刘聘君全集》卷七)。《邹守益集》收录有《简朱汝治二章》(卷一三)一文。

春,三子邹善中进士,作诗勖之。不久,邹善授刑部河南司主事,寄书训以为官之道。

《潋源邹氏七修族谱》卷八,邹德溥《先考大常卿颖泉府君行状》:丙辰登进士……已,授刑部河南司主事。(58页)

耿定向《东廓邹先生传》:丙辰,季子善登第,诗勖之。中云:"国恩何以报?家范安可逾?为念同升友,全归明命初。"(1388页)

《邹守益集》卷一三《寄季子善·一》：筮仕之初,如新妇入门,一颦一笑不中节,众将指议之。财谷官爵,命中自有定,随缘顺受,不可萌一毫出位之思。东山刘公、简肃张公,力辞中秘,尽职部属,咸为世名臣,彼崇虚浮,竞声势,附丽匪人,不免为有识嗤訾。士君子之爱身以显亲,可以一哂而决矣。讲析律令,习谙招拟,此正素位实际。于此得力,将奸胥猾吏不敢为弊,景瞻黄门治江阴之明验也。同年中豪杰林立,择善而亲,当不汝弃！吉阳公能拔于洪涛,亦中流之砥矣。小简为达之。善事利器,圣门之律令也。(659页)

按：明代会试一般在乡试次年的二月初九、十二、十五日举行,廷试成化八年以后一般在三月十五举行。①

邹善在京参与讲学,与罗汝芳、胡直、耿定向最友善,四人称"心友",子邹德涵有志问学,师事耿定向。

《澈源邹氏七修族谱》卷八,邹德溥《伯兄汝海行状》：及家大人成进士,官比部郎,挟伯兄于京邸,则遍索督下才士与之游,于时家大人日从诸荐绅先生商究理学,最厚者,罗公汝芳、胡直暨天台先生四人,为心友,时时挟伯兄过从,听说质疑,则伯兄业已脉脉嗜学矣。(87页)。

耿定向：《耿天台先生文集》卷一二《明河南按察司佥事邹伯子墓志铭》：颖泉公既成进士,官比部,以伯子从。余慕颖泉公家学,于同年中心独向往。时时偕罗惟德、胡正甫辈相与切劘,而颖泉公准古易子谊,令伯子受学于予,盖伯子时已脉脉嗜学矣。(《四库全书存目丛书·集部》131册,309页)

---

① 参见吴宣德：《中国教育制度通史》(济南：山东教育出版社,2000年)第四卷(明代卷),483、486页。

耿定向：《耿天台先生文集》卷一二《明福建提刑按察司按察使胡公墓志铭》：丙辰成进士，初授比部主事，时时联余暨盱江罗惟德、安成邹继甫辈，昕夕切劘分谊，即昆弟不啻也。（《四库全书存目丛书·集部》131册，303页）

按：罗汝芳（1515—1588），字惟德，号近溪，门人私谥明德，江西建昌府南城人，嘉靖三十二年进士，官宁国知府、东昌知府、云南布政司左参政等。师事颜钧（1504—1596，字子和，号山农），《明儒学案》列入《泰州学案三》，著有《罗近溪先生全集》等，传见王时槐《近溪罗先生传》（罗汝芳《近溪子集》，卷一）、杨起元《云南布政司左参政明德夫子罗近溪先生墓志铭》（《罗近溪先生全集》，万历四十六年刻本，卷一〇附录）。罗汝芳于嘉靖三十五至三十八年在京师，任刑部主事。

胡直（1517—1585），字正甫，号庐山，吉安府泰和人，嘉靖三十五年进士，师事欧阳德、罗洪先，列入《明儒学案》卷二二《江右王门学案七》，历官刑部主事、湖广佥事、四川参议、湖广督学、广西参政、广东、福建按察使等。著有《衡庐精舍藏稿》三〇卷、《续稿》一一卷等。传见耿定向《明福建提刑按察司按察使胡公墓志铭》（《耿天台先生文集》卷一二）。胡直时任刑部主事，与邹善既是同年又是同僚。

耿定向（1524—1593），字在伦，号天台、楚侗，湖广黄州府麻城人，嘉靖三十五年进士，《明儒学案》将其列入《泰州学案》，①官至南京都察院右都御史。卒赠太子少保，谥恭简。著有《耿天台文集》二

---

① 吴震认为，耿天台的思想杂而无统，对心斋、东廓、念庵、近溪等阳明诸子后学都很推崇，黄宗羲将其列入《泰州学案》并不符合历史的实际情况。见氏著：《泰州学派研究》（北京：中国人民大学出版社，2009年），16—30页。

十卷等,传见《明史》卷二二一、焦竑《天台耿先生行状》(《澹园集》卷三三)。耿定向与邹善为同年进士,时授刑部河南司主事,耿定向时任职行人司。

二月,湛若水(时年九十一)自广东增城出发往衡州。三月游衡山。四月初十至吉安府,十一日,东廓与刘邦采、伍思韶、邹美及诸同志迎至青原,一准古养老礼待之。青原会上,湛若水示以大同默识之教。十二日,别青原。十三日,东廓父子追至泰和,与湛若水冒雨往吊欧阳德,一路连舟送至赣州虔台。五月初一,巡抚南赣督御史汪尚宁、兵科给事中游震得率赣州府县儒学师生,延湛若水于都察院开讲。讲毕,送其登舟南返,东廓父子与之拜别。十一日,湛若水行至广东三水,东廓作序、诸士人共撰的《大老岳游册》寄至。《序大老岳游卷》发挥大同默识之教,以"无以异见裂其同,无以虚谈决其默"与同志共勉。

黎业明:《湛若水年谱》,嘉靖三十五年条:正月望,将发衡岳之游……二月初一,辰刻发舟……(二十四日至衡州府)署府事贰守黄时康(按,东廓弟子)来见,托寄邹东廓、罗念庵、郭平川约会南岳书……(三月十六日)邹东廓、罗念庵各走书来迓……二十日,午刻,门人江西郭应奎、王贞善来迎赴青原之会……二十三日,发寄邹东廓及答曾前川书……(四月)初十日,卯时至吉安府,即接邹东廓迎帖。未时舟泊永和之问津处,毛东塘(按,毛伯温)之子毛栋、邹东廓之子邹美迎见。十一日,辰时登岸入青原,青原诸生陈旦等拜迎于道左,邹东廓等出迎于门外,遂登堂礼拜会坐,时语时默,至夜遂寝于青原。青原之会,先生示以大同默识之教。十二日,卯时别青原,诸生拜送。十三日,辰时至泰和白下驿,毛栋追酒席于舟中,邹东廓父子追及相会。十三日,酉时舟过欧阳门,与邹东廓俱仪冒雨往吊欧阳南野……

(二十一日)午时与邹东廓等会膳于舟中……二十八日,舟至赣城北江,汪周潭等来迎……五月初一日,卯时,汪周潭、游让溪率赣之府县儒学师生,请先生开讲于察院……讲毕……发行李登舟,诸生送于水涯,汪周潭等赴舟拜送,邹东廓父子、祁门谢知远、周仪亦拜别……十一日,卯时至三水县西南驿,邹东廓寄《大老岳游册》至。(上海:上海古籍出版社,2009年,362—366页)

《邹守益集》卷四《序大老岳游卷》:嘉靖丙辰,公九十有一矣,再游南岳……门人郭郡守应奎、王邑尹贞善,迎以如吉;而汪中丞尚宁、游兵宪震得,迎以入赣。守益与刘郡丞邦采、伍州守思韶率诸生及儿美,候于青原,遂送于虔台。泰和、万安暨南赣诸荐绅及庠序、山林之彦,亲炙而快睹恐后,相与议曰:"……公以随处体认天理为教铎,大同默识,反复牖诲,惟恐分裂门户于口耳窾白中,将非游广其教耶?则游而愿学者,可以瞿然砺矣!"乃汇其卷曰"大老岳游",以祝于公,以风吾党之士……年来玩《易》名山,始觉得从古学脉。仰观俯察,上律下袭,天地万物,呼吸一体,弥纶融液,同神而并化。以言乎配天配地,则历宇宙而无疆;以言乎不见不动,则泯声臭而有成。此大同默识宗旨也。若然者,洒扫庭内而不为迩,用遏蛮方而不为遐,屋漏莫觏而不为简,万民以承而不为繁,推之上古而不为始,引之来祀而不为终,夫是之谓真寿而真游……凡我同游,视以矜式,无以异见裂其同,无以虚谈决其默,交悚互砺,克式无负千载雅会!(208—209页)

耿定向《东廓邹先生传》丙辰条下:是岁,甘泉湛公由衡山来青原。时公年九十一,而先生年亦六十六矣,率仲子及诸同志迎之,预诫同志体古宪老不乞言意,毋烦辨论。而先生晨夕躬定省,执酱执酳,一准古养老礼唯谨。嗣冒大水,连舟送至虔,泗涕而别。湛公慰

之,曰:"子虑此别不可再耶?逾十数年重来晤子也。"湛公重叹:"王公之门得人如此。"(1388 页)

按:伍思韶(1500—1588),字舜成,号九亭、鸿盘叟,出安福北乡荷溪伍氏。嘉靖七年举人,官知州。伍思韶少从阳明门人朱勋(号逊泉)学,致仕后常参与讲学,从东廓等论学。著有《鸿盘述》、《鸿盘吟》,传见刘元卿《奉直大夫广安州知州九亭伍公行状》(《刘聘君全集》卷八)。《邹守益集》收录有《答伍九亭请教语》(卷一六)、《晋坛湖山九亭诸君自连山升一柱坪茅庵》(卷二五)等诗文。

"汪周潭"即汪尚宁(1509—1578),字廷德,号周潭,南直隶徽州府歙县人,嘉靖八年进士。师事湛若水、王畿。嘉靖三十四年起任都察院右副都御史巡抚南赣。著有《周潭集》等,传见方扬《都察院右副都御史周潭先生汪公行状》(《方初庵先生集》卷九)、过庭训《本朝分省人物考》卷三七。《邹守益集》收录有《答汪周潭中丞问学》(卷一六)一文。

"游让溪"即游震得(1505—?),字汝潜,号让溪、蛟漳,南直隶徽州府婺源人,嘉靖十七年进士。师事曾忭、欧阳德,参证于湛若水、邹东廓。时任南赣兵备副使,官至巡抚福建右佥都御史。著有《让溪甲集》四卷、《让溪乙集》十卷。传见过庭训《本朝分省人物考》卷三六。《邹东廓先生诗集》卷五收录有《让溪使君聚讲学诗堂有怀诸友四首》。

十月,东廓孙、邹美长子邹德泳出生。

《澈源邹氏七修族谱》卷八,蔡懋德《明正议大夫刑部右侍郎泸水邹公墓志铭》:(邹德泳)生于嘉靖丙辰十月初八日卯时,卒于崇正癸酉七月初三酉时。(117 页)

钱德洪至吉安,聚讲青原山、安福连山书院,与东廓商议阳明年

谱事。

《邹守益集》卷七《天真书院改建仰止祠记》：嘉靖丙辰，钱子德洪聚青原、连山之间，议修阳明先师年谱。(382页)

有《简赵浚谷》书。

《邹守益集》卷一二《简赵浚谷·一》：善儿仰赖指诲，获绍先大夫丙辰书香，近筮仕刑署矣……迩来玩易山中，仰观俯察，于消息盈虚，直觉呼吸相关。故戒惧不离，顾諟明命。三千三百，无可阙漏处。古人恂栗威仪，正恐拂天命而忤众志，是以自强不息，与乾健同运，礼乐兵刑，时而措之，战克(原文注：疑当作"兢")祭福，知天知人，洋洋优优，发育峻极。若从事广大高明而不屑于精微中庸，于凝道保身尚有隔碍。(591页)

按：嘉靖二十九年，赵时春(号浚谷)经当时礼部尚书徐阶的举荐，任兵部主事。

聚讲九峰庵。

《邹守益集》卷一九《石峰刘谏议持美遗像赞》：嘉靖丙辰，聚讲九峰。(919页)

作《芹曝末议达蔡可泉诸公》，向巡抚江西都察院右佥都御史蔡克廉等建言政事，包括派粮、库子、斗级、禁子三差，里长，水夫带征，机兵，保甲，折兑折淮等项目。

《邹守益集》卷一四《芹曝末议达蔡可泉诸公》：祖宗用夏变夷，辟乾坤而再造之，于昭之灵，与上帝陟降，固宜比隆殷周。承平既久，旧章愆忘，理财则蠹于侵欺，御军则病于玩愒，赏罚混实，号令失宜，燕吴之间，将不可支。江西号为小康，而积痼隐忧，凛可忧惧！番湖北通长江，片帆可指南赣。南按各省，厝薪未然，曲突焦头之机，正在闲暇时。明公朝夕焦劳，以身任其责，督率郡属，更弦图治，凡有同舟之志者，莫不延颈思奋，而况素沐诲爱，以道义期许，敢不陈其所知，以备蒟菲之采乎？古之制治保邦，以得人心为本；而扶颠持危，以集人才为要。群策毕集，群情交归，虽遗大投艰，将无往弗济。谨布芹曝，条例以俟命。

士夫罕知无非时未练，亦缘无志。客岁聚讲芒湖，克斋李中丞毅然有志天下之务，其精敏亦足以办。公礼而商之，当有助也。敝邑周同知业孔，尝知沁州，与虏对敌，知其气力所至，持论亦慷慨可喜。士夫喜谈性命，以钱谷为粗务，算法不明，坐受猾吏奸胥之欺，急则加征峻刑，以雠敛于万姓。客岁聚讲西山，水洲魏司谏备言逆濠变卖店基田土，及潮王洲西瓜套沃壤，尽为隐蔽局骗，见有成案，每岁租入，查追用之不竭，况入官正价耶？敝邑刘生伯寅，尝荐之于默泉公，查减夙弊，凡一万六千两，见刻《派粮节略》可稽。公召而访之，其各郡县欺隐，可得数万金，可以供军费，可以赈泽水。古之善理财者，上不亏官，下不剥民，而迫之于作好邪愿，是以事办而众不拂。

库子、斗级、禁子三差，为邑之大阱。夤缘贿免，奸害日滋，明公洞烛其蠹，各加粮以补之，使署印得刘通判廷宾，以廉介无需索，而公访殷实，分任之，民瘼亦少苏矣。今闻欲一概征银募人为之，募者而贫也，将有侵逃之患，募者而富也，安肯以身终岁劳苦？而查盘不得脱手，此其势必将点大户充之，又添吏胥一番骗局矣。宋人顾役二议，不可偏废。

里长小日供应，旧例以老人监总之。老人收支官钱，吏卒难以需索。若里长自充，则贪官污吏吞噬无纪极。宜仍以老人同里长买办供应，领银则先期以省借贷，交银则当堂以革扣除，算数则依时估价，以免赔偿，而吏卒妄索者重惩之，则法可永久。若另议点充义民，又开骗局。粮长之革，松溪程侯申请免烟火完粮为一年，其免者以征粮所费计之，或六十金，或五十金，咸免其半而征其半，用之以赈济、修理及立书院，以后充役者，一毫无所取，故官民交便。今闻推行各县，令出免粮长之银，则是官收其利，而民未沾惠，与安福事体异矣。其各县未丈量者，虚粮陪赔，甚于倒悬，须别议求以救之。

水夫带征之议，亦始于敝邑。每年粮一石，该算银三分七厘，因募夫充役过三年，添作四分二厘，以补借债之数。当时优免凡四千石，亦支用有余，存库。今界止优免二千石，亦概征四分二厘，不知余剩之银，将官得之乎？吏胥得之乎？欲望遴委廉能官，清查追出公用，以后算定，止征三分几厘，刊为正额，以永杜后患。

机兵之弊，已专达矣。募夫与吏胥乘机骗害，得台端一决之，岁减一千四百四十两之膏脂，阴德莫永焉！保甲之法，连山书院与同志详观之，备见公经略周悉，而有司以虚册抵对，殊负至意。敝都自松溪程侯立乡约，寓以阳明先师保甲，行之半年，牛无敢盗者，有盗则邻甲鸣锣点集把守，至弃牛而逃。其后不逞者，恶其害己，百计败之。今景山李佥宪守己爱民，犹谤言交集。故乡约多废，独敝都守之，二十余年无敢弛。特大家寄庄，甚多恃势，不服编召，得明文更督之，严令概县寄庄人户一体遵行，违者呈官究治，罪及其主。

折兑折淮之例，《唐荆川文集》载《与李尹龙冈书》甚悉。祖宗漕运四万石内悬有轻赍四十万石，以待四方水旱来告而施惠焉。今国用日棘，旧逋尚急追，则新粮岂能蠲免？而浈水为祸，万姓鱼鳖，安忍恝而视之？惟奏恳折兑折淮数万石，则官额不爽，而民受实赐。（707—709页）

按："可泉蔡公"即蔡克廉（1511—1560），字道卿，号可泉，福建泉州府晋江人，嘉靖八年进士。曾任江西提学佥事、江西按察使、右布政使,嘉靖三十四年至三十五年任巡抚江西都察院右佥都御史。①著有《蔡可泉集》十五卷。官至南京户部尚书,传见乾隆《泉州府志》卷四十七《循绩》。蔡克廉尝与唐顺之、罗洪先、邹东廓等阳明学者往复论学。②《邹守益集》还收录有《简蔡可泉督学二章》等文。

上书"客岁聚讲芒湖,克斋李中丞毅然有志天下之务……客岁聚讲西山,水洲魏司谏备言逆濠变卖店基田土",客岁指去年,聚讲芒湖、西山即指去年与李遂、魏良弼聚讲事,结合蔡克廉的任职时间,推知上书作于是年。

欧阳南野弟子、贵州巡按御史王绍元与贵州巡抚高翀等置龙岗书院义田,作《龙冈书院祭田记》,发明戒惧、慎独之旨,批"检点事为而未达不闻之蕴"、"研精性命而不屑人伦庶物之实"、"以自然为极则,以戒惧为加一物"等偏离倾向。

《王阳明全集》卷三三《年谱一》,正德三年条:春,至龙场……以所居湫湿,乃伐木构龙冈书院及寅宾堂、何陋轩、君子亭、玩易窝以居之。(1228页)

《邹守益集》卷七《龙冈书院祭田记》:丙辰,侍御白厓王君绍元,受学于南野宗伯……乃谋于中丞玉华高君翀曰:"祭而无田,弗可以永也……"藩臬之长杨君守约、陈君尧,咸尚德乐善,协力而成之……某也不类,尝侍教于先觉矣。谨述所传以就正。往者尝疑《大学》、《中庸》一派授受,而判知行,析动静,几若分门以立。及接温听厉,反复诘难,始信好恶之真,戒惧之严,不外慎独一脉。独也者,独知也。独知之良,无声无臭,而乾坤万有基焉。知微之显,其神

---

① 见《明世宗实录》卷四二三,嘉靖三十四年六月条;卷四三六,嘉靖三十五年六月条。
② 见乾隆《泉州府志》卷四七《循绩·蔡克廉传》,42页。

矣乎！于穆不已，而四时行，万物育，故大始之知，独归乾；自强不息，而三德义，五典敦，故通乎昼夜之知，独归诸乾乾。七十子之在圣门，中心悦而诚服也……吾侪之悦服师门，众矣。检点事为而未达不睹不闻之蕴，是忽恫慄也；研精性命而不屑人伦庶物之实，是略威仪也；知二者之偏矣，而以自然为极则，以戒惧为加一物，是废切磋琢磨也。于翯翯肫肫之教，得无犹有所倚而有可尚乎？（404—405页）

按：王绍元，字希哲，号白厓，江西抚州府金溪人，嘉靖十年举人，时任贵州巡按御史。① 传见《江西通志》卷八二《人物十七·抚州府三》。

高翀，字允升，号玉华，湖广德安府安陆人，嘉靖五年进士。三十五年由贵州布政使升巡抚。②

是年底或明年初，分宜县令徐从龙任满膺召北上，作《赠分宜许侯膺召北上序》，论崇德经德、王霸之别。

《邹守益集》卷五《赠分宜许侯膺召北上序》：云峰许侯以昆山之彦举进士，德器才识为侪辈所推，遂遴以令分宜……三载届，行矣……属其寮王丞寅以征言……崇德之要，先事后得；敬君之要，先事后食。事非无得也，非无食也；以得而崇，以食而敬，则经德以干禄矣，此王霸毫厘之辨也。世之攘君而剥民，驳乎，无以议矣！豪杰林立，为德为民，将以正义明道也，而未免以计功谋利杂之，迁就诡随，以自恶于志，甚者借口以饰首轫而纵晚节，其诸先后之义不明已乎！（239—240页）

按："云峰许侯"即许从龙（1516—？），字伯云，号云峰，南直隶昆

---

① 见《贵州通志》卷一七《秩官·职官》。
② 见《贵州通志》卷一九《秩官·名宦》。

山人,嘉靖三十二年进士,三十三至三十五年任分宜县令,①故推知此文作于是年或下年初。

是年其他著作:

《庆石屏胡宪伯平徭膺奖序》(1556年以后,卷五)。《泰和县修城记》(卷七)。《明故永定县尹一洲刘君墓志铭》(卷二二)。

嘉靖三十六年丁巳(1557),六十七岁

春,阳明学者、永丰知县凌儒北上考绩,作《赠永丰凌侯考绩序》,发"中和戒惧"之旨。

《邹守益集》卷五《赠永丰凌侯考绩序》:嘉靖丁巳春,海楼凌侯三载报政……世之豪杰,孰不欲发育万物,峻极于天?只是欠却中和。孰不欲立大本,经纶大经?只是欠却戒惧。戒惧之功,或合或离,则廉以娄骧,礼以纵弛,清以渚挠,裁以繁遗,革以利尼,苏以忍恝,防以随懈,平以猛偏;往往敛丛怨而蠹官箴。戒惧不离,炯然灵明,视于无形,听于无声,三千三百,无往非真体之贯彻。以言乎戒惧之瑟僴,谓之恂慄;以言乎戒惧之赫喧,谓之威仪;是以有斐不谖,而乐利怀于百世。(238—239页)

按:"海楼凌侯"即凌儒(1516—?),字真卿,号海楼,南直隶扬州府泰州人,嘉靖三十二年进士,官至都察院右佥都御史,传见《江南通志》卷一四四《人物志·宦绩》。凌儒先为王艮门人林春弟子,嘉靖三十三年至三十七年知永丰县期间,②师事罗洪先。③

---

① 见李寅清、夏琮鼎修:《分宜县志》(同治十一年刻本),卷六《秩官》,6页。
② 见万历《吉安府志》卷三《秩官表》,34页。
③ 见罗洪先:《别凌海楼语》,雍正本《念庵文集》卷八,163页。

秋，举青原会。罗洪先、钱德洪等与会。李遂遣二子李栻、李材赴青原会从学东廓，并请为李父作墓志铭。

钱明编校：《徐爱 钱德洪 董沄集》，钱德洪《惜阴会语》：戊申与龙溪赴青原复古会，今九年而再至。（177页）

《邹守益集》卷二二《诰封刑部郎中茫湖李公及刘大宜人合葬墓志铭》：丁巳冬，季子遂以中丞侍次于家，遣其二子乡进士栻、材从学青原以征铭。（1016页）

李材：《观我堂稿》，卷七《答李汝潜书·己卯》：记得丁巳秋，侍东廓老师于青原会上。（东京内阁文库藏明刻本，11页）

按：罗洪先赴青原会事见雍正本《念庵文集》卷二二《丁巳秋重至青原有感六迭旧韵》。

李栻，字孟敬，号石龙，江西南昌府丰城人，李遂长子，嘉靖二十五年举人、四十四年进士，官河南御史、浙江按察司副使等，致仕后结庐西山，究心性理之学。著有《困学纂言》六卷等。与张位（1538—1605，字明成，号洪阳）、邓以赞（1539—1592，字汝德，号定宇）讲学，卒合祀逍遥净庐，又祀郡邑乡贤。

李材（1519—1595），字孟诚，号见罗，江西南昌府丰城人，李遂次子，嘉靖三十一年举人、四十一年进士，官至云南按察使。李材后立"止修"说反对良知学，《明儒学案》将其单列为《止修学案》。著有《李见罗书》二十卷、《观我堂摘稿》十二卷等，传见李颎《李见罗先生行略》（《中华历史人物别传集》第二十二册）。

安福人周儒归田后建松云窝书屋。秋，为"松云窝讲会"撰《松云窝请书》。

《邹守益集》卷一六《松云窝请书》：东川周郡侯返初服，构书屋于松云之窝。岁丁巳之秋，大集同志，率诸同志思谦、思谟适馆授业，举先师惜阴之会,劝善纠过,众志胥励。东廓子曰:嗟我同游,亦绎松云之义乎?方松之未栽,弥望赭山也。稚松数万,环栽而严束之,月茂岁邕,郁然乔林如云矣。其赭也自荒之,其茂也自栽之。吾侪讲学修德之污隆,何以异于是?知赭之自荒,可以赧然改不善矣;知茂之自栽,可以毅然徙义矣。继自今,人人无安于赭,无怠于茂,孰为斧斤,孰为牛羊,孰为萌蘖,胥勤胥纠!俛然率由师友之彝训,而勿以牿焉,则兹窝也,可以对越矣。戒慎恐惧,顾諟明命,三千三百,须臾不可离,洋洋优优,发育峻极,是圣门常操而不舍之家传方也。将与贞观贞明,悠久无疆,于山木何有?(783页)

同治《安福县志》卷五《学校·书院》:松云窝,在治南,周儒建。(78页)

按:松云窝在今安福县洲湖镇三峰一带。

"东川周郡侯"即周儒,号东川,出安福汶源周氏,嘉靖十三年乡试第一名,官同知,东廓门人,也是复真书院的创办人之一。传见同治《安福县志》卷一一《人物·儒林》。《邹东廓先生诗集》卷九收录有《同志聚东川松云窝次莲坪韵》一诗。

江西提学王宗沐延请东廓聚讲白鹭洲书院,王宗沐率千余儒生听讲。东廓发明学庸合一、慎独之旨,录为《白鹭书院讲义》。

耿定向《东廓邹先生传》:丁巳,会白鹭,学使王敬所率生儒以千计听讲。先生发明学庸合一之旨,略曰:"《大学》以家国天下纳诸明明德,《中庸》以天地万物纳诸致中和。天地万物,家国天下之总名也;中和者,明德之异名也。明德新民而止至善,安焉曰率性,复焉曰修道,而本本源源,不越慎独一脉。独慎则意诚,诚则忿懥好乐无所滞,而心得其正,命之曰中;亲爱贱恶无所辟,而身得其修,命之曰和。立中达和,溥博而时出之,以言乎家庭曰齐,以言乎闾里曰洽,以言乎四海九州曰天下平。人人有家国天下,人人有天地万物,自天子至于庶人无二学,自唐虞至于洙泗无二功。世欲位育而不致中和,欲致中和而不戒惧,闻见日博,测度日巧,摹拟日精,而至善日远矣。纯公定性之功,以大公顺应,学天地圣人之常,无将迎,无内外,无动静,而川上一叹,揭天德王道之要,归诸慎独,宛然圣门宗旨"云。(1388—1389页)

《邹守益集》卷一六《白鹭书院讲义》:台州敬所王子视学政于吾吉,聚九邑诸生于白鹭书院,肃予而临之……未几,敬所子遣徐生至连山,以册命录之,遂次第以请正。(753—754页)

按:"敬所王子"即王宗沐(1523—1591),字新甫,号敬所,浙江台州府临海人,嘉靖二十三年进士,列入《明儒学案》卷一五《浙中王门学案五》。历官布政使、右副都御史、刑部左侍郎等,卒赠工部尚书,谥襄裕。著有《敬所文集》(三十卷)等多部著作。传见邓以赞《刑部左侍郎致仕敬所王先生行状》(《邓定宇先生文集》卷四)。王宗沐于嘉靖三十五年至三十八年间任江西按察司副使提督学校,三十八年任江西右布政使,三十九年至四十年任江西按察司按察使。①

东廓等编撰的《王阳明先生图谱》一册刊刻,江西提学王宗沐为作序。

王宗沐《王阳明先生图谱序》:(阳明)今没才三十年,学亦稍稍失旨矣。高弟安成东廓邹公辈相与绘图勒石,取先生生平之所及,与其功用之大,谱而载焉……嘉靖丁巳冬十有一月长至,赐进士出身中顺大夫江西按察司副使奉敕再提督学政临海后学王宗沐书。(邹守益:《王阳明先生图谱》,《四库未收辑刊》四辑十七册,468页)

---

① 见《明世宗实录》卷四三三,嘉靖三十五年三月条;卷四九四,嘉靖四十年三月条。

聚讲安福香积寺。答学者问颜子克己、曾子为人谋、费隐、孟子性善等旨。

耿定向《东廓邹先生传》丁巳条下：会香积，学者问颜子克己。曰："以非礼为己之私则可，以己为私欲则不可。"曰："为仁由己，正靠此己，视听言动皆己也。"问曾子为人谋旨。曰："仁者，人也。立人之道，曰仁与义。以仁义存心而全归，是谓人道。贼仁贼义，无恻隐羞恶之良，则为禽兽而非人。发愤忘食忘忧，老至不知，孔子为人也；择中庸，得一善则服膺弗失，颜子为人也；仁以为己任，死而后已，是曾子为人谋忠处。不能仁为己任，则一善自足，为弗弘；不能死而后已，则半途而废，为弗毅；非忠于自谋者。交而信，溥此学于友也；传而习，迪此学于师也。若以忠人之谋释之，是舍其田而芸人之田，非其守约之学矣。"问费隐。曰："即博文约礼旨。文也者，礼之见于外者，散于事物而万殊，故曰博；礼也者，文之存于中者也，根于心而一本，故曰约。五常百行，三千三百，罔不周遍，是文也，何费也？庶主宰是，庶纲维是，即之无所，措之无定，执之无得，是礼也，何隐也？知费而隐，隐而费，则寂感无二时，体用无二界，日用营为、视听言动一于天则而不可须臾离，斯可与语欲罢不能；帝规帝矩，无方无体，而不可言象求，斯可语欲从末由。"问孟子性善，曰："此即《大学》明德、《中庸》率性一派源流。分气质、天地言性者，离矣。"（1388—1389页）

按："香积"，即香积寺。

同治《安福县志》卷三《营建·寺观》：香积寺，在治南，唐僧端建。（56页）

寄邹善书。

耿定向《东廓邹先生传》丁巳条下：其年，又示季子书云："古之学脉，只从斋明盛服，以事上帝，事鬼神，以明庶物、察人伦，游衍出王，更无二途辙。先师谓斋明即恂慄，盛服即威仪，良工苦心"云。(1389页)

按：《邹守益集》卷一三收录有《寄季子善》五通，均非耿定向所引内容。

前两年，东廓山房迁移重建，是年完工。作《山房纪会引》，与诸生订立会规，发戒惧、独知之旨。

《邹守益集》卷一八《山房纪会引》："东廓山房"，荷易斋先大夫文乌之梦，而阳明先师大书之。始于庚辰（按，正德十五年），移于乙卯（按，嘉靖三十四年），时与四方同志暨姻邻子侄肆业其中。丁巳，工告完矣……会张生用夏至自汉阳，曰："方请列姓名为记，俾别后无忘。"能诗者胥赋之。于戏！会之为义，将以宣父师之训，以各诚其身也。身也者，父母之遗体也，一有忝焉，则不得为孝；身也者，天地之委和也，一有弗全归焉，则不得为仁。凡兹同会，无少长，无远迩，无久暂，其敬念之哉！……吾侪讲学有年矣，病在多言，请以慎于独知为觳率！自戒自惧，顾諟明命，出言举足，愡愡不敢离。(844页)

应门人张术等人之请，为泰和、万安讲会题《泰和万安会语》。

《邹守益集》卷一六《泰和万安会语》：泰和、万安之交，联属为一会，凡二十余年，会于梅陂，会于先天阁，会于云津，会于古城，会于海智，每速予临之，有三至五至者焉。比岁，老成多凋谢，会渐以疏。丙辰之夏……明年，张生景仁、吴生以仁聚于山房，慨然思萃涣振颓，以卷端征言。(755页)

按："张生景仁"即张术，字景仁，泰和人，东廓门人，参与古城、青原、冲玄、武功等讲会。① 《邹守益集》收录有《张景仁字说》(卷八)及为其宗族所作的《泰和秀溪张氏族谱序》(卷五)。

嘉靖三十三年,巡抚浙江御史胡宗宪、浙江提学副使阮鹗改建仰止祠于天真上院,祀阳明。三十五年,钱德洪至吉安与东廓商议阳明年谱事时,嘱其作记。是年,胡宗宪命杭州府同知唐尧臣刊刻《传习录》合本并重刻《阳明先生文录》。东廓撰《天真书院改建仰止祠记》,论有无合一之旨。

《邹守益集》卷七《天真书院改建仰止祠记》:嘉靖丙辰,钱子德洪聚青原、连山之间,议修阳明先师年谱,且曰:"仰止之祠,规摹耸旧观矣。宜早至一记之。"益未果趋也,乃具颠末以告。天真书院,本天真、天龙、净明三方地。岁庚寅,同门王子臣、薛子侃、王子畿暨德洪改建书院,以祀先师新建伯……甲寅,今总制司马默林胡公宗宪按浙,今中丞阮公鹗视学,谋之同门黄子弘纲,改祠于天真上院,距书院半里许,以薛子侃、欧阳子德、王子臣衬……岁丁巳春,总制胡公平海夷而归,思敷文教,以戢武事,命同门杭贰守唐尧臣重刻先师《文录》、《传习录》于书院,以嘉惠诸生。增修祠宇,加丹垩,搜泉石之胜……四方游者,愕然以为造物千年所秘也。文明有象,先师尝咏之,而一旦尽发于郡公,鬼神其听之矣。守益拜首而复之曰:真之动以天也,微矣。果畴而仰之?又畴而止之?先师之训曰:"有而未尝有,是真有也;无而未尝无,是真无也;见而未尝见,是真见也。"而反复慨叹颜氏知几之传。故其诗曰"无声无臭"而"乾坤万有基"焉,是无而未尝无也;又曰"不离日用常行"而"直造先天未画",是有而未尝有也。无而未尝无,故视听言动一于天,欲罢而不能;有而未尝有,

---

① 见《邹守益集》卷八《张景仁字说》,461—462页。

故天则穆然无方体,欲从而末由。兹颜氏之所以为真见也。吾侪之说,服师门众矣,饬励事为而未达行著习察之蕴,则倚于象;研精性命而不屑人伦庶物之实,则倚于凌虚。是自迩而远,自卑而高,未免于歧也,而入门升堂,奚所仰而止乎?独知一脉,天德所由立,而王道所由四达也。慎之为义,从心从真,不可以人力加损。稍涉加损,便入人为而伪矣。古之人受命如舜,无忧如文,继志述事如武王、周公,格帝飨庙,运天下于掌,举由孝弟以达神明,无二涂辙。故曰:夫微之显,诚不可掩,指真之动以天也……(先师)身没三十年矣……继自今,督我同游,暨于来学,骏奔咏歌,务尽斋明盛服之实。将三千三百,盎然仁体,罔俾支离阙漏杂之。其望也若跂,其至也若休,以古所称忠信笃敬,参前倚衡,蛮貊无异于州里;省刑薄敛,亲上死长,持挺可达于秦楚。于以发先师未展之秘。圣代中和位育之休,达为赤舄,隐为陋巷,俾熙熙光天化日中,是谓仰止之真。(382—384页)

按:东廓撰祠记事见《王阳明全集》卷三六《年谱附录一》嘉靖三十四年条(1346页)。《年谱附录一》载是年"欧阳德改建天真仰止祠",有误,详见吴震《明代知识界讲学活动系年》考证。①

据"岁丁巳"及"(先师)身没三十年矣",推知此文当作于嘉靖三十六年。

是年其他著作:

《陟教归寿序》(卷五)。《曾氏义田祭田记》(卷七)。《重修师山书院记》(卷七)。《明故南京刑部右侍郎浅斋郭公墓志铭》(卷二二)。《诰封刑部郎中茫湖李公及刘大宜人合葬墓志铭》(卷二二)。《明故文林郎监察御史松厓郭公墓志铭》(卷二二)。

---

① 见吴震:《明代知识界讲学活动系年》,200页。

嘉靖三十七年戊午(1558),六十八岁

时倭乱成患、人才匮乏。是年,世宗从给事中徐浦之建议,令廷臣及督抚推举守边之才,邹守益、罗洪先等在野清流皆在举列。然御史罗廷唯以其"清修苦节、实学懿行"、不合"边才"而驳之。七月,世宗纳其言,自是邹守益等贤士皆不被召用。

《明史》卷二〇二《周延传》:帝用给事中徐浦议,令廷臣及督抚各举边才。于是故侍郎郭宗皋,都御史曹邦辅、吴岳,祭酒邹守益,修撰罗洪先,御史吴悌、方涯,主事唐枢,参政周大礼、曹亨,参议刘志,知府黄华在举中……御史罗廷唯驳曰:"浦疏本言边才,而今廷臣乃以清修苦节、实学懿行举,去初议远矣。况又有夤缘进者。是假明诏开幸门。"帝纳其言,责吏部滥举,命与都察院更议。延(按,周延)与尚书吴鹏等言所举皆人望,公无私。帝终不悦,切责延等,而举者悉报罢。世宗时,海内贤士大夫被斥者众,及是举上,稍冀复用,而为廷唯所阻,自是皆不复召矣。(5341页)

《明世宗实录》卷四六一,嘉靖三十七年七月戊午条:初,上从给事中徐浦议,令九卿科道及督抚诸臣各举将才。于是原任侍郎郭宗乐,都御史曹邦辅、吴岳、王绅,祭酒邹守益,修撰罗洪先,御史吴悌、方涯,主事唐枢,参政周大礼、曹亨,参议刘志,知府黄华在举中。吏部因为之并覆起用,诏查各官去任之故以闻。御史罗廷唯奏曰:"臣闻为政莫先于人才,而人才莫要于器使。故简用得人而后付托有效。臣观近日徐浦之疏,意以边材为急耳。而诸臣所荐,乃有不尽然者……况其间又有以清修苦节、实学醇资举者,即他日复起,必不置之戎马纵横之场,而高谈于环佩雍容之地,其去言官初意,失之远

矣……乞敕部院科道,即将所举边材更加详覆,果有谋略出众、素闲军旅者,即疏名定拟,某堪任某边,某堪授某职,限以岁时,责以成效,不得假借虚名,规求善地。其人品虽正而兵事非其所长,才干若优而操守未能粹白,俱宜停寝,以俟别补。则朝廷得真才之用,而边境无偾事之虞矣。"疏入,上嘉纳其言,谕吏部曰:朝廷初议举荐边材,专备急用,各官乃市恩滥举,何有以人事君之忠? 其会同都察院从实看议。于是尚书吴鹏等、左都御史周延等覆言:诸臣俱以才望为众所推,独邹守益等未尝亲履戎行,方渥等例不叙用,故廷唯疑其不当并荐耳。然荐者与被荐者皆出公论,未尝敢私。上不悦,乃切责鹏等荐举泛滥,题覆依违之罪而宥之,所荐诸臣亦不果用。(7790—7793页)

两次聚讲复古书院。先与聂豹、罗洪先、刘邦采等于书院究极寂感之旨,夏,刘勋自湖广来,再与刘勋、刘阳、尹一仁及门人王铸、黄旦、刘让甫(字)等聚讲复古。刘勋别前,讲友各有赠言,题名"同心之言",作《题同心之言赠刘北华归楚》。

耿定向《东廓邹先生传》:戊午,会复古,与双江、念庵、狮泉诸公究极寂感之旨。夏,再会。题《同心卷》,慨仁之难成,由人或知趋于善者,不知力学;知力学者,不知归道而宿于仁云。(1389页)

《邹守益集》卷一八《题同心之言赠刘北华归楚》:嘉靖戊午,(刘北华)冲雨冒暑,以聚复古之间,与三五柱史(按,刘阳)、湖山郡守(按,尹一仁)及诸友王子成(按,王铸)、黄朝周(按,黄旦)、刘让甫交儆弗懈也。将别,各有赠言,题其卷曰"同心之言",而以首简来命。(871页)

按:《同心卷》即《题同心之言赠刘北华归楚》。"刘北华"即刘勋,字建伯,别号北华,湖广承天府潜江人,嘉靖七年举人,历裕州学正、刑部主事，工部员外郎等职。刘勋宗王学，陶汝鼐《朝列大夫北华刘公小传》载："时海内邹文庄、蒋道林诸公著而称同志者，亦必曰北华先生云……晚归安成，讲学复真书院，直抒所见，便欲夺席矣。"①

"湖山"即尹一仁，字任之，号湖山，出安福南乡厚村，嘉靖七年举人，阳明弟子。曾任广西南宁府归德州守，故云"湖山郡守"。传见同治《安福县志》卷一一《人物·儒林》。《邹守益集》收录有《简冬卿尹湖山任之》（卷一一）一书。

孙邹德涵自京师归，就乡试，以《春秋》得中。遂进京赴明年会试，东廓赋诗勉之。

耿定向：《耿天台先生文集》卷一二《明河南按察司佥事邹伯子墓志铭》：戊午归，就试，遂得与计偕，文庄公赋诗勖之"尚友千古"云。（《四库全书存目丛书·集部》131册，309页）

江西督学王宗沐督贡事，二子邹美被选为贡生。邹美与诸同贡趋青原讲会征言，作《江西同贡观光录序》。邹美以贡入京，得廷试第一，入太学。东廓闻报，作诗《美儿报顺天中式志喜兼试儿曹及诸侄诸孙》，寄邹美书，勉其精进，"以明道、希文自待"。

《邹守益集》卷四《江西同贡观光录序》：嘉靖戊申……逾十年戊午，敬所王子督贡事，以予儿美为贡元，诸同贡趋青原以征言。（205页）

《邹守益集》卷一三《寄仲子美》：涵孙中式，有醴瓮之芝，江右报者至。继母发瓮，复得芝，喜曰："北京当应此兆。"至十三日，果得中式报。气机熏蒸，真有不可测者。方夙夜儆惕，以滋天休，宾朋相庆，

---

① 《荣木堂合集》，《文集》卷八。刘勋传又见《湖广通志》卷四九《乡贤志》。

金言吾儿勇于为义,如义谷赈济,汲汲不惮劳,更祝精进,以永世泽。近大会复古,剧观同志言行,多不相符,因言国家待士至厚,而士之报礼,乃处其薄,须是尚友千古,以明道、希文自待,乃为荷天之龙,行地之象。若忘公狥私,流俗汩没,将与蛙蝇何异?凡我同游,均出此致规劝之诚!(658—659页)

《澈源邹氏七修族谱》卷八,王时槐《明乡进士今赠中宪大夫大常寺少卿昌泉府君墓志铭》:嘉靖丁巳,(邹美)以明经举第一贡,入国学。(52页)

按:《美儿报顺天中式志喜兼试儿曹及诸侄诸孙》见《邹守益集》卷二五。

邹美入贡之时间,东廓《江西同贡观光录序》记为"戊午",《寄仲子美》亦云:"涵孙中式……至十三日,果得中式报(指邹美以贡士入京中式事)……",邹德涵中举为嘉靖戊午年,故知邹美入贡与邹德涵中举同为戊午年,此与王时槐所记"丁巳"即嘉靖三十六年,相差一年。诸文献之矛盾待考。

安福南乡士人从游东廓者日众,遂商议于南乡北真观旧址建书院。旧址为门人王有楠所佃之地,王氏父子欲捐地以建讲堂,东廓虑其家贫,遂以众士人所集银二十五两酬之。冬,复真书院建成,东廓聚众会讲于此,开示学者。

《澈源邹氏七修族谱》卷一二《杂记》,《复真书院行台事略》:文庄公施教南里,从游日众,门人周儒、朱调、朱叔湘、王皦、彭湘、王禅、王有楠、王汝懿、王汝震、刘最、刘伯寅等,请建讲堂于北真观旧址。而其址故为王有楠所佃,方书院初建之日,周儒独力任行台之工,王有楠许让基址。未几而有楠即世,其子端照、端旦、端时等仍尊父命,托亲眷彭汝宽奉为书院之基处。契载,原费一十四两,文庄公义之,且知乃父居官清贫,而其母尚存,手批以众银二十五两酌之。文庄公手批:前村王邑侯面许以所佃北真观作南里书院,而照与旦、时等能继而述之,诸同志合议,前村居官清贫,其捐地尚义者,前村父子之高也;必偿其费以备前村夫人俯仰者,同志之厚也。乃以众银二十五两偿其佃价及费,斯为两尽其道。书院告成,豪杰汇进,前村有知,必拊掌九原矣。书以告来者。东廓翁邹守益书于聚奎楼。押。(74页)

耿定向《东廓邹先生传》戊午条下:冬,复真书院成。示学者云:"仁者,人也,是圣人示做人正脉,须仁为己任,方可顶天履地,立三才之极。否则无恻隐羞恶,便近于禽兽。然仁义之实,只从事亲从兄、自迩自卑做去,便可通神明、光四表"云。(1389页)

万历《吉安府志》卷一五《学校志》"复真书院"条:在治南五十里,嘉靖戊午邑南士民协建。中为堂,堂后为聚奎楼,祀刘文敏、刘邦采、刘阳、尹一仁四先生。其左为图书之府楼,后为东廓先生行台,祀主其中。正堂前为萃胜楼,其左有飞仙阁。(213页)

同治《安福县志》卷五《学校·书院》"复真书院"条:在治南五十五里,明嘉靖三十七年邑南士民就北真观废址建。刘阳题其堂曰"砥德砺才",楼曰萃胜,内藏书籍。左为飞巾阁,右建刘邦采、王时槐两祠。后为聚奎楼,祀刘文敏、刘邦采、刘阳、尹一仁四主。楼后为堂,祀邹守益,附以朱调、王钊、王铸、朱叔相、刘晓、刘肇衮、王瞰、朱意诸人。崇祯朱世守、王绩灿等重修。(77页)

按:王有楠,号前村,安福南乡沙洲人,嘉靖元年举人,官知县。归,从东廓讲学复真书院。传见同治《安福县志》卷一〇《人物志·宦绩》。

万历十三年刻本的《吉安府志》所载"复真书院"大概可见书院建成的基本规模,明末至清不断重修,从同治《安福县志》来看,其中祭祀、从祀者,除邹东廓出自北乡、刘肇衮出自东乡外,几乎囊括了南乡主要的阳明学者:刘晓、刘文敏、刘邦采出南乡三舍刘氏,刘阳出南乡福车,尹一仁出南乡厚村,王时槐、王钊、王铸、王绩灿出南乡金田王氏,朱调(东廓门人)出南乡大桥朱氏,朱淑相(东廓门人)、朱意、朱世守出南乡槎江朱氏,王皦出南乡汶源王氏。① 复真书院遂为南乡讲学中心,一直持续至晚明。②

致书徐阶,勉其用《易》。

耿定向《东廓邹先生传》戊午条下:时徐文贞当国,寓书勉之用《易》,略云:"一阳之卦,随寓有以自得。在初为《复》……"云。(1389—1390页)

《邹守益集》卷一二《简徐少湖相国·二》:年来玩《易》连山,博观静筹。凡一阳之卦,随寓而有以自得。在初为《复》,不远复,无祇悔,而见天地之心。在二为《师》,承天宠,以怀万邦。在三为《谦》,劳谦而有终。在四为《豫》,朋盍簪而大有得。在五为《比》,三驱而邑人不诫。在六为《剥》,得舆而民所载。其真纯精粹,不受一毫阴邪污染,是以朋来无咎,充实辉光,为泰为乾,以立三才之极。公善用《易》者,其何以振迪之?(613页)

建宁府同知、东廓门人董燧谋于知府刘佃,于武夷山幔亭峰建精舍,立阳明甘泉二先生祠。应刘佃之请,作《武夷第一曲精舍记》,言阳明、甘泉之学"独接濂洛,一洗夹杂支离而归之明物察伦之实"。

---

① 以上诸人传见同治《安福县志》,刘阳、刘文敏、刘邦采、王时槐传见卷一一《人物·理学》(196—197页),刘晓、刘肇衮、王钊、王铸、朱调、朱叔相、尹一仁、王绩灿传见卷一一《人物·儒林》(201、202、205页),朱世守传见卷一〇《人物·名臣》(167页),朱意、王皦待考。
② 相关研究参张艺曦:《王学、家族与地方社会——以吉水、安福两县为例》,第四章第二、三节,189—215页。

《邹守益集》卷六《武夷第一曲精舍记》：武夷山在崇安县南一舍许……至宋文定胡公、西山蔡公，父倡子和，以经术行谊有闻，而考亭朱先生卜精舍于五曲大隐屏下……于是仙窟隐庐焕然名教地矣。肆我列圣熙洽，人文丕兴，甘泉先生、阳明先生宣圣学以醒群听，识者翕然宗之。嘉靖戊午，郡丞董子燧谋于郡守刘子佃，以兹山为二翁过化，议立精舍于第一曲幔亭峰之胜。刘子欣然力主之……遂以二月之望送主入祠，题曰"阳明甘泉二先生祠"……前会为门，曰"武夷精舍"……刘子遣伻谒记于山房……迹二先生之学，曰致良知，曰体认天理，超然独接濂洛，一洗夹杂支离而归之明物察伦之实。故好德所同，揭虔昭范，若有驱之而欣其成者，是诚何心哉？道南之派，衍于洛水，数传而考亭勃然以显。今之咏歌骏奔，其亦慨然思以道南自任乎？（368—369页）

嘉靖三十八年己未（1559），六十九岁

仲春，聚讲连山书院。

《邹守益集》卷一四《简何吉阳中丞·一》：春半，入聚连山。（699页）

按：是书后文申诉讨论安福"过江"、传役之赋役不合理，作于何迁任巡抚江西都察院右佥都御史时，与后文所录《简何吉阳中丞·二》为同年作，故知此年有连山讲会。

安福春涝夏旱，秋种不得入土，痢疾肆虐。致书工部尚书欧阳必进、巡抚江西都察院右佥都御史何迁等人，致何迁书由孙邹德涵亲自呈递，请求赈贷、减税、引水济旱等，得何迁允准。同时，东廓在家乡建义仓、联保甲。

《邹守益集》卷一二《简欧约庵司空》：自陈放回，又十有八年……郡中春水为灾，几及丙辰，而飘庐崩田，邑中为甚……求当道折兑折淮之泽，小济涸辙，仰仗仁言，更垂赈贷，吸西江之水，以苏煦沫！（602—603页）

按：据"自陈放回，又十有八年"，故推断灾年为己未年。

《邹守益集》卷一四《简何吉阳中丞·二》：向以邑中旱灾异常，谨为邑人请命，而涵孙见报，辱公采纳，慨然图以救之，方切慰幸！……春麦飘沉，夏苗枯槁，秋艺不得入土，富人犹弩，惸独无以为生，今距采蕨尚远也。邑尹童侯采旱重都分三十余都，未审曾呈览否？若得于仲冬过岁之际，先行赈济，及四月种禾，更助以谷，则饿莩不滋。三十余都之惸独，可以救垂绝之命，非敢矫词也！辱公以道义相爱，僭尽言之。今泉源已涸，溪水出汲数里，痾疾为灾，皆积旱所致，触目伤心！方督义谷，联保甲，劳劳为涸鱼煦沫之计，须仗诸君子以西江水活之，真切真切！（702页）

《邹守益集》卷一四《简何吉阳中丞·三》：涵孙北上，以馑饥为邑人请命，蒙公慨许，有代减之泽……（703页）

按："欧约庵"即欧阳必进（1491—1567），字任夫，号约庵，安福人，正德十二年进士，官至吏部尚书。时任工部尚书，①故称其司空。著有《白云山稿》，传见刘阳《吏部尚书欧阳公必进行状》（《国朝献征录》卷二四）。《邹守益集》还收录有《庆欧阳宫保约庵公寿序》（卷五）、《简欧约庵太宰二章》（卷一二）等文。

"何吉阳"即何迁（1501—1574），字益之，号吉阳，江西九江府德安人，嘉靖二十年进士，湛若水弟子，列入《明儒学案》卷三八《甘泉

---

① 见《明世宗实录》卷四五〇，嘉靖三十六年八月条。

学案二》,为学出入王湛两家之间,著有《吉阳山房文集》四卷,传见王世贞《何公神道碑》(《弇州山人续稿》卷一二九)。何迁于嘉靖三十八年至三十九年任巡抚江西都察院右佥都御史。①

致书御史李遂、都察院左都御史周延等人,建议赈济措施。

《邹守益集》卷一二《简李克斋中丞·一》:敝郡春间洪水几及丙辰,而飘屋崩田,敝邑为甚。夏久不雨,禾则尽槁。入秋之艺不得入土,视乙巳倍之。以生之家,汲江以爨,籴谷以给,矧兹茕独,怅然无以为生。方督义谷,联保甲,为涸辙煦沫之计。仰恳当路求救西江水以矜于民,未知得其许否?(601页)

按:李遂介绍见嘉靖三十四年条。李遂于嘉靖三十六至三十八年任巡抚凤阳都察院右佥都御史,②三十八年十一月起任南京兵部右侍郎。③

东廓致书周延见《邹守益集》卷一二《简周崦山都宪》。周崦山即周延(1499—1561),字南乔,号崦山,吉安府吉水人,嘉靖二年进士,三十四年起任都察院左都御史,后加太子少保,至去世,谥简肃。著有《简肃公遗稿》。传见罗洪先《明故都察院左都御史赠太子太保谥简肃周公墓铭》(雍正本《念庵文集》卷一五)。

聚讲石屋山房,与讲会同志商议赈灾策略。致书吉安知府张元谕,建言赈贷方法及团保法,以保地方治安;又致书吉安府同知陈瀚,请沿用嘉靖二十三、二十四年灾荒时所采之"折兑折淮"税收法,以减百姓负担。

《邹守益集》卷一四《简张月泉郡侯二章·一》:俞尹归,备诵明

---

① 见《明世宗实录》卷四六九,嘉靖三十八年二月条;卷四八三,嘉靖三十九年四月条。
② 见《明世宗实录》卷四五二,嘉靖三十六年十月;卷四七五,嘉靖三十八年八月条。
③ 见王世贞:《弇山堂别集》卷五七,兵部左右侍郎条。

公粟恤荒灾,拯拔饿莩,恻然若恫瘝在躬,万口传布,不啻下流之饮醪也。石屋聚讲,博访同志,佥云救荒古无良策,在上下间隔,故富户之报,止饫吏胥;贫民之赈,或擅市奸。莫若于乡约中会众佥议,能出谷者分为五等,当受谷者分为三等,具呈于官,各救其乡,则富不得隐匿,贫不得妄支,而其最贫无告,仰给于官,官中亦可省其半矣。仰冀至仁终此大赐。维是盗震于邻,调兵敝邑之西里。西里路联湖广,与宜春、永新犬牙相交,往年盗据为巢,屡屡官兵追讨,设府官,置公馆,以防后萌也。况饥馑荼毒,人心动摇,设有不虞,何以防备?县官恐稽严委,念未及此,谨为邑众达下情,明公图之!神冈以下,螺川以上,烟火数千家,若立之团保,分地而守之,遴其才能,互相应援,人人咸有室家之恋,赀产之保,可以持梃效死,比诸客兵休戚不切,功相倍矣。同寅诸公愿协恭以求其济。往年倭寇肆行苏、松间,独衄于太湖之渔舟。渔舟内顾其家,以死殉之,故懦夫可勇,此明验可稽也。仁者一体之爱,谅能留神。(703—704页)

《邹守益集》卷一四《简陈龙矶郡侯》:昨会立山使君,备言敝邑水害,虽视万安、吉水为减,而飘屋坏田,山谷为甚。观坦坡之桥,费银二百余两,一旦冲去过半,当与袁州、分宜同列。今赋税日迫,旧逋尚急如星火,岂敢望蠲免?惟祖宗深仁远虑,于旧额兑运内豫悬折兑折淮,以待四方水旱。净峰张中丞于甲辰、乙巳尝奏行之,官不失额,而民沾实惠。可泉公处已详达之,立山公亦许行勘矣。烦垂仁言,许令里老呈灾,令不挠民者一踏之,使敝邑得沾折兑之恩,是阴德之及万姓也。机兵颠末,容具呈以请。(715页)

按:"陈龙矶"即陈瀚,字玄海,号龙岳、龙矶,浙江嘉兴府秀水人，嘉靖十三年举人，嘉靖三十八年前后任吉安府同知，①官至廉州府知府，著有《求志斋言草》三十卷。东廓在《安福重刻厘弊军册序》称陈龙矶为"龙矶陈贰守"，"贰守"即同知，《赠龙岳陈郡侯序》(《邹守益集》卷四)载此人名陈瀚，号龙岳。以此推知"陈龙矶"即陈瀚。

以往，吉安府军册数目不实，安福有妄丁四十余户，东廓曾屡次申请改正而未果。后吉安府同知陈瀚曾命各县重核丁户，刻《吉安府厘弊军册》，斯事以其离任而搁浅。是年，东廓访安福知县童承契再议重刻军册事，童承契据陈瀚底本重刻《军册》，东廓作《安福重刻厘弊军册序》。

《邹守益集》卷五《安福重刻厘弊军册序》：吾郡《厘弊军册》，龙矶陈贰守(按，陈瀚)刻之。联泉孙柱史敷圣天子嘉靖之仁，以福江右，凡绝军免勾者数万，而吉安凡三千七百九十九户。某亟为首序，以永其惠。剖臧否利病而求一洗之，盖比诸丈田核实而无虚粮，绝军免勾而无妄丁，群胥其息于渔猎，而庶民其脱于鱼肉已乎！会龙矶以调任去，乃檄各邑刻之，而各邑有哲有愚，废举不齐。安福丞为奸胥所匿，凡四十余户。某屡请所司，郁无由白。嘉靖戊午，玄冈童侯以刚明莅政，逾年矣，偶语其故，侯呼群胥，以利害怵之，不崇朝而得其旧牒，亟以告，而议重刻焉。当道以列郡重事交委，涉寒暑弗暇，归而侯遂病矣。某趋侯病而促之，曰："侯不崇朝而刷数载之弊，请不惮旬月，而贻百世之思。古云有阴德者，鬼神阴报之。"侯自是愈矣。已而果然遂登诸梓，里颁一册，而后入觐。往岁丈田之役，余粮百余石，将以散硗瘠而泽填寡，成案可覆也。奸愿朵颐，遂纠挟官势，群分

---

① 卷三《秩官表》，27页。据乾隆《吉安府志》，陈瀚任职时间在嘉靖三十八年至四十年间(卢崧修、朱承煦纂，清乾隆四十一年刊本，卷二〇《秩官志·府秩官表》，27页)。

之,与隐匿何异?使得如侯以厘之,不崇朝定矣。呜呼!病无剧易,系于良医;棋无安危,系于妙手。天下之弊,宁独虚粮妄丁可厘耶?凡百君子,靖共尔位,人存政举,达于上下!(258—259页)

按:"玄冈童侯",东廓又称其为"玄冈童尹"(卷四《好学篇赠五台徐柱史》)、"童邑尹"(卷一四《简徐五台柱史》)、"邑尹童侯"(卷一四《简何吉阳中丞三章》),即安福知县童承契(1516—?),字士成,号玄冈,湖广承天府沔阳人,嘉靖三十五年进士,万历《吉安府志》载其于三十六至三十八年任安福知县。① 然东廓所记其任职时间为"嘉靖戊午"(三十七年),与万历《吉安府志》相差一年,按东廓所记"逾年",则此文当作于是年。

《派粮节略》刊行后,安福"过江"一项派粮依旧。东廓致书都察院巡抚江西佥都御史何迁,就此项赋税和安福传驿税之不合理再次申诉,请重新定税,言"古人絜矩之学,上下左右前后,务令各得其所"。

《邹守益集》卷一四《简何吉阳中丞·一》:春半,入聚连山……过江之减,改重之取,文移诉牒,在吉与抚,凡十余年矣,因仍不获行,必有尼之者。公不动声色,一旦减之取而均摊之,非至仁大勇,何以得此?以敝邑过江之减,计银五百两,而派粮尚仍其旧,是有减之名而他邑乃受减之实。古者来苏之望,曰奚为后我,则恐未可以二兄为私于一邑也。所云四万余两归于何处,谓敝邑未沾其实尔,非敢以为书算累也。二兄所查四派之数,皆刻在《派粮节略》上,亦非敢不详察也。默泉公所刻,正查革二十五年暗加之蠹,亦非有所减也。如蒙轸恤,于修正文册时一垂议处,得沾下流,至望!守巡处所议驿传,皆

---

① 卷三《秩官表》,39页。

已曲当,特敝邑无驿之名而有驿之实,幸命一处之!法贵均平,心期公溥,大君子絜矩之学,正是见诸实用,安有吉、抚、南、瑞分别?(701—702页)

《邹守益集》卷一四《简何吉阳中丞·三》:涵孙北上,以馑饥为邑人请命,蒙公慨许,有代减之泽……往岁东沙公励精图治,而刻之过亟,反为奸弊口实。古人絜矩之学,上下左右前后,务令各得其所。若利甲而害乙,瘠赵以肥钱,则于矩不方矣。以明公乐于取善,故僭言之。近日承守巡发下吉安丁粮议,其处吉水之虚丁,均驿传之倍征,可谓曲尽矣。特覆盆之照,尚有遗者。永新、永丰、龙泉、永宁,无驿也,虽守巡未一至;泰和、万安,有驿也,则抚按未一至;独安福,无驿之名而有驿之实。近年袁州往还,劳费实繁,小甲征钱,倍以二两,而库子支应一两,不止十两,此以县而兼驿之苦。如蒙矜恤,将库子加粮以派,加银以征,及小日征银,俱收入均摊之,例其它县有可均者,俱刻入总会之内,则无向隅之泣矣。(703页)

按,《简何吉阳中丞·一》提到"春半,入聚连山",指是年连山讲会事,《简何吉阳中丞·三》提到"涵孙北上,以馑饥为邑人请命"即是年救灾事,故知此书作于是年。

寄书邹善,云学之正脉,只是慎独。

耿定向《东廓邹先生传》:己未,又书示季子云:"学之正脉,只是慎独。独知不舍昼夜……"(1390页)

《邹守益集》卷一三《寄季子善·三》:欧三溪报汝居官能向学,此是好消息。学之正脉,只是慎于独知,不舍昼夜。天运川流,三千三百,发育峻极,皆由此处,不是去闻见测度讲说得来。故曰:上帝临汝,无贰尔心。战战兢兢,如临深履薄。古人事亲事天,更无别途辙,须臾离之,便于仁孝有亏欠,虽三旌九鼎,何补于性命?勉之戒之!

(660页)

江西巡按监察御史徐绅升尚宝司卿，行前，东廓作《好学篇赠五台徐柱史》，论中和之学。

《邹守益集》卷四《好学篇赠五台徐柱史》：圣门六言六蔽之教，举而归诸好学。学也者，将以何为也……他章尝以礼言之矣。恭而有礼，则不蔽于乱；直而有礼，则不蔽于绞。礼也者，天然自有之中也。上帝以降，而蒸民受之，所患者过与不及，举逾其矩，而上下前后左右无以絜之耳……故自易其恶，自至其中，不问刚善刚恶，柔善柔恶，粹然纳诸中和，而罔俾偏倚驳杂得以病之。譬诸雷岐之疗群症，酌阴阳，审虚实，主于无闷冲气，无伐天和，是以善人多而朝廷正。天下睤睤，顺帝之则，而莫知为之者。夫台谏之选，国家药石之司命也。上以绳愆纠缪，翊赞皇极，而下以激浊扬清，驱黎献于轨物。故曰"媚于天子"，耳目一体也；"媚于庶人"，百骸一神也。纵之则痿痹，刻之则疽痕，而世之知恤，鲜矣！五台徐公，以南徽之彦，质敏气温，而志于学……吾邦是以安其政而惟恐其去。其有闻于正中和平之学，非耶？……公入补帝衮，协议国枢，其善推所学，以收医之大成乎！和而不流，流斯蔽矣；中立而不倚，倚斯蔽矣；有道无道而不变，变斯蔽矣。非兢兢业业，翼翼惴惴，毅然天下万世之勇，吾谁与归！(198—199页)

"五台徐公"即徐绅(1516—？)，字思行，号五台，南直隶池州府建德县人，嘉靖二十年进士，是年由江西巡按监察御史升尚宝司卿。① 传见《江南通志》卷一四八《人物志·宦绩》。《邹守益集》还收录有《简徐五台柱史》一书(卷一四)，向徐建言政事。

---

① 《明世宗实录》卷四七〇，嘉靖三十八年三月条。

是年前后，应黄冈县令孟津之请，为当地所建的阳明书院作《阳明先生书院记》，阐师门同然之蕴。

《邹守益集》卷七《阳明先生书院记》：阳明先生官滁阳，学者自远而至。时孟友源伯生，偕弟津伯通，预切磋焉。逾四十年，而伯通令黄州之黄冈，以所闻师友者，与两庠来学及诸缙绅宣畅之。良知之同，远迩翕然，每月三会，每会率数百人，默坐澄心，共明学脉。或质疑问业，期以改过迁善为实际。少间，则考钟击鼓，歌咏情性。少长咸秩，怡怡充适而归。两庠来学，议建书院……孟尹以闻于当道，抚按监司咸题之。而督学刘初泉亟允以垂永久。乃市安国寺左隙地及僧房二重，廓而新之……孟君入觐于京，属予儿善以征言，且曰："愿阐师门同然之蕴，以波于江汉。"某拜手复曰：……同者，本体也；异者，病症也……今黄之耆旧俊髦，超于齐民，欣聆正学，如茹橡采蕨，获饫膏梁，意见可谓融脱矣；其亦有鼓舞于意气、点检于格套、担当于闻见者乎？悦子之道，中心诚服矣而诿诸力，则终于自画；克伐不行，笃于践履矣，而观所由，犹不得谓之仁。见礼闻乐，智足以知圣矣，而博学而识，终与一以贯之殊科。在圣门犹患之，而况吾侪乎？圣学之得其宗者，曰弘以任重，毅以道远，战战兢兢，临渊履冰，以研蟠蟠一脉。平日见称为鲁，而超然文学威仪之上，二三子其亦念之乎？以江汉，地相迩也；以秋阳，时相遇也。自濯自暴，而不为三蠹所障，即其同以辨异，则纤匿除；反其异，趋其同，则明命莹矣……是谓致良知之蕴。愿与二三子交儆之！（379—380页）

按："孟尹"即孟津，字伯通，南京滁州人，正德八年阳明在滁州时，与兄孟源（字伯生）师事阳明。① 据上文载，孟津于嘉靖三十五至

---

① 见《王阳明全集》卷三三《年谱一》，正德八年十月条，1236页。

三十七年任黄冈知县期间,①在当地修阳明书院聚士子讲学,后报请建阳明书院,得督学刘起宗允准。"孟君入觐于京,属予儿善以征言",指孟津三年任满入京(当在三十七年底或三十八年初),通过邹善请东廓作记,故推知上文当作于是年前后。

是年其他著作:

《海阳令自斋王君墓志铭》(卷二一)。《明故北山邓君偕配尹氏合葬墓志铭》(卷二三)。

嘉靖三十九年庚申(1560),七十岁

二月初一,寿七十,四方来祝寿者千余人,几倍于六十寿时。

邹德涵《文庄府君传》:岁庚申,府君年七十,来寿者几倍于庚戌间。(1365页)

宋仪望《寿大司成东廓邹公七十序》:予师东廓先生以今庚申二月寿七十,郡邑荐绅、乡党、戚属,以及在门诸君子无虑千百人,咸来会于先生之庭,再拜称觞,献无疆之祝。他如藩臬大夫、海内交游,或遣史走数千里外,函币为礼,称说行谊,如出一口,此可谓极盛矣。(1410页)

春分前,就安福赋税高于吉安府他县向江西提学王宗沐致书陈情。

《邹守益集》卷一四《简敬所王督学二章·二》:特岁派之数,原出里甲,而均一府县,均一赤子,乃高下悬绝,得无可厘而改之?使絜

---

① 见英启修,邓琛纂:《黄州府志》(光绪十年刊本,台北:成文出版社,《中国方志丛书》346号),卷一一《职官志》,407页。

矩之泽,各得其分愿乎?粮则之派,安福与南新同一,则正德间《督赋条规》可稽也。嘉靖新派,亦与永新、永丰、峡江同一,则今乃相悬,得无厪向隅之泣耶?沙米之额,祖宗时所有也,一旦除去,则失四百余两之利;九邑丁粮均派,祖宗时所无也,一旦增加,则添八百余两之害。已恳诸吉阳公,求行新守新令查议之,庶复旧章,以对群望。敢祈仁言,一解倒悬。春分祭毕,即趋怀玉,计得面罄。(712—713页)

按,"春分祭毕,即趋怀玉"指嘉靖三十九年东廓赴怀玉讲会事,故推知此书作于是年春分前。

春,"江浙大会"举于广信府上饶县闻讲书院,徽州、宁州、苏州、湖州、广德州诸地学者云集,东廓与钱德洪、陈九川、刘邦采、管州、况维垣、吕怀等赴会。著《广信讲语》,讲《孟子》"鸡鸣而起"章,论义利之辨;作诗《巾石学愚约四方同志聚闻讲书院》,申戒惧、躬行之旨。

《邹守益集》卷一五《广信讲语》:孟子曰:"鸡鸣而起,孳孳为善者,舜之徒也;鸡鸣而起,孳孳为利者,跖之徒也。欲知舜与跖之分,无他,善与利之间也。"这是孟子教学者第一关……志乎善,则庄敬日强;志乎不善,则安肆日偷。圣门传授上达下达之几,正决于此……先师云亡,浙、江为大会以振微言……庚申,复会于怀玉。怀玉高邈,无力者不能往,乃会徽、宁、苏、湖、广德同志,以聚于广信。学愚吴子请发明"鸡鸣而起"一章,以续喻义喻利之遗韵。因以师友所传习相与砥砺之。凡我同游,自戒自惧,孳孳无须臾离,以无愧于帝衷。(725—726页)

《邹守益集》卷二五《巾石学愚约四方同志聚闻讲书院》:信州古名胜,闻讲揭新扁。耆俊鼓先登,朋来兴不浅。赫矣良知训,上帝

及游衍。夙夜不自慎,万卷空雄辩。真闻非耳入,实讲在躬践。千古弘毅谱,渊冰始知免。(1164页)

《邹守益集》卷二七,吕怀《东廓邹先生文集序》:庚申……先生赴绪山钱丈怀玉之约,偕刘狮泉、陈明水、管南屏、濮回堂、况郭山(按,况维垣)诸丈会信,合诸士友论致良知之学于信之闻讲堂。一友问:"日用应事,只从心之安处,便是良知。"又一友曰:"予往往于心之不安处求而得之。"先生曰:"良知者,心之真知也。天然自有之中也。良知发于心之所安,固也,非其所安之正而发也者,非心之真也。发于心之不安,固也,非其所不安之正而发也者,非心之真也。皆病也,气质诱之也。是故戒慎、慎独之慎,从心从真,学者只常常戒惧不离,无分寂感,一以贯之,此其为致良知而已矣。"(1340页)

按:"管南屏"即管州(1497—1578),字子行,号南屏,浙江绍兴府余姚人,嘉靖十年举人,于正德十六年阳明归余姚省祖茔时由钱德洪带领从学阳明。① 传见孙蒙泉《兵部左寺务管子行墓志铭》(《燕诒录》卷七)。

时吕怀致仕在家,亦与会。

"闻讲堂"即闻讲书院。②

《江西通志》卷二二《书院二·广信府》:闻讲书院,在府城(广信府城上饶)西,明嘉靖间贵溪大学士夏言致政归,以赐金建,祀朱子,集诸生讲学其中。"(《文渊阁四库全书·史部》513册,712页)

春,与刘邦采、陈九川、钱德洪等百余人又举"江浙大会"于怀玉

---

① 见《王阳明全集》卷三四《年谱二》,正德十六年九月条,1282页。
② 闻讲书院讲会参吴震:《明代知识界讲学活动系年》,194页。

书院。

《邹守益集》卷四《怀玉书院志序》：庚申之春,绪山子复约于怀玉,同志自远而集,凡百余人。益自豫章历信州,由童坊陟七盘以升振仪亭,谒崇圣殿,聚明德之堂。(202页)

《邹守益集》卷七《乌土溪水利记》：江浙同志大会,初举于冲玄,再举于怀玉,予与刘狮泉、陈明水束装而赴焉。(411页)

按：怀玉书院,在界饶州、广信二府的怀玉山上,嘉靖三十三年江西提学王宗沐改寺为书院,三十七年建成。

《江西通志》卷二二《书院二》：怀玉书院,唐大历中僧志初创法海寺于金刚峰下,宋学士杨亿精舍亦在山麓。后朱子与陆文安、汪文定诸贤讲学兹山,有司及门人拓而大之,置田以供四方来学者,自是怀玉之名与四大书院相埒……既而宸濠兵变,复为僧踞。嘉靖间提学王宗沐以左道宜斥,请于抚檄有司改复书院,悉如白鹿洞规制。置书院田三十三顷,以赡学者,自后知府姚体信修之,万历辛巳,诏革天下书院,遂废。(《文渊阁四库全书》513册,713页)

按：是年所谓的"江浙大会"有闻讲书院及怀玉书院两个讲会,因"怀玉高邈,无力者不能往"(《广信讲语》),故前者人多,后者人少。

怀玉会后,与陈九川、邹美等至浙江祭扫阳明墓,撰《奠阳明先师祭文》。应门人胡宗宪之邀开讲天真书院,谒阳明祠。撰《浙游聚讲问答》、《默林胡宫保锡命序》等文。

《邹守益集》卷一八《书同志诸生谢石矶梁翁册》：嘉靖庚午春,予年七十矣,念阳明先师墓道久旷洒扫,而同志约于江浙大会于怀玉

之上,默林胡总制方靖海寇,修天真书院,介绪山子以请,遂乘兴赴之。聚静寺,谒兰亭,历武夷以归……(866页)

《王阳明全集》卷二六《寄正宪男手墨二卷》"钱德洪按语":越庚申,邹子谦之、陈子惟浚来自怀玉,奠师墓于兰亭。(989页)

《邹守益集》卷二〇《奠阳明先师祭文》:某自己卯受学虔台,受再造之德,四十有二年矣!自辛卯卧病浙水,展拜兰亭,三十年矣!自辛丑南雍归田,骏奔于天真,又二十年矣!光阴迅速,旧学无成。上之不能修德凝道,以身发良知之教,协于帝则;次之不能述功勒伐,以阐诛乱讨贼之迹,彰于国典。而学术异同,意见犹淆;勋烈掩黯,抔土尚荒。此皆后死之责,其何以逭?兹幸当道表章祠宇,辑定地方,某与同志始得瞻依明德,以温旧学。敬采苹藻,祗荐松楸,惟公于昭之灵,尚无鄙弃,俾克有成,无贻师门羞!谨告!(947页)

耿定向《东廓邹先生传》庚申条下:其年,谒阳明祠,门人胡宗宪时总制浙东,来迎,因入天真开讲。语具《浙游讲语》中。(1390页)

《邹守益集》卷四《默林胡宫保锡命序》:予适趋拜先师于天真,而默林适馆授粲,获偕诸士于弦歌干戈之后。(161页)。

《澈源邹氏七修族谱》卷八,邹德泳《明乡进士今赠中宪大夫大常寺少卿昌泉府君行实》:文庄公常往拜王文成墓下,时浙抚胡默林公以门人延请入天真书院,则府君(按,邹美)从焉。(48页)

按:兰亭,即阳明墓地所在。《王阳明全集》卷三十五《年谱三》:"葬先生于洪溪……洪溪去越城三十里,入兰亭五里。"(1327页)

"默林胡总制"即胡宗宪(1512—1565),字汝贞,号默林、梅林,南直隶徽州府绩溪人,嘉靖十七年进士,时任总督浙、直、福建都御史兼浙江巡抚。① 后被弹劾交结严嵩父子而被逮,死于狱中,万历初复官,谥襄懋。著有《筹海图编》、《胡襄懋公集》等,传见《明史》卷二〇五。胡宗宪于嘉靖十八年在京师师事东廓,《邹守益集》还收录有《简胡默林》(卷一二)等文。

阳明祠,当指天真书院仰止祠,参见嘉靖三十三年条。

《浙游聚讲问答》见《邹守益集》卷一六。

天真会后,与刘邦采、邹美至福建武夷山。五月,与建宁知府刘佃、通判黄文明、门人程宽等聚讲武夷山,谒文公书院及阳明甘泉二先生祠,作《武夷答问》,答兼善独善之别。并作诗数首。

耿定向《东廓邹先生传》庚申条下:循闽,游武夷,谒文公书院及阳明、甘泉祠,语具《武夷答问》中。(1390页)

《邹守益集》卷一六《武夷答问》:杨邦彦、程杲夫会于武夷,问兼善独善之别。曰:吾侪须识取"善"字本体即工夫,始有归宿,逆顺境界,自不能移。帝降之衷,灵明真纯,仁义根于心,而恻隐羞恶,流贯于人伦庶物。果能戒惧不离,顾諟明命,大公为中,顺应为和,范围曲成为位育,此是唐虞至洙泗相传止至善学脉。得志泽加于民,是与民由之,故曰兼;不得志修身见于世,是独行其道,故曰独。独时善不曾减,兼时善不曾添,故陋巷箪瓢,与平水土、树稼穑同道。(780页)

《邹守益集》卷二五《偕刘狮泉及儿曹谒阳明甘泉二先生祠,郡侯刘吾南、黄逊斋,邑侯邹海屿、王怀鹤,邑博王莘野、刘紫峰,诸生杨邦彦、程杲之等会》:良知揭越台,天理体楚云。灵明皎日月,忘助空纷纭。悠悠慢亭上,仙气犹氤氲。两翁俨祠宇,弦诵日有闻。我吹燕谷律,君剖鸿宝文。谷城石可索,缑岭笙亦殷。琳宫秉华烛,幽义析

---

① 见《明世宗实录》卷四四三,嘉靖三十六年正月条;卷四七〇,三十八年三月条。

夜分。请从道南脉,千秋更策勋。(1163页)

《邹守益集》卷二六《刘吾南郡侯、王怀鹤邑令约偕刘师泉及杨邦彦、程栗夫、美儿、刘绍锦绍藩游水帘洞,王刘二邑博胥会》:振衣九曲共盘桓,更向帘泉偿大观。五月行探珠履湿,半空飞下玉霙寒……(1334页)

按:"郡侯刘吾南"即刘佃(1519—?),字仲有,号吾南,出安福南乡三舍刘氏,嘉靖二十三年进士,时任建宁知府,①官至布政使。《邹守益集》收录有《谒紫阳文公书院简吾南逊斋郡侯道契》(卷二五)、《浮峰敬所纪山蒙泉约公馆聚讲诸师诸生同会简郡侯刘吾南黄逊斋》(卷二六)及为刘佃父(刘昉)母所著的《明故封奉直大夫白石刘君偕赠大宜人王氏墓志铭》(卷二一)等诗文。

"黄逊斋"即黄文明,时任建宁府通判,介绍见下条。

"程栗夫"即程宽,字栗之(栗夫),福建建宁府建安人,诸生出身,东廓门人。《邹守益集》收录有《寄建安程栗之上舍》(卷一七)一书。嘉靖三十七年,刘佃、董燧、程宽等编辑的《东廓邹先生文集》十二卷在建宁刊刻(参见嘉靖二十八年条东廓文集刊刻之考证)。

阳明甘泉二先生祠,在武夷第一曲精舍,参见嘉靖三十七年条。

东廓游武夷山时还作诗《宿武夷冲佑万年宫》、《谒紫阳文公书院简吾南逊斋郡侯道契》(均见卷二五)。

自武夷归途中,有《答黄逊斋时熙》书,论"不逾矩","于人伦庶物、三千三百处一一尽强恕而行工课"。

《邹守益集》卷一〇《答黄逊斋时熙》:武夷胜游,远劳枉临,得以

---

① 见张琦修,邹山纂:《建宁府志》(清康熙三十二年刻本),卷一八《职官志二·知府》,13页。

奉新得，而雅眷兼之，感悚交集。昨寄吾南郡侯以谢，计彻览矣。所谕格物之旨，是圣门相传脉络，正先师苦心处。万物皆备于我，乃烝民秉彝，更无加损。反身而诚，则父止慈，子止孝，耳止聪，目止明，皆至善流贯，是谓不逾矩。其次致曲，以求有诚，则困心衡虑，已百己千，去其不诚以务慈孝聪明，不肯一毫假借支撑，是谓学不逾矩。吾侪自省，于慈孝聪明，句句步步，皆对越上帝，不愧屋漏，合德合明否？若稍有间隔，便落不诚。不诚便是不正，不正便非上帝降衷之则。此何等紧要，何等切实！愿于人伦庶物、三千三百处一一尽强恕而行工课，则此等疑虑，会有冰释时。适宿车盘，灯下布复，如有未安，更祈详示。(508页)

按：东廓称阳明"先师"，可知黄逊斋当与东廓同为阳明弟子，东廓又称黄为"郡侯"，当为建宁府官员。查康熙《建宁府志》，有黄文明为建宁府通判，①黄为阳明弟子，②以此推知，黄逊斋即黄文明，字时熙，号逊斋，南昌人，嘉靖四年举人。《邹守益集》还收录有《简黄逊斋二章》(卷一一)。

上书云"适宿车盘"，车盘即车盘驿，《江西通志》卷三五《驿盐》："车盘驿，在铅山县旌孝乡，去县治南六十里。"可知东廓此书作于从武夷山返回途中的车盘驿。

途经南昌，与省府张元冲、王宗沐、曹忭等官员聚讲论学，诸师生同会，会后作诗寄与刘佃、黄文明。

《邹守益集》卷二六《浮峰、敬所、纪山、蒙泉约公馆聚讲，诸师诸生同会，简郡候刘吾南、黄逊斋》：洗心亭上对春阳，鼓瑟声希兴亦

---

① 见康熙《建宁府志》卷一八《职官志二·通判》，21页。
② 见《王阳明全集》卷三五《年谱三》，1309页。

狂。贡院昔年温旧调,薇垣今雨洒群芳。教从学道弦歌蔼,功在研几屋漏光。此去鹅湖无剩语,瓣香遥拜玉山堂。(1336页)

按:此诗中有云"贡院昔年温旧调",贡院即南昌贡院。张元冲(浮峰)于三十九年以后任都察院右副都御史巡抚江西,王宗沐(敬所)时任江西按察使,曹忭(纪山)时任江西左布政使,据其任职时间及"简郡候刘吾南(建宁知府)、黄逊斋(建宁府通判)",可推知此次讲会当在东廓武夷山游毕返回江西、途经南昌时,与省府官员、士子论学,后将论学心得赋诗,并寄刘、黄二人。

广信、浙江、武夷之游逾百日。夏,归安福,致书江西左布政使蔡汝楠,就安福沙米、兑军等赋税过重,及去岁春涝夏旱导致今岁米价日增、救贷无措等事陈情。

《邹守益集》卷一四《简蔡白石中丞》:倾畏暑亟归,未得从容謦欬曝。然《派粮节略》之有加有减,《江西大志》①之有派无派,明者一览,根株莫遁;矧公以经济为任,扩充一体之学,雷电交章,改弦而鼓之,万世其永赖!浮峰公主于上,纪山、敬所诸公协于寮,真天假之良机也!如有批示,更当嗣请。至安福沙米之弊,尤可痛哭!自《督赋条规》刊于正德十六年,国初旧额,谁得而夺之?三年以前,沙米仍存,则一千二百余石兑军,年年自有输纳,县分未闻拖欠也。今一旦夺额,内之沙米,而增以额外之兑军,凡岁增五百两。国家兑军定额,一省止四十万,安福额外既加,则各县额内必减,是无分毫输朝廷,而奸胥坐享之。非公不敢以此言进,亦恃公之能受尽言也!如从台下改厘,则阴德甚渥,或许县据呈以请,亦望示下!民之多艰,逋积未输,而麦飘于潦,禾伤于旱,米价日增,救贷无措。邑令尽瘁祈祷,

---

① 《江西大志》八卷,江西布政使王宗沐于嘉靖三十五年纂修。

为力亦竭。旱灾申请,幸垂矜察!(699—700页)

按:"蔡白石"即蔡汝楠(1516—1565),字子木,号白石,浙江湖州府德清人,嘉靖十一年进士,官至南京工部右侍郎。著有《自知堂集》二十四卷,传见茅坤《蔡公汝楠行状》(《茅鹿门先生全集》卷二八)。蔡汝楠于三十三年至三十六任江西右参政,三十七年至四十年任江西右、左布政使。① 蔡师事湛若水,列入《明儒学案》卷四十《甘泉学案四》,任职江西以后,亲证之邹东廓、罗洪先等,于师所授随处体认天理之学,始有着落。与聂豹、欧阳德亦有论学往来。②《邹守益集》收录有与之论学的《简蔡白石》一书(卷一一)。

"麦飘于潦,禾伤于旱"指嘉靖三十八年安福灾情,"浮峰公主于上,纪山、敬所诸公协于寮",所提浮峰、纪山、敬所诸人即上条南昌论学的省府官员,因此,"畏暑亟归"指是年夏从南昌归安福,故推知上书写于是年远游百日回到安福后。

夏,致书李遂,陈述去岁灾情延及百姓生计,请鼎言协救。

《邹守益集》卷一二《简李克斋中丞·二》:武夷归,闻简督戎政,甚为宗社得人庆,即挥汗寓善儿……民之多艰,春潦飘麦,夏旱伤禾,久祷得雨,雨复不节。残禾生茁,而秋螟重毒之,触者手却为肿。哀哀惸独,凛凛有中泽潢池之患,仁人在高位,幸鼎言协救之!(602页)

按:"武夷归"指是年游武夷山,"挥汗"当指夏季,后文叙述与去年同样之灾情,故知今年之灾当为去年之影响。

归安福后,闻知湛若水去世。湛若水门人、江西巡抚何迁命吉安

---

① 见雷礼:《国朝列卿纪》卷一二〇;《明世宗实录》卷四九四,嘉靖四十年三月条。
② 见《欧阳德集》卷九《九卦说赠蔡衡州》,299—300页;《聂豹集》卷九《答蔡白石》,310页。

知府张元谕在青原山顶建文明亭,为讲会之所。张奉何命向东廓请记,作《青原文明亭记》,云王、湛之学"语若异而脉络同",批世学"支离影响,党同伐异"。

《邹守益集》卷七《青原文明亭记》:先师以致良知为宗旨,而公以体认天理为教,语若异而脉络同。及门之士,间有辨诘,是泥骊黄牝牡,而略其千里之真也。天理而非良知,何以为明命?良知而非天理,何以为帝则?知明命、帝则之一,而不眩于繁词,不骛于多歧,可以研学脉矣……吉阳何中丞,高弟子也,檄月泉张郡侯作文明亭青原之巅,以为会讲所。予赴武夷,归,闻公薨于家,为位而哭。郡侯以中丞命,征记于亭。于戏!上帝降衷,蒸民受之……微言渐隐,往往不能自戒自惧,默而成之以顾明命、顺帝则,而支离影响,党同伐异。故简而弗文,闇而弗章,如雾雾垒起,障于大虚,非降才异也,意见病之耳。(425—426页)

按:"月泉张郡侯"即张元谕(1519—?),字伯启,号月泉,浙江金华府浦江人,嘉靖二十六年进士,三十八年至四十年任吉安知府,① 有善政,罗洪先、邹东廓甚礼重之。著有《詹詹集》七卷、《篷底浮谈》十五卷,传见万历《吉安府志》卷一七《贤侯传》。

湛若水于是年四月二十二日去世,从上文义看,文明亭当建于此后,似何迁为纪念湛若水而建。

归后旧痔复发,得梁翁等调摄治愈,门人萧廪约同门书册以谢,作《书同志诸生谢石矶梁翁册》,申戒惧之学,阐儒家重疾之旨。

《邹守益集》卷一三《复王信卿》:远游逾百日,得以趋奠先师于天真、兰亭之间……第积劳冒暑,旧痔复发,静息久之,乃渐就愈。

---

① 见万历《吉安府志》卷三《秩官表》,27页。

(674页)

《邹守益集》卷一八《书同志诸生谢石矶梁翁册》：圣门所慎，以疾并斋、战之列……而以疾并之，其义可以深长思矣。身也者，非我之身也，父母遗体而子保之，天地委和而人受之。能无忝遗体为孝，能无愧委和为仁，故曰戒慎乎其所不睹，恐惧乎其所不闻。安勉虽殊，其求尽仁孝，更无二德业。我战则克，祭则受福，皆自戒惧中得之。世之恣情纵欲，以陨生而踣其世，将非圣门之罪人乎？……历武夷以归，而劳与暑并，为痰火所困，延石矶梁翁疗之。翁与予从子遵，蚤夜调摄，久而愈虔。万安萧春元廪适别予北上……乃出一册，约同志咏歌之……乃阐圣门重疾之旨，与同游勖之。(866页)

按："萧春元廪"即萧廪(1523—1587)，字可发，号兑嵎，江西吉安府万安人，嘉靖四十四年进士。师事欧阳德、邹东廓。官至兵部右侍郎。著有《修是堂集》五卷及《兑嵎集》等，传见陆可教《兵部右侍郎赠尚书兑嵎萧公廪墓志铭》(《国朝献征录》卷四一)、《明史》卷二二七。

五月，经邹善奏请，以原官致仕，母、夫人俱进赠封恭人。

宋仪望《邹东廓先生行状》：季子善自丙辰登第，历刑部郎中。庚申，以考绩，奉特恩，先生复原职致仕，母、夫人俱进赠封恭人。(1371页)

《明世宗实录》卷四八四，嘉靖三十九年五月癸巳条：癸巳，复闲住南京国子监祭酒邹守益原官致仕，从其子刑部主事邹善奏也。(8088页)

重阳节后，聚讲复真书院。

《邹守益集》卷一三《复王信卿》：远游逾百日……重阳后，已约入复真矣。(674页)

季冬,欧阳必进寿七十,东廓为作《庆欧阳宫保约庵公寿序》。

《邹守益集》卷五《庆欧阳宫保约庵公寿序》:宫保约庵公与某同庚,夙以道谊期许也。某自南雍归农,而公居内艰,得切偲者久之。命弟上林志夫,子督府德卿,二壻彭中翰体坤、赵督府公傲,咸受学复古,期以脱流俗而升周行……庚申季冬,邑之大夫士饮厚德,诵休光,骈然征言,以为公祝。先是,仲春,公贻文寿于山房。在古有之,投瓜报琼,公既投以琼矣,敬献芹子,永以为好,其可乎?(278—279页)

为衡州知府、门人游天廷作《庆衡守游行野膺奖序》,勉其以戒惧之功"融气习以端学术,纳诸中正和平之域,使渣滓浑化,精粹凝合"。

《邹守益集》卷五《庆衡守游行野膺奖序》:行野游郡侯与丘子时让(按,邱原高),执友也。时让自漳浦介镇山督学,以从予游,入复古,历连山,聚西山,将期月而始归……行野莅衡将二载,抗志砺行,政誉动上下,沈司谏,赵中丞,唐、吴二柱史,交奖荐之……亦曰自戒自惧,顾諟明命,融气习以端学术,纳诸中正和平之域,使渣滓浑化,精粹凝合,是谓祛六蔽以乂三德。若慎而葸,直而绞,宽而慢,猛而残,于大本达道正脉,犹不免于有倚。(241—242页)

按:"行野游郡侯"即游天廷(1514—?),字士达,号行野,福建镇海人,嘉靖二十九年进士,三十八至四十年任衡州知府。[①] 从"行野莅衡将二载"推知上文作于是年。

是年其他著作:

《乌土溪水利记》(卷七)。《题忠孝增光册》(卷一八)。

[①] 见乾隆《衡州府志》卷二一《职官》,14页。

嘉靖四十年辛酉(1561),七十一岁

聚讲复古书院,发道心人心之旨。

耿定向《东廓邹先生传》:辛酉,会复古,发道心人心之旨。曰:"动以天曰道心,无声无臭,故曰微;动以人曰人心,作好作恶,纷然不安,故曰危。惟精者,虑道心之不一而或杂也;惟一者,一于道心也。常精常一,是为允执厥中"云。(1390页)

按,此段文字又见《邹守益集》卷一六《答伍九亭请教语》。

邹美中举。

《澈源邹氏七修族谱》卷八,王时槐《明乡进士今赠中宪大夫大常寺少卿昌泉府君墓志铭》:辛酉,顺天乡闱中式。(52页)

邹善以刑部员外郎任职湖广,便道归省,侍侧,以钦恤民命、广上德、验学力等训戒之。

宋仪望《邹东廓先生行状》:辛酉,善奉命恤刑湖广,便道归省,先生深以钦恤民命戒之。(1371页)

《澈源邹氏七修族谱》卷八,曾同亨《明故大常卿颖泉邹公墓志铭》:(邹善)谳狱楚藩,取道过家,文庄公朝夕侍侧,质疑问难。文庄公察知学进,心喜。比辞行,谓曰:"若知永叔求生之意乎?广上德、验学力,在兹行矣。"(65—66页)

《明史》卷二八三《邹守益传》:(邹善)以刑部员外郎恤刑湖广,矜释甚众。(7270页)

应门人胡钟英、胡良贵之请,为泰和南冈黄漕胡氏通谱作《南冈黄漕胡氏通谱后序》,言"通"之义在同族一体。

《邹守益集》卷五《南冈黄漕胡氏通谱后序》:南冈黄漕通谱,整

庵罗文庄大宰为胡氏订之，以孝悌诗礼训诸篇端，就梓矣。嘉靖辛酉春，门生胡钟英、良贵，偕族之彦……俨然以求终序之……东廓子某瞿然曰：二三子其绎于通之义乎！圣人作《易》，以体天地之撰，宣神明之德，而于通塞之机，每发其蕴。《泰》，通也；继之以《否》，示保泰也。《否》，塞也，继之以《同人》，示倾否也。《同人》之《象》曰："君子能通天下之志"，而其《象》曰："类族辨物，审异以致同也。"天与火相同于上，而万物相见于下，纷然异矣。类其族姓而辨诸轨物，则人人亲其亲，长其长，沛然可以达诸四海。古之君子视四海如一家，故自合德至颠连，无非吾同胞；视一家如一身，故自心腹至发肤，无非吾同体。体之病也，耳弗通曰聩，口弗通曰喑，四肢弗通曰痿痹。世之灭宗族而愬秦越，陵弱暴寡，苦怯而诒愚，其诸聩喑痿痹之苛症乎！(261—262页)

是年其他著作：

《冷溪王氏族谱序》（卷三）。《泰和秀溪张氏族谱序》（卷五）。《明故横溪邓君墓志铭》（卷二三）。

嘉靖四十一年壬戌（1562），七十二岁

秋，集各邑二百六十余人大会于复真书院，发明知行合一之旨，愈加紧切。有《复真书院讲语》。

《邹守益集》卷一六《复真书院讲语》：天下之道二，诚与伪而已矣；天下之学术二，言与行而已矣。庸德之信，庸言之谨，时措于子臣弟友，相顾而惕惕，是圣门之规矩彀率也。言弗谨则无物，行弗信则无常，将奚于拔于民？故曰：视其所以。式谨式信，显明无怼矣，而是中隐微，未能洁净焉，不免于义袭。故曰：观其所由。由衷而发，明察

物伦,而一篑或亏焉,犹为大德累,故曰:察其所安。于焉自考,于焉考人,则其旋弗旋、吉弗吉,明于观火矣。壬戌之秋,复真同志举大会,各邑缙绅及耆旧俊髦凡二百六十余人,敬录以交儆。勿问元吉,以有孚惠心也;不占承羞,以不恒其德也;凡百君子,勖哉复真!(772页)

耿定向《东廓邹先生传》:壬戌,先生年七十有二。八月,大会复真,开示学者益肫切。谓天下之道二,惟诚与伪(按,后文即《复真书院讲语》内容)……。(1390页)

宋仪望《邹东廓先生行状》壬戌条下:疾之先月,犹与同志大会于复真书院,发明知行合一之旨,愈加紧切。(1371页)

邹德涵《文庄府君传》载是年复真会为九月(见后条),与耿定向记载"八月"稍异。

秋,《复古书院志》成,作《复古书院志序》。

《邹守益集》卷二《复古书院志序》:嘉靖壬戌之秋,新刻复古志成,尹郡侯一仁纂之,刘柱史阳订之,诸生黄旦、刘□、邓周、刘秉亮、谢于鲁校刻之。其首曰训述,曰碑刻,曰书劄,曰咏歌,曰报祀,曰经籍,曰堂宇,曰界止,曰田地,曰什物。是惟良师帅所经纶,而严师胜友所赞筹也。其附录曰丈田,曰粮长,曰水夫,曰机兵,曰绝军,曰额丁,曰驿递舡,曰沙米,曰乡约。是惟乡父老所图回,而谘俗询政所稽察也。(88—89页)

按:《复古书院志》除如一般书院志所载条目外,还附有本县丈田、沙米、额丁、乡约诸条目,体现了当地王门学者以"万物一体之实学"为为学宗旨。

九月,痔发。以毋侵人产、毋纵家人生事、毋伤骨肉和气训戒子孙。致书官府请缓税收。时罗洪先在吉水率门人士子协助官府丈

田,病中书以贺之。

《濒源邹氏七修族谱》卷八,邹德泳《明乡进士今赠中宪大夫大常寺少卿昌泉府君行实》:文庄公尝病痔……其终也,以背发,血肉淋漓……(49页)

宋仪望《邹东廓先生行状》:壬戌九月,先生寝疾。邑之髦倪交吁奔祷,诸子诸孙咸侍,先生惓惓以毋侵人产、毋纵家人生事、毋伤骨肉和气为训。(1371页)

邹德涵《文庄府君传》:岁壬戌九月,大会复真。归而寝疾。时当道督责税契甚急,为书遣门人往缓之。又欲贻书吉水罗公,时不肖涵在侧,谏曰:"请俟病愈时为之未晚也。"府君曰:"往者念庵过于自好,与人悒然,吾甚苦之。今者能为邑人请册,是视邑之痛痒为己之痛痒,念庵其识仁矣!吾病若愈矣,其安得不贺之?"必取纸,书以往。(1365页)

按:时罗洪先正在吉水县率门生监督丈田,胡直《念庵先生行状》载:"次年(按,嘉靖四十一年),邑当攒造。先生念诡洒未绝,乃戒同水乡各都分置区域按亩出收,择士友公正者尸之,俾人得自尽,一时称平。于是黄册道陈公就以册事敦请先生处分,先生慨然身任,终日应酬往来,纷挐一室之中,环席杂语,倾心剖割,虽嫠妇婺儿咸输其情。故宿弊顿除。"①是年底,王畿至吉水会晤罗洪先,罗自述其半年来监督丈田之实践与致良知工夫之结合,已能打通动静:"即如均赋一事,吾辈奉行当道德意,稍为乡里出力,只得耐烦细腻。故从六月至今半年,终日纷纷,未尝敢憎厌,未尝敢执着,未尝敢放纵,未尝敢张惶,未尝敢亵侮,未尝敢偏党。自朝至暮,惟恐一人不得其所。

---

① 《衡庐精舍藏稿》卷二三,534页。

虽甚纷纷，不觉身倦，一切杂念不入，亦不见动静二境。自谓此即是静定工夫，非止纽定默坐时是静，到动应时便无着静处也。"①

逝前，王畿前来探视。十一月十日，端坐而逝。长子邹义、次子邹美、孙邹德涵等在侧。

王畿：《龙溪王先生全集》，卷一六《与吕沃洲·一》：弟去秋过江右，与双江、念庵、少初、疏山群聚默证，颇受交修之益。人生只有此一事，固不以出处有间也。念庵虽不出户，却尽耐烦，同善之心，比旧较切。惜东廓丈捐背，远迩伤悼。弟仲冬适至安成，三千里同心之交，得尽永诀，人皆以为奇事。东廓平生学博名高，禄位崇峻，子姓福泽盛长，世皆美之。临时一些带不去，可自信者，惟炯然一念光明，不令昏散，为末后了手一着，其它种种，皆属空华。（417页）

王畿：《龙溪王先生全集》，卷一六《漫语赠韩天叙分教安成》：昔年予赴会所，适值东廓示疾，予往候问，数千里之交，半日证果，遂成永诀，同心感应，若有神焉，世传以为奇事。（592页）

邹德涵《文庄府君传》：疾亟，邑之人交祷之。府君命不肖等禁之，然弗能禁也。十一月九日，疾愈亟，子孙俱含涕问遗言，府君曰："愿儿孙为圣贤也，其勿替吾志！"翌日，山阴王公至，欲入问疾，门者止之，府君曰："令之入。"拱手与王公别。至戌时，端坐而逝。邑之人走之间巷，哭之如父母。深山穷谷不能至者，则哭于其乡。（1365页）

宋仪望《邹东廓先生行状》：壬戌九月，先生寝疾。邑之髦倪交吁奔祷，诸子诸孙咸侍。先生惓惓以毋侵人产、毋纵家人生事、毋伤

---

① 罗洪先：《松原志晤》，雍正本《念庵文集》卷八，181页。罗洪先率当地阳明学者督丈事与打通动静之工夫，可参张卫红：《罗念庵的生命历程与思想世界》（北京：生活·读书·新知三联书店，2009年2月）第三章第三节之四、第七章第四节之一。

骨肉和气为训……至十一月九日,王龙溪畿至自浙,入问疾,先生拱手以别。次日,疾亟,命义、美扶坐,正衣冠,端默而逝。通邑大夫士民奔哭于堂,深山穷谷不能至者,皆哭于其乡。诸生各依书院为位,朝夕奠哭,其在各邑亦然。(1371页)

按:是年十月,王畿、钱德洪因编撰阳明《年谱》事需与江右诸子商议,自浙江至江西。王畿先至吉水访念庵,继而访聂豹、东廓等人,与东廓之别更具"同心感应"之奇。而二人面诀之时间,宋仪望与邹德涵记载稍有出入。宋仪望谓二人相见于东廓去世前一日(十一月九日),邹德涵则谓相见于东廓去世当天,此与王畿自述"半日证果,遂成永诀"相合。东廓逝世时德涵在侧,宋非当事人,疑有误。

冬,都察院巡抚江西右佥都御史胡松与钱德洪同来吊东廓。

邹德涵《文庄府君传》:是冬,巡抚胡公松来吊。(1365页)

《王阳明全集》卷三六《年谱附录一》,嘉靖四十二年条,:师既没,同门薛侃、欧阳德、黄弘纲、何性之、王畿、张元冲谋成年谱,使各分年分地搜集成稿,总裁于邹守益。……壬戌十月,(钱德洪)至洪都,而闻守益讣。遂与巡抚胡松吊安福,访罗洪先于松原。(1348页)

按:胡松(1503—1566),字汝茂,别号柏泉,南直隶滁州人。嘉靖八年进士,官至吏部尚书。卒赠太子少保,谥庄肃。胡松洁己好修,富经术,与罗洪先、唐顺之为同年进士,与阳明学者多有往来,著有《胡庄肃公文集》等,传见李春芳《吏部尚书赠太子少保谥庄肃胡公松墓志铭》(《国朝献征录》卷二五)、《明史》卷二〇二。胡松于嘉靖四十至四十二年任江西左布政使、巡抚江西都察院右佥都御史。①

---

① 见《明世宗实录》卷四九九,嘉靖四十年七月条;卷五一九,嘉靖四十二年三月条。

嘉靖四十三年甲子(1564)

闰二月十一日,邹义等奉柩下葬于安福北乡白竹陂。

宋仪望《邹东廓先生行状》:先生既卒之数月……乃获地于同里白坡之原,期以甲子闰二月甲申襄事。(1372页)

罗洪先《东廓邹公墓志铭》:又明年闰二月甲申,义等奉柩安于里之白竹陂,首震趾兑。(1378页)

同治《安福县志》卷三《营建·邱墓》:侍郎谥文庄邹守益墓,在二都小岭。(60页)

按:邹东廓墓所在地二都小岭位于今安福县山庄乡新背村。

嘉靖四十五年丙寅(1566)

四十一年冬胡松吊东廓时,安福士民请祀东廓于县学学宫之旁,得许可。胡松于四十二年离任。是年,巡按江西御史成守节准其事,令有司春秋举奠。

邹德涵《文庄府君传》:巡抚胡公松来吊,邑人请祀府君于学宫之旁,胡公许之。寻升去。岁丙寅,巡按成公守节终其事,令有司春秋举奠。(1365页)

徐阶《邹公神道碑铭》:邑人士祠公学宫之左,与其生祠之在广德者,皆以春秋荐俎豆焉。(1380页)

按:成守节(1518—?),字子安,山西太原府太谷人,嘉靖三十二年进士,时任巡按江西御史。① 成守节曾与阳明门人吕怀改建阳明祠于琅琊山,任职江西期间曾重修洪都王公仰止祠。②

隆庆元年丁卯(1567)

穆宗登极,追赠邹守益礼部右侍郎,谥文庄。

邹德涵《文庄府君传》:丁卯,穆庙登极,诏赐祭,谥文庄,赠礼部右侍郎。(1365页)

按:谥赠见《明穆宗实录》卷九,隆庆元年六月(谥)、七月条(赠)。

隆庆初年,敕建专祠于安福县学之左,祀邹守益,岁遣官祭。复古、复真等书院各有祭。

同治《安福县志》卷一一《人物·理学·邹守益传》:隆庆初,敕建专祠于学宫左。岁遣官祭。复古、复真各书院皆祭焉。(196页)

万历至清

万历四年,广德知州吴同春在复初书院尊经阁莲花池后建祠祀东廓,后圮。二十五年,知州段猷显于复初书院范文正祠旧址建祠专祀东廓。至乾隆四十五年,广德州学正朱裕观复建邹东廓祠于州治道义门左。

光绪《广德州志》卷五五《艺文志·碑记三》,李得阳《重创东廓

---

① 见《明世宗实录》卷五四九,嘉靖四十四年八月条。
② 参见《王阳明全集》卷三六《年谱附录一》,嘉靖三十二年九月条(1345页)、嘉靖四十三年条(1351页)。

邹先生祠记》:先生去,更无能以道术为吾州鸣。州之所为道术亦寥寥也。甲戌冬,中淮吴公来守吴州,锐志斯学,奋焉振之。群诸生于书院,俯而读,仰而谈,一如先生之旧。州之士人复有先生时风,公之化也。越明年……迁先生于院后之隙而专祀之。堂宇爽亢,东西庑及门户丹垩,一以法故,复浚池祠前亭,于其上扁曰"静观"。貌先生像于院阁之上,画图书于阁之檐……祠经始于是年正月,告成于是年五月。(《中国方志丛书》705号,台北:成文出版社,3221—3223页)

光绪《广德州志》卷八《营建志·学校二》邹东廓祠条:《万历志》:旧在尊经阁莲花池后,万历四年,知州吴同春建,以祀南京国子祭酒前判官邹文庄公守益,寻圮。万历二十五年,知州段猷显从舆议,即范文正祠旧址建祠专祀之……祠久圮,乾隆四十五年,学正朱裕观复建于道义门左,以明知州夏(□)、国朝知州闵以栋、毛浑三主祔祀焉。(同上注,568—569页)

附　录

一、邹东廓讲会、游学活动一览表

本表根据年谱所载汇总为表,说明如下:

一、讲会名称以地点命名。

二、讲会排列顺序以地点为序,依次是:安福、吉安府其他县、江西其他府县、南京、浙江、北京等其他地区。

三、序号一栏标注有序号者属于具备一般"讲会"特点的聚会,标注"※"者属游历、游学、少数人论学之性质,不计入"讲会"之列。

四、序号栏标注"＊"者,为聚集多地学者、人数众多的大型讲会。

五、备注栏写有"经常"者,为经常性聚讲的讲会。

六、只有讲会名称而时间、地点不详者,在"备注"一栏均注明"见卷……",此类讲会因文献不详,年谱未录,备注于此,以见东廓讲学活动之全貌。

			安福县讲会游学活动		
序号	名称	地点	西历时间	次	备注
1	东廊山房会	北乡	1520,1557	2	1520,建成,阳明题额
					1557,新移山房建成,常会
2	北乡会	北乡	1544	1	
3	连山书院会	北乡	1544,1559	2	北乡门人捐建书院,常会
4	九峰庵会	北乡	1552,1556	2	1552,罗洪先、周怡、刘阳同游
5	广恩寺会	北乡	1545	1	常会
6*	崇福寺会	城北	1535(春、秋)	2	1535秋九月,吉安九邑士人与会
7	县学会	县学	1536,每月朔望	1	与程文德集诸生聚讲明伦堂
8*	复古书院会	复古书院(县城南门外)	1536,1538,1542,1545,1546(2①),1548(2),1549(3),1550(2),1551,1552(2),1555,1558(2),1561	20	1536与程文德倡建,日常讲学外,安福士子每年春秋两次集中聚讲于此,时有吉安府他县、江西其他府及外省学者参与,常会
9	东山寺会	城东	1542,1551,1552,1554	4	邹氏子孙主持,延至邹衮,历六十余年,常会
10	香积寺会	城南	1557	1	聚讲

---

① 若该年有多个讲会,即在该年后括号内用数字表示,如"1519(2)"表明1519年有两次讲会,以下同。

续 表

安福县讲会游学活动					
序号	名称	地点	西历时间	次	备注
11	洞渊会	洞渊阁,县城北门外①	不详	1	见卷一〇《答林掌教朝相》
12	祈仙观会	县城外东南②	不详	1	见卷二三《明故丹崖姚翁能近暨配欧阳孺人墓志铭》
13	东阳行窝会、石屋山馆会	县东之东阳峰	1541,1542,1548,1550,1552,1559	6	为归田后聚讲所,集本地、外地学者,常会
14	东乡会	东乡	不详	1	王学益召集,③东乡士夫毕集,见卷一三《简贺义卿七章·三》
15	西乡会	西乡	1542	1	聚讲
16	武功山会	县西	1545,1551	2	常会,夏季避暑之所
17	复真书院会	南乡	1558,1562	2	1558,南乡士民建成,南乡重要聚讲所
					1562,集各邑二百六十余人聚讲

① 见同治《安福县志》卷二《舆地·古迹》,41 页。
② 祈仙观的位置,位于今安福县城东南十几华里的塘里、大汾一带,是桃溪姚氏的聚集地。明嘉靖间,桃溪姚氏邀常邀邹东廓、刘阳等会讲于此,为教化百姓之乡会。参见姚义兴著:《泸潇人家——安福姓氏探源》,607、610、611 页。
③ 王学益(1495—1561),字虞卿,号大廓,安福东乡蒙冈人,王学夔弟,嘉靖八年进士,阳明弟子。官至南京工部尚书。

续 表

		安福县讲会游学活动			
序号	名称	地点	西历时间	次	备注
18	松云窝会	南乡	1557	1	周儒建松云窝书院,聚讲
19	书冈会	南乡书冈山①	不详		张岩召集,以每月望日为期。见卷一〇《简欧汝重》、卷二二《容庵刘君墓志铭》
20	舟湖会	南乡	十年三次赴会	3	见卷二六《同志约会舟湖,诸乡老携子姓咸集……》、卷二六《南游会讲周湖遂谒梅边王先生②墓》
21	招仙寺会	南乡	1556	1	安福学者与会
22	安和里会	治南三十六都兴德乡	1556	1	南乡学者讲会,东廓为题词
23	寮塘会	南乡	不详	1	见卷二六《聚讲寮塘次首尾吟呈同会诸君》
24	槎源会	南乡	不详	1	见卷一三《答本固宗兄》

① 高崇基修,王基纂《安福县志》(乾隆四十七年修、同治四年补刊本,台北:成文出版社,《中国方志丛书》772 号)卷二《舆地志·乡都》载:"书岗山,荆山南十里,两峰屹立,顶趾皆怪石。东滨江西,为鸭翼湖,上有平台,相传陶渊明读书所。冈下溪流盘石处,又名陶潜潭。"(5—6页)

② "梅边王先生"即王炎午(1252—1324),初名应梅,字鼎翁,别号梅边,出安福南乡汶源王氏,文天祥被捕,作生祭文以励其死。东廓门人王仰为其后人。

续 表

安福县讲会游学活动

序号	名称	地点	西历时间	次	备注
25	安福论学	安福	1537	1	与刘文敏、欧阳瑜、刘阳等聚讲
26	富池寺会	安福	1545	1	聚讲
27	资福寺会	安福	1547	1	聚讲

吉安府其他县讲会游学活动

序号	名称	地点	西历时间	次数	备注
28*	白鹭洲书院会	吉安府城	1545,1546,1550,1557	4	1544,知府何其高延请；1557,王宗沐率千余儒生听讲
※	游青原山	庐陵县	1520	1	陪阳明游青原
29*	青原会	庐陵县	1533,1534,1542,1546,1547,1548(2),1550,1553,1554,1556(2),1557,1558	14	集吉安九邑士人的大型讲会，每年春秋二季举行，常会
30	惜阴会	庐陵县广法寺	1534	1	庐陵油田彭氏所举乡会
31	怀德祠会	庐陵城南	1538	1	季本建怀德祠祀阳明，并举讲会
32	圣化观会	庐陵县安塘	1547,1553	2	1547,聚讲；1553,安塘萧氏乡会
33	永和会	庐陵县永和	1548,1549	3	1548,在青都观,刘邦采与会；1549,钱德洪、俞大本、林功懋与会

续 表

吉安府其他县讲会游学活动					
序号	名称	地点	西历时间	次	备注
34	文山祠会	庐陵县文山祠	1541年以后	1	见《邹守益集》卷七《甘节堂记》
35	梅陂会	泰和县	1545	1	欧阳德、曾忭、陈昌积等与会
36	古城寺会	泰和县	1545,1547	2	与泰和学者聚讲
37	云津书院会	泰和县	1547,1551	2	1547,与刘魁聚会；1551,刘魁、欧阳德、曾忭与会
38	海智寺会	泰和县	1551	1	欧阳德讲学之地
39	崇玄宫会	永丰县	1534(2),1545	3	1534春,与钱德洪、聂豹聚讲,游泷冈；1534秋,与聂豹聚讲；1545,与欧阳德、聂豹聚讲
※	游泷冈	永丰县	1534、1547	1	有泷冈书院
※	游凌空阁	永丰县	1549	1	与聂豹会晤
40	玄潭会	吉水县	1542,1549,1550,1554,1555	5	为罗洪先与吉水学者常会之所
※	游恩江乐丘	吉水一带	1547	1	与罗洪先聚会
41*	龙华寺会	吉水县城	1548	1	吉水县令王之诰集吉安九邑士人聚讲,罗洪先等与会

续　表

吉安府其他县讲会游学活动					
序号	名称	地点	西历时间	次	备注
42	石莲洞会	吉水县	1548	1	1548，龙华会后与刘阳同游并宿此
43	永新会	永新县学	1535	1	知县徐丙召集，甘公亮、李俨等学者及当地官员与会
44	希夷宫会	永新县	1547	1	聚讲
45	先天阁会	万安县	1547	1	聚讲
江西其他府县讲会游学活动					
序号	名称	地点	西历时间	次数	备注
46	虔台论学	赣州府虔台	1519(2)、1520、1547	4	1519，两见阳明于虔台
					1520，与陈九川等问学阳明
					1547，与朱纨等论学，重游郁孤台、通天岩
47*	南昌贡院会	南昌府城	1538	1	提学徐阶延请东廓入贡院开讲
48	龙沙会	南昌府城	1539	1	1539，徐阶建仰止祠，与东廓等祀阳明，并聚讲
49	南昌诸会	南昌府城	1549	1	赴冲玄会途经南昌，聚讲清真寺、天宁寺、龙沙等地

续 表

序号	名称	地点	西历时间	次	备注
※	南山论学	南昌	不详	1	见卷二六《双溪郑宪伯、湛塘王侍御、让溪游司谏及诸友聚讲南山》①
50	南昌会	南昌府城	1560	1	与张元冲、王宗沐、曹忭及诸师生聚讲论学
※	游新建	南昌府新建县	1555	1	与魏良弼、裘衍及邱原高等同游丹陵观、至德观、明觉精舍
51	西山会	南昌西山	1555	1	与魏良弼、裘衍及邱原高等聚讲
52	茫湖会	南昌府丰城县	1555	1	与李遂等聚讲
53	龙光书院会	南昌府丰城县	不详	1	见卷二五《寄勉龙光书院会讲诸友》二首、卷一七《寄龙光书院诸友》
54	拟岘台会	抚州府城	1537,1549	2	1537，与陈九川、黄直等聚讲 1549，与陈九川等聚讲

① "双溪郑宪伯"即郑佐,字时夫,号双溪、吕滨,南直隶歙县人,正德九年进士,官江西按察使副使、布政司左参政等职。"湛塘王侍御"即王献芝,字德仁,号湛塘,南直隶歙县人,嘉靖十一年进士,官御史;与项乔、欧阳德、东廓等均有论学往来。"让溪游司谏"即游震得,嘉靖三十五年(1556)前后任南赣兵备副使。

续 表

江西其他府县讲会游学活动					
序号	名称	地点	西历时间	次	备注
55	华盖山会	抚州府乐安县	1544	1	与聂豹、陈九川、欧阳德、罗洪先聚讲
56	象眠山会①	抚州府乐安县	不详	1	见卷二五《象眠山聚讲书勉乐安诸友》
57	望仙观会	抚州府金溪县	1549	1	金溪学者与会,游仙峰、青田、翠云寺
58*	冲玄会	广信府龙虎山	1549	1	浙江、江西、南直隶学者大会
59*	闻讲书院会	广信府上饶县	1560	1	江、浙、南直隶学者大会
60	怀玉书院会	广信府玉山县	1560	1	同上,人数稍少
61*	宜春台会	袁州府城宜春台	1550	1	集袁州府宜春、分宜、萍乡、万载诸县学者聚讲
※	游袁州	袁州府城、分宜县等	1550	1	与袁州士子同游石乳洞、洪阳洞、慈化寺,天龙岩等
62	白鹿洞书院会	九江府庐山	1547	1	与刘邦采等同游庐山并聚讲白鹿洞书院

① 《明一统志》卷五四《抚州府》:"象眠山,在乐安县治东,势如象眠,县之主山也。"

续 表

江西其他府县讲会游学活动					
序号	名称	地点	西历时间	次	备注
63	尊道书院会	瑞州府城	1547	1	与瑞州学者、官员论学

南京（南直隶）讲会游学活动					
序号	名称	地点	西历时间	次数	备注
64	复初书院会	广德州	1524—1526	1	时任广德州通判，常会
65	观光馆会、新泉书院会	南京	1528—1530	1	时任南京礼部主客司郎中，与湛若水、吕柟共主讲席，常会
※	南京论学	南京	1529(2),1531,1538	4	1529，与易宽、邹义、邹美等论学于燕子矶；1529，与朱廷立论学；1531，与王艮、薛侃、钱德洪、王畿等论学于官署；1538，时任南京吏部考功郎中，与胡岳论学于东湖书院
66	鸡鸣寺会	南京	1530	1	欧阳德、万表、石简与会
67	南京讲会	国子监	1540—1541	1	时任南京国子监祭酒，常会

续 表

南京(南直隶)讲会游学活动

序号	名称	地点	西历时间	次数	备注
※	苏、常论学	苏州、常州	1531	1	吴中就医,访魏校等
※	徽州论学	徽州府	1531	1	与徽州诸生论学
※	游常州名胜	常州府	1541	1	落职归乡途中,游金山、焦山、张公洞,玉女潭等
68	东山书院会	徽州府祁门县	1550	1	祁门诸生与会,游栖真岩
69	建初寺会	徽州府休宁县	1550	1	祁门诸生与会,游齐云岩
70*	斗山书院会	徽州府歙县	1550	1	徽州府六邑学者与会,谒紫阳书院、师山书院
71*	水西会	宁国府泾县水西寺	1550	1	宁国府六邑学者与会,1553年建成水西精舍
72	化城寺会	池州青阳县九华山	1550	1	仰止祠奠阳明,集诸生讲学

浙江讲会游学活动

序号	名称	地点	西历时间	次数	备注
73	越城会	浙江绍兴	1523、1524	2	1523北上复职途中,问学阳明 1524往广德途中,问学阳明

续 表

浙江讲会游学活动					
序号	名称	地点	有文献记载的时间(西历)	次数	备注
74	天真书院会	杭州城南天真山	1531、1560	2	1531,祭阳明,同门聚讲 1560,与陈九川、邹美同行,祭阳明墓,胡宗宪延请讲学
75	祥符寺会	衢州府城	1539	1	
76	衢麓讲舍会	衢州府城	1541	1	与衢州府官员王仲锦、刘起宗等及当地士子聚讲
其他地区讲会游学活动					
序号	名称	地点	西历时间	次数	备注
※	狱中讲学	北京	1524	1	大礼议忤旨,狱中与吕柟讲学
77	京师会	北京	1539—1540	1	时任司经局洗马兼翰林院侍读,与徐阶、罗洪先、唐顺之、张元冲等七十余人聚讲,常会
78	石鼓书院会 岳麓书院会	湖南衡州府衡山县	1543	1	与甘公亮游衡山,湘中诸生与会
79	金仙洞会	湖南长沙府攸县	1543	1	游衡山归途中聚讲

续表

其他地区讲会游学活动					
序号	名称	地点	西历时间	次数	备注
80	武夷山会	福建建宁府崇安县	1560	1	刘邦采、邹美及建宁府官、士子与会,谒阳明甘泉二先生祠
81	瓦棺寺会	不详	不详	1	见卷二六《秋初聚瓦棺寺,简两洲尚书及平湖、大廓诸君三首》
82	洪南草堂会	不详	不详	1	见卷二六《聚讲洪南草堂,寄裘鲁江、张材庵、王瑶湖诸同志》

二、邹氏家族人物小传

邹 贤

东廓父邹贤(1454—1516),字恢才,号易斋,生于明景泰五年六月十二日,"年十八,始就学",①时安福北乡茨溪刘氏家族素以治《春秋》闻名,邹贤受学于刘球之孙刘缜,②此后邹氏家族亦以治

---

① 邹守益:《易斋府君事迹》,《澈源邹氏族谱》卷八,3页。
② 刘球(1392—1443),字求乐,更字廷振,号两溪,安福北乡茨溪人,永乐十九年(1421)进士。正统初,太监王振欲征麓川,刘球抗疏力谏,下诏狱,惨死。景泰初,谥忠愍。传见《明史》卷一六二。《邹守益集》有《刘忠愍公祀典碑》(卷二〇)。刘缜(?—1505),字景玉,号栗庵,成化二十年(1484)进士,官至云南布政司左参议,传见邹守益:《云南布政司左参议赠朝议大夫栗庵刘先生墓志铭》,《邹守益集》卷二二,1021—1024页。

《春秋》经闻名。① 不久刘缜入朝,邹贤"遂代师席"。② 邹贤先后六试不中,弘治八年(1495)始中举,九年中进士。试政工部,奉命修大臣礼于闽。十二年,授南京大理寺左评事,③"官金陵,诸生执业环听,如未仕时,多所造就"④。十五年五月,孝宗"以灾异数见,下修省之诏",⑤邹贤应诏上疏,条陈六事,疏乞,定为典礼。武宗正德二年,丁忧。正德五年服阙,"授福建按察司佥事,颛理汀州兵务",⑥有善政。六月,偶病风痹,十月,病复作,上章乞归,不待报而行。居乡,有善举。正德十一年十一月二十八日卒于家,终年六十三。

邹贤"心地坦易,虽甚喜怒,即过即荡,无一物,因自号易斋"。为学风格笃实,"穷极根本,而黜其奇衺,几二十年,为学者依归"。⑦未仕时游其门者,有刘天泽、刘时望、欧阳恂、彭本用、陈继峰、王朝杰、欧阳瑚,分门授徒,遍于湖浙。仕于南京时,门人有安福王学夔、

---

① 如正德二年,邹守益以《春秋》经中乡试。邹义传家学《春秋》。嘉靖三十七年,德涵亦以《春秋》经中乡试。
② 湛若水:《湛甘泉先生文集》卷三一,《明故奉政大夫福建兵备佥事易斋邹公墓志铭》,9页。
③ 王思:《明故奉政大夫福建兵备佥事易斋邹公行状》,《澈源邹氏族谱》卷八,9页。
④ 湛若水:《明故奉政大夫福建兵备佥事易斋邹公墓志铭》,《澈源邹氏族谱》卷八,12页。
⑤ 邹守益:《易斋府君事迹》,《澈源邹氏族谱》卷八,4页。
⑥ 王思:《明故奉政大夫福建兵备佥事易斋邹公行状》,《澈源邹氏族谱》卷八,10页。
⑦ 以上引文见邹守益:《易斋府君事迹》,《澈源邹氏族谱》卷八,8页、3页。

张鳌山,凤阳徐行健,徽州许贵,平湾王子元,海宁许棘卿兄弟等。①

邹贤以儒家正统之教课子。东廓八岁,即授以朱熹《六先生画像赞》及元儒吴澄《自警诗》,以为诗文正脉。平素多言谦益、谨慎、主敬等修养之功,如云"凡对先生长者以及同辈,深宜谦益","立朝之本,忠厚为先,曰清,曰慎,曰勤","人性常要简束严整,则不轻以放肆;常要惺惺法,则自然日就规矩。此'敬'之一字,圣学成始成终之要也……不可斯须忘'敬'之一字",②此于东廓日后以戒惧说为良知学宗旨,不无关系。

邹 义

邹义(1514—1566),字敬甫,别号里泉,东廓长子。据何子寿《明故承直郎顺天别驾里泉邹先生墓志铭》载,邹义弱冠入学宫,时徐阶督学江右,试题以喜怒哀乐未发气象,邹义得为首。嘉靖二十二年中举人,次年会试不中。嘉靖二十六年入国子监肄业,同时讲授《春秋》,所阐发皆东廓授受之旨,从游者甚众。嘉靖二十九年会试,又未中。时严嵩当国,欲与之缔结婚约,邹义拒而不应,从此返乡从事讲学与乡族建设,直至东廓去世:"归,读书讲学,内随文庄公于复

---

① 邹守益:《易斋府君事迹》,《澈源邹氏族谱》卷八,3、5页。按,刘天泽、刘时望、欧阳恂、彭本用、陈继峰、王朝杰、欧阳瑚、王学夔、张鳌山均为安福人。刘天泽,弘治十二年进士。刘时望(刘缜族叔),弘治十五年进士。欧阳恂,字诚之,北乡禾田桂里人,弘治十五年进士,传见同治《安福县志》卷一〇《人物·宦绩》。彭本用,字汝玉,号古井,正德十二年进士。王学夔(1483—1576),字一卿,号两洲,出安福东乡蒙冈王氏(为北宋王庭珪弟王庭玮后裔),正德九年进士,其弟王学孔(1495—? 字鲁卿)为嘉靖二年进士、王学益(字虞卿)为嘉靖八年(1529)进士,王学夔官至南京礼部、礼部、兵部尚书,卒赠太子少保,谥庄简,传见《明史》卷二〇三、同治《安福县志》卷一〇《人物·名臣》。徐行健,凤阳人,嘉靖二年进士。许贵,弘治十七年进士。
② 以上引文均见邹守益:《易斋府君事迹》,《澈源邹氏族谱》卷八,9页。

古、复真、乐安、宜黄之间,切磋惜阴之会,外师南野欧宗伯于青原、白鹭之渚,研究绍兴之旨,冲然有得……性好施予,宏博济,遇陡湿则甃之,遇小水则桥之,遇大水则又桥之,不吝费,曰大陂,曰高桥,有成绩焉。"丁父忧,服阙,于嘉靖四十五年进京,任顺天通判。政暇,则与贡安国等聚讲于极乐萧刹,"一时京师缙绅学士咸勃勃而景仰焉"。然不久便病重而逝,卒年五十三。人谓"淹古今之学而不见其不足,友天下之士而不见其有余,乃官不满于五品,禄止食于五月,年仅逾于五十",①惜其德丰而禄寿不称也。

邹 美

邹美(1516—1565),字信甫,别号昌泉,生于正德十一年正月四日,东廓次子。邹美科举不顺,为廪生二十余年,东廓三子中,邹美侍父最久,出面主事的同时参与讲学。王时槐《明乡进士今赠中宪大夫大常寺少卿昌泉府君墓志铭》载:"(邹美)尝开馆于邑之北乡,乡族子弟执经受业","文庄公每岁出游,浙江闽广皆其倡学之地,公(按,邹美)必待行,学以日进"。② 邹德泳《明乡进士今赠中宪大夫大常寺少卿昌泉府君行实》载:"文庄公名重天下,海内名公无不枉驾,来学者悉令主之",故邹美与当时著名学者多有交游,深得湛若水器重,以为"先公(按,邹东廓)学脉今在子矣"。至如周怡、罗洪先、刘魁、罗汝芳、胡直等,均与邹美往来论学。嘉靖三十六年,邹美以贡士入京,得廷试第一,入太学。次年会试不中。时严嵩特重东廓,继邹义之后再欲与邹美缔结婚约,并欲安排其以内府中书之官

---

① 以上引文均见何子寿:《里泉邹先生墓志铭》,《澈源邹氏族谱》卷八,45—46页。
② 《澈源邹氏族谱》卷八,52—53页。

职,竟不应。邹美后于嘉靖四十年考中举人。

邹美"生平气刚而果",讲书必论及时事,"气色激昂,反复致意,观者至吐舌不能下","每遇大事,即慷慨不返","人莫敢挠"。他的短寿或许与此有关:东廓逝后,以邹善在外居官,丧事主要由邹美料理,他寻遍邑中山岭,为父亲找到一块合适的墓地,但却与妻王氏家族发生争执而共争此地,双方诉讼经年不歇,邹美冒酷暑四方奔走,终于打赢官司,却因此累病而卒,时为嘉靖四十四年九月二日,卒年五十。①

邹　善

邹善(1521—1600),字继甫,别号颖泉,生于正德十六年七月十九日,东廓三子。邹德溥《先考大常卿颖泉府君行状》载,邹善自幼颖异,最得东廓器重,谓"继我志者,必是儿"。邹善于嘉靖三十四年中举,三十五年中进士,授刑部河南司主事。在京师,与耿定向、罗汝芳、胡直最密厚,切磋论学,称为"心友"。②暇日,偕胜友寻静刹,访名僧,穷探性秘。又与李先芳(1510—1594,字伯承,号北山)、高岱等结诗社,为诗有开元、大历之风。阁臣严嵩曾两次有意提拔邹善任职吏部、礼部,以施恩于东廓,邹善均不肯卑词以求。不久,擢广西司署员外郎。时阳明学者吴时来(1527—1590,字惟修,号悟斋)、张翀(1502—1579,字子仪,号鹤楼)及董传策(?—1579,字原汉,号幼海)因弹劾严嵩而下诏狱,众多引避,独邹善数次上疏救之,并往狱中探视,是以得罪严嵩父子。嘉靖四十年,以刑部员外郎任职湖广,

---

① 以上事迹、引文见邹德泳:《昌泉府君墓志铭》,《澂源邹氏族谱》卷八,48—50页。
② 邹德溥:《伯兄汝海行状》,《澂源邹氏族谱》卷八,87页。

善决狱,有惠政。晋陕西司署郎中。四十一年,东廓卒,丁忧。四十四年,兄邹美卒,邹善主持丧事并抚育其孤。服阙,嘉靖四十五年春,北上,经秣陵,时耿定向督学南畿,召集士人讲学,邹善遂"盘桓于太平、宁国之墟,及诸士人日相商求。久之,乃就道"。抵京,内阁首辅徐阶、吏部尚书胡松嗜学,召集台省部寺举讲会,常邀邹善为首座。同年十月,升山东按察司副使,督学政。① 邹善亲定学规,与诸生讲学于至道书院,一时学风丕振,孟秋、朱鸿谟、王汝训、孟一脉、房守士等名士均出其门下。② 隆庆三年(1569),晋湖广布政司右参政。再晋福建按察司使。进京,张居正厌讲学,邹善与耿定向、长子德溥(任职吏部)等依旧讲学不辍。万历二年(1574),擢广东布政司右布政使。③ 万历三年,御史傅应祯上疏建言,忤张居正,继后万历四年,御史刘台弹劾张居正,④傅、刘俱为安福人,且与邹德涵同年,逸者谓邹善、邹德涵亦参与其事。居正怒,将邹善调任河南,不久又遭其党给事陈三谟弹劾,罢归。

此后至去世的二十余年,邹善在家乡以讲学为任,与同邑欧阳瑜、王时槐、朱调等论学不辍。万历六年,张居正因恨御史傅应祯、刘台弹劾之,虽傅被充军、刘遭罢官,仍派都御史王宗载巡按江右欲构其罪。时值张居正毁禁书院,连带弹劾事件,复古书院岌岌可危。邹善先后谋于县令倪冻、继任闵世翔,将书院改为社学,并出资承租书院财产、田产以掩饰,且填门塞径,方得苟完。张居正卒后,万历十二

---

① 见《明世宗实录》卷五六三,该年十月条。
② 孟秋,东昌府茌平人。朱鸿谟,青州府益都人。王汝训,东昌府聊城人。孟一脉,兖州府东阿人。以上四人均为隆庆五年进士。房守士,济南府齐河人,万历五年进士。
③ 见《明神宗实录》卷二一,该年正月条。
④ 见《明史》卷二二九,刘台、傅应祯本传。

年六月,邹善以"既素有声,且系拾遗诬害,准起用"。① 万历十八年,以右布政使起四川,称疾以辞。万历十九年正月,诏晋大常寺卿,致仕。② 此后,"益以觉士为己任。岁时率诸弟子讲业,即它邑会征必赴。虽疾,必强行"。又召集北乡士人建宗孔书院,③聚讲其中。又取先儒语录编《理学粹言》,以揭东廓"仁体"之旨,题其讲舍曰"任仁堂"、曰"继志"。其余如捐义田、赈济周族,铺路修桥者,往往为之,百姓赋役不当,则建言官府兴利除弊,盖以继承阳明实学为志业。

东廓三子中,唯邹善中进士,历官最久,推动讲学最力,寿命亦最长。邹善"性好静,谙摄生","卒之先月,犹萃讲于宗孔",寝疾七日,与德溥言:"吾可以逝矣。"遂端坐而逝。时为万历二十八年十二月三日,享年八十。其学以戒惧主敬、收敛身心为旨,"要于阐发大父(按,东廓)宗旨,语未尝不严"。④ 曾同亨《明故太常卿颖泉邹公墓志铭》亦云:"先生之学一本于文庄公,文庄公虽渊源姚江,晚岁所自得,独以体仁为主。先生为诸生时,每从公赴讲所,得于辩论之际者深矣,至是亦服膺不敢失……朝夕印证,未尝不以先君子为言。"⑤邹善著作已佚失,仅《明儒学案》中存有语录数十则。

邹德涵

邹德涵(1538—1581),字汝海,别号聚所,生于嘉靖十七年五月初二日,邹善长子。邹德溥《伯兄汝海行状》载:德涵年十五入学,时

---

① 《明神宗实录》卷一五〇,万历十二年六月己酉条,2782页。
② 见《明神宗实录》卷二三一,万历十九年正月条。
③ 同治《安福县志》卷五《学校·书院》:"宗孔书院,在治北二都辛陂岭。"(78页)
④ 以上事迹、引文未注明出处者,均据邹德溥《先考大常卿颖泉府君行状》,《澈源邹氏族谱》卷八,57—64页。
⑤ 《澈源邹氏族谱》卷八,68页。

邹善教诸生经史,凡邹善所悟者,德涵亦能悟,故深得其父器重。嘉靖三十五年,邹善取中进士后在京任职,带德涵入京,遍索京师才士与之游。时邹善与耿定向、罗汝芳、胡直四人关系最为厚密,德涵亦参与期间,其时已立志于圣学,邹善特令德涵从学于耿定向。嘉靖三十七年,德涵以《春秋》经中乡试。三十八年赴会试,未中。此时德涵才名渐起,士人多从之结社共学,耿定向三弟耿定力(字叔台、子健)亦与之游。嘉靖四十一年,德涵回安福。是年冬,祖父邹东廓病重,德涵与伯父邹义、邹美一道服侍汤药,直至治殡入殓。嘉靖四十五年,耿定向督学南畿(南京),贻书招德涵。夏,德涵至南京,①居三年,②师事耿定向,与杨希淳(字道南)、焦竑(1540—1620,字弱侯,号澹园、文端)、耿定向仲弟耿定理(1533—1583,字子庸,号楚倥)游。期间,静坐逾月,废寝忘食,参彻性源,终有自得:

> 时伯兄(按,德涵)犹缘名理自摄,先生(按,耿定向)微激动之,于是慨然思参彻性源矣。间问之耿仲子定理,默不答。则愈自奋曰:"吾独不能心参而向人求乎!"归而独门静坐者逾月,久之未有解,愈自刻厉,至忘寝食。忽一日见先生,先生睹其貌癯甚,顾反宽譬之,则属杨子希淳、焦子竑与之微语。大抵令自信本心,不假凑泊,不烦矫揉,即显即微,即夷即元,伯兄始而咈,继而疑,继而豁然自彻。时于坐中发一言半辞,则二子大赏曰:"吾子可谓一夕觉矣。"晋而质于先生,先生谓:"既有所悟入,政须学耳。"而伯兄则心以自得,愉快甚。③

---

① 据耿定向《观生记》嘉靖四十五年条载,是年春,邹善北上时先访耿定向,夏中,德涵至南京。见《耿天台先生文集》卷八,14页。
② 见焦竑:《金宪聚所公墓表》,《澈源邹氏族谱》卷八,96页。
③ 邹德溥:《伯兄汝海行状》,《澈源邹氏族谱》卷八,88页。

从此德涵之学亦"以悟为宗"、①走自信本心而不假凑泊一路,深得天台属望,学旨近于泰州王学,②与父辈有异也。黄宗羲论邹善与邹德涵学旨差异云:"颖泉论学,于文庄之教,无所走作,入妙通玄,都成幻障,而先生以悟为入门,于家学又一转手矣。"③时邹善督学山东,招德涵北上,与当地诸生共学,德涵"殚力与诸友生谈说道真,务令心开,一时学道之士蜂起",于山东学风振兴有力焉。隆庆三年(1569),邹善晋湖广布政司参政,分守湖北,德涵、德溥兄弟回乡。时江右王门一传弟子已逝,德涵"归而日鸠率友人商学,门无停辙……以圣人为必可学,则众哄目为狂"。德涵不为所动,久之,刘元卿等人从学之。④ 又率士友买青原会馆田,供会事。虽然德涵此期倡讲学只有两年时间(1569—1571),却是1570年代以后王时槐、刘元卿、陈嘉谟等掀起新一波讲学之风的开端。⑤

　　隆庆五年,德涵赴会试,文倜傥奇伟,得右春坊右中允兼翰林院编修王锡爵(1534—1614,字符驭,号荆石)赏识,荐为高等,中二甲进士。万历元年(1573),言官上疏请求从祀阳明,从祀议起。德涵上疏力争之,谓以阳明功德,宜从祀孔庙。⑥ 同年,分校顺天府试事。万历二年,授刑部山西司主事。时耿定向任职京师,德涵"常在先生

---

① 焦竑:《金宪聚所公墓表》,《澉源邹氏族谱》卷八,96页。
② 据刘元卿《邹聚所先生言行录》载,德涵之学受耿定向并罗汝芳的共同影响(《邹聚所先生言行录》,《邹聚所先生外集》《四库全书存目丛书·集部》157册,436页),可知其学旨与泰州王学相近。
③ 《明儒学案》卷一六,335页。
④ 刘元卿自述对邹氏兄弟倡学的反映为:"予始闻而骇,中而信,……予亦竭力辅君(按,德涵)倡督,则刘子克所、彭子毅所、暨于师伍尽恶诸君,皆津津向入。"《邹聚所先生言行录》,《邹聚所先生外集》,436页。
⑤ 王时槐等倡讲学事见吕妙芬《阳明学士人社群》(台北:中研院近代史所出版,2003年),第三章,121—123页。
⑥ 见《明神宗实录》卷一九,万历元年十一月条。

左右,汲汲招引四方豪杰,纳于师门"。耿定向离京,德涵与周思敬(耿定向弟子)、耿定力继续召集讲会。时张居正任首辅,厌讲学,御史傅应祯、刘台于万历三年、四年先后上疏(见前邹善条),忤张居正,谗者谓刘疏实为德涵起草,是以居正益恨之。万历四年,德涵迁职刑部山西司员外郎,再迁河南按察司佥事,①不久又降职,②于是辞官归里。归田后,与德溥及诸子侄居山间读书,读《汉书》评古,时有奇识,然《汉书》未竟帙,寝疾而卒,时为万历九年(1581)九月二十九日,终年四十四。

德涵承家风,以讲学为任,德溥谓:"盖自先大父以倡道觉人为己任,终身不离友朋,家大人袭用成宪,官所至,辄联其地同志与观磨。及伯兄,索友益勤,昂然不避先觉名,以此丛忌府谗,三世皆不得大尊显,而家世乐之不悔也。"然"性刚,不与人欸曲,非其人即素交,淡若无情者者",故"先大父(按,东廓)洪博无间,贤不肖皆诲诱,家大人(按,邹善)宽厚能容,而伯兄(按,德涵)独心嗜同志者,不能广延接。故不知者见谓孤高扬才。"③其著作有《邹聚所先生文集》六卷、《外集》一卷、《易教》一卷、《语录》三卷行世。

邹德溥

邹德溥(1549—1619),字汝光,初号完璞,更号泗山,门人私谥

---

① 见《明神宗实录》卷五四,万历四年九月条。
② 据邹德溥《伯兄汝海行状》载德涵被降职之经过:御史张某受张居正指派,派其在河南任职的下属赵某继续暗中监视德涵,欲构其过。耿定力闻知此事,告知工部尚书李某。李某素与张居正友善,又器重德涵,便移书张某,欲止之,不意张某将信转给居正,居正怒,将李某致仕,德涵亦因此降职一级。见《澈源邹氏族谱》卷八,90页。
③ 邹德溥:《伯兄汝海行状》,《澈源邹氏族谱》卷八,90—91页。以上事迹未注明出处者,均据此文。

达道,生于嘉靖二十八年七月二十七日,邹善次子。据邹德泳《先兄宫洗泗山老师行状》载,德溥自幼聪颖好学,可一目数行而不遗一字,故东廓于诸孙中独钟爱之,以为"是必能嗣吾远大者","常手书诸大贤警语策之,每试不忘"。① 万历元年(1573)中举,万历十一年会试得中第二,廷试得二甲第二十二名。十三年闰九月,授翰林院编修。② 三年考满,归省。十六年八月,任经筵展书官。③ 二十二年正月,充讲读官。④ 二十二年三月,充纂修官。⑤ 二十三年二月,升右春坊右中允。⑥ 二十四年闰八月,升司经局洗马,兼翰林院修撰,掌管司经局印,并任太子(即明光宗)讲官。⑦

嘉靖四十五年,邹善任山东按察司副使,督学政,德溥随侍身边。期间,邹善将德涵招至山东。德涵、德溥兄弟朝夕论学,德溥受德涵影响至深:

> 溥方谬自密参,庶几古人所云卓尔者,未省也。伯兄至,为微言所悟于先生(按,耿定向)旨,溥恍若有解者。已复疑,已又复信,庚疑庚信,乃后于伯兄之教无遗焉。当此时,伯兄与溥昕夕相参讨,一出入,一饮食,必证诸学,嘐嘐而友千古,自宋儒以下弗愿当也。⑧

当其时,德溥随父兄倡学山东,声名渐起。在京为官时,德溥简

---

① 邹德泳:《先兄宫洗泗山老师行状》,《澈源邹氏族谱》卷八,101页。
② 见《明神宗实录》卷一六六,该年月条。
③ 见《明神宗实录》卷二〇二,该年月条。
④ 见《明神宗实录》卷二六九,该年月条。
⑤ 见《明神宗实录》卷二七一,该年月条。
⑥ 见《明神宗实录》卷二八二,该年月条。
⑦ 见《明神宗实录》卷三〇一,该年月条。
⑧ 邹德溥:《伯兄汝海行状》,《澈源邹氏族谱》卷八,88页。

交游,杜苞苴,人每以不得见面为恨,独师事耿定向,与同门焦竑、潘仲骖(字时乘,号天泉)相友善:"今日会演象所,明日会灵济宫,披心研究,欢如兄弟。非其人则弗亲也。"为东宫侍讲,"必先三日茹淡辍饮,三薰沐而后入,务期格心",①"每入讲,期精心以瘝东宫",②故最得太子礼敬。"当是时,进有功名之忌,退有道学之嫌",③因遭人嫉。万历二十四年正月,司礼监掌印太监兼掌东厂及内官监张诚被革职抄没家产,张诚亲信霍文炳亦被查没家产。而德溥的京师邸寓为霍文炳故居,内埋银二万五千余两。万历二十五年七月,邹德溥以"隐匿官赃"之罪被革职。④

德溥自此乡居二十四年,直至去世。"淳淳于一体万物之旨以修后进","户履常满","以为乐莫乐于此道"。⑤ 他与德泳相继主盟复古书院讲会、青原山讲会。同时,邹元标讲学于青原,王时槐讲学于能仁书院,刘元卿讲于复礼书院,邹善讲于任仁堂,持续至1600年代初,可谓安福王学讲会的最后一波高潮。

在乡族建设方面,德溥亦秉承家风:先前邹善曾在乡族中设义

---

① 以上引文均见邹德泳:《先兄宫洗泗山老师行状》,《澈源邹氏族谱》卷八,102页。
② 邹元标:《宫洗泗山公墓表》,《澈源邹氏族谱》卷八,107页。
③ 邹德泳:《先兄宫洗泗山老师行状》,《澈源邹氏族谱》卷八,102页。
④ 此事在邹德泳《先兄宫洗泗山老师行状》、叶向高《宫洗泗山公墓志铭》、邹元标《宫洗泗山公墓表》中均未记载,《明儒学案》和《明实录》中所记有异。《明儒学案·邹德溥传》:"其(按,德溥)京师邸寓,为霍文炳之故居。文炳奄人,张诚之奴也,以罪籍没,有埋金在屋。先生之家人发之,不以闻官。事觉,罪坐先生,革职追赃,门生为之醵金以偿。颍泉素严,闻之怒甚,先生不敢归者久之。"(335—336页)《明神宗实录》卷三一二,万历二十五年七月丁酉条载:"下吏部参看司经局洗马邹德溥。先是霍文炳有没官宅一区,内埋银二万五千余两。德溥门生王良材侦得其实,以告德溥。遂相与僦房而分之……部覆得旨,邹德溥隐匿官赃,玷辱清班,革去冠带为民,永不叙用。"(5836—5837页)
⑤ 邹德泳:《先兄宫洗泗山老师行状》,《澈源邹氏族谱》卷八,103页。

仓,德溥继而将义仓扩大,又设义馆令族中失学子弟入学。岁逢饥荒,则致书官府请求赈济。时县城通往北乡的要道凤林桥已圮坏,德溥于万历四十二年力倡重修之,经年呼吁奔走,"精力因是耗损",临终前,犹再三叮嘱倡建之僧完成之,"以不克结局为不瞑目"。①卒于万历四十七年九月二十日,年七十一。

德溥之学与祖父学旨有异,"虽本良知,而亦佩服耿先生求仁之指",又将佛道二教纳入其学:"间以余力泛滥二氏家言,释子道流常加接引,于长生之说亦若有所默证,以为其精者不悖于吾儒。即相知者或劝公(按,德溥)门墙稍峻,公不谓然,曰:'吾道至大,何必作藩篱?'然竟之亦用此踬。"②邹元标亦谓:"(邹东廓)一本于庸德庸言,而公(按,德溥)以别有究竟法门,有一人能窥最上乘者,即释子道流,延而纳之馆下。"③德溥母即陈九川之女,"笃信瞿昙,耄而皈依兹切,日持准提拜跪,能自兴。垂革,绝无尘虑,独手握数珠,口喃喃颂弥陀不绝声,竟端坐而化"。④陈氏终以九十二岁高龄坐化,德溥之学或因之而受影响。

德溥擅古文辞,经义特铸一格,且博学,"无不所窥,自星历、舆图及国家营屯、盐铁、茶马诸大政皆有考,而内典道经等书犹极钻研"⑤。所著《邹太史全集》五十卷、《易会》八卷、《春秋匡解》六卷、《畏圣录》二卷、《麟经真传》十二卷、《大学宗释》一卷、《中庸宗释》一卷等,多佚。今仅有《易会》、《春秋匡解》、《邹泗山文集》(《邹太

---

① 邹德泳:《先兄宫洗泗山老师行状》,《澈源邹氏族谱》卷八,103页。
② 叶向高:《宫洗泗山公墓志铭》,《澈源邹氏族谱》卷八,105页。
③ 邹元标:《宫洗泗山公墓表》,《澈源邹氏族谱》卷八,107页。
④ 朱世守:《诰封夫人九十二龄陈氏大师母墓志铭》,《澈源邹氏族谱》卷八,78页。
⑤ 邹德泳:《先兄宫洗泗山老师行状》,《澈源邹氏族谱》卷八,103页。以上事迹未注明出处者均据此文。

史文集》)八卷等存世。

邹德泳

邹德泳(1556—1633),字汝圣,称泸水先生,生于嘉靖三十五年十月初八,邹美长子。邹美去世时,德泳才九岁。据蔡懋德《明正议大夫刑部右侍郎泸水邹公墓志铭》载:德泳少时,堂兄德溥讲学江右,德泳亦"津津有味于圣人之学"。邹善仕宦于湖广时,德泳侍从身旁,深得重视。成冠礼,邹善为赐字,寄意"涵泳圣涯"。归乡后,读书青原山。时耿定向以事至,见之大奇,曰"此我辈人"。① 万历十年(1582)中举,十四年中进士,会试得第五,廷试得三甲,授官行人司。次年,授监察御史。时神宗当政,不意立太子,包括邹德泳在内的诸大臣纷纷上疏请求立储,未果。内阁首辅申时行暗中密奏逢迎神宗,事被揭露。十九年,礼科给事中罗大纮上疏弹劾申时行,中书舍人黄正宾亦上疏弹劾之。神宗大怒,除将黄廷杖外,罗、黄二人同被贬斥为民。当其时,德泳上疏指摘内阁辅臣申时行、许国渎职,在舆论压力下,申、许二人先后致仕。② 二十年正月,给事中李献可偕同六科言官上疏请求"豫教元子",激怒了不意立储的神宗,以"侮君"之罪名将李献可降级外调。时御史邹德泳及大学士赵志皋、吏科都给事中钟羽正、吏科右给事中舒弘绪、陈尚象、户科左给事中孟养浩等十几位官员先后上疏救之,神宗大怒,将孟养

---

① 以上引文均见蔡懋德:《明正议大夫刑部右侍郎泸水邹公墓志铭》,《澈源邹氏族谱》卷八,114页。
② 此事又见《明神宗实录》卷二四〇,万历十九年九月条;邹德泳:《礼科给事中罗匡湖先生行状》,《湛源续集》卷六,22—23页;《明史》卷二三三《罗大纮传》。

浩廷杖削籍，其余官员分别给予除名、降级等处分。德泳亦被削籍。①

德泳归家，遵母周恭人命，以坊金置义仓，赡亲族。"杜门阐发家学"，与罗大纮"遂相订寻文恭、文庄二祖之盟"，二人一在安福，一在吉水讲学授徒。"当是时，水西有罗，水东有邹，仁文、曲江坛场相望，而士随所向往皆虚往而实归"，②为一时之盛。德泳又开讲西林寺，任白鹭洲书院山长，与兄德溥兴复古书院讲会，并创同德过化祠、退省轩讲学，门人日进。在邹善、邹德溥相继去世后，独立支撑复古书院，万历三十一年（1603）重修书院，并修院志，③乃为复古书院在晚明安福的最后一抹光亮。光宗即位，诏起尚宝少卿。熹宗即位，始应诏，上《圣学疏》，以祖父《圣功图说》而推广之。天启元年（1621），升太常少卿，后晋通政使司左通政，经筵讲官。天启四年，升太常卿。时魏忠贤乱政，嫉恨德泳，德泳无所用力于朝廷，遂以刑部右侍郎致仕。归田后，江右抚臣欲为魏忠贤建生祠，德泳力止之，涂毁其募籍，事乃止。思宗即位，德泳再上治安疏数千言，切时弊。平生立朝仅五年。

德泳家居三十余年，以修明家学为任。其学"皆推文庄公遗教，而其言一以忠恕为本"，门人蔡懋德谓："自王文成公倡绝学于千载之后，不数传，而脱略防闲者有之，独邹文庄兢兢戒惧之传久而无弊，至先生而笃实光辉，不尚口耳，不希玄妙，一本于心所自得。其言以

---

① 此事又见《明神宗实录》卷二四四，万历二十年正月条；《明史》卷二一八，《李献可传》。
② 邹德泳：《礼科给事中罗匡湖先生行状》，《湛源续集》卷六，23—24页。
③ 见邹德泳：《复古书院志序》，《湛源续集》卷二，8页。

吾侪既有志圣学,必先求识心……指点最为直捷,而犹急于敦尚躬行。"①此外,德泳于格物之旨别有深悟,黄宗羲谓:"先生既承家学,守致良知之宗,而于格物则别有深悟。论者谓'淮南之格物出阳明之上',以先生之言较之,则淮南未为定论也。"②德泳晚年涵养日粹,优入道域。临终,三拱其手而逝。时为崇祯六年七月初三日,卒年七十八。

德泳著述颇丰,有《明朝泰交录》、《湛源集》、《湛源续集》、《湛源三集》、《读易应求微旨》、《学庸归旨》、《平旦录》、《振玩录》、《复古志》、《复古纪事杂笔》、《泮宫讲意》、《三朝拜恩疏》、《拜恩日录》、《西林庭课》等数十种,今仅见《湛源续集》九卷存世。

---

① 以上引文、事迹未注明出处者均见蔡懋德:《明正议大夫刑部右侍郎泸水邹公墓志铭》,《澈源邹氏族谱》卷八,114—117页。
② 《明儒学案》卷一六,336页。

三、邹氏家族婚配状况表

邹东廓子嗣及婚配状况表①

邹东廓,娶嘉溪王理②孙女王喜英,继娶东乡瓜畲李氏女李冬英							
长子邹义,王氏生	次子邹美,王氏生	三子邹善,王氏生	四子邹养,李氏生,娶安福刘文女	五子邹盖,李氏生,娶伍宇③女	长女,李氏生,适安福刘佐④子绍藩	次女,李氏生,适庐陵杨储⑤子应祯	三女,李氏生,许聘万安朱衡子维京⑥

---

① 参宋仪望:《邹东廓先生行状》(《邹守益集》卷二七,1372页);《澈源邹氏族谱》卷八;罗洪先:《明故封宜人赠淑人邹母王氏墓志铭》(32—33页);朱衡:《明故封恭人加封大淑人李氏墓志铭》(38页)。
② 王理,字叔瑜,安福南乡嘉溪人,正统七年(1442)进士,官四川参议。传见同治《安福县志》卷一〇《人物·名臣》,157页。
③ 伍宇,出北乡望族荷溪伍氏,曾祖伍希渊(天顺八年进士)、祖父伍符(成化二十三年进士)、父伍全(正德三年进士),伍宇为嘉靖十年举人,官同知。同族伍希儒(正德六年进士)为东廓同年。
④ 刘佐,安福人,正德九年进士,官布政使。见《江西通志》卷五十三《选举五》。
⑤ 杨储(1502—1578),字符秀,别号毅斋,庐陵人,嘉靖十九年举人,官至云南按察司宪副。与邹东廓、罗洪先讲学。传见胡直《云南按察司宪副毅斋杨公墓志铭》,《衡庐续稿》卷八,736—737页。
⑥ 朱维京(1549—1595),字大可,号讷斋,万安人。万历五年(1577)进士,官至光禄寺丞。后因言事削籍为民,著有《讷斋集》、《光禄集》。传见《明史》卷二三三。

邹义一支及婚配状况表①

	邹义子	邹义孙
邹义,娶庐陵黄国用②次女	长子德源,庠生,娶庐陵黄时康③女	孙十:主、高、京、立、唐、音、言、廉、庠、序孙女三,娶聘皆名族。
	次子德浚,国子生,娶赵璜④孙女	
	三子德温,庠生,娶彭时⑤侄彭德光女	
	四子德治,庠生,娶庐陵段求本⑥女	
	长女,适王学夔孙王如祖,国子生	
	次女,适王士翘⑦子王存瑞,国子生	
	三女,适欧阳谷⑧子欧阳筠	

① 参何子寿:《明故承直郎顺天别驾里泉邹先生墓志铭》,《澈源邹氏族谱》卷八,46页。
② 黄国用介绍见嘉靖十一年条。
③ 黄时康,庐陵人,嘉靖十三年举人,官长使。见《江西通志》卷五四《选举六》。
④ 赵璜介绍见嘉靖十一年"丈田"条。
⑤ 彭时(1416—1475),字纯道,宏道,号可斋,安福城南人,正统十三年(1448)一甲第一名进士,累官吏部书、文渊阁大学士、进少保。传见《明史》卷一七六。彭德光,官理问。
⑥ 段求本,庐陵人,嘉靖十九年举人,官知县。
⑦ 王士翘(1501—?),字民瞻,号吾崖,安福南乡金田人,东廓门人,嘉靖十七年进士,官至右副都御史,传见同治《安福县志》卷一〇《人物·名臣》。
⑧ 欧阳谷,安福人,官宪副。

邹美一支及婚配状况表①

	邹美子	邹美孙	邹美曾孙
邹美，娶御史王文②女，继娶横冈周氏处士周祥炘（号前溪）女	邹美长子德泳，娶吴节③嗣孙吴绿女，继娶中书舍人涵碧公嗣孙张袚④女，继娶彭黯⑤子彭世堪女，继娶彭世堪族弟彭世垲女，又娶萧氏、陈氏	德泳长子赞明（廪生），彭氏生，娶永新甘雨⑥女	赞明子道隆，早卒
			女一，适庠生陈士绣
		次子戴明（郡庠生），彭氏生，娶吉水罗大纮女	戴明长子道泰，庠生，娶御使张某子张彦女
			次子道升，庠生，过继赞明，娶李长春⑦女
			三子道复，聘廪生刘之偕女
			长女，适庠生刘瑞
			次女，适庠生王鎜

① 参《澈源邹氏族谱》卷八：邹元标《诰旌贞寿宗母周大孺人墓志铭》(55 页)、蔡懋德《明正议大夫刑部右侍郎泸水邹公墓志铭》(117 页)。
② 王文介绍详见嘉靖十一年"丈田"条。
③ 吴节，字与俭，号竹坡，安福西乡雅源人，宣德五年进士，官南京国子监祭酒、太常卿等，传见同治《安福县志》卷一〇《人物·名臣》。
④ 张袚，为中书舍人张某（号涵碧）嗣孙，见邹元标：《诰旌贞寿宗母周大孺人墓志铭》，55 页。
⑤ 彭黯介绍详见嘉靖十一年"丈田"条。
⑥ 甘雨(1551—1613)，字子开，号义麓，永新人，阳明学者甘公亮孙，少师事刘阳，万历五年进士，官至湖广参政。著有《翠竹青莲山房集》、《古今韵分注撮要》等，编有《白鹭洲书院志》等。传见邹元标《甘义麓墓铭》(《文渊阁四库全书补遗·集部》14 册)、同治《永新县志》卷一六《人物志·列传》。按，甘雨之子甘映蚪又娶邹德溥孙女（邹承明长女），参邹善房支。
⑦ 李长春，安福人，天启二年进士，官浙江道御史，见《江西通志》卷五五《选举七》。

续 表

邹美子	邹美孙	邹美曾孙
	三子宪明,①萧氏生,娶康元积②女,继娶参政王某孙王道宏女	
	四子瑞明(早卒),聘朱世守③女	
	五子康明(廪生),娶尚书赵某孙赵士康女	康明长子道宏,聘礼部主事康元穗子康范生④女
		次子道定,聘知府管某孙管调元女
		三子道宁
		四子道宾
		长女,聘刘涓儒
		次女
	德泳长女,陈氏生,适廪生康某	
	次女,陈氏生,聘赵鳞振	

① 邹宪明,天启四年举人。
② 康元积,字日至,号函三,出安福南乡寮塘濛潭王氏,万历二十九年进士,官大常寺博士。其祖父康钟(字子乐)师事邹守益、刘邦采,其族兄康元穗(字日颖,号昧淡,万历四十七年进士),从王时槐、邹元标、邹德溥研穷性理志学,倡建同善书院。见邹元标《诏旌贞寿宗母周大孺人墓志铭》,55 页;《江西通志》卷五五《选举七》;同治《安福县志》卷一〇《人物·宦绩》之"康元积传"、"康元穗传"。
③ 朱世守,字惟约,号玉槎,出安福南乡槎江朱氏,阳明学者,师事王时槐,万历二十三年进士,官至刑部侍郎,传见同治《安福县志》卷一〇《人物·名臣》。
④ 康范生,字小范,康元穗长子,崇祯十二年举人。传见同治《安福县志》卷一〇《人物·儒林》。

续　表

	邹美子	邹美孙	邹美曾孙
	次子德洙,①娶刘绍藩②女	德洙长子登明,娶伍符③嗣孙伍承愈女	
		次子寿明,娶刘懋曾女	寿明长子道兴
			次子道光
		三子观明	
		四子瞻明	
		女一,适泰和周应鳌④子周士遴	
	三子德澡,太学生,娶浙江副使王东蒙(号)子王世美女,继娶进士彭严溪(号)嗣孙彭文女	德澡长子问礼,娶彭勃(官经历)女	
		次子问官,娶主簿张祀女	
		三子问蕙	
	邹美长女,适刘丙⑤嗣孙刘梦恭		
	次女适刘佃⑥子刘逊		
	三女适彭时⑦嗣孙彭寿		
	四女适彭大理寺正金溪公子雏		

① 邹德洙,贡生,授直隶太和知县,见邹元标:《诏旌贞寿宗母周大孺人墓志铭》,55页。
② 刘绍藩又娶邹东廓长女,见前。故德洙为东廓之孙,刘氏为东廓外孙女,推测德洙所娶非刘绍藩与东廓长女所生。
③ 伍符,字朝信,别号孚斋,出安福北乡荷溪伍氏,成化二十三年进士,伍希渊(天顺八年进士,官右布政使)之子,官都察院右副都御史。传见同治《安福县志》卷一〇《人物·名臣》。
④ 周应鳌,泰和人,万历十四年进士,官兵部武库司主事。
⑤ 刘丙(？—1518),字文焕,成化二十三年进士,官至工部右侍郎,赠工部尚书,谥恭襄。传见《江西通志》卷七八《人物十三·吉安府》。
⑥ 刘佃,阳明学者,介绍见嘉靖三十九年条。
⑦ 按,邹义三子德温娶彭时任彭德光女,见邹义支房。

邹善一支及婚配状况表①

	邹善子	邹善孙	邹善曾孙	邹善玄孙
邹善，娶陈九川三女	邹善长子德涵，娶永新贺世采②女	德涵长子邹衮，郡廪生，娶刘宏学③女	邹衮长女，适周懋相④子周乐善，邑廪生	
			次女，适安福康晋侯子康明球，邑庠生	
		次子邹袤，太学生，授羽林前卫经历，娶万一贯⑤女，继娶分宜处士邓制女。	邹袤子世良	
	次子德溥，娶赵璜之孙赵桌⑥女	德溥长子辅明，郡增广生，娶贺世采子贺应保⑦女	辅明长子世求，邑庠生，娶儒官刘应汤女	世求子永燕
				世求女一
			次子世祚，邑庠生，娶州守杨应正女	世祚子永思，聘罗洪先孙罗能静女

① 参《澈源邹氏族谱》卷八：曾同亨《明故大常卿颖泉邹公墓志铭》(70页)、朱世守《诰封夫人九十二龄陈氏大师母墓志铭》(79—80页)、叶向高《宫洗泗山公墓志铭》(106页)、郭子章《邹母贺硕人墓志铭》(100页)。
② 贺世采介绍见嘉靖三十三年条。
③ 刘宏学，安福人，户科给事中刘某弦孙，见郭子章《邹母贺硕人墓志铭》。
④ 周懋相，字弼甫，安福人，万历十七年进士，官金都御史，传见《江西通志》卷七九《人物十四·吉安府》。
⑤ 万一贯，字汝唯，别号心源，安福南乡人，隆庆二年进士，官副使。见《江西通志》卷五四《选举六》。万一贯为阳明学者，传见邹德溥：《万心源先生传》，《邹泗山先生文集》卷七。
⑥ 赵桌，广东断事(见朱世守《诰封夫人九十二龄陈氏大师母墓志铭》)。按，邹义次子德浚又娶赵璜孙女，见邹义房支。
⑦ 贺应保，字宏任，永新人，阳明学者，与王时槐、刘元卿等讲学，见同治《永新县志》卷一七《人物志·儒行》。

续 表

	邹善子	邹善孙	邹善曾孙	邹善玄孙
邹善，娶陈九川三女			三子世全(过继邹衮)，邑庠生，娶太学生王允岱女	
			女一，适伍承慰子伍以教①	
		次子亮明，郡增广生，娶太学生周应斗女，继娶州守周文龙子周懋钦女	亮明子世俊，娶郡幕罗文②女	
		三子弼明，邑庠生，娶太学生戴默女，继娶刘日升③女		
		四子匡明，④太学生，娶刘应秋⑤女，继娶太学生李春女	匡明子世狮，聘庠生刘达衢女	
			匡明女，适太学生周应斗子校官周廷椒	

① 伍承慰及其子伍以教均为校官，余不详，见朱世守：《诰封夫人九十二龄陈氏大师母墓志铭》。
② 又据张艺曦《邹善房支联姻对象表》，邹世俊娶安福阳明学者赵士美之女。见氏著：《社群、家族与王学的乡里实践》，226页。
③ 刘日升，字扶生，庐陵人，万历八年进士，师事王时槐，传见《江西通志》卷七九《人物十四·吉安府》。
④ 邹匡明，字子尹，太学生，与弟邹承明俱博学能文，匡明孙邹钟鸣得中康熙十七年乡试解元。匡明曾捐建凤林桥，卒祀乡贤祠。邹匡明、邹承明、邹钟鸣传见同治《安福县志》卷一一《人物·文学》。
⑤ 刘应秋，字士和，吉水人，阳明学者刘方兴之孙，万历十一年一甲第三名，官国子监司业。刘应秋之子刘同升(字晋卿、孝则，崇祯十年一甲第一名)师事邹元标。传均见《江西通志》卷七九《人物十四·吉安府》。

续 表

	邹善子	邹善孙	邹善曾孙	邹善玄孙
邹善,娶陈九川三女		五子承明,郡庠生,娶刘孟雷①女,继娶龙文明②女,又继娶庠生颜士贤女	承明长子世銮,娶刘以昱③子、庠生汉杰女	世銮子永清
			次子世兰,④聘廪生刘吉兆女	
		长女,适甘雨子庠生甘映蚪		
		次女,适刘思瑜子刘绮⑤		
	三子德济,太学生,娶广东布政张使子宏女	德济女,适周惟中⑥子庠生周杨烈		
	邹善长女,适黄国奎⑦子庠生黄中敷			
	次女,适朱调子庠生朱允震			
	三女,适校官周汝蕚子庠生周应鼐			

① 刘梦雷,字静之,号淳寰,庐陵人,阳明学者刘教(字道夫,号见川,1506—1574)长子,罗洪先门人,万历二年进士,官南京光禄寺卿等。传见道光《庐陵县志》卷三一《人物志·儒林》,2096—2097 页。

② 龙文明,永新人,万历十七年进士,官副使(见《江西通志》卷五五《选举七》),阳明学者。传见乾隆《永新县志》卷八《列传》。

③ 刘以昱,安福人,万历十六年举人,官长史,见《江西通志》卷五五《选举七》。

④ 邹世兰,字简候,传见《安福县志》,卷一〇《人物·忠义》。

⑤ 刘思瑜,出安福南乡社背刘氏,阳明学者,万历十一年进士,官侍御;刘绮,万历三十七年举人,均见《江西通志》卷五五《选举七》。

⑥ 周惟中,字惺予,安福西乡龙冈人,万历十六年举人,官知州(见《江西通志》卷五十五《选举七》),师事王时槐,与刘元卿、刘孔当等讲学,传见同治《安福县志》卷一一《人物·儒林》。

⑦ 黄国奎,黄国用弟,介绍见嘉靖二十二年条。

参考文献

（一）相关传记

耿定向：《东廓邹先生传》（原载《耿天台先生文集》卷一四），收入《邹守益集》附录。

罗洪先：《明故南京国子监祭酒致仕东廓邹公墓志铭》，（原载雍正本《念庵文集》卷一七），收入《邹守益集》附录。

宋仪望：《明故中顺大夫南京国子监祭酒前太常少卿兼翰林院侍读学士追赠礼部侍郎谥文庄邹东廓先生行状》（简称《邹东廓先生行状》，原载《华阳馆文集》卷一一），收入《邹守益集》附录。

王时槐：《东廓邹先生守益传》，收入焦竑：《国朝献征录》卷七四。

徐阶：《明故南京国子监祭酒赠礼部右侍郎谥文庄邹公神道碑铭》（原载《世经堂集》卷一九），收入《邹守益集》附录。

邹德涵：《文庄府君传》（原载《邹聚所先生文集》卷三），收入《邹守益集》附录。

（二）文集、史书

《明实录》，台北：中研院历史语言研究所校印本，1966年。

陈九川:《明水陈先生文集》,清钞本,收入《四库全书存目丛书·集部》72册。

陈献章:《陈献章集》,北京:中华书局,1987年。

程文德:《程文恭公遗稿》,万历十二年程光裕刻本。

程颐、程颢:《二程集》,北京:中华书局,1981年。

耿定向:《耿天台先生文集》,明万历二十六年刘元卿刻本,收入《四库全书存目丛书·集部》131册。

胡直:《衡庐精舍藏稿·衡庐续稿》,收入《文渊阁四库全书》1287册。

黄宗羲:《明儒学案》,北京:中华书局,1985年。

姜宝编:《松溪程先生年谱》,《北京图书馆藏珍本年谱丛刊》46册,北京图书馆出版社,1999年。

焦竑:《国朝献征录》,明万历四十四年徐象橒曼山馆刻本,收入《续修四库全书·史部》525—531册。

焦竑:《焦氏澹园集》,明万历三十四年刻本,收入《四库毁禁书丛刊·集部》61册。

雷礼:《国朝列卿纪》,明万历徐鉴刻本,收入《续修四库全书·史部》522—524册。

刘元卿:《刘聘君全集》,清咸丰二年重刻本,收入《四库全书存目丛书·集部》154册。

刘宗周:《刘子全书》,《中华文史丛书》第57种影清道光本,台北:华文书局,1969年。

罗大纮:《紫原文集》,明末刻本,收入《四库毁禁丛书·集部》139—140册。

罗洪先:《念庵罗先生文集》,明隆庆元年胡直序刊本,台湾大学图书馆藏。

罗洪先:《念庵文集》,清雍正年间刊本,收入《文渊阁四库全书》1275册。

罗汝芳:《近溪子集》,明万历刻本,收入《四库全书存目丛书·集部》129—130册。

吕柟:《续刻吕泾野先生文集》,清道光十二年富平杨氏刻本,北京大学图书馆藏。

聂豹:《双江聂先生文集》,明嘉靖四十三年吴凤瑞刻隆庆六年本,收入《四库全书存目丛书·集部》72册。

聂豹著,吴可为编校:《聂豹集》,南京:凤凰出版社,2007年。

欧阳德:《欧阳南野先生文集》,明嘉靖三十七年梁汝魁刻本,收入《四库全书存目丛书·集部》80册。

欧阳德著,陈永革编校:《欧阳德集》,南京:凤凰出版社,2007年。

钱明编校:《徐爱 钱德洪 董沄集》,南京:凤凰出版社,2007年。

沈佳:《明儒言行录》,收入《文渊阁四库全书·史部》458册。

宋仪望:《华阳馆文集》,清道光二十二年宋氏中和堂刻本,收入《四库全书存目丛书·集部》116册。

王艮:《明儒王心斋先生全集》,清宣统二年东台袁氏铅印本,北京大学图书馆藏。

王畿:《龙溪会语》,明万历四年泾县查氏刻本,北京大学图书馆藏。

王畿:《龙溪王先生全集》,明万历十五年萧良干刻本,收入《四库全书存目丛书·集部》98册。

王畿:《王龙溪先生全集》,明万历四十三年丁宾刻本,北京大学图书馆藏。

王畿著、吴震编校:《王畿集》,南京:凤凰出版社,2007年。

王时槐:《王塘南先生自考录》,民国九年重刻本,日本九州大学图书馆藏。

王时槐:《友庆堂合稿》,清光绪三十三年重刻本,收入《四库全书存目丛书·集部》114册。

王守仁著,吴光等编校:《王阳明全集》(二册),上海:上海古籍出版社,1992年。

魏良弼:《太常少卿魏水洲先生文集》,明万历三十五年熊剑化、徐良彦刻本,收入《四库全书存目丛书·集部》85册。

徐阶:《世经堂集》,明万历间徐氏刻本,收入《四库全书存目丛书·集部》

79—80册。

湛若水:《泉翁大全集》,台湾中央图书馆善本微卷。

湛若水:《湛甘泉先生文集》,清康熙二十年黄楷刻本,北京大学图书馆藏。

张廷玉:《明史》,北京:中华书局,1974年。

朱熹著,朱杰人主编:《朱子全书》,上海:上海古籍出版社,合肥:安徽教育出版社,2002年。

邹德涵:《邹聚所先生文集》,明万历刻本,《四库全书存目丛书·集部》157册。

邹德溥:《邹泗山先生文集》,台湾傅斯年图书馆藏。

邹德泳:《湛源续集》,崇祯五年刻本,北京大学图书馆藏。

邹守益:《东廓邹先生文集》,清刻本,收入《四库全书存目丛书·集部》65—66册。

邹守益:《东廓邹先生遗稿》,明嘉靖末年刻本,北京大学图书馆藏。

邹守益:《邹东廓先生摘稿》,嘉靖十七年林春序刊本,台湾中央图书馆藏。

邹守益:《王阳明先生图谱》,清钞本,收入《四库未收辑刊》四辑十七册。

邹守益著,邹善编:《邹东廓先生诗集》,万历元年陈元珂序刊本,《东京内阁文库》,1980年。

邹守益著,董平编校:《邹守益集》,南京:凤凰出版社,2007年。

(三)地方志、书院志、家谱

《安福县志》(高崇基修,王基纂),清乾隆四十七年修、同治四年补刊本,台北:成文出版社,《中国方志丛书》772号。

《安福县志》(姚浚昌修,周立瀛纂),清同治十一年刻本,南京:江苏古籍出版社,1996年。

《安福县志》(张召南修,刘冀张纂),清康熙十八年刻本,台北:成文出版社,

《中国方志丛书》771号。

《白鹭洲书院志》(刘绎纂),清同治十年刻本,北京大学图书馆藏。

《常州府志》(于琨修,陈玉璂纂),清康熙三十四年刻本,南京:江苏古籍出版社,1991年。

《潮州府志》(郭春震纂修),明嘉靖二十六年刻本。

《潮州府志》(周硕勋纂修),清光绪十九年重刊本,台北:成文出版社,《中国方志丛书》046号。

《大姚县志》(黎恂、刘荣黼编修),清光绪三十年刊本。

《分宜县志》(李寅清、夏琮鼎修),清同治十一年刻本。

《抚州府志》(刘玉瓒修,饶昌胤纂),清康熙四年刻本。

《抚州府志》(许应鑅修,谢煌纂),清光绪二年刊本,南京:江苏古籍出版社,1996年。

《赣州府志》(魏瀛修,钟音鸿纂),清同治十年刊本,南京:江苏古籍出版社,1996年。

《冠县县志》(梁永康修,赵锡书纂),清光绪十年修、民国二十三年排印本,台北:成文出版社,《中国方志丛书》029号。

《广德州志》(朱麟修,黄绍文撰),明嘉靖十五年刊本,台北:成文出版社,《中国方志丛书》706号。

《广德州志》(胡有成修,丁宝书纂),清光绪七年刊本,台北:成文出版社,《中国方志丛书》705号。

《广东通志》(郝玉麟修,鲁曾煜纂),《文渊阁四库全书》562—564册。

《广信府志》(蒋继洙修,李树藩纂),清同治十二年刊本,台北:成文出版社,《中国方志丛书》106号。

《贵州通志》(鄂尔泰修,靖道谟纂),《文渊阁四库全书》571—572册。

《杭州府志》(陈善等修),万历七年刊本,台北:成文出版社,《中国方志丛书》524号。

《湖广通志》(迈柱监修,夏力恕纂),《文渊阁四库全书》531—534册。

《黄州府志》(英启修,邓琛纂),清光绪十年刊本,台北:成文出版社,《中国方志丛书》346号。

《霍山县志》(秦达章、何国佑纂修),清光绪三十一年刻本。

《吉安府志》(定祥修,刘绎纂),清光绪元年刊本,台北:成文出版社,《中国方志丛书》251号。

《吉安府志》(卢崧修,朱承煦纂),清乾隆四十一年刊本。

《吉安府志》(余之桢修,王时槐纂),明万历十三年刊本,《日本藏中国罕见地方志丛刊》,北京:书目文献出版社,1991年。

《吉水县志》(彭际盛修,胡宗元撰),清光绪元年刻本,南京:江苏古籍出版社,1996年。

《建宁府志》(张琦修,邹山纂),清康熙三十二年刻本。

《江南通志》(赵弘恩修,黄之隽纂),《文渊阁四库全书·史部》507—512册。

《江西全省舆图》(曾国藩修,顾长龄汇编),清同治七年刊本,台北:成文出版社,《中国方志丛书》102号。

《江西省吉安市地名志》,吉安市地名委员会办公室编印,1985年。

《江西通志》(谢旻监修,陶成纂),《文渊阁四库全书·史部》513—518册。

《泾县志》(李德淦修,洪亮吉纂),清嘉庆十一年刊本。

《乐安县志》(朱奎章修,胡芳杏纂),清同治十年刊本,台北:成文出版社,《中国方志丛书》263号。

《廉州府志》(张堉春、陈治昌纂修),清道光十三年刻本。

《庐陵县志》(梅大鹤修,王锦芳纂),清道光五年刊本,台北:成文出版社,《中国方志丛书》953号。

《庐陵县志》(平观澜修,黄有恒纂),清乾隆四十六年刊本,台北:成文出版社,《中国方志丛书》952号。

《庐陵县志》(王补、曾灿材等纂),民国九年刻本,北京大学图书馆藏。

《南昌府志》(陈兰森修,谢启昆纂),乾隆四十五年刊本,台北:成文出版社,《中国方志丛书》811号。

《南昌府志》(范涞修,章潢纂),明万历十六年刊本,台北:成文出版社,《中国方志丛书》810号。

《南昌府志》(许应鑅修,曾作舟纂),清同治十一年刊本,台北:成文出版社,《中国方志丛书》812号。

《青原志略》(笑峰大然编撰,段晓华、宋三平校注),南昌:江西人民出版社,1998年。

《衢州府志》(杨廷望纂修),清康熙五十年修,光绪八年重刊本。

《瑞州府志》(黄廷金修,萧浚兰纂):清同治十二年刊本,台北:成文出版社,《中国方志丛书》099号。

《石鼓书院志》(李安仁撰),明万历刻本,《续修四库全书·史部》720册。

《四川通志》(黄廷桂修,张晋生纂),《文渊阁四库全书·史部》559—561册。

《松江府志》(方岳贡修,陈继儒纂),据明崇祯三年刻本影印,《日本藏中国罕见地方志丛刊》,北京:书目文献出版社,1991年。

《泰和县志》(冉棠修,沈澜纂),清乾隆十八年刊本,台北:成文出版社,《中国方志丛书》838号。

《泰和县志》(宋瑛修,彭启瑞纂)清光绪五年刊本,台北:成文出版社,《中国方志丛书》841号。

《泰和县志》(宋瑛修),清同治十一年抄本,台北:成文出版社,《中国方志丛书》840号。

《泰和县志》(杨讱、徐惠迪纂修),清道光六年刊本,台北:成文出版社,《中国方志丛书》839号。

《无极县志》(黄可润纂修),清乾隆二十二年刊本。

《仙居县志》(郑录勋修,张明焜纂),清康熙十九年刻本。

《徐州府志》(吴世熊、朱忻修),清同治十三年刊本。

《永丰县志》(王建中修,刘绎纂),清同治十三年刻本,台北:成文出版社,《中国方志丛书》760号。

《永新县志》(王翰修,陈善言纂),清乾隆十一年刊本,台北:成文出版社,《中国方志丛书》756号。

《永新县志》(王运祯纂修),清康熙二十二年刊本,台北:成文出版社,《中国方志丛书》755号。

《袁州府志》(施闰章修,袁继梓纂),清康熙九年刻本,《北京图书馆古籍珍本丛刊·史部》30册,北京图书馆出版社,2011年。

《漳浦县志》(陈汝咸修,林登虎纂),清康熙三十九年刊本,台北:成文出版社,《中国方志丛书》105号。

《浙江通志》(嵇曾筠编纂),《文渊阁四库全书·史部》519—526册。

《重修安徽通志》(何绍基撰),清光绪四年刻本。

《续修安福令欧阳公通谱》(欧阳劭平等纂),民国间影印清乾隆十五年刻本。

《油田隆堂彭氏族谱》(彭世培主修),民国十四年木活字本。

《澈源邹氏六修族谱》,同治十三年修。

《澈源邹氏七修族谱》,民国六年修。

《澈源邹氏族谱朋甲坊支谱》,1995年修。

《安成邹氏重修支谱》,道光二十三年修。

《邹氏文庄公次子美公家谱》,1995年重修。

《邹氏文庄公第六子盖公家谱》,1995年重修。

《中源邹氏族谱》,民国二十九年修。

《中华邹氏族谱》(邹贤敏主编),武汉:崇文书局,2006年。

(四)著作

陈来:《有无之境——王阳明的哲学精神》,北京:人民出版社,1991年。

耿加进:《邹东廓先生年谱》,收入张新民主编《阳明学刊》第五辑,成都:巴蜀书社,2011年。

黄日星、姜钦云编:《江西编著人物传略》,南昌:江西人民出版社,1994年。

黎业明:《湛若水年谱》,上海:上海古籍出版社,2009年。

吕妙芬:《阳明学士人社群》,台北:中研院近代史研究所,2003年。

王伟民:《东廓邹先生年谱简编》,收入南昌大学江右哲学研究中心编《赣文化研究》第14期,南昌:江西人民出版社,2008年。

吴宣德:《江右王学与明中后期江西教育发展》,南昌:江西教育出版社,1996年。

吴震:《明代知识界讲学活动系年》,上海:学林出版社,2002年。

姚义兴:《泸潇人家——安福姓氏探源》,政协安福县委员会、安福县志编纂委员会编,2005年。

张德意、李洪编:《江西古今书目》,南昌:江西人民出版社,1996年。

张艺曦:《王学、家族与地方社会——以吉水、安福两县为例》,台北:台湾大学出版社,2006年。

朱保炯、谢沛霖:《明清进士题名碑录索引》,上海:上海古籍出版社,1979年。

朱湘钰:《平实道中启新局—江右三子良知学研究》,台湾师范大学博士论文,2006年。

后　记

本书是我申请的教育部规划基金项目"思想、讲学与乡族实践——邹东廓与江右王学的开展"的部分成果。这一研究的最早雏形,是2006—2008年在北大哲学系跟从陈来教授做博士后研究、以江右学者邹东廓为个案研究的课题项目,出站时已具12万字的思想研究和22万字的年谱初稿。后因工作变动而迁徙辗转,兼之授课诸务,拖延日久。成此定稿时,又历五载春秋、数度增删,在此略述历程,聊备一哂。

邹东廓是江右王学的领军人物,他对阳明学的突出贡献,不仅因其学术主张一遵师说、中道平实,更以其乡居四十年间的讲学、乡族建设活动对学术的推动、实践之功甚巨,深为士林仰重。然而单面的哲学思想诠释往往于后者察焉不详,略而不论,诚为遗憾。故年谱之作,谱其生平时事与举止进退,知其所以为言,于知人论事中见其学问精神,此于不以构造理论见长的邹东廓尤有见其精彩之必要,也是我作年谱之缘起。

实则,东廓《年谱》早在明代即有编定。耿定向《邹文庄公年谱序》云,东廓逝后,邹善嘱其子德涵、德溥仿《春秋》编年体例,编有《邹文庄公年谱》;又据邹德涵、耿定向、宋仪望所作东廓之传记行状,其生平行事及论学语均述于具体干支年号下,并有"常会七十会,聚以百计,大会凡十会,聚以千"之讲会统计,故能推知《年谱》编撰甚详,惜已佚失不传。据我所知,今人编定的东廓年谱有三种:一是朱湘钰著《邹东廓年谱略表》千余字,附于其博士论文《平实道中启新局——江右三子良知学研究》(2007年)后,二是王伟民著《东廓邹先生年谱简编》(2008年)近万字,三是耿加进著《邹东廓先生年谱》(2011年)四万余字。三谱于东廓生平学行有大致勾勒,然亦不无文献不全、谱文舛漏、内容简略之憾,留下深入开掘的空间。

我对东廓年谱的编撰整理始于2007年,从搜罗东廓作品最全的《邹守益集》、谱主传记等原始文献入手,参考明代史、志、家谱、文集及相关研究成果,至博士后出站时撰成22万字之初稿。之后第二次全面阅读东廓文集,删繁节要,考订增补,至2008年底完成26万字之第二稿,然仍感不足。原因是文集中有许多反映谱主乡族实践及讲学等重要活动的文献,亦有多篇有价值的师友论学书信,因无直接的时间证据和线索,难以入谱,诚为遗憾;同时,与东廓交游较多的江西官员和草根学者往往在文集中只有字号显示,难窥其详,无法充分说明其社交网络与学术互动关系。故于2011年9月至12月间,利用在清华大学国学研究院做访问学者之机,第三次全面考订检索相关文献。此次主要是翻检各种方志中的《职官志》,从与东廓交往官员的任职年限来判断交往的大致时间,往往能从没有明确时间记载的文献中发现间接线索和蛛丝马迹,再辅以谱文已考之行事,运用数据库等多种检索手段印证补充,于是,相关人事之考订每每有新发现;谱文编撰如同织网,所知线索、细节愈清晰,相关联结点愈多,谱主之行事网络便愈广大细密,谱主之形象呈现亦愈加立体丰满,遂成28万字之第三稿;2012年春,我回到供职单位中山大学,上半年授课之余再加修订,又发现某些待考内容可与已考史料相关联,左右印证,修补若干,成30万字之第四稿。下半年开始动笔重写东廓思想之研究部分,随写随修订年谱相关细节,再增补近2万字。跨入癸巳年,终可付梓矣。

  本谱包含470余条谱文,注文后以按语形式附有370余与谱主交游相关的人物小传或简介,60余书院、祠堂、寺观等讲学场所,50余地名,计32万字。若说创获,即是六年间无数次极其烦琐细致的考订搜求,较完整地拼出谱主的生活历史图像,举其大者有三:一是对谱主生平行事、思想开展、讲学及乡族实践活动、交游活动、作品系年等均有详细梳理,并对以往研究中的某些结论予以重新考订,如东廓初见阳明时间考(正德五年条)、东廓文集刊刻次数及版本考(嘉靖二十八年条)等等。二是征引新史料,对研究邹氏家族人物有所突破。我四次到吉安地区、两次到谱主家乡安福县做田野调查,找到邹氏家谱数种,附录部分的"邹氏家族人物小传"和"邹氏家族子嗣及婚配状况表"主要依据这些家谱而成,对研究邹氏家学及阳明学者之间的家族联姻活动等内容均有助益。三是细致的考订也助我找到若干问题意识。以交游为例,我统计了与谱主有交游的115名江西官员,其中阳明学者24人,湛若水弟子6人,亲近王学、与谱主有论学往来或参与讲会的官员54人,这三组数字合计84人,占谱主交游官员总数的73%,他们也恰恰是与谱主往来较密切的官员。这既可说明谱主利用官员交游网络在讲学方面的推动之功,也可通过官员参与讲学的情形来探讨学术与地方政治生态的互动。这一思路很难从文本中直接体现,而是我在漫长而枯燥的人物考订和积累中总结得出的——很多时候,文集中的官员有号无名,官职略称不详,须利用多种数据库检索并与其他明人文集对照比较,甚或从字缝掘得,甚或辛苦数日劳而无获——令我深味为学之甘苦。同时,某些考订未能一一遍查一手文献,舛漏难免,惟惶恐以待方家指正。

  本书的完成,首先感谢业师陈来先生,做东廓个案研究是陈老师的建议,数年来不仅在学问上得到耳提面命的教诲,更从恩师律身严整的风范中受益良多;感谢《邹守益集》点校者董平老师的热情襄助,为我挖掘字缝的工作提供诸多便利;感谢江西师范大学郑晓江、徐春林老师两冒酷暑陪游江右,以古人讲会的方式追怀先贤,丰城阳明祭风台、吉安青原山、吉水石莲洞、永丰聂豹故居、安福邹东廓墓地、泰和欧阳德家祠、泰和罗钦顺墓地,都有我们相期于文外的收获;感谢安福县方志办姚义兴老先生、安福县博物馆刁山景馆长、吉水县旅游局李希朗局长等吉安乡贤,不仅提供文献,解疑释惑,其文化热诚更化作我为学之动力。最后,感谢所有助益本书的师长亲友。

人名索引[1]

艾朴　279

白若圭　214,215

蔡克廉　391,393,394

蔡汝楠　427,428

蔡宗兖　43,44,171

曹忭　230,346—349,426,427,448

曹煜　173

曹灼　362,365

曾才汉　267,269,270

曾濂　280

曾汝檀　211,212

曾于乾　269

陈柏　332,334

陈察　109—111

陈昌积　276,278,446

陈辰　85,86,312

陈瀚　412—414

陈嘉谟　133,150,461

陈九川　17,37—39,43,44,52,63,191,202,203,235,265,266,314,316,318,321,322,332—335,359,366,420—422,447—449,452,465

陈三谟　458

陈尚象　466

陈廷谏　362

陈宣　78,79,86

陈尧　214,215,303,304

陈一贯　365,366

成守节　438,439

程宽　312,313,424,425

程清　97,98

程文德　11,12,141,143,176,177,

---

[1] 《人名索引》包括《邹东廓年谱》及附录《邹氏家族人物小传》、《邹氏家族婚配状况表》中有简介的人物及相关历史所涉及的主要人物。

179—181,184,282,332,442

邓鹤　345

邓周　128,129,434

董传策　457

董焕　362

董景　119,120

董谋之　292

董欧　168,292

董燧　313,358,359,409,425

段求本　470

段猷显　72,439,440

方任　351

方绍魁　151,152

方献夫　55,113,127,128

房守士　458

费采　220

冯焕　214

傅应祯　458,462

甘伯桂　175,176

甘公亮　167,169—173,195,242,248—250,354,447,452,471

甘映蚪　471,476

甘雨　471,476

高翀　394,395

高公韶　136,138,186

高冕　382,383

高世彦　289,291

高跃　305,306

耿定理　460

耿定向　10,13—20,23,27,32,52,62,69,82,83,98,104,106,107,123,124,176,178,179,183,213,218,223,241,244,249,250,267,281,283,286,288,294,300,302,305,314,315,334,336,338,345,353,362,379,385—389,398,400,401,405,406,408,409,416,423,424,432,434,457,458,460—464,466

贡安国　97,98,317,342,456

顾存仁　376

顾鼎臣　131

顾梦圭　140

顾愚　376

管州　420,421

光宗　463,467

桂萼　54,55,58,113,127,128,130,131,167

桂公辅　196,325

郭持平　26,29,31,35,41

郭弘化　130,131,180,182,195

郭谝　362,365

郭汝霖 280

郭善夫 49

郭应奎 352,374,388

郭允礼 96,97

郭治 26,276—278

郭子章 110,146,149,150,473,474

何鳌 348,350

何其高 131,230,253,274—276,445

何迁 351,410—412,415,428,429

何廷仁 17,26,94,95,332

贺世采 293,371,372,474

贺应保 474

洪垣 84,192,193,204,207,215,312,316,341

胡鳌 146,148,171,271,272

胡琏 10,11,141,142,186

胡良贵 432

胡烈 146

胡鹏 179,180,183,194

胡孺道 119,120,123

胡松 437,438,458

胡万里 166

胡寅守 212

胡岳 201,202,450

胡直 113,148,150,160,243,244,269,278,283,302,352,360,373,382,386,387,435,456,457,460,469

胡钟英 432,433

胡宗宪 214,215,369,402,422—424,452

黄旦 128,129,328,361,405,434

黄国奎 257,476

黄国用 144,257,470,476

黄弘纲 17,26,94,95,242,437

黄洪毗 356,357,373

黄时康 144,388,470

黄绾 113,155—157

黄文明 424—426

黄正宾 466

黄直 145,191,192,205,316,448

黄中敷 257,476

黄宗明 48,80,81,153,154,157

霍韬 55,130,131,206,207,209—211,216

霍文炳 464

季本 60,155,157,179,180,185,186,188,195,196,445

简霄 131

江汝珪 375

蒋怀德 214

蒋冕 9,58,60

焦竑　388,460,464

靳学颜　310,311,324

康范生　472

康恕　276,278

康元积　472

康元穗　472

康钟　472

柯乔　105,106,174,345

孔天胤　193

况维垣　118,287,420,421

李苯　222

李材　381,397

李承重　169,171

李冬英　243,469

李栋　119,120

李儒烈　324,325

李栻　381,397

李舜臣　231

李素　36,37

李遂　203,235,381,382,394,397,412,428,448

李献可　466

李香　60—62

李校　12

李循义　141,142

李俨　169—172,292,293,299,447

李一瀚　143,156,245—247,251,257,258,260,368

李长春　471

李征　264,265

李中　29—31,35,41,160,381,392,394

廖纪　81,122

廖逞　119—122,287

廖性之　122

林春　193,226,227,312,396

林大有　305,306,328

林功懋　289,291,306,307,445

林相　158,160

林应箕　214,215

林志麟　174,175

凌儒　396

刘邦采　17,90,91,94,133,136,186,203,238,285,287,288,296,303,311,332,335,370,385,388,405,408,409,420,421,424,445,449,453,472

刘宾朝　92,93,128,129

刘丙　473

刘大直　214,215

刘佃　313,409,424—426,473

刘方兴　148,475

刘宏学　474

刘济　59,60

刘教　30,476

刘魁　296—298,332,352,446,456

刘霖　172,173

刘梦雷　476

刘起宗　233,235,372,373,419,452

刘绮　476

刘球　360,453

刘泉　13

刘让甫　317,323,405

刘日升　475

刘时望　454

刘思瑜　476

刘台　458,462

刘天泽　454

刘廷宾　355,356

刘廷诰　305,306,331

刘同升　149,150,475

刘文敏　91,132,133,148,180,190,
　238,408,409,445

刘晓　191,238,335,408,409

刘勋　405,406

刘阳　95,96,180,190,191,200,267,
　302,332,359,405,408,409,411,
　442,443,445,447,471

刘以昱　476

刘寅　179,182,348,350,354

刘应秋　475

刘元卿　148,150,244,245,284,385,
　390,461,464,474,476

刘月山　200,370

刘肇衮　69,70,132,180,240,408,
　409

刘缜　24,453,454

刘忠　20,21,24,453

刘佐　469

刘祚　65,66,68

龙大有　78,92,166

龙文明　476

龙跃　332

卢子祥　97

陆粲　153,167

陆九渊　216,285,319,320,322

陆溥　348,349

路子泰　126,127

罗大纮　148,150,466,467,471

罗洪先　11,14—16,20,23,30,31,
　38,52,63,95,123,131,133,138,
　146,148,149,158—160,172,186,
　191,203,206,208,209,213,222,
　227—229,242—245,265,267,269,

270,277,282—284,296,297,300—302,307,308,313,314,317,321—323,328,332,333,346,348,350,359,360,364,366,369,370,373,375,376,380,381,387,394,396,397,404,405,412,428,429,434—438,442,446,449,452,456,469,474,476

罗钦顺 10,11,102,276

罗汝芳 98,121,342,386,387,456,457,460,461

罗善 199

罗尚絅 323,324,348,349

罗廷唯 404

吕怀 118,119,216,280,281,354,420,421,439

吕柟 58—60,81,100—102,109,140,207,450,452

马津 226

马汝骥 221,222

马森 362,364,365

毛伯温 136,138,207,252,388

毛恺 213,218

梅守德 98,119,121

孟津 418,419

孟秋 458

孟养浩 466

孟一脉 458

孟源 418

闵世翔 66,68,180,245,458

穆宗 439

倪朝惠 119,121

倪冻 458

聂豹 27,33,48,63,95,103,148,149,157—159,164,179,180,182,188,195,197,243,256,265,266,276,279,285,307,308,310,311,313,314,323,332,334,346,348,369,376,380,405,428,437,446,449

欧阳必进 410,411,431

欧阳德 17,26,94,98,103,104,106,113,120,121,146,148,156,157,179,242,243,265,267,269,270,276,279,317,352,359,360,362,364,372,387,388,390,403,428,430,437,446,448—450

欧阳谷 470

欧阳恂 454

欧阳瑜 95,96,190,354,445,458

潘珏 258—260,262,273,274

潘仲骖 287,288,464

彭黯 135,471

彭本用 454

彭礼 10

彭沦 163,164,236,237

彭嵘 236,237

彭汝寔 60

彭时 66,470,473

彭簪 95,96,191,236—238,240,250,296,332,335,346

濮汉 85

戚衮 97,98

戚慎 119,121

戚贤 205

钱德洪 17,32,49,82—84,93,106,120,133,148,149,157,162,178,179,235,282,283,294—298,306,307,311,316,317,342,359,380,390,397,402,420,421,423,437,445,446,450

乔迁 77,78

乔宇 59

秦金 99,100

秦钺 60

邱原高 380,431,448

裘衍 187,203,314,315,380,381,448

任辙 262—264

茹鏊 141,143,179,180,183,194

商大节 47,48

申时行 167,466

神宗 67,458,459,461—464,466

沈宠 98,119—121

沈冬魁 111

沈谧 124,125

沈珠 281,282

盛端明 109

施天爵 85

施宗道 105,345

石简 113,114,140,151,450

史立模 175,176

史梧 60

世宗 11,43,44,46,52—55,58—60,81,103,109,111,113,127,138,140,142,154,155,186,187,195,199,206,207,209,211,216,218—220,222,228,229,247,248,253,256,262—265,274,290,291,298,307,327,350,357,360,365,379,393,399,403,404,411,412,417,423,428,430,437,438,458

舒芬 43,44

舒弘绪 466

思宗　467

宋龙　279

孙景时　116,117

孙浚　119,121

孙慎　326,327

谈恺　378,379

汤宾　143,361,362,368

唐皋　53

唐能　131

唐顺之　206,208,209,213,216,227,228,244,270,369,394,437,452

唐尧臣　402

陶大年　378

陶俨　108,109

童承契　414,415

屠大山　141,143,175,198,199

万表　113,114,450

万潮　43,44

万一贯　474

汪鋐　123,155—157,380

汪尚宁　388,390

汪玄锡　253,254

王樾　219,263,264

王臣　187,203,314—316

王艮　48,82,83,102,106,113,114,226,227,359,396,450

王嵑　71,103

王玑　186,187,235

王积　140

王畿　33,82,83,94,98,106,114,120,121,124,133,149,162,187,205,208,215,216,221,227,228,235,276,282,294—297,311—314,316—318,342,359,369—371,380,390,435—437,450

王绩灿　408,409

王霁　274,275

王皦　407—409

王镜　128

王克孝　119,120

王理　14,469

王梅　129

王鸣凤　179,180,182,193,194,200

王冀　145,349

王汝训　458

王汝舟　317

王绍元　145,394,395

王慎中　208,228,270

王时槐　24,45,133,148,150,180,191,245,296,297,303,387,407—409,432,456,458,461,464,472,474—476

王士翘　470

王叔英　74—76

王思　10,13,20,29,30,35,41,
　　　278,454

王廷干　343

王托　244

王暐　34,36,37

王文　39,63,134,135,180,338,423,
　　　467,471

王锡爵　461

王喜英（王夫人）　14,52,126,220,
　　　226,242,469

王献芝　448

王杏　75,98,99,225,226

王学孔　454

王学夔　267,443,454,470

王学益　26,240,443,454

王炎午　67,70,444

王阳明　14,15,20,26,28,29,32—
　　　38,40,41,43,44,48—51,80,81,
　　　85—90,93—95,101,104,106,113,
　　　116,125,128,133,140,149,162,
　　　171,174,179,182,187,188,203,
　　　235,237,238,247,270,277,283,
　　　307,394,399,403,418,421,423,
　　　426,437,439

王仰　69,70,97,114,240,444

王一峰　335

王一视　277

王一俞　277

王应鹏　157

王有楠　407,408

王钊　49,95,96,128,129,132,240,
　　　408,409

王惎　276,278

王贞吉　277

王贞启　277

王贞善　276,277,352,388

王贞誉　277

王珍　13

王之诰　300—302,446

王仲锦　233,235,452

王铸　128,129,405,408,409

王宗沐　398,399,406,419,422,426,
　　　427,445,448

王宗尹　277

王宗载　458

危岳　132,133,141

魏景星　65,66,68

魏良弼　49,113,157,187,203,379—
　　　381,394,448

魏良贵　49

魏良器　17,49,94

魏良政　49

魏冕　24,25

魏谦吉　258,261,262,264,348

魏校　123,126,451

魏忠贤　467

文大才　158,160

翁溥　196,362,365

吴春　214,215

吴节　143,471

吴景　13

吴鹏　348,350,404,405

吴少槐　141,143

吴时来　247,457

吴悌　145,193,203,205,404

吴同春　83,439,440

吴维岳　357,358

吴祯　274,275

伍承慰　475

伍符　469,473

伍思韶　388,390

伍文定　29,30,34,35

伍希儒　29,31,35,36,195,469

伍希渊　469,473

伍以教　475

伍宇　469

武宗　10,20,21,29,35,41,43,44,
　46,54,454

熹宗　467

夏臣　205,206

夏良胜　43,44

夏梦夔　132

夏言　116,156,206,207,211,215,
　218,222,225,228,233,248,
　308,421

项乔　269,270,448

萧良玉　366

萧廪　429,430

谢显　309

谢源　29,31,35

徐丙　169,171,447

徐从龙　395

徐冠　45

徐行健　454

徐阶　15,16,27,41,83,179,182,
　186,187,201—203,206—211,213,
　216,256,352,360,372,391,409,
　438,447,452,455,458

徐良傅　232,233,315,316

徐浦　403,404

徐珊　270

徐绅　417

徐希明　250,251

许贵　454

许国　466

许俨　79

许赞　203,206,208

薛侃　26,48,106,113,125,157,184—186,437,450

薛瑄　59,101,102,216—218

严嵩　155,156,223,247,248,252,265,424,455—457

杨储　469

杨华　85

杨科　136

杨廷和　46

杨希淳　460

杨彝　135,136,139,152

姚鹏程　23,24

易宽　111,112,119,450

尹一仁　405,406,408,409

应良　247

游居敬　195

游天廷　431

游震得　388,390,448

于桂　25

于西川　257,258,260

俞大本　289,291,306,307,445

俞夔　65,66,68

俞则全　179,180,182

虞守愚　273,274

袁袭裳　377

湛若水　2,4,9,23,25,70,84,86,89,100—102,106,118,119,149,192,193,195,203,212,220,221,223,224,282,295,307,312,314,341,343,359,374,388,390,411,428,429,450,453,454,456

张鳌山　29,31,35,41,283,284,454

张邦教　77,78

张邦奇　140,216

张诚　464

张翀　53,457

张璁　46,55,58,100,128,155,157,167,380

张大轮　117

张旦　214

张祓　471

张衮　81

张居正　150,458,462

张时彻　139,140,348,350

张术　401

张岩　132,133,344,444

张永明　289,291

张元冲　213,214,306,307,324,426,
　　427,437,448,452
张元谕　412,429
张岳　254,256,261,262,264,322
章衮　119,315,321,322
赵璜　136,137,470,474
赵时春　206—209,213,216,391
赵廷松　132,133,164,165
赵振纪　179,180,183
赵志皋　466
赵桌　474
郑本公　53
郑玉　339,340
郑烛　97,98,339
郑佐　448
钟纽　280
钟羽正　466
周戒之　328,329,331
周懋相　474
周儒　397,398,407,444
周惟中　244,476
周煦　264,265
周延　404,405,412
周怡　14,35,119,120,124,125,130,
　　242,298,313,328,335,345,359,
　　360,373,442,456

周瑛　75,77,78
周应鳌　473
朱衡　240—242,244,260,469
朱鸿谟　458
朱节　348,349
朱麟　68,166
朱禄　12,293
朱世守　293,408,409,465,472—475
朱淑相　385,409
朱祀　12
朱调　335,369,370,407—409,
　　458,476
朱廷立　112,113,450
朱纨　141—143,289,290,447
朱维京　241,469
朱熹　9,102,285,338,339,455
朱意　408,409
朱裕观　439,440
朱震　335
祝增　104,106,174
邹承明　471,475
邹德涵　14—16,21,22,28,48,52,
　　58,62,69,100,128,132,136,149,
　　198,210,217,218,222,225,229,
　　241,295,297,352,353,366,386,
　　406,407,410,419,434—439,458,

459,461

邹德浚 352

邹德溥 2—4,16,32,45,63,66,68,
198,311,366,385,386,457,459,
460,462—464,467,471,472,474

邹德泳 135,261,390,423,435,456,
457,463—467

邹德洙 473

邹浩 1,232,233

邹瑾 24,25,158

邹匡明 66,68,475

邹美 14,24,111,135,220,260,261,
328,331,335,352,388,390,406,
407,422—424,432,436,450,452,
453,456—458,460,466,469,
471—473

邹猊 232

邹善 4,14,16,38,45,63,66,68,
185,191,198,257,311,313,328,
331,335,352,361,366,372,385—
388,400,416,419,430,432,457—
464,466,467,469,471,473—476

邹世兰 476

邹守临 2,4,5,303

邹守讼 32

邹贤 1,2,5,9,10,12,13,20—25,
52,283,453—455

邹宪明 472

邹义 14,23,111,144,251,252,292,
294,352,436,437,450,453,455,
456,460,469,470,473,474

邹元标 1,146,149,150,301,464,
465,471—473,475

邹璋 233

邹钟鸣 475